Tourismus und Regionalkultur

**Buchreihe
der
Österreichische Zeitschrift für Volkskunde**

Herausgegeben von Klaus Beitl

Neue Serie Band 12

TOURISMUS und REGIONALKULTUR

Referate der Österreichischen Volkskundetagung 1992
in Salzburg

Im Auftrag des Vereins für Volkskunde und des
Österreichischen Fachverbandes für Volkskunde
herausgegeben von

BURKHARD PÖTTLER

unter Mitarbeit von

ULRIKE KAMMERHOFER-AGGERMANN

Wien 1994
Selbstverlag des Vereins für Volkskunde

Karl Ilg
dem Gründer und langjährigen Präsidenten des
Österreichischen Fachverbandes für Volkskunde
zum 80. Geburtstag gewidmet

Die Deutsche Bibliothek - CIP-Einheitsaufnahme

Tourismus und Regionalkultur : Referate der Österreichischen
Volkskundetagung 1992 in Salzburg / im Auftr. des Vereins für
Volkskunde und des Österreichischen Fachverbandes für
Volkskunde hrsg. von Burkhard Pöttler unter Mitarb. von
Ulrike Kammerhofer-Aggermann. - Wien : Verein für
Volkskunde, 1994
(Buchreihe der Österreichischen Zeitschrift für Volkskunde ; N.S., Bd. 12)
ISBN 3-900358-09-5
NE: Pöttler, Burkhard [Hrsg.]; Österreichische Volkskundetagung <1992, Salzburg>; Verein für Volkskunde <Wien>; Österreichische Zeitschrift für Volkskunde / Buchreihe

WG: 25	DBN 93.173027.9	93.11.15
7799	JS	

Wien 1994

Alle Rechte vorbehalten
Selbstverlag des Vereins für Volkskunde

Texterfassung und Satz:
Salzburger Landesinstitut für Volkskunde und Dr. Burkhard Pöttler

Einbandgestaltung: N. Dobrowolskij

Offsetdruck: novographic
1238 Wien, Maurer-Lange-Gasse 64
ISBN 3-900358-09-5

Inhaltsverzeichnis

Vorwort 9

KONRAD KÖSTLIN
Reisen, regionale Kultur und die Moderne. Wie die Menschen
modern wurden, das Reisen lernten und dabei die Region
entdeckten 11

SILKE GÖTTSCH
Frühe Tourismuskritik in der Heimatschutzbewegung 25

UELI GYR
Touristenverhalten und Symbolstrukturen. Zur Typik des
organisierten Erlebniskonsums 41

REGINA BENDIX
Zur Problematik des Echtheitserlebnisses in Tourismus
und Tourismustheorie 57

ADELHEID SCHRUTKA-RECHTENSTAMM
„Die Gäste fühlen sich wohl bei uns" – Begegnungen
durch Tourismus 85

DIETER RICHTER
Reisen ins Märchenland 95

BERNHARD TSCHOFEN
Die Seilbahnfahrt. Gebirgswahrnehmung zwischen klassischer
Alpenbegeisterung und moderner Ästhetik 107

WOLFGANG MEIXNER
„... dass es etwas gar zu viel Cultur in die Berge bringt." –
Aspekte der Bewertung des frühen Fremdenverkehrs in Tirol
durch Gäste und Einheimische 129

ULRIKE KAMMERHOFER-AGGERMANN und ALMA SCOPE
Kleidungsverhalten von Künstlern und Gästen der Salzburger
Festspiele und der einheimischen Bevölkerung zwischen 1920
und 1938 – eine Wechselwirkung? 149

GERT KERSCHBAUMER
Vom Heimatwerk des Lazarett-Gaues Salzburg zum
Tauriska-Kultursommer im Europa der Regionen 163

BETTINA DEL BIANCO
Tourismus in Schwedisch-Lappland/Sápmi 187

HELENA RUOTSALA
Tourismus und Lokalbevölkerung in Finnisch-Lappland 195

LIDIJA NIKOČEVIĆ
„Zimmer frei" – Das Leben mit und ohne Touristen. Über die Beziehungscharakteristika des Gastgebers gegenüber dem Touristen .. 209

HELMUT RIEDL
Fremdenverkehrsgeographische Prozesse in Griechenland und
ihre Beziehung zu Raumdisparitäten 221

REINHARD JOHLER
Resistance through Rituals: Eine Lokalstudie zum Tourismus
im kleinen Walsertal/Vorarlberg 239

CHRISTIAN STADELMANN
„Was gond mi d'Gäscht a?!" Zum Zusammenhang von Tourismus
und regionaler Identität am Beispiel des Bregenzerwaldes 259

KURT CONRAD
Tourismus und alpine Baukultur. Zur Auswirkung des Fremdenverkehrs auf das Bau- und Wohnverhalten in den Salzburger
Landgemeinden 277

VERA MAYER
Tourismus und regionale Architektur im Burgenland 285

OLAF UND PETRA BOCKHORN
„Volkskultur" und Tourismus im „Nationalpark Hohe Tauern in
Tirol" aus der Sicht lokaler Berichterstattung 301

HEIKE HEINZEL
Sekundäre Folgen des Talsperrenbaus im Biggetal – Tourismus als
Dauerproblem 315

Inhaltsverzeichnis

DOROTHEA JO. PETER
Entwicklung einer Ferienhüttenkolonie – Probleme und Chancen
im Rahmen individueller Freizeitbewältigungsstrategien 325

RONALD LUTZ
Bildungs- und Kulturtourismus: Zur Reformulierung der Region ... 339

Autoren und Herausgeber 361

Abbildungen 365

Vorwort

Tourismus ist zum Bestandteil des Alltags weiter Teile der Bevölkerung geworden. So macht auch der gegenwärtige Massentourismus deutlich, daß Tourismus nicht allein ein Freizeit- und Wirtschaftsfaktor, ja nicht einmal ein genau definierbares Phänomen der gegenwärtigen Gesellschaft ist; Tourismus hat sich vielmehr längst zum facettenreichen und vielschichtigen kulturellen Indikator unserer Zeit entwickelt. Auch die Unterscheidung in Reisende, Bereiste und vom Tourismus Lebende ist nicht mehr ausreichend, zu tiefgreifend und weitreichend sind hier die Vernetzungen. Vielerlei Interessen, Notwendigkeiten und Auswirkungen kulminieren und kollidieren im Tourismus.

Tourismus ist heute zu einem Aspekt der Lebensgestaltung geworden, dessen Implikationen viele Wissenschaften, und nicht zuletzt die Kulturwissenschaften, zentral beschäftigen. Dabei stehen längst nicht mehr allein die Begriffe Wirtschaft und Folklorismus im Zentrum der Untersuchungen, sondern Tourismus ist Teil der und zugleich Fluchtmöglichkeit aus der Alltagskultur, er bringt geänderte Sichtweisen, Verhaltensmuster und Geschichtsbilder mit sich. Tourismus fördert und behindert Bestrebungen des Naturschutzes und der Ökologie, er ist Bestandteil von Politik, Kunst und Kultur. Tourismus ist Wirtschaftsgrundlage und Selbstdarstellungsmöglichkeit vieler Regionen geworden und in diesem Zusammenhang oft der Versuch, eine neue Identität zu schaffen, nachdem eine ältere verlorengegangen ist – unter Umständen durch Tourismus.

Ebenso wird Regionalkultur im offenen „Europa der Regionen" als Ziel und Konstrukt von Tourismus und Politik und damit als Objekt des wissenschaftlichen Diskurses noch viele weitere Facetten erhalten. Die Problemstellungen rund um Regionalität, Authentizität und Originalität gewinnen dadurch neue Brisanz.

Die Vielschichtigkeit der Begriffe und Erscheinungen ließ daher im Österreichischen Fachverband für Volkskunde den Wunsch aufkommen, die Österreichische Volkskundetagung 1992 dem Thema „Tourismus und Regionalkultur" zu widmen. Der Kongreß fand vom 15.–18. Juni 1992 in Salzburg statt, einem Ort, der mit seiner 150-jährigen Geschichte des Alpinismus und Kulturtourismus geradezu ideal an das Thema heranführt.

Der Einladung nach Salzburg waren etwa 130 Teilnehmer gefolgt, 27 von ihnen beteiligten sich mit einem Referat an der Tagung. Neben Österreich waren sechs weitere Staaten vertreten: Deutschland, Finnland, Kroatien, Schweden, die Schweiz und die USA.

Weit gespannt war, neben dem geographischen, der inhaltliche Rahmen der Tagung: Er reichte von der Auseinandersetzung mit Problemen der Regionalkultur, der Authentizität und des organisierten Erlebniskonsums bis zu detaillierten Lokalstudien, von der historischen Aufarbeitung früher Tourismusprobleme bis zur Untersuchung jüngster Entwicklungen in der Folge allzu tragischer politischer Ereignisse.

Das Rahmenprogramm der Tagung umfaßte einen öffentlichen Abendvortrag von Kurt Conrad zum Thema „Tourismus und alpine Baukultur" und eine thematisch daran anschließende Exkursion, die vier der fünf Salzburger Gaue berührte und von traditionellen Höfen, die für den „Urlaub am Bauernhof" adaptiert wurden bis zu Hotels im „pseudo-alpinen Einheitsstil" so manche Facette der Salzburger Baukultur beleuchtete.

Im Tagungsband fehlen drei Referate, die aus verschiedenen Gründen nicht veröffentlicht werden konnten. Tragisch ist dabei der allzu frühe Tod von Günther Kapfhammer, der im August 1993 bei einem Autounfall in Frankreich ums Leben kam. Elisabeth Kornhofer-Fritzenwallner zog ihren Beitrag zurück, von Paul Rachbauer ist kein Manuskript eingelangt.

Der ursprüngliche Plan, den Tagungsband in Zusammenarbeit mit dem Salzburger Landesinstitut für Volkskunde durch Ulrike Kammerhofer-Aggermann herauszugeben, erwies sich aufgrund der personellen und technischen Minimalausstattung des Institutes als undurchführbar, sodaß schließlich die nun vorliegende Form der Herausgabe gewählt wurde.

Ulrike Kammerhofer-Aggermann   Burkhard Pöttler

Konrad Köstlin, Tübingen

Reisen, regionale Kultur und die Moderne.
Wie die Menschen modern wurden, das Reisen lernten
und dabei die Region entdeckten

I.

Eine Untersuchung, die man in den 1970er Jahren in der Bundesrepublik über das Reiseverhalten anstellte, hatte ergeben, daß Bauern nicht oder kaum „richtig" Urlaub machen, auf jeden Fall selten verreisten. Ihre Reisetätigkeit beschränkte sich auf den Besuch landwirtschaftlicher Schauen und Messen, war also beruflicher Natur. Wo hätten sie, kann man fragen, auch hinfahren sollen? Aufs Land, ins Grüne, Piquenique machen? Oder in die Großstadt?

Ihre Frauen verreisten, sieht man von Kaffeetagesfahrten und von geistlich observierten und dadurch legitimierten Gemeindeausflügen und Chorreisen ab, ohnehin nicht. Die Existenz von Trachtenvereinen ist bis heute, ähnlich wie vordem und heute noch die Wallfahrten, für die Legitimität des Verreisens von „Landfrauen" kaum zu ersetzen – und „Land" reicht weit in die Städte hinein. Für Frauen aus der Oberschicht gab es die Badereise, etwa ins bekannt und vorsätzlich langweilige böhmische Franzensbad, worüber uns Marie von Ebner-Eschenbach zynisch und ironisch und scharfsinnig (und übrigens zuerst anonym) berichtet hat. Solche Reisen galten als der Gesundheit dienlich, sie waren für Frauen der einzig mögliche, legitime Grund für ein Wegfahren allein, wobei die Dienerschaft auch noch aufpassen mochte. Der Kurschatten mag als Begriff phantasiereicher Männer in diesem Umfeld entstanden sein, Ängsten entsprungen. Historisches Reisen ist das Reisen von Männern gewesen, und die Historie dauert an, es gibt da eine strukturelle longue durée.

In manchen Land-Gegenden kann man beobachten, daß Bauern sich selbst mit dem Spazierengehen schwer tun. Sie haben dann gern als Rechtfertigungsattribut ihres Gangs ein Gerät auf dem Buckel oder in der Hand. Bloß so einfach Spazierengehen, das darf nicht sein, das Arbeitsgerät dient dazu, ihrem Gang einen Ausdruck, einen Sinn, eine Begründung zu geben. Spazierengehen ist, wir wissen es, eine zutiefst bürgerliche Gangart, es hat seinen Nutzen in sich selbst – wenn es denn einen besitzt. Frauen gehen in

Landstrichen überhaupt nicht spazieren – hätte ich recht wenn ich sagte „immer noch nicht"? – es sei denn, sie schieben einen Kinderwagen über die einsamen Asphalt-Wege: der Kinderwagen als Alibi für camouflierten Müßiggang und Beschäftigtsein als Mutter. Kurz, es ist der hilflose und kaum verhohlene Einbruch der Moderne, das roh und äußerlich urbanisierte Land.

Im Museum für Deutsche Volkskunde in Berlin gibt es eine Reliefkarte, die alle Regionen aufzeigt, in denen Volkskultur gesammelt wurde, die in puncto Brauchtum ergiebig waren. Es verwundert kaum, daß diese Sammelregionen auch die klassischen Ausflugslandschaften der entstehenden Großstädte des 19. Jahrhunderts, die Zentren der Heimatbewegungen und die Zielregionen der Wandervereine gewesen sind. Keine Rede ist dabei vom Ruhrgebiet etwa und anderen Ballungszentren, deren Sprachen nie die Weihe der Mundart zugebilligt wurde; sie bleiben weiße Flecken auf der Karte, blind. Sichtbar sind jene Regionen der Haus- und Trachtenlandschaften, der sogenannten Reliktgebiete, jene Schwalmen und Schweizen und Gaue, jene buckligen Welten, Wiener-, Spree- und Schwarzwälder, jene ideologisch-pittoresken Nachfolger und Weiterträger der alten, durch Rechtsordnungen vereinheitlichten, kulturprägenden Territorialherrschaften. Sie alle präsentieren sich in ihren ästhetischen Erscheinungsbildern bis heute in agrarisch-vorindustriellem Image. Sie strahlen urlaubige Ländlichkeit aus, auch wenn sie mittlerweile veritable Industriestandorte sind, in denen Folkloristisches als Emblematik genutzt wird.

II.

„Im Salzkammergut, da kamma gut lustig sein, wenn die Musik spielt ... ", kenne ich aus der verfilmten Operette und im „Weißen Rößl am Wolfgangsee" gibt es „Salzburger Nockerln, Salzburger Nockerln", das ist die Message von Salzburg. Die Stadt ist eine Botschaft, ist ganzjähriges Festspiel, mit Mozartkugeln verzuckert und durchinszeniert. Sie nutzt dabei die Architektur Wolf Dietrich von Raitenaus nicht nur als Kulisse, sondern wie eine zweite Natur. „Die Natur selbst ist hier ihre beste Fürsprecherin, sie bedarf keines Kommentars", vermerkt ein Reisehandbuch 1855. Der Makel, daß das Land erst 1816 zu Österreich kam, ist längst vergessen, er taucht nur auf, wenn in bayerischen Heimatkreisen das Österreichertum Mozarts genealogisch und heimattreu angezweifelt wird oder wenn nach dem 1. Weltkrieg 90 % der Salzburger für den Anschluß an das Deutsche Reich stimmten – weswegen man solche Abstimmungen fürderhin unterließ und woran man heute kaum noch denkt.

Hugo von Hofmannsthal, ein Gegner des Fremdenverkehrs, wollte im Herzen der bayerisch-österreichischen Barocklandschaft eine Versöhnung von regionalen, volkskulturellen Traditionen mit der europäischen Hochkultur als symbolische Aussöhnung von Provinz und Metropole finden. Sein Programm einer von Salzburg ausgehenden pax austriaca scheiterte. Die Bevölkerung war in den 20ern erst einmal „widerständig", sie sah im internationalen Anstrich der Festspiele nichts weiter als ein Werk der Juden.[1] Viele Salzburger Fremdenverkehrsorte dekretierten per Gemeinderatsbeschluß, keine Juden als Gäste aufnehmen zu wollen: gewiß nicht das Weltbad Gastein; aber gerade kleineren Orte, die mangels Infrastruktur ohnehin keine reicheren Gäste anziehen konnten, fiel diese antisemitische Bodenständigkeit für die Entscheidung leicht.

Der kosmopolitane Ödön von Horváth versuchte den Balanceakt ebenfalls. Er schrieb 1929:

„Ich glaube, es ist mir gelungen, durch meine Bergbahn den Beweis zu erbringen, daß auch [ein] nicht ‚Bodenständiger', nicht ‚Völkischer', eine heimatlose Rassenmischung etwas „Bodenständig-Völkisches schaffen kann, – denn das Herz der Völker schlägt im gleichen Takt, es gibt ja nur Dialekte als Grenzen".

Solche ubiquitäre, freischwebende Bodenständigkeit war kaum gefragt.

III.

Die unerfüllte Moderne – eine Geschichte gescheiterter Träume? Daß eine Volkskundetagung sich des Reisethemas annimmt, mag modern scheinen, mag so aussehen, als begebe man sich direkt in die Höhle des Löwen, direkt zum Zerstörer der Volkskultur, zum Tourismus eben. Inzwischen wird, neben dieser allzu glatten und so geläufigen These von der zerstörerischen Wirkung des Tourismus auf die Volkskultur, immerhin schon scheu erwogen, ob nicht der eine oder der andere Brauch vielleicht seine Existenz auch dem Tourismus verdanke. Ja, so ist es, Volkskulturen, jene bunten Bräuche, machten ohne den Tourismus kaum Sinn. Lokale Selbstfeier braucht ihr Publikum, braucht Resonanz. Tourismus und Volkskultur gehören zusammen, sind Zwillinge. Solche Konzession wird jedoch, kaum zaghaft eingestanden, angesichts der offenbaren Volkstümlichkeit und Urwüchsigkeit des Brauches oft zurückgenommen, verworfen und statt des-

---

[1] Ernst Hanisch: Wirtschaftswachstum ohne Industrialisierung. Fremdenverkehr und sozialer Wandel in Salzburg 1918–1938, S. 7 (Typoskript 1986).

sen die Vitalität des Brauches akzentuiert. Bräuche hätten, so kann man lesen, sogar im Zeitalter des Tourismus nicht nur keinen Schaden genommen, sondern seien, im Gegenteil, doch lebendig gewordener Ausdruck des Widerstandes gegen das Gleichmachende und der Betonung des Eigenen. Darin, auch in der These von der Widerständigkeit der Leute, zeigt sich die adaptive Fabulierkunst des Faches Volkskunde, das über ein Kartenspiel von Argumentationslinien verfügt und in dieser Vielfalt seine unglaubliche, versteckte Modernität beweist, die Tourismus und die Entdeckung der Volkskultur hervorgebracht hat.

IV.

„Alle Menschen reisen" und „heute reist fast jedermann" – jene beiden erschreckten Ausrufe vom Beginn unseres Jahrhunderts werden gern an den Anfang von Abhandlungen über die Reisekultur gestellt. Sie sollen zeigen, daß das Problem „Massentourismus" alt sei. Die Schreckensrufe waren als Behauptungen damals, zu Beginn unseres Jahrhunderts, freilich unwahr und entspringen einer perspektivischen Verengung des Blicks. Sie sind dem Erstaunen des gehobenen Reisepublikums darüber geschuldet, daß es nicht mehr alleine, exklusiv reist und nicht mehr unter seinesgleichen ist. Recht besehen aber sind solche Kennzeichnungen in Mitteleuropa erst seit den 50er Jahren unseres Jahrhunderts von der Realität eingeholt und dann allerdings auch überholt worden. Zwar reisen immer noch nicht alle, aber die, die reisen, tun das mehrmals im Jahr und die Tourismusindustrie hat dafür, für den Erst-, Zweit- und Dritturlaub, auch Namen gefunden, Regeln ausgemacht.

Bei aller Vielfalt der historischen Mobilität, von der wir wissen, bei aller Kenntnis über die von Vaganten, Bettlern und Handwerkern einst so sehr bevölkerten Straßen, bei den präzisen Quellenauswertungen über Reichnisse, die uns darüber informieren, daß man von einem Viertel der Bevölkerung in der Vormoderne Nichtseßhaftigkeit annehmen kann; dazu noch alle unsere Kenntnis von begangenen und befahrenen Straßen, von Nahwallfahrern und Jerusalempilgern in Anschlag bringend: Reisen ist etwas prinzipiell anderes als jene historische Mobilität der Menschen aus beruflichen, lebenserhaltenden Gründen. Ganz allgemein aber ist Reisen um des Reisens Willen unserer Moderne zuzuordnen, es hat mit der Modernisierung einer Gesellschaft zu tun, in der Freizeit eine neue und markante Kategorie geworden ist. Tourismus hat auf andere, neue Weise mit Lebenserhaltung zu tun.

Diesen Sachverhalt teilt das Reisen mit der Entdeckung der Region in der Moderne als „Kultur"-Region und der Erfindung einer Wissenschaft Volkskunde. Man kann die Regionalisierung von Kultur in verschiedener Weise interpretieren. Fest steht, daß eine Kultur, die immer – und einfach so – schon da, selbstverständlich und nicht eigens thematisiert war, unter den Bedingungen der Moderne eine neue Bewertung und eine neue Qualität zugesprochen bekam und damit nachdrücklich in neue und sie grundsätzlich verändernde Zusammenhänge gerückt worden war. Nichts war mehr so, wie es einmal, als Selbstverständlichkeit und ohne von einer Wissenschaft zum Gegenstand gemacht geworden zu sein, existiert hatte. Man kann diese unsere Wissenschaft als eine Strategie, ein Instrument der bürgerlichen Gesellschaft ansehen, mit dem die Moderne erträglich, aushaltbar gemacht werden sollte. In dieser Hinsicht ist die Volkskunde, bei aller Beharrung und Rückwärtsgewandtheit, die sie gepredigt hat, immer zugleich auch höchst modern gewesen. Ihre Suche nach Frühzeit und Archaik, nach dem Echten im eigenen Land, das sie dann, sich selbst modernisierend, „Region" nannte, war trotz des behaglichen Kaminplaudertons, den sie gelegentlich anschlug, immer von höchster Aktualität und zugleich von unheimeliger, gefährlicher Brauchbarkeit. Volkskunde wirkte als Modernisierungsagentur, sie dämpfte die Erfahrungen der gesellschaftlichen Beschleunigung durch statische Bilder aus dem eigenen Land und den bereisten Regionen nebenan. Sie lieferte die Geschichten darüber, wie die Menschen eigentlich seien, umgab auch die Entfremdeten mit der Firnis einer bäuerlichen Herkunft, einer regionalen und humanen Erdung.

V.

Nicht zu allen Zeiten also reisten die Menschen und es reisten nicht alle Menschen. Die erste allgemeine Verunsicherung über den Tourismus war die Entdeckung seiner Massenhaftigkeit. Und Masse ist eine Kategorie, ein Aggregatzustand des Menschseins, der den reisenden Eliten zuwider ist. Das mit Innerlichkeit als Kapital aufgerüstete Breitbandbürgertum des endenden 19. Jahrhunderts, einer Epoche der Sommerfrische, wähnte sich eingeklemmt und fremdbestimmt von zwei materialistischen Welten: der industriellen Bourgeoisie der materialistischen, geschmacklosen Reichen, die sich gigantische Palais baute, wie die Stahlkocherfamilie Krupp in Essen; auf der anderen Seite drängte und drohte das als zutiefst materialistisch geltende Proletariat, das als „Masse" Angst machte.

Das Reisen der sogenannten Massen (die lange noch keine Reisemassen waren) wurde zum ästhetischen Problem. Der Ekel entzündete sich um

1900 – zur gleichen Zeit entstanden die nationalen und regionalen Volkskundeorganisationen – früh in den Heimatschutzbünden an äußerlichen Merkmalen: als Kritik an einer veränderten, mit Reklame verunzierten, städtisch gemachten Landschaft, die nicht mehr so ländlich war, wie man sie sehen mochte. Unbehagen als Kritik an der Zurichtung des Landes für die Vielen formulierte sich bei den Vielen und später noch an den sogenannten Heimatabenden, an denen die Dichotomie von „echt" und „unecht" exekutiert wurde. Die Spuren des Reisens waren deutlicher geworden als die von den elitären Wenigen hinterlassenen. Aber diese Spuren signalisierten auch, daß das Privileg der Wenigen sich nun als demokratisiert zeigte; die schmalen, wenig begangenen Pfade wurden zu Wegen und schließlich zu Straßen und Rollbahnen. Immer neue Pfade mußten getreten werden, sie alle erlitten das Rollbahnschicksal. In dieser, in den Kategorien der Ästhetik formulierten Kritik, verpuppt sich, bis heute und oft unausgesprochen, eine kaum verhaltene wertkonservative und fundamentalistische Kapitalismuskritik. „Der Tourist im Hochgebirge, ein Handbuch zur Bereisung des Hochlandes Salzburg", von Rudolph Hinterhuber 1855 verfaßt, beschreibt soziale und kulturelle Gegensätze:

> „ein schlichter Bauer mit dem Stumpfpfeifchen, eine Dame in Schleier, elendes Fuhrwerk und glänzende Equipagen, eine sich dahinschleppende Cretine, ... hier stattliche Männer in Gesellschaft von Knappen, eine Dame auf einem Esel reitend, ein Häuflein Touristen, ein fröhliches Berglied anstimmend".[2]

Die Elite machte aus dem Adelsprädikat „Tourist", das war es zu Zeiten der Grand Tour und in Hinterhubers 19. Jahrhundert ja gewesen, ein Schimpfwort. Obwohl: auch beim Aufenthalt in Gastein und auch zuvor schon, bei der Grand Tour, waren es vielbegangene und elaborierte Wege, die man ging, die alle gingen; man denke an James Boswells Schilderung seines Besuches bei Voltaire oder an die Besuche der Reisenden beim schweizerischen Musterökonom Kleinjogg. Auch solche Wege mit ihren Halte-Punkten galten der Selbstverständigung einer Klasse, man ging sie eben unter seinesgleichen.

„Wo andere Leute auch hinfahren, meint er. Ida und Klaus beispielsweise jedes Jahr nach Gomera. Macht das bloß nicht, sagen die beiden. ‚Die haben dort das Ufer zubetoniert und einen Flughafen gebaut. Es wimmelt nur so von Touristen und was für ein Volk!'", so steht es in der ZEIT vom

---

[2] Rudolph Hinterhuber, S. 63

12. 6. 1992. Den heutigen Zwang, ständig den Ort wechseln zu müssen, verdanken die Eliten den Touristen, jener Klasse, die sich dekorieren läßt für die Treue, mit der man 20 Jahre an einem Ort Urlaub gemacht hat und die diesen Ort dann als zweite Heimat bezeichnet; sind sie nicht die wahren sanften Touristen? Seit Ferien und Urlaub überhandnehmen, sind Touristen überall. Sie sind überall und allem auf den Fersen. Wer unverwechselbar werden will, muß sich deutlich, und zwar symbolisch abgrenzen, von ihnen unterscheiden: durch die geschmäcklerische Abneigung gegen das Verhalten der Touristen, was nur eine Variante der alten Klassenverachtung ist, oder durch progressive, alternative Abgrenzung, die sich gegen die Blödheit herrschender Ideologien richtet, denen die Vielen ausgeliefert seien. Kurz: sowohl der elitär-reaktionäre Tourist wie der aufgeklärt-sanftalternative brauchen den Massentouristen als Fremden, als Anderen, um sich selbst ausreichend konturieren zu können. Nur so läßt sich aus dem Reisen – trotz, genauer noch – mit dem Lamento über die Unmöglichkeit des Reisens, dem man dennoch ein Schnippchen schlägt, heutzutage fertig werden und sogar noch Prestige ziehen. Ein Buch mit dem Titel: „Erstes Allgemeines Nicht-Reise-Buch"[3] nimmt den Ferienmenschen ins Visier, spielt eher kokett mit einer neuen Möglichkeit der Distinktion, nämlich das Reisen ganz zu verachten. Wäre der Massenurlauber passée, müßten wir ihn erfinden – und vielleicht ist das auch geschehen. Wir selbst sind jedenfalls keine – wir machen uns anheischig, selbst in der Gruppenreise der Masse noch ein Schnippchen zu schlagen.

VI.

Im Verlauf der letzten 100 Jahre, besonders aber seit den späten 50er Jahren unseres Jahrhunderts, war die entspannte Selbstverständlichkeit des Reisens der Wenigen längst der sicheren Überzeugung gewichen, daß Reisen eine fragwürdige Sache sei, zumal der Massentourismus, über den Theodor Fontane schon 1873 – eigentlich zu früh – wußte: „Zu den Eigentümlichkeiten unserer Zeit gehört das Massenreisen".

Reisen war solange unproblematisch, solange die Eliten reisten und unter sich blieben und das Reisen ihnen als Selbstverständigungsmuster dienen konnte. Tourismuskritik beschränkte sich – oft bis in die 50er Jahre – auf die Beschwerlichkeiten des Reisens. Erst in den 70er Jahren wird, nach dem Massenreisen, das Reisen überhaupt suspekt. Es entbehrt nicht einer

---

[3] Andrea Wörle – Lutz-W. Wolff: Erstes Allgemeines Nicht-Reise-Buch. München 1990.

gewissen Pikanterie, daß der Generalbaß moderner Tourismus-Kritik eine Kritik am Reisen der Vielen, Allzuvielen ist, also eine Kritik am Verlust der Exklusivität, eine Kritik an der Demokratisierung des Reisens. Sie setzt ein, als die Klasse der Reisenden ihr Untersichsein einbüßt. Dennoch wird diese Kritik längst auch von jenen vorgebracht, denen eben jene Demokratisierung des Reisens zugute gekommen war. Das größte Problem des Menschen ist, daß es ihn gibt – und das in großer Zahl. Aber es ist nicht nur ein Problem der Zahl, sondern auch eines der Auswahl.

Dennoch, die Feststellung, der Tourismus sei in unserer Gesellschaft das „letzte Tabu", stammt nicht umsonst aus einem Tourismusland, aus Österreich, und von einem Großstädter, sie stammt von André Heller. Wenn das mit dem Tabu so stimmt, dann wären die Ausrichter des Kongresses Tabubrecher. Das ist eine für Volkskundler fürwahr ungewöhnliche Einstufung. Aber es ist an dieser Tabu-Bemerkung etwas dran. Tourismus hat etwas mit der Großstadt zu tun, hat mit Erfahrungen und Empfindungen der Entfremdung zu tun. Er ist, wie die Volkskunde und die Regionalisierung von Kultur als Handsammachung und Egalisierung der Regionen, eine Antwort auf Entfremdung. Und: am Tourismus darf kaum prinzipiell, allenfalls graduell Kritik formuliert werden. Er müsse kanalisiert werden, so hört man allenfalls, dürfe sich nicht gegen die einheimische Kultur richten und solle die Bereisten nicht kolonisieren.

Wichtig ist für unsere Argumentation, daß in der Behauptung seiner Tabuisierung anklingt, daß der Tourismus auch eine soziale Errungenschaft ist und deshalb nicht zur Disposition steht. Er ist Bestandteil des modernen Jahreslaufs und als solcher der Alltags- und Volkskultur zuzurechnen. Die innere Unruhe, das Reisefieber, das eine innere gesellschaftliche Uhr in uns entstehen läßt, erfaßt uns regelmäßig.

VII.

Beide, Volkskunde und Tourismus, haben eine gemeinsame Geschichte, sie sind wie Bruder und Schwester, symbiotisch aufgewachsen. Beide sind Ergebnis genau jener gesellschaftlichen Veränderungen gewesen, gegen die sie beide scheinbar Front machen. Der Tourismus kritisiert den modernen Alltag, er soll die Entfremdung in der Arbeitswelt kompensieren. Die kostbarsten Wochen des Jahres gelten als die bessere Welt, in der man sich entspannt, abschaltet, wo man Mensch ist, „lebt".

Die Volkskunde fungiert, das darf man verkürzen, als Wissenschaft von den Selbstverständlichkeiten. Auch sie hat Front gemacht gegen die Entfremdung, gegen die vermeintliche Entfernung vom Ursprung, vom Humanen. Sie argumentiert gegen das Neue: gegen die Vermassung, gegen die Großstadt, sie sensibilisiert gegen Entwurzelung, Anonymisierung und sie mobilisiert gegen Bürokratien und Massenorganisationen (hoffentlich). Freilich hat sie diese neuen Erfahrungen der Entfremdung auch mitformuliert. Anders gesagt, sie hat das Leiden der Menschen an der Moderne als Erfahrung in Worte gefaßt und damit erst erfahrbar gemacht. So erfahrungsgeleitet, konnten der gesellschaftliche Wandel und die Modernisierung der Gesellschaft vom Bürgertum und der bürgerlichen Hilfs-Wissenschaft Volkskunde auf den Begriff gebracht, gar nicht anders denn als Leiden wahrgenommen werden. Der Wissenschaft, die sich immer einen populistischen Anstrich gegeben hat, kam eine wissensvermittelnde und wissensorganisierende Rolle zu. Gleichzeitig aber wurde ein Remedium angeboten. Eine Gegenwelt, in der Räume unverbraucht und unverbaut sind, in der Bauern noch Natur und in der gesteigertes Bei-sich-Sein noch möglich, ja normal und üblich sei. Eine Heimat wurde postuliert, in der das Individuum autonome Mitte sei. Die Volkskunde hat dabei ein Landleben imaginiert, von dessen Bildern und Ausblendungen wir noch heute zehren. Sie hat die Region des Ländlichen als eine bessere Welt nebenan ausgemalt: anders und fremd, aber doch zuhause und unsere eigene Herkunftsgeschichte enthaltend. Wie eine exotische Stammeskultur im eigenen Land. Erzählend, daß alle und jeder irgendwann bäuerlicher Herkunft gewesen sei.

VIII.

Nun geht der Tenor kulturkritischen Lamentierens dahin, daß das Reisen der Zerstörer der Kultur des Landes gewesen sei. Demgegenüber will ich die These setzen, daß der Tourismus das Land als kulturelles Phänomen so erst geschaffen habe, als jene Region des anderen, des Fremden, in der die Exotik des Nahen wirksam wird.

Die Geschichte des Reisens und die Geschichte der Moderne mit der Geschichte der Regionalisierung von Kultur sind die Geschichten gescheiterter Träume. Das Reisen hat sich als die „vergebliche Brandung in der Ferne" entpuppt. Die Geschichte der Moderne ist die Geschichte des verfehlten Fortschritts geworden, von dem man nicht mehr spricht. Derzeit werden die Gestehungskosten des Fortschritts kritischer gesehen als je zuvor und die Fortschrittsmetaphern werden nur noch in distanzierende Gänsefüßchen gesetzt, mit Gummihandschuhen angefaßt. Ohne eine Richtung noch couragiert anzudeuten, wie vor 20 Jahren, spricht man heute vom „Umbau" der Gesellschaft.

Die Regionalisierung von Kultur ist der Versuch, angesichts der Unübersichtlichkeiten der Moderne, durch die Reduktion auf Handhabbarkeit und Überschaubarkeit, die Komplexität auf ein erträgliches Maß zu bringen. Es ist der Versuch, die verlorene Einheit, die durch Arbeit und Freizeit durchgrenzt worden ist, wenigstens in einem der Pole, der Freizeit nämlich, aufzuheben. Nun will ich Richard Wagner nicht zum Reisetheoretiker ummünzen, aber ich will doch seinen Sehnsuchtsbegriff „Gesamtkunstwerk" nutzen und auf den Menschen umprägen: auf die Sehnsucht nach der Einheit der Person, die Sehnsucht nach Identität. Sie ist in der Moderne für die Mehrzahl der Menschen in der Arbeitswelt offenbar (so die Interpretamente) nicht mehr zu verwirklichen. Deshalb werden die Versuche, sie zu finden, in der Freizeit verortet.

IX.

Für die Freizeit arbeiten in Deutschland 1.500 Reiseveranstalter, große und kleine. Sie bringen Jahr für Jahr 250 Millionen Reisekataloge in Umlauf. Nicht, daß danach alle Leute verreisen, nein 90 % des Papiers landen im Papierkorb, ohne dem Austeiler sichtbaren, direkten Nutzen gebracht zu haben. Kostet das Exemplar Hochglanzkatalog auch nur 2 Mark, dann hätte die Branche immerhin eine halbe Milliarde Mark (oder 3,5 Milliarden Schilling) investiert.[4] Die Kataloge wirken aber auf subkutane Weise. Denn es gibt ja jene Umwegrentabilität, die sich doch auszahlt, weil sie jährlich neu die Stimmung für Urlaub reproduziert und, ähnlich wie die Lebkuchen und Süßigkeiten in den Supermärkten vor Weihnachten, diese Stimmung naturalisiert. Auf Bedürfnislagen wird locker reagiert, der Zeitgeist läßt es opportun erscheinen, Umweltbewußtsein zu demonstrieren. Es gibt nun Umweltpapier, wenn schon nicht für die Kataloge, die der Bilder wegen in Hochglanz bleiben müssen, dann wenigstens für die aktualisierten Preislisten; die Farbfotos müssen bleiben, sie sind „unverzichtbar für hochwertige Reiseangebote", so ein Airtours-Manager. Jeder fünfzehnte Katalog bringt dort, so wird errechnet, einen Urlaubsgast. Es gibt Leihkataloge und Videokassetten, und Tchibo-Oho-Reisen als elektronische Präsentationsform. Die Buchung erfolgt per Telefon. Eigentlich sind wir dann schon längst gereist. Unsere Augen sehen wie Kameras, die ihre Bilder schon vor der Abfahrt aufgenommen haben.

---

[4] Die Zeit v. 27. März 1992, S. 88.

Ende Mai 1992 fiel aus einem Magazin eine Broschüre: „Ein Traum ging in Erfüllung", offerierte darin die Mickeymaus. „Nur hier macht Urlaub wirklich Spaß". „Superspaß und Eßgenuß gehen Hand in Hand in Euro-Disneyland", so versprach die Anzeige. Wie sehr das offenbar stimmt, zeigte eine Meldung der Süddeutschen Zeitung vom 10. Juni 1992; den Urlaubern mußte am Pfingstwochenende der Einlaß zum Paradies kontingentiert und schließlich verwehrt werden.

Reisen sei die „Kunst der Enttäuschung", so hat R. L. Stevenson in einem Aphorismus gemeint. Das scheint es, was gelernt wird und was als die Freudsche Rindenbildung oder als Enttäuschungsfestigkeit fit für den Alltag macht und so Überleben ermöglicht.

X.

Harter Tourismus ist das offenbar, dem die Sensiblen den sanften Tourismus an die Seite gestellt haben. Robert Jungk hatte 1980[5] einem harten Reisen der Vergangenheit ein sanftes der Zukunft entgegengestellt. Freilich funktioniert die binäre Opposition nur, wenn man verabsolutiert und wenn man die Distinktion zum Touristen sucht, um sich selbst als Reisenden darzustellen. Dann steht gegen den bösen Massentourismus, der durch wenig Zeit, schnelle Verkehrsmittel, durch die Sucht nach „Sehenswürdigkeiten", durch wenig oder gar keine geistige Vorbereitung charakterisiert sein soll und dem durch Überlegenheitsgefühl, das Mitnehmen von Souvenirs, durch bloßes Knipsen, den Kauf von Ansichtskarten und durch laute Neugier nur verabscheuungswürdige Attribute attestiert werden, das noble, sanfte Gegenstück. Es ist durch Einzel-, Familien- und Freundesreisen ausgezeichnet, durch viel Zeit, angemessene, auch langsame Verkehrsmittel, durch Erlebnisse (statt bloßem Konsum von Sehenswürdigkeiten), vorhergehende Beschäftigung mit dem Besuchsland, durch Lernfreude, durch Erinnerungen, Aufzeichnungen, neue Erkenntnisse, es ist durch Fotografieren (welcher Gegensatz zum bloßen Knipsen!), durch Zeichnen und Malen, durch Taktgefühl und Leisigkeit bestimmt[6]. Nicht schwer zu erkennen ist, daß es sich hier um Tugenden der bürgerlichen Innerlichkeitskultur des 19. Jahrhunderts handelt[7], die nun, als sanfter Tourismus verkleidet, die Kolonisierung des Landes und der Regionen rückgängig machen sollen.

---

[5] GEO-Magazin 10/1980.

[6] Rolf Wilhelm Brednich: Tourismus und regionale Kultur. In: Allmende 1/1981, S. 150–152.

[7] D. Kaltbrunner: Der Beobachter. Allgemeine Anleitung zu Beobachtungen über

Aber bereits die „sanft" genannte Interpretationskultur kolonisiert die anderen Lebenswelten. Die bürgerlichen Reiseideale, die einst der Kolonisierung, der touristischen Landnahme den Weg bereitet haben, sollen nun als Remedium dienen.

Die Trennung in Reisende und Bereiste funktioniert längst nicht mehr. Wir haben gelernt, die Region mit dem Auge des Touristen wahrzunehmen. Gerade dort, wo wir uns zuhause fühlen, verdanken wir dies ausgiebigster Reflexion. Seit wir schließlich gelernt haben, die Heimat zu lieben und ihre Schönheit bewußt und ausdrücklich wahrzunehmen, sind wir selbst Touristen geworden. Erschreckt entdecken wir zudem, es ist die gute alte volkskundliche Denk- und Sehtradition, die sagt, daß das „Volk" nicht unsere Maßstäbe des Schönen teilt. Die ärgerlichen Dorfverschönerungsaktionen mögen das belegen; das Volk ist immer noch „widerständig". Es bleibt Acker unserer ästhetisierenden Besserungsbemühungen. Unser Schönheitsempfinden soll ihre Lebenswelten auszeichnen. Die Werte der Reisenden kolonisieren die Lebenswelten der Bereisten.

Wer klagt denn über die Zerstörung der Kultur, wo regt sich Widerstand gegen den Ausverkauf? Wer ist es eigentlich, der klagt, um was für ein Land, was für eine Region handelt es sich? Es sind, so wird man sagen dürfen, die urbanisierten Ruralisten, die Eliten, die auf neue und manchmal sogar erschreckende Weise den biologisch-lokalen Geburtsadel zum Ausweis für Mitsprache in Angelegenheiten der Region machen. Solche Legitimität des Heimatlichen, die biologisch (nicht ökologisch!) die Zerstörung der Heimat und der Region den Fremden anlastet, begeht einen Denkfehler.

Nichts nämlich zeigt so sehr, wie der oft zitierte und beklatschte „Aufstand der Bereisten", daß die Bereisten längst zu Touristen geworden sind. Nicht nur, weil auch die Bereisten und Dienstleister im November und Dezember selbst reisen. Viele von ihnen sind Touristen im eigenen Land, wie wir alle. Daran gibt es nichts zu deuten, aber auch nichts zu dramatisieren. Es handelt sich um eine neue Sicht, um eine Perspektive, mit der wir das Eigene als exotisch und, als Fremdes aufgeputzt, als Kontrast wahrnehmen.

Hinter der Kulisse des Heimatlichen hat sich längst eine andere Alltagskultur etabliert, die gerade durch die Kulissenhaftigkeit der zur Schau gestellten Regionalkultur in ihrem Bestand geschützt scheint. Sie ist freilich

---

Land und Leute für Touristen, Exkursionisten und Forschungsreisende (nach dem „Manuel du Voyageur"). Zürich 1887.

auch dadurch geschützt, daß sie selbstverständlich ist, daß sie die großen Töne des Brauchtums der kulturellen Verbände nicht kennt und deshalb nur schwer in kulturindustrielle Verwertungszusammenhänge eingebracht werden kann. Man kann also fragen, ob jene historisierte, relativ statische Exo-Regionalkultur nicht auch als hilfreich gedeutet werden kann: in dem Sinne, daß sie den sich stets verändernden, mithin lebendigen Endokulturen einen Schirm bietet.

XI.

Als die Gemeinde Hof bei Salzburg 1990 zur 1200-Jahr-Feier eine Festschrift herausgibt, da findet sich ein Gedicht, lokale Selbstfeier, wie sie wohl alle Gemeinden heute kennen. Es heißt dort in einer der 14 Strophen:

> „Wer's in Hof will zu was bringen,
> muß hier tanzen, spielen, singen,
> Sport betreiben oder wandern,
> nicht so faul sein wie die ander'n.
> Welches Steckenpferd man wählt,
> nur Verein und Ausschuß zählt.
> Hof – ein Dorf, das sich bewegt,
> Gemeinsamkeit und Brauchtum pflegt."[8]

Wir sind am Ende des Selbstverständlichen angelangt. Die Modernisierungsagentur Volkskunde hebt die bisherigen Alltäglichkeiten in ein neues Licht. Sie erzählt Geschichten über die Alltage der eigenen Lebenswelt und die der anderen. Die moderne Klage, daß der Tourismus die Kultur der Regionen zerstört habe, ist so alt wie der moderne Tourismus selbst. Die Klage ist falsch. Der Tourismus hat die regionale Kultur so erst erschaffen.

Volkskunde, jene glücklicherweise offene, „halbvollendete" Wissenschaft (so nannte sie Riehl) hat Fund und Erfindung gut aufgemischt. Sie half die Sehnsucht nach dem Echten erst zu formulieren und zu popularisieren, indem sie das Rettende in die Nähe der Menschen legte, regionalisierte. Die „gewachsene" Kultur – welche Wortbildung und welcher Echtheitsfetischismus – erlebt in der lokalen Selbstfeier und in der lokalen Selbstinszenierung, bei der Reisende und Bereiste gemeinsam auf der Bühne

---

[8] Festschrift zur 1200-Jahr-Feier (790–1990) der Gemeinde Hof bei Salzburg. 1990, S. 8.

stehen, ihre hypertrophe Ausformung: als Ästhetisierung der Lebenswelt, hinter der allemal Alltage verborgen sind und vielleicht auch geschützt sind. Solche Dramaturgie läßt hoffen.

Die neuen Dörfler, die Villagisten und Ruralisten, erleben sich in ihrer Lebenswelt nicht mehr selbstverständlich, sehnen sich aber nach sich selbst als Gesamtkunstwerk: echt und authentisch, verwurzelt. Die Wurzelmetapher ist neu, die Worte Identität, Authentizität noch jünger.

Das Land ist Land-Art, Zitat seiner selbst, seiner einstigen Bedeutung, es ist der Ort, an dem Landleben zum Ideologem geworden ist. Selbst die Gemütlichkeit ist eine Inszenierung des Selbst als regionale oder nationale Mentalität. Die bayerischen Biergärten werden – mit Recht – längst als „schützenswertes Kulturgut" bezeichnet und für den Heurigen läßt sich das nämliche sagen.

Sogar die Gemütlichkeit ist eine Inszenierung des Selbst als regionaler Mentalität. Sie geschieht mit den Mitteln der Vergangenheit und ist dort, wo sie ins politische Kalkül eingelagert ist, auch zur Farce verkommen. Das Hockenkönnen, das betonte Sich-Zeit-Lassen, hat in seiner Gegenläufigkeit, als Hinweis auf einen anderen Lebensentwurf, für uns Heutige eine neue Qualität. Es ist nicht mehr selbstverständlich, sondern ausdrücklicher Hinweis auf unseren Lebensstil, der bei aller Unübersichtlichkeit seine Lokalisierung sucht. Der Biergarten, „schützenswertes Kulturgut", und seine Renaissance (die Zeitungen bringen jährlich als Sonderveröffentlichung – dieses „Sonder-" ist das nicht mehr Selbstverständliche – „Die Biergärten der Regensburger") sind unser Ausdruck, unser schwacher Protest gegen die Hektik und Aufregung, die wir auch lieben. All das steht gegen die Geschwindigkeit, die uns umgibt und auf die wir uns täglich einlassen. Unser allenfalls punktueller Widerspruch, das Einklagen des eigentlichen Lebens im Sich-Zeit-Lassen, ist aber gerade im Widerspruch gleichzeitig und mehr noch die Zustimmung zur Moderne.

Jene Regionalisierung, in der Heimat aufgehoben, also bewahrt und überwunden ist, hatte sich im Tourismus bereits verwirklicht, während sie im neu erwachten Nationalismus gerade revidiert zu werden droht. Längst gibt es den Trümmertourismus in den Libanon, nach Irland und nach Kroatien. Krieg wäre dann ein neues Signet, das eine Region touristisch unverwechselbar machen kann. Auch das wäre eine touristische Kulisse, die den Alltag verstellt, verdeckt – ob sie ihn schützt?

SILKE GÖTTSCH, FREIBURG I. BR.

Frühe Tourismuskritik in der Heimatschutzbewegung

In der 2. Hälfte des 19. Jahrhunderts beginnt die Geschichte des modernen Massentourismus[1] und auch die seiner Kritik, deren engagierteste Protagonisten aus der Heimatschutzbewegung kamen. Tourismuskritik, so die These, ist Gesellschaftskritik, das heißt, sie ist nicht universell zu verstehen, sondern nur erklärbar aus ihren historischen Dispositionen, sagt also etwas aus über die gesellschaftlichen Strukturen der Zeit, in der sie formuliert wird. Um das zu verdeutlichen, sei ein kurzer Rückblick in das beginnende 19. Jahrhundert gestattet.

1823 vermerkte die spätaufklärerische schleswig-holsteinische Zeitschrift „Staatsbürgerliches Magazin", daß es in Schleswig-Holstein mittlerweile vier Badeanstalten gäbe, die Bewertung dieser Entwicklung folgte dem Tenor der Zeit: es wird vor der Sucht, solche Einrichtungen zu erbauen, vor ihren Folgen gewarnt:

> „Mögen sie zur Beförderung der körperlichen Gesundheit beitragen, ohne größere Nachtheile zu bringen, die unfehlbar eintreten, wenn die Badeörter nur dazu dienen, die Vergnügungssucht und die Neigung zum Luxus zu vermehren."[2]

Nun war die Zahl derjenigen, die damals die Badeanstalten der Ostsee und Nordsee besuchten, gering. 1825 führte das Fremden- und Badeprotokoll von Wyk auf Föhr insgesamt 185 Personen auf, immerhin 47 mehr als das Jahr zuvor und 111 mehr als noch 1822[3] – beträchtliche Steigerungen also in einer Zeit, die vom modernen Massentourismus noch weit entfernt war. Veränderungen, die in der Folge dieser Entwicklung eintreten könnten, wurden lebhaft diskutiert. Während die einen sich eine Hebung

---

[1] Vgl. dazu Hans Magnus Enzensberger: Eine Theorie des Tourismus. In: ders. (Hg.): Einzelheiten I. Frankfurt/M. 1962, S. 147–168 und Hans Werner Prahl und Albrecht Steinecke: Der Millionenurlaub. Von der Bildungsreise zur totalen Freizeit. Darmstadt und Neuwied 1969.

[2] Staatsbürgerliches Magazin 2, 1823, S. 523.

[3] Schleswig-Holsteinische Provinzialberichte 1825, S. 101.

des allgemeinen Wohlstandes erhofften, beklagten die anderen bereits laut den damit einhergehenden tatsächlichen oder befürchteten Wandel. Dabei wird auf die Wechselwirkung Einheimischer – Tourist besonders hingewiesen. So beklagte ein Chronist, daß in die Bäder

> „nicht die besten, wohl die kränklichsten Menschen (gehen), und unter diesen nicht selten solche, die selbst verschuldet ihre Uebel sich zugezogen haben, und Gift im Herzen tragen. Andere sind so vornehm und abgesondert, daß sie nur als Bilder auf die Einbildungskraft wirken; und diejenigen, die sich mit den Einwohnern assimilieren, hinterlassen selten etwas Wesentlicheres als etwas Kenntnis des großen Welttons und einen die Einwohner selten glücklicher machenden Geschmack an bunten Schawls, italienischen Hüten und bespornten Stiefeln"[4].

Das Entstehen neuer Bauten, wie Hotels, und damit die Veränderung der Siedlungsstruktur, wurde übrigens (noch) nicht beklagt, auch die den Badegästen angebotenen Unterhaltungen wie Tanz oder Theateraufführungen wurden eher beifällig aufgenommen, nur in Kiel, wo 1828 eine Badeanstalt eingerichtet wurde, fürchtete man um den Fleiß und die Disziplin der dortigen Studenten.

Die Klagen über das Reisen und seine Auswirkungen bleiben also ganz den Maximen des aufklärerischen Nützlichkeitsdenkens verhaftet. Die kritischen Bemerkungen finden sich eher beiläufig in den Berichten, das Problem „Tourismus" war für die Zeitgenossen wohl eher marginal.

Eine Infrastruktur, die das Reisen breiterer Schichten erst ermöglichte, entstand im Laufe des 19. Jahrhunderts: Eisenbahn, Dampfschiffe, Reisebüros, Reiseführer erschlossen immer neue Gebiete. Nun ist der Tourismus nicht als ein von der übrigen Entwicklung abgekoppeltes Phänomen zu sehen, sondern eng verknüpft mit einer wachsenden Vereinnahmung der Welt im 19. Jahrhundert, das hat Hans Magnus Enzensberger in seinem Essay gezeigt[5]. Und so entstand im Zusammenspiel mit Zivilisationskritik und Technikfeindlichkeit, die weite Teile des Bürgertums am Ende des 19. Jahrhunderts ergriff, auch eine breitere Kritik am Tourismus, die in manchen Punkten an der spätaufklärerischen Tradition anknüpfte, in vielen aber weit über jene hinausging. Den verschiedenen Ebenen die-

---

[4] Schleswig-Holsteinische Provinzialberichte 1828, S. 562.

[5] Enzensberger (wie Anm. 1).

ser Kritik möchte ich anhand der Zeitschrift „Kunstwart"[6], einer damals weit verbreiteten Zeitschrift, die geschmacksbildend auf die (klein-)bürgerlichen Schichten wirken sollte, nachgehen. Sie wurde vom Dürerbund, dessen Vertreter Ferdinand Avenarius war, herausgegeben. Er zeichnet auch für die meisten der im folgenden zitierten Artikel verantwortlich. Meine Auswahl beschränkt sich auf den Zeitraum 1890–1914[7].

Den Tenor der Kritik legte Ernst Rudorff, Professor für Musik an der Berliner Musikhochschule, einer der Väter des Heimat- und Naturschutzes[8] in Deutschland in einem Aufsatz nieder, der 1880 unter dem Titel „Ueber das Verhältniß des modernen Lebens zur Natur" in den Preußischen Jahrbüchern erschien. Rudorff prangerte den „schonungslosen Realismus" an, dem der Mensch die Natur unterwerfe. Diesen Realismus machte er einerseits in der Durchführung der Agrarreformen, der Verkoppelung aus, die die Natur einer rationelleren Bewirtschaftung zugänglich mache:

> „In Nord- und Mitteldeutschland ist man in diesem Sinn bemüht, gelegentlich der Verkoppelungen und Gemeinheitstheilungen das bunte, anmuthige Land zu einem möglichst kahlen, glatt geschorenen, regelmäßig gevierttheilten Landkartenschema umzuarbeiten ... Die Bäche, die die Unart haben, in gewundenem Lauf sich dahinzuschlängeln, müssen sich bequemen, in Gräben geradeaus zu fließen. Der Begriff des Feldweges, als eines Fußpfades, der sich in ungekünstelter Linie bald zwischen wogenden Aehren, bald über ein Stück Wiese dahinzieht, wie ihn im Laufe der Jahrzehnte und Jahrhunderte das Bedürfnis hat werden lassen, hört für die Wirklichkeit auf zu existieren. Hermann und Dorothea treffen einander zukünftig auf dem ‚Koppelweg', d.h. einem endlos in schnurgerader Richtung das ebene oder unebene Terrain durchschneidenden Ackerfuhrweg von 10–20 Meter Breite,

---

[6] Vgl. dazu Gerhard Kratzsch: Kunstwart und Dürerbund. Ein Beitrag zur Geschichte der Gebildeten im Zeitalter des Imperialismus. Göttingen 1969.

[7] Ich danke Frau Sylvie Hofstetter für ihre Mithilfe bei der Durchsicht des „Kunstwarts".

[8] Heimatkunst- und Heimatschutzbewegung waren personell vielfältig miteinander verwoben, vgl. dazu Klaus Bergmann: Agrarromantik und Großstadtfeindlichkeit. (=Marburger Abhandlungen zur Politischen Wissenschaft 20), Meisenheim am Glan 1970, und Karlheinz Rossbacher: Heimatkunstbewegung und Heimatroman. Zu einer Literatursoziologie der Jahrhundertwende. Stuttgart 1975.

dem sein alter ego, der ‚Koppelgraben', das moderne Substitut für den ehemaligen Wiesenbach, getreulich zur Seite läuft."

Nur im scheinbaren Widerspruch zu diesem ausbeuterischen Umgang mit der Natur stehe andererseits der „Naturgenuß", der dem Reisen als Antrieb zugrundeliegt. Touristen, so Rudorff, sei ein Sammelname „für eine Gattung von Leuten, deren gemeinsames charakteristisches Merkmal in nichts Anderem besteht als darin, daß sie alle möglichen Schönheiten und Merkwürdigkeiten der Welt zu ihrem Amüsement aufsuchen und absuchen". Was als Aneignung von Natur ausgegeben wird, gehorcht den Prinzipien der Industrialisierung, denn an erster Stelle steht der Genuß, der Konsum des Reisenden, dem die Natur unterworfen wird. „Man feiert die Natur, aber man feiert sie, indem man sie prostituiert"[9].

Um zu verdeutlichen, was damit gemeint ist, möchte ich eine der vielen Ironisierungen Rudorffs zitieren:

> „Der Kellner auf dem Rigi fragt: ‚Wie befehlen Sie? Zuerst Souper und dann Sonnenuntergang, oder in umgekehrter Reihenfolge? Für beide Eventualitäten ist gesorgt.' Der Sonnenuntergang rangirt neben Hummersalat und Champagner, Billardspiel und Conversation als einer der verschiedenen Artikel, die dazu bestimmt sind, dem Menschen auf amüsante Weise die Zeit todtschlagen zu helfen. Das erhabene Bild der Alpenkette hat den Rahmen für das elegante Treiben herzuleihen; es wird zur Decoration herabgewürdigt. Schließlich kommt kaum mehr allzuviel darauf an, ob der Effect von der Natur producirt oder mit Hülfe von Pappe, Farbentöpfen und allerhand Beleuchtungsapparaten künstlich hergestellt ist."

Dies sind sicher witzige Beobachtungen, zugespitzt zwar, aber doch den Kern treffend, der auch noch heute Gültigkeit zu haben scheint. Rudorffs Kritik am Tourismus läßt sich in folgende vier Punkte zusammenfassen:

1. die „Zurüstung" der Natur für den Genuß, den Konsum des Touristen, dazu gehören die infrastrukturelle Erschließung mit der Eisenbahn (in seinem Aufsatz diskutiert er die geplante Eisenbahn durch das rheinische Riesengebirge) und durch Hotels und Restaurants an

---

[9] Ernst Rudorff: Ueber das Verhältniß des modernen Lebens zur Natur. In: Preußische Jahrbücher 45, 1880, S. 263–267.

hervorragenden Aussichtspunkten wie z. B. dem Rigi. Daraus ergibt sich
2. die Degradierung der Natur zur Kulisse: Denn die Hotels und Restaurants verlängern das Leben der Großstadt in die Natur hinein. Eine Trennung zwischen Großstadt und Natur wird aufgehoben, nur der Blick aus dem Hotelfenster verweist noch auf den Ortswechsel.
3. die Einstellung des Touristen: Rudorff stellt die Frage: „Sind wir denn poetischer, idealer geworden, seit das Reisen en masse in die Mode gekommen ist?" Was er natürlich verneint, denn der Tourist will nur eine Veränderung des Ortes, um dort genau das zu tun, was er auch zu Hause tut.

„Bei den Meisten aber handelt es sich nur um eine Kneiperei in veränderter Form, höchstens zugleich um eine Befriedigung der Neugier. Hier wie dort dieselben Nichtigkeiten im Kopf und auf der Zunge, derselbe Plunder von Eitelkeit; Leichtfertigkeit, Albernheit, rein äußerlicher Vergnügungssucht; das Alles ist mit auf die Reise gegangen, und macht sich in freier Luft nur um so widerlicher breit."

Das Entzücken über die Idylle bleibt äußerlich, weil im gleichen Atemzug die Annehmlichkeiten des Großstadtlebens eingefordert werden.
4. die Auswirkungen auf die Bereisten: Die neue Art, Geld zu verdienen, hat etwas von Spielgewinst an sich. Eine ästhetische Bildung der Landbevölkerung durch die Touristen, wie Rudorff das eigentlich anstrebt, muß Illusion bleiben:

„Im Gegentheil: die Fremden machen ihm das Eigene fremd. Mit der ächten Liebe ist es vorbei, wenn der Gegenstand dieser Liebe zur Buhlerin geworden ist, die sich Jedem preisgiebt, dem darum zu thun ist, sie auf ihre Reize hin anzugaffen. Das hohle Treiben der Vergnüglinge wird den Leuten anfangs halb unverständlich, halb verächtlich erscheinen; allmählich verstricken sie sich selbst hinein, und so gesellt sich zur Unsolidität der materiellen Existenz als zweite Frucht die sittliche Verkommenheit."

Auch wenn wir nicht alle der vorgenommenen Wertungen nachvollziehen mögen, so sind doch die angesprochenen Problemfelder bis heute diskussionswürdig.

Mit ihnen hatte Ernst Rudorff bereits 1880 die Kritik der Heimatschutzbewegung am modernen Tourismus umrissen. Auch im Aufruf zur Gründung des Bundes Heimatschutz[10], der 1903 veröffentlicht wurde und an dem Ernst Rudorff wiederum maßgeblich beteiligt war, wird ausdrücklich auf den Tourismus Bezug genommen:

> „Man sollte nun meinen, die ungeheure Verbreitung eines modischen Naturkultes, wie er in dem außerordentlich gesteigerten Reisebedürfnis, in den die ganze Welt überschwemmenden Anpreisungen von Luftkurorten, schön gelegenen Sommerfrischen, Aussichtspunkten, kurz in der gesamten Fremdenindustrie zutage tritt, müsse im entschiedenen Gegensatz zu der auf anderer Seite herrschenden Nichtachtung idealer Gefühlswerte stehen. Leider aber ist dies doch nur in beschränktem Maße der Fall. Im Gegenteil: Vergnügungssucht, die sich für Naturbegeisterung hält auf der einen Seite und auf der anderen das Verlangen aus den Reizen der Landschaft und der Altertümlichkeit pekuniären Vorteil zu ziehen, sind in eine so verhängnisvolle Wechselwirkung getreten, daß gerade von dieser Seite her die schwersten Gefahren drohen. Durch die sogenannten ‚Erschließungen' und sonstigen Zurüstungen, welche sich Tal, Wald und Berg, Fels und Wasserfall, Dörfer, Städte und Burgtrümmer gefallen lassen müssen, durch Drahtseilbahnen, Hotelkästen, Walpurgishallen, Rübezahlburgen und zahllose andere schön sein sollende Geschmacklosigkeiten werden alle Ursprünglichkeit und wahre Schönheit in beinahe gleichem Maße zerstört, wie durch die Verwüstungen, die das Gefolge rücksichtsloser industrieller Ausbeutung der Natur bilden."

Die Konsequenzen, die aus diesen Feststellungen gezogen wurden, bestanden nicht darin, den Tourismus schlechthin zu verdammen, für seine Unterbindung zu plädieren, sondern in dem Bemühen, das Reiseverhalten in das ästhetische Erziehungsprogramm der Heimatschutzbewegung zu integrieren. Alljährlich erschien ein sogenanntes Reiseheft, das sich ausführlich

---

[10] Abgedruckt u. a. in: Karl Zuhorn: 50 Jahre Deutscher Heimatschutz und Deutsche Heimatpflege. Rückblick und Ausblick. o. O. o. J. S. 59–67; vgl. auch Rolf Peter Sieferle: Fortschrittsfeinde? Opposition gegen Technik und Industrie von der Romantik bis zur Gegenwart. München 1984, darin bes. das Kap. Heimatschutz, und Arne Andersen: Heimatschutz: Die bürgerliche Naturschutzbewegung. In: Besiegte Natur. Geschichte der Umwelt im 19. und 20. Jahrhundert, hg. v. Franz-Josef Brüggemeier und Thomas Rommelspacher. 2. Aufl. München 1989, S. 143–157.

den verschiedensten Problemen, die mit dem Thema „Reisen" verbunden sind, widmete.

Besonderes Gewicht wurde immer wieder auf das Thema der Industrialisierung, der Zurichtung der Natur gelegt: der Eisenbahnbau in landschaftlich besonders reizvollen Gebieten, z. B. auf der Kurischen Nehrung in Ostpreußen[11], oder der Plan für einen Aufzug in den Dünen einer nordfriesischen Insel wurden scharf attackiert[12]. Statt großstädtischer Hotelbauten wurde eine Rückbesinnung auf den heimatlichen Baustil gefordert. Das sind Vorstellungen, wie wir sie aus dem Programm der Heimatschutzbewegung kennen, die ich an dieser Stelle allerdings vernachlässigen möchte.

Interessanter scheint mir ein anderer Aspekt zu sein: Es war den Autoren durchaus klar, daß ihre Forderungen nicht durchzusetzen waren, solange die Interessen der reisenden Bürger sich nicht nachdrücklich von den Angeboten der Profiteure der Fremdenverkehrsindustrie emanzipierten. Unter dem Motto „der gute Tourist – der schlechte Tourist" wurde exemplarisch Verhalten beschrieben. Die zugrundeliegenden Wertungen verweisen auf die Intentionen solcher z. T. scharfzüngiger Kritik.

Die organisierte Gesellschaftsreise, vom Kunstwart despektierlich als „Herdenreise" bezeichnet, war auch in der Zeit um 1900 eine allgemein gebräuchliche Form zu reisen. In einer Glosse darüber heißt es:

> „In sieben Tagen ‚die Schweiz', so verspricht es der Prospekt. ‚Zweihundert Kollegen und Kolleginnen', wie das in Zürich die Straße zum Nachtquartier heraufkommt, lodengrün und moderot, wie das trappelt und trippelt und schnattert. Scheu räumen die Eingeborenen den Bürgersteig. Ein Spazierstock reckt sich weisend auf einen Kirchturm hin. Zweihundert Nasen wenden sich der Spitze des Spazierstockes nach. Und wenn sie alle wieder daheim sind, was wissen sie den Zurückgebliebenen Staunenswertes zu berichten! Soviel Meter tief ist der Wasserfall, und Schulzens wurden ganz naßgespritzt. Mit dem Mittagbrot da und da waren wir reingefallen ... Ja, man ist innerlich reicher geworden in diesen sieben Tagen. ‚Lehrreich' war's, sehr lehrreich und ‚ganz gemütlich'. Über die Schweiz hatte man übrigens nicht gesprochen, ‚man war ja selbst drin'."

Gegen diese ironische Schilderung wird – im gleichen Aufsatz – ein Ur-

---

[11] Kunstwart 26, 1913, H. 23, S. 389f.
[12] Kunstwart 17, 1904, H. 14, S. 91f.

laubserleben ganz anderer Art gesetzt: ein einsamer Wanderer, der morgens um vier in den heimatlichen Buchenwald ging und nachmittags auf einer Wiese gelegen hatte, „und er empfand etwas Heiliges, das fortan wie ein heimlicher, ahnungsvoll funkelnder Schatz tief, tief im Dämmer seines Bewußtseins liegt."

Der didaktische Tenor ist unüberhörbar, während der eine „mit seinem ganzen Menschen ein Stück Welt erfahren hat", hätten die 200 auch in das Kaiserpanorama oder ins Kino gehen können, auch dort hätten sie alles!!! gesehen.[13]

In diesem an sich kurzen Beitrag ist das ganze Erziehungsprogramm des Kunstwarts zum „guten Touristen" komprimiert.

Denn diesen treibt weder die Sucht nach ständig neuem Erleben noch „bildungsbürgerlicher Vollständigkeitswahn" um, sondern er wird geleitet von der Fähigkeit zur eigen bestimmten sinnlichen Wahrnehmung, aus der heraus sich ihm einzig und allein die Natur, genauer gesagt ihr ästhetischer Wert, erschließt. In ihrer ganzen Fülle öffnet sich die Natur allerdings nur dem, der gelernt hat, Kunstgenuß und Naturgenuß als eng miteinander verknüpfte Kategorien zu begreifen. So erklärt ein Autor, daß erst das Lesen des Gedichts „Der Erlkönig" von Goethe ihm ermöglicht habe, einen Wald bei Nacht intensiv zu erleben. Jeder Mensch müsse sich deshalb bemühen, diese „Technik des Genießens" zu vervollkommnen. Denn wahres Naturerleben erschließt sich nur dem, der bewußt zu empfinden versteht, nicht dem ganz unbefangenen und ungebildeten Menschen, denn

> „es handelt sich hier schon um ein Abstrahieren, sei es von Formen, sei es von den Farben, sowie von den Erinnerungen, Gedanken stofflicher Art usw., um eine bestimmte Gruppe von Erscheinungen allein, dafür aber mit gesammelter Kraft zu genießen... Lernen wir, heute ein Stück Natur nur auf seine Farbenwerte, morgen ein anderes nur auf seine Linienwerte hin zu betrachten, so thun wir also nichts besonders „Raffiniertes", so thun wir nur, was wir als Kunstgenießende alltäglich thun, jetzt auch gegenüber den Vorbildern der Kunst, der Natur"[14].

Mag die bisher dargestellte Kontrastierung Massentourismus versus Naturerleben durchaus noch unser Verständnis gefunden haben, zumal sich

---

[13] Kunstwart 26, 1913, H. 19, S. 69f.
[14] Kunstwart 5, 1891/92, 2. Septemberheft, S. 367.

darin einige der (noch) heute gängigen kritischen Anmerkungen zum Tourismus wiederfinden, macht die Darlegung, wie sich die Wahrnehmung von Natur konstituiert, mißtrauisch. Denn ihre „Zurichtung" auf ein rein ästhetisches Erleben, dessen Muster durch Kunst vorgegeben ist, und der Verweis auf die enge Verwandtschaft von Natur und Kunst lassen weiterfragen.

Die Fähigkeit zum Erleben von Natur wird ausgespielt gegen die Großstadt und ihre Lebensform, die aus der Natur heraus sich verstehende Kunst gegen Maler wie Liebermann, gegen großstädtische Literatur und gegen wissenschaftliche Erziehung[15], alles dies töte intensives Naturerleben ab.

Das Leben in der Natur, der Kontakt zu den Menschen auf dem Lande soll dazu führen, daß der Großstädter gesundet.

„Seid allein mit Luft und Licht, mit Pflanz und Tier, oder seid, wenn ihr Menschen verlangt, mit andersartigen Menschen bei Sichel und Sense, Segel und Mast, Hammer und Amboß zusammen ... Nur, daß es euch nicht ins Blaue hinaus, sondern zu den dunkeln, heiligen Gründen führe, in denen der Stamm wurzelt, dessen Zweiglein wir sind. Nur, daß wir etwas mit heimnehmen können, was wieder Heimatsgedanken und Heimatsgefühle treibt. Zum Leben selber müssen wir, vor dem steht die Großstadt, deshalb heraus aus ihr, wenigstens mit unserm innersten Ich, vor dem steht das Literatentum, deshalb heraus aus ihm. Es ist ein und dieselbe Naturentfremdung, die an der einen wie an dem andern verderblich ist.

Ich weiß aus Großstädten keine bessere ästhetische Erziehung überhaupt, ... Wer danach heimkehrt, gehört in unsere Reihen. Ihm wird der Respekt vor der großstädtischen Kunstkennerschaft gründlich abhanden gekommen sein, er wird die Hohlheit, die Poserei, die Kokettiererei des modischen Kunst- und Geistmachens bei Künstlern, Publikum und Kritik auf Nimmerwiedervergessen als das Erkennen, was sie sind. Zu einem Teil seines bleibenden Selbstes wird ihm zum Bewußtsein geworden sein, daß wir da in einer Falschkultur geistig siechen, die sich statt mit den Dingen mit Spielereien über die Dinge befaßt, ... Verächter der Großstadt sind wir nicht. ... Aber wir sind ihr Opfer, nicht ihr Herr,

---

[15] Kunstwart 21, 1908, H. 23, S. 319.

wenn wir den Boden unter uns, wenn wir verloren haben, was nur das Land uns geben kann. Viele Tausende haben's verloren. Sofern sie nicht schon zu Dekadenten entartet und sofern sie noch fähig sind, die Gefahr zu sehn, gibt ihnen allein der Zusammenhang mit der Natur zum Sondern von Nutzen und Schaden auch im Großstadtgetriebe den Blick. Deshalb erhält ihn auch für die Segnungen der Großstadt allein der Segen des Landes gerecht"[16].

Die Kritik am Tourismus und an den Touristen fügt sich bruchlos in die Polemik der Heimatkunstbewegung ein, in der die Dichotomie Großstadt – Land, krank, entartet – gesund eine zentrale Rolle spielt. Was hier geleistet wird, ist nicht in erster Linie Kritik an den Auswüchsen einer profitorientierten Tourismusindustrie, sondern Gesellschafts-, Zivilisationskritik schlechthin.

Das zeigt sich auch noch einmal deutlich in der Ablehnung der sogenannten Bildungsreisen: „Natur" so heißt es an einer Stelle, „ist Offenbarung. Wer dazu den Bädeker braucht, erlebt sie nie"[17]. Die Natur und die aus ihr lebende und deshalb wahre Kunst als Ort der Regeneration von Gesellschaft bedürfen nicht der Erklärung: „Wir betrachten noch immer die Kunst durch tausend Brillen, durch die Gelehrsamkeit, die Tradition, die Presse usw. Niemals aus unserem persönlichen ästhetischen Empfinden heraus"; im Gegenteil, sie sind für den intuitiv erfahrbar, der zu sehen gelernt hat.

„Was mir an den Reisenden, die ich traf auffiel, war zunächst ganz allgemein die geringe Fähigkeit zu beobachten. Etwas, worauf nicht der Baedeker oder sonst jemand aufmerksam machte, mußte schon in hohem Grade auffällig sein, sonst sahen sie es gar nicht. Hatten sie mal etwas beobachtet, so wurde der Einzelfall sofort in kindlicher Weise verallgemeinert, und ganz selten betraf er Wesentliches. Es fehlte Methodik des Hörens und Sehens und Praxis im Schlüsseziehn. Die Gleichgültigkeit gegen die Landschaft, die man an den Mitreisenden auf der Eisenbahn studieren kann, geht außer auf die mangelhafte Entwicklung des ästhetischen Sinns ja auch auf diese Mängel zurück – wie könnte sich sonst einer langweilen, der offenen Sinnes bei Tage durch irgendein Land fährt? Aber das Beobachten und Beachten ist

---

[16] Kunstwart 21, 1908, 1. Septemberheft, S. 464.
[17] Kunstwart 21, 1908, H. 23, S. 320.

uns eine Mühe, wir thun's, wenn es sein muß, bewußt wie eine Arbeit"[18].

Der Bildungsfeindlichkeit der Heimatkunstbewegung entsprach auch die Ablehnung der Kunst-Reiseführer, die die Landschaft mit Sternen ausstaffiert. Der Kunstführer leitet die Wahrnehmung, lähmt den Spürsinn des Reisenden und übt eine oberflächliche Aneignung ein.

„Verdrossen schleppt man sich, übersättigt von all dem mühsam erworbenen Halbwissen, an den toten Steinen vorbei, die in ihrer Überzahl den schnell ermüdeten Augen nichts sagen – weil keine genügende Zeit blieb, um von den beredtesten unter ihnen den Rätselschlüssel seines Wesens zu erfragen"[19].

Museen und Kunstführer sind Orte für Gelehrte mit Spezialinteressen, der „gute Tourist" im Sinne des Kunstwarts sollte seiner aus der Natur entwickelten ästhetischen Bildung vertrauen und sich nicht einem Gelehrtentum unterwerfen, das ihn letztendlich vom Kunstgenuß ausschließt.

„Wer mit den Augen reist, muß wissen, wieviel seine Augen tragen. Lieber Weniges sehen und das mit ganzer Seele, und dann vor allem Kunstwerke suchen, die dem Boden entkeimten, auf dem man sich in der Fremde bewegt, und sich schulen, sie im Zusammenhange mit ihrer natürlichen Umwelt zu erfassen. Denn sie sind ein organisch verbundenes Stück dieser Umwelt, haben von ihr die eigene Seele empfangen"[20].

„Jahrzehntelang sind die Menschen mit den dicken, roten Büchern in der Hand den bekannten Sternchen nachgejagt, kunstblind und naturblind, um schließlich von weiten Reisen ebenso naturblind und kunstblind wieder heimzukehren, wie sie ausgegangen waren. Erst jetzt fängt man zu merken an, daß die Menschheit an zahllosen Schönheiten, die sich überall auftun, daheim und in der Ferne, auf allen Wanderungen im Dorf und in der Stadt, ahnungslos vorbeigehastet ist, an Schönheiten, die ob ihrer Schlichtheit unauffällig und anspruchslos für unser Leben,

---

[18] Kunstwart 13, 1900, H. 23, S. 392.
[19] Kunstwart 17, 1904, H. 21, S. 362.
[20] Kunstwart 19, 1906, H. 10, S. 401.

unsere Kunst unendlich mehr bedeuten, als die atemlos durchrannten Museumszimmer jeder sogenannten Kunststadt. Volkstümliche Baukunst oder heimische Baukunst ist die Entdeckung der jüngsten Jahre. ...
   Hier kommt es nicht auf die Bücher, sondern auf eigenes Sehen und Empfinden, auf persönliche Entdeckung und Eroberung, auf Selbsttätigkeit und wirkliche Seelenbereicherung, kurz gesagt auf eigene Wahrnehmung und dementsprechend auf schöpferischen Genuß an"[21].

Diesem Verständnis von Natur entsprach ein modellierter Blick auf die Landbewohner. Auch wenn der Einfluß der Städte auf das Land spürbar und auch dem Kunstwart bewußt war und als negative Folge interpretiert wurde, dem im Sinne des Kunstwarts Gebildeten kam die Aufgabe zu, erzieherisch auf die Landbevölkerung einzuwirken. Denn der Kontakt mit dem großstädtischen Touristen zeitigte Folgen.

„Wir sprachen in den nächsten Tagen öfter mit Gebirgsleuten: vor ihrem Kopfschütteln konnten wir uns für die Städter schämen. So erzieht der ‚Gebildete' das Volk. Ein sehr tüchtiger Gebirgsbauer sagte mir sorgenvoll: Seit die Fremden in unsre Gegend kommen, führen die Mädchen Redensarten, daß wir Mannsleute uns genieren möchten"[22],

oder an anderer Stelle: „Eine Bevölkerung, die vom ‚Fremdenverkehr' zu leben beginnt, verliert ja allmählich alle gesunden Instinkte"[23]. Um das zu illustrieren, zitiert Ernst Rudorff in seinem Buch „Heimatschutz" aus einer nicht näher genannten Zeitschrift, die die Veränderungen der Helgoländer durch den Tourismus beschreibt:

„Einst waren sie als Lotsen berühmt, fingen viele und vortreffliche Fische, und die Helgoländer Hummer kennt alle Welt. Aber jetzt giebt es dort längst keine Lotsen und Fischer mehr, und was sich dort so nennt, ist Karrikatur, der Lotsenanzug mit Wasserstiefeln, Südwester u.s.w. ist Maskerade, und der Helgoländer Hummer kommt ganz und gar nicht aus Helgoland, dessen ganze Bevölkerung einfach verfaulenzt ist"[24].

---

[21] Kunstwart 22, 1909, H. 19, S. 5f.
[22] Kunstwart 27, 1914, H. 9, S. 196.
[23] Kunstwart 15, 1901/02, S. 35.
[24] Ernst Rudorff: Heimatschutz. Leipzig und Berlin 1901, S. 75.

Frühe Tourismuskritik 37

Dem Wunsch nach der Ursprünglichkeit der Natur entsprach die Suche nach der Idylle, dem unberührten Landleben, wo Menschen vermeintlich isoliert von den Versuchungen der industrialisierten Umwelt lebten. Dörfliche Kramläden werden als Fundgrube für „althergebrachte Töpferwaren", „primitive und originelle Spielsachen" und die „tüchtigen Erzeugnisse heimatlichen Gewerbefleißes" gepriesen, und es wird auf die „guten Bauernstoffe mit originellen, strengen und zugleich dekorativen Mustern, dauerhaft und billig und von dem Landvolk hier und da noch, wenigstens noch für das Arbeitsgewand, verwendet", hingewiesen.[25]

Auch eine deutlich erzieherische Aufgabe wird dem Reisenden zugesprochen, denn indem er seine Bedürfnisse an eine heile Natur artikuliert, sein Verständnis von Gegenwelt zur Großstadt auf das Land trägt, kann er an der Produktion eines vorindustriellen Scheins auf dem Land mitwirken. In der Diskussion um gute Reiseandenken wird die „Volkskunst" favorisiert:

> „Sollte nicht in der rechten gesunden Belebung alter Volks-Kunst und Volks-Fertigkeit sich eine Möglichkeit bieten, den Suchenden gesunde und künstlerische Andenken geben zu können, die wirklich Andenken an eine bekannte Gegend wären"[26].

Tatsächlich ist ja in dieser Zeit die Hausfleißbewegung z. B. in Österreich und Skandinavien entstanden.

Am Beispiel der Dorfmusik wird dem Städter eine Handreichung gegeben, wie der pädagogische Anspruch umzusetzen ist:

> „Vor allem gilt es auch hier, der Verstädterung entgegenzutreten und in den Landleuten den Stolz darauf zu wecken oder zu nähren, sie selber, also Dörfler und nicht Städter zu sein. Es sind auch für den Städter, der aufs Land geht, Abwehr, Erhaltung und Förderung die wichtigsten Aufgaben, wenn er den Volksbrüdern, die er dort trifft, ehrlich helfen will"[27].

Aber auch mit Anleitungen zum konkreten Handeln wird nicht gespart: Dem Gastwirt mache man klar, daß ein Grammophon nicht in ein dörfliches Gasthaus gehöre, daß ein Klavier ein städtisch-bürgerliches Instrument sei und im Dorf nur dem Pastor, Lehrer oder Arzt zustehe. Bei Besuchen der Landbevölkerung zeige man sein Interesse an der alten Musik und

---

[25] Kunstwart 22, 1909, H. 19, S. 7.
[26] Kunstwart 25, 1912, H. 19, S. 39.
[27] Kunstwart 22, 1909, H. 19, S. 41.

lobe sie, denn dann schämt sich der Landmann nicht mehr dafür, wenn er sieht, daß sie auch dem Städter gefällt. Der Dürerbund, so ein weiterer Hinweis, plane die Herausgabe eines Verzeichnisses guter Spielstücke, die dörflichen Kapellen an die Hand gegeben werden können, – damit hatte der Rücklauf das Dorf wieder einmal eingeholt!

Hotels wurden nicht grundsätzlich abgelehnt, es gab sogar ganz konkrete Vorstellungen wie „gute" Feriensiedlungen aussehen könnten:

> „Vielleicht brächte uns das Beispiel einer Sommerfrische, die wirklich von Künstlern unter Anlehnung an die bodenständige Kultur des Ortes und zugleich an die Bedürfnisse des Stadtflüchtlings verständnisvoll ausgestaltet wäre, am schnellsten wenigstens über das Bauelend in den jetzigen Sommerfrischen hinaus"[28].

Den Fluch des Tourismus, nämlich daß die Sucht nach immer neuer unberührter Natur stets auch ihre Zerstörung impliziert, haben die Vertreter der Heimatschutzbewegung nicht gesehen. Aber solche Erkenntnis lag auch nicht in ihrem Interesse, denn es ging ihnen nicht in erster Linie um den Schutz der Natur an sich, sondern das Erleben der Natur erfüllte ja gerade eine wichtige Funktion innerhalb ihres Programms. Außerdem stilisierte Rudorff das Reisen zum Wesenszug der Deutschen schlechthin. Er schrieb:

> „Ja, man müßte ungerecht sein, wollte man nicht zugeben, daß auch in unsern modernen Touristenvereinen neben allen Auswüchsen und Mißgriffen noch immer ein starkes Element jenes alten, kräftig-innigen echt germanischen Wandertriebes steckt!"[29]

Zu der Forderung nach Erhalt der Natur korrespondierten zudem sehr konkrete politische Vorstellungen. Auf dem Lande konstatierte Rudorff allenthalben die Auflösung der überkommenen patriarchalischen Strukturen:

> „Knechte und Mägde sind nicht zu haben, weil alles gewinn- und vergnügungssüchtige Volk den Weg zur Fabrikarbeit in die Stadt sucht. So ist zum Vorteil weniger eine natürliche Daseinsform künstlich beseitigt, bei der jedes einzelne Glied der Gesamtheit

---

[28] Kunstwart 19, 1906, H. 24, S. 669.

[29] Ernst Rudorff: Der Schutz der landschaftlichen Natur und der geschichtlichen Denkmäler Deutschlands. Berlin 1882, S. 18.

auf seine Rechnung kam, die also selbst für eine angemessene Verteilung des Besitzstandes sorgte; ... "[30].

Auch an diesem Punkte mochte die erzieherisch-pflegerische Intention der guten Reisenden ansetzen, mit der ja eine Aufwertung des Landlebens und eine Stabilisierung der ländlichen Lebensweise beabsichtigt war. Die völlige „Zurichtung" der Natur, die Durchsetzung des so bezeichneten Realitätssinns wurden als drohende Zukunftsvision entworfen:

> „Eine verkoppelte Feldmark und ein Miethskasernenviertel sind zwei hübsche Abbilder für den Zukunftsstaat der Sozialdemokratie, von dem man sagen dürfte, daß allein die ihm eingeborene Langeweile genügen würde, um das Geschöpf, das man bis dahin unter dem Namen ‚Mensch' zu verstehen pflegte, zu tödten"[31].

Diese Zuordnungen verdeutlichen noch einmal, daß die in der Heimatschutzbewegung formulierte Kritik am Tourismus nicht losgelöst von ihrem Gesamtprogramm gesehen werden darf, sondern in ihrer Intention nur vor diesem Hintergrund verständlich wird. Die Art des Reisens, aber auch die Kritik daran sind gesellschaftlich produziert, sagen etwas aus über die Befindlichkeit einer Zeit. Darauf verwiesen auch die einleitend zitierten Bemerkungen aus dem beginnenden 19. Jahrhundert. Solche Einsichten sollten sensibel machen gegen das Konstruieren vorschneller Kontinuitäten.

Zwar wurden in der Heimatschutzbewegung wie heute, möchte man anfügen, Landschaftsveränderungen attackiert und touristisches Verhalten karikiert, aber Erscheinungsformen des Tourismus wurden wie andere Phänomene des damaligen großstädtischen Lebensstils als Indizien für den kulturellen Verfall gewertet. Eine tatsächliche Auseinandersetzung mit dem Tourismus jedoch fand nicht statt, im Gegenteil, Reisen wurde als „echt-germanischer Trieb des Deutschen" ausdrücklich legitimiert, das „richtige Reisen" sogar als Medizin für die Gesundung des großstadtkranken Menschens empfohlen.

Die Natur, das Land, die ländliche Kultur, die „wahre" Kunst, dies alles wurde dem Programm subsumiert. Die Kritiker verstanden den Tourismus nicht als Produkt einer sich immer stärker industrialisierenden Welt, die auch das Reisen (als Flucht) längst vereinnahmt hat, sondern ihre Kritik blieb den vordergründigen Stilisierungen von dekadenter Großstadt

---

[30] Zit. nach Sieferle (wie Anm. 10), S. 162.
[31] Rudorff (wie Anm. 29), S. 16.

– gesundem Land verhaftet, blieb Kritik an Verhaltensmustern, am Geschmack von Menschen, aber nicht an gesellschaftlichen, sozialen und ökonomischen Strukturen, blieb also letztendlich restaurativ.

UELI GYR, ZÜRICH

Touristenverhalten und Symbolstrukturen.
Zur Typik des organisierten Erlebniskonsums

Das Reisen der Moderne ist sehr unterschiedlichen Einschätzungen und Erwartungen ausgesetzt. Sie reichen von der Ausbruchseuphorie, dem Alltag zwischenzeitlich immer wieder auf neue Art zu entkommen, bis zur Empfehlung, angesichts des unaufhaltsamen Zusammenbruchs wichtiger Ökosysteme aufs Reisen gänzlich zu verzichten oder nur noch „sanften Tourismus" zu betreiben. Zwischen solchen Meinungslagern bewegen sich jene Urlauber, die in Gruppen, Horden und Strömen auf Reisen saisonal aktiv werden. Auch wenn einzelne Reisebranchen mit umweltbezogener Sensibilisierung und entsprechenden Aktionen langsam ernst machen, so verreist doch das Gros der Urlauber, ohne darüber bewußt zu reflektieren: Millionen von Massentouristen, über deren Ansprüche, Gestaltungswünsche und Erlebnisse wir noch relativ wenig wissen.

Der verachtende Blick kulturkritischer Forscher prädestinierte den Massentouristen zum modernen Sündenbock par excellence und legte ihn früh auf die Rolle eines stark außengeleiteten, letztlich erlebnisunfähigen Konfektionskonsumenten fest.[1] Ohne Zweifel konsumiert der Massentourist auf Reisen viel: Konsum, Konsumorientierung und Konsumwettbewerb sind zentral, doch bleibt vermehrt zu fragen, welcher Art der touristische Konsumakt tatsächlich ist und auch, ob sich, aller Nivellierung und Normierung zum Trotz, nicht auch qualitative Momente ausmachen lassen. Auf Reisen will man etwas sehen und erleben, möglichst etwas Neues und Einmaliges und auch viel in kurzer Zeit. Der moderne Tourist ist ein sammelnder Voyeur, auch wenn er durchschnittlich nur Dinge sieht, die er bereits kennt, Dinge, von denen er gehört hat. Wer vor dem Salzburger Dom oder dem Matterhorn steht, um zu photographieren, hat in seinem Kopf bereits ein Bild davon, bevor er abdrückt. Der touristische Voyeurismus

---

[1] Vgl. Joachim Knebel: Soziologische Strukturwandlungen im modernen Tourismus. Stuttgart 1960, S. 140f. und Eva Maria Kubina: Irrwege – Fluchtburgen. Modelle und Dimensionen zur soziologischen Analyse des Phänomens Massentourismus (=Europäische Hochschulschriften, Reihe XII/Soziologie, Bd. 197), Frankfurt a. M. – Bern – New York – Paris 1990, S. 207.

ist ein Voyeurismus besonderer Art: keinesfalls nur spontan-individuell, sondern gesellschaftlich geprägt, mit allem, was dazu gehört.

Touristische Blicke, Ausschnitte, Einstellungen, Szenarien und Bildmotive gehören stets zusammen – es sind Teile einer normierten Wahrnehmung und Aneignung, durch ein eigenes System strukturiert. In ihm reproduzieren sich Handlungen, Werte und Erlebnisse ebenso wie die zahlreichen Symbole und Zeichen, die für Touristen eigens hergestellt und von diesen als solche konsumiert werden. Touristenverhalten und Symbolkonsum, dies als Ausgangspunkt, geht von zwei Voraussetzungen aus, nämlich erstens, daß touristisches Verhalten einen eigenen Handlungsstil beschreibt, und zweitens, daß dieser mit Symbolen und Symbolkonsum wesentlich zu tun hat. Die Bedeutung der symbolischen Dimension auf der Basis bisher entwickelter Überlegungen[2] zu Touristenverhalten und Reisekultur weiter aufzuhellen, nimmt sich der vorliegende Beitrag vor. Das von der Österreichischen Volkskundetagung 1992 gewählte Thema „Tourismus und Regionalkultur" wirft die Frage auf, ob regionaltouristische Symbole allgemein besondere Merkmale kennen und allenfalls zu einem eigenen Konsumstil führen.

Zur Aktualisierung der Problemlage sei kurz an einige allgemeine Erkenntnisse und Setzungen erinnert. Vorgeschlagen wird einmal mehr eine Betrachtungsebene zwischen Produktion und Rezeption, ausgehend von der kategoriellen Unterscheidung zwischen Touristenkultur und Kultur für Touristen.[3] Dabei meint Kultur für Touristen das, was die Touristikindustrie an standardisierten Angeboten, Prospekten, Videos, Programmen, Urlaubsstilen und Erlebniswelten seriell produziert, während Touristenkultur das konkrete Verhaltensrepertoire umfaßt, also Aneignung und Gestaltung aus der Sicht von Touristen und Touristengruppen beinhaltet. Die Globalisierung des Begriffes „Touristenkultur" ist dazu kein Widerspruch: ich glaube je länger je mehr, daß touristisches Gebaren, Touristenlook und Touristenhabitus, wie man die Sache auch bezeichnen will, weltweit auffallend ähnliche Züge aufweisen. Hier drückt sich die transkontinentale Nivellierung in einer künstlich geschaffenen Zwischenwelt besonders

---

[2] Ueli Gyr: Touristenkultur und Reisealltag. Volkskundlicher Nachholbedarf in der Tourismusforschung. In: Zeitschrift für Volkskunde 84 (1988), S. 224–239.

[3] Ueli Gyr: Kultur für Touristen und Touristenkultur. Plädoyer für qualitative Analysen in der Reiseforschung. In: Reisen und Alltag – Beiträge zur kulturwissenschaftlichen Tourismusforschung. Hg. von D. Kramer und R. Lutz (=Notizen, Bd. 39), Frankfurt a. M. 1992, S. 19–38.

deutlich aus, was umgekehrt spezifisches Reagieren je nach Schicht, Alter, Geschlecht, Zeit oder Herkunft nicht auszuschließen braucht. Reiseleiter wissen davon ein Lied zu singen, sie haben jedenfalls keine Mühe, „einfache" und „schwierige", „dankbare" und „lästig-aggressive" Urlauber/innen spontan zu typisieren. Am häufigsten lösen sich solche Attribute in nationalen Stereotypen auf.

Ein zentrales Strukturmerkmal touristischen Verhaltens liegt in dessen starker Ritualisierung einerseits, im ständigen Rollen- und Rhythmuswechsel andererseits. Beides verweist auf die angestrebte Distanzierung zum Alltag, auch wenn dieser auf Reisen bekanntlich immer mitfährt und eigene Übergangsriten entwickelt, im großen wie im kleinen, was man mit einer „klassischen" wie mit einer sich ständig erneuernden Vielfalt von Aufnahme-, Angliederungs- und Abschiedsriten nachweisen kann. Das Stichwort der „verkehrten Welt" mag stellvertretend für die veränderte Rollentypik im Urlaub stehen. Es meint die Tatsache, daß wir im Urlaub Dinge unternehmen und Interessen entwickeln, die hier und oft wirklich nur hier gelten, also z. B. Museumsbesuche, Besichtigungen, Photographieren und Filmen, Souvenirkauf, Kartengrüße, Gruppenanschlüsse, Spezialitätenkonsum oder auch das Prinzip, sich für einmal selbst bedienen zu lassen. In andere Relationen geraten nicht nur Aufwandleistung und Ertrag, auch die Erlebnisweisen und Erlebnistiefen verschieben sich.

Wir alle kennen solche Verhaltensmuster: Sie sind zunächst einfach einmal da und werden auf Reisen zum Teil unbewußt-mechanisch nachvollzogen, ohne daß wir uns darüber große Gedanken machen. Die beiden Freizeitforscher Reinhard Schmitz-Scherzer und Georg Rudinger haben vor langer Zeit die Frage nach „motivfreiem Verhalten" im Urlaub aufgeworfen und dieses mit Allports Theorie von der funktionellen Autonomie zusammengeführt.[4] Die Tourismusdiskussion hat die These nicht weiter verfolgt. Sie hat sich, zumindest im deutschsprachigen Raum, auch mit der Machart von Sehenswürdigkeiten und Touristenartikeln und deren Konsumption selten bis nie auseinandergesetzt. Dabei erweisen sich Symbolbezüge bei Sightseeing, Shopping, Souvenirs und Spezialitäten als sehr ergiebig.[5]

---

[4] Reinhard Schmitz-Scherzer und Georg Rudinger: Motive – Erwartungen – Wünsche in bezug auf Urlaub und Verreisen. In: Freizeit. Eine problemorientierte Textsammlung. Hg. von R. Schmitz-Scherzer. Frankfurt a. M. 1973, S. 369–380, hier: S. 372.

[5] Einen ersten Zugang zu ebendieser Thematik habe ich unternommen im Beitrag: „Sightseeing, Shopping, Souvenirs und Spezialitäten. Symbole und Symbolkonsum

Wenn es richtig ist, daß kulturelles Verhalten im wesentlichen symbolisches Verhalten beinhaltet, so hat eine ethnologisch-volkskundliche Reiseforschung diesem Segment auch im Tourismus entsprechende Aufmerksamkeit zu schenken. Touristische Sehenswürdigkeiten bieten Zugangsmöglichkeiten genug. Daß ein Stück Gestein wirklich Gestein vom Vesuv ist, ein Holzpflug aus Portugal kommt oder ein Büschel Haar von der Kaiserin Katharina II. stammt, läßt sich den ausgestellten Objekten nicht direkt entnehmen. Damit sie als touristisch wirkende Objekte überhaupt erkennbar sind, müssen sie zuerst umgewandelt werden. Im Museum werden sie z. B. auf spezielle Art und Weise plaziert, angeschrieben, erhöht, eingerahmt, beleuchtet, hinter Abschrankungen gestellt oder gar von Aufsichtspersonal ständig bewacht. Die zeichenhaft-symbolische Markierung und ihre Reproduzierbarkeit werten die Objekte auf: Sie erscheinen so in einem neuen, künstlich präparierten Zusammenhang, der dem Betrachter das Wertvolle im Sinne des Einmalig-Einzigartigen vermittelt.

Was sich bei dieser Mutation von Objekten als Markierung, Stilisierung und Sakralisierung herausstellt, gilt nun nicht nur im Museum, sondern für Sehenswürdigkeiten im allgemeinen.[6] Historisch gewachsene Sehenswürdigkeiten und Kulturdenkmäler (z. B. Akropolis), Natur- und Landschaftswunder (z. B. Vesuv) sowie neue Kreationen (z. B. Disneyland) – sie alle stehen in künstlich verstärkten Inszenierungen, teilweise beziehen sie ihre Bedeutung überhaupt nur in künstlichen Funktionszusammenhängen. Die touristisierenden Zeichen und Markierungen enthüllen aufschlußreiche Strukturen. Scheint die Zahl touristisch verwertbarer Sehenswürdigkeiten fast unbegrenzt, gilt dies nicht für ihre Auswahl. Hier interessiert bekanntlich ein ausgewähltes „Arsenal" von historischen Monumenten, Kunstwerken, Naturschönheiten, öffentlichen Park- und Verkehrsanlagen, Plätzen, Stadtvierteln, Straßen, Prominenten- und Armutsvierteln, Märkten sowie Menschengruppen, sei es bei der Arbeit, sei es bei Musik, Tanz und Spiel, wohl am häufigsten als folklorisierte Rollenträger.

Aufgrund inhärenter Merkmale lassen sich Touristenattraktionen nach geographischen, sozialen, kulturellen, technologischen oder sakralen Ei-

---

in massentouristischer Sicht." In: Symbolik von Weg und Reise. Hg. v. Paul Michel (=Schriften zur Symbolforschung, 8). Bern – Berlin – Frankfurt a. M. 1992, S. 223–239.

[6] Dean MacCannell: The Tourist. A new theory of the leisure class (=Schocken Books, 591), New York 1976, S. 100f.

genheiten differenzieren.⁷ Auffallend stark wird das Einmalige, Außergewöhnliche und Authentische betont: Material, Maße, Gewichte, Geruch, Alter und Geschichte werden superlativistisch erhöht, doch kommt anderes hinzu. Ihre entscheidende Wirkung geht wohl vom Symbolgehalt aus. Tatsächlich vermitteln Objekte, Bilder, Laute, Gerüche, Handlungen und Mythen symbolische Botschaften und Sinnzusammenhänge, touristisch jedoch auf besondere Art, wie der bereits erwähnte Sozialwissenschafter Dean MacCannel in seinem Standardwerk „The Tourist" (1976) schlüssig darlegte. In den touristischen Attraktionen sieht er alles andere als zufällige Darbietungen, haben diese doch

> „einen moralischen Anspruch an den Touristen und zugleich tendieren sie zur Universalität, indem sie natürliche, gesellschaftliche, historische und kulturelle Bereiche einschließen, die in einer einzigen Darbietung der Tour zugänglich gemacht werden. Diese moralisch betonte Universalität ist die Grundlage eines allgemeinen Klassifikationssystems gesellschaftlicher Elemente, das ohne bewußte Anstrengung hergestellt wird ... Sie sind naturhaft gewachsen, jedes scheint sich nur auf lokale Elemente zu beziehen."⁸

Diese Schlüsselpassage ist Baustein eines für Symbolanalyse und Symbolkonsum fruchtbaren Denkansatzes. Er geht vom Systemgedanken aus und wird am klassischen Muster des Sightseeings exemplifiziert. Der Tourist erlebt die Sehenswürdigkeit gleichzeitig als Einzelerscheinung wie als Teil eines übergeordneten Ganzen, einer Ordnung. Die Wege, in sie einzudringen, wählt er nicht selbst, sie sind vorgegeben. Darauf wird er ständig eingestimmt mit Bildern und Informationen, bevor er die einzelnen Stationen abschreitet. Wie auf einer Wallfahrt werden Halte eingeschaltet – man unterzieht sich in einer andächtigen Haltung dem, was Reiseleiter und Besichtigungsort unmittelbar vermitteln, um dann aber möglichst bald zu photographieren oder Souvenirs zu kaufen, bevor es weitergeht. Lange bleibt man nicht, der unmittelbare Nahkontakt ist kurz – schließlich rücken bereits die nächsten Touristengruppen mit gleichen Ansprüchen auf.

Obgleich die Begegnung zwischen Tourist und Attraktion sehr kurz ist,

---

⁷ Catherine Schmidt: The guided tour. Insulated adventure. In: Urban Life. A Journal of Ethnographic research, vol 7, no. 4 (1979), S. 441–467, hier: S. 447f.
⁸ Dean MacCannell (wie Anm. 6), S. 45 (Übersetzung).

kann man ihr strukturelle Elemente entnehmen. Das Problem des Touristen ist es, das was er sieht, hört, riecht und allenfalls abtastet, zu erfassen, zu fixieren und verstehend zu ordnen, in kurzer Zeit individuell zu deuten. Dabei fallen Wahrnehmung und Fixierung praktisch zusammen, während die mentale Verarbeitung entweder daran anschließt oder über standardisierte Kanäle bereits zuvor in Gang gekommen ist. Touristische Sehenswürdigkeiten, Attraktionen und Eigenheiten erscheinen in dieser Form stets als Zeichen. Stehen sie als anschauliche Stellvertreter für nicht sichtbare Realitäten, werden sie zu globalen Symbolen für Gesellschaft und Kultur, zu Deutungsangeboten über Land und Leute, Geschichte und Natur. Zu fragen bleibt, wie der Tourist entsprechende Verbindungen aufnimmt, um die Vielfalt der Eindrücke, Bilder und Informationen seinem eigenen Wissen zuordnen zu können.

Es leuchtet ein, daß die „verstehende" Entschlüsselung hochkomplexer Symbolgehalte von Sehenswürdigkeiten (insbesondere solchen aus fremden Kulturen) nur über einen Reduktionsprozeß zustande kommen kann. Monumente, Schauplätze und einzigartige Museumsschätze werden nicht über ihre geschichtsträchtige Bedeutung, über ihre architektonische Entwicklung oder ihre kunstästhetische Eigenart aufgenommen, Opferzeremonien und Aufführungen von Tempeltänzer(innen) nicht vor dem jeweiligen mythologischen Hintergrund verarbeitet. Das ist angesichts der gewaltigen Informationsüberflutung, der kurzen Besichtigungszeit sowie des Bildungsgrades durchschnittlicher Massentouristen weder möglich noch erwünscht. Vielmehr zeigt sich, daß die auf der Sightseeing-Tour ausgewählten Sehenswürdigkeiten als Symbole erkannt und als solche global konsumiert werden.

Hier setzt MacCannell mit seiner Erklärung an, wonach der moderne Industriemensch die zu kompliziert und abstrakt gewordenen Gesellschaftsstrukturen nicht mehr durchschaut und daher zunehmend das Bedürfnis entwickelt, die moderne Diskontinuität der Welt wenigstens während des Urlaubs über einfache Strukturen und Symbole zu erfahren. Auf ebendiese Bedürfnisse scheinen touristische Sehenswürdigkeiten als Symbolträger exemplarisch zugeschnitten, denn sie ermöglichen es, das Fremde und Neue als das Einfache und Übersichtliche, zudem in attraktivunterhaltsamer Form gestaltet, zu erfahren und zu erleben.[9] In der Regel handelt es sich um einfachste Deutungsmuster, durch welche die komplexen Inhalte von Sehenswürdigkeiten so stark reduziert werden, daß

---

[9] Dean MacCannell (wie Anm. 6), S. 13f.

nur noch wenig übrig bleibt: Es sind, wie angedeutet, elementar-universal verbreitete Elemente, die ein ebenso einfaches Klassifikationssystem zusammensetzen.

Dem Massentouristen genügen sie vollkommen. Sie garantieren ihm Bestätigung, Orientierung und Erlebnis zugleich, aber in einer verkürzten Form. So wird ein Markt in Amsterdam, in Dakkar oder in Delhi aus touristischer Sicht nicht auf der Grundlage von ortstypischen, organisatorischen oder ökonomischen Bedingungen angegangen; er löst sich schnell als einfaches, überall existierendes, mehr oder weniger buntes Tauschgeschehen auf. Der Symbolwert von historischen Monumenten, architektonischen oder technischen Wunderwerken reduziert sich so z. B. auf die Kategorie „positive Errungenschaften" oder „Fortschritt", während Armutsviertel und Müll „Rückständigkeit" oder einfach „Negatives" evozieren. Schöne Landschaften globalisieren „Natur", Regierungsgebäude „Macht", Tempelbauten und Kirchen „Religion", Bilderschätze „hohe Kunst", Prominentenviertel und Luxusjachten „Reichtum", Volksmusik „Musikalität", um nur einige Interpretationselemente zu nennen. Das Klassifikationsschema solcher Deutungen lebt vorwiegend von bipolaren Elementen, deren Gegensätze rasche Zuordnung ermöglichen: Stadt und Land, Armut und Reichtum, Arbeit und Fest, Schönheit und Häßlichkeit, Freund und Feind, Ordnung und Chaos, Geschichte und Gegenwart, Dynamik und Statik sowie vor allem Gut und Böse bestimmen Teile solcher Universalstrukturen. Sie bieten immer ein verkürztes Verhältnis zur Wirklichkeit an.

Ihre Dekodierung schafft selten Probleme und sie erfolgt auch ohne spezielle Vorbereitung: Im touristischen Vollzug vor der Sehenswürdigkeit schneidet man das, was man nicht versteht oder sehen will, einfach aus und globalisiert den Rest, um diesen dem eigenen Wissen zuzuweisen. Fremdes und Neues wird auf diese Weise umgeleitet und an einem Maßstab gemessen, der für lokale und regionale Einmaligkeit wie für Universalität gleichermaßen taugt. Von entscheidender Bedeutung im Umgang mit Sehenswürdigkeiten ist die Authentizität. Damit fassen wir gleichsam jenes Movens, das Millionen von Touristen immer wieder von neuem bewegt und fasziniert. Die Interpretation MacCannells deutet touristisches Verhalten als den Versuch, die durch Modernisierung und Technisierung verloren gegangene Authentizität im Urlaub und auf Reisen zu suchen, das heißt Unmittelbarkeit in einer mutierten Erlebnisform symbolisch nachzuvollziehen.[10]

---

[10] Dean MacCannell (wie Anm. 6), S. 101.

Von hierher läßt sich auch der touristische Drang (oder Zwang) erklären, Sehenswürdigkeiten vor Ort zu besichtigen. Ob die jeweilige Touristenattraktion tatsächlich echt oder künstlich produziert ist, wird so gesehen sekundär; auch die „neu" inszenierte und arrangierte Authentizität wird als eine solche rezipiert und gültig. Dabei existieren durchaus graduelle Abstufungen: Der Petersdom in Rom führt nicht zur gleichen Erlebnisstufe wie ein modernes Regierungsgebäude in der Stadt Brasilia oder ein neu errichteter Wüstenzoo in Tunesien. Ihnen allen eignet jedoch die Qualität einer Sightseeing-Station, die man nicht verpassen darf. Auf Gruppenreisen läßt sich beobachten, wie stark die Motivation wird, „möglichst viel zu besichtigen". Sie führt oft bis an die Grenze physischer Belastbarkeit bei ausgedehnten und „vollgepackten" Tagesexkursionen.

Dabei spielen Gruppenzwang und Sicherheitsstreben zwar sicher mit, doch im Mittelpunkt steht eindeutig die direkte, sprich unmittelbare Begegnung mit der Sehenswürdigkeit selbst. Der Kontakt mit ihr ist einmalig allein schon deshalb, weil man sich als Individuum situativ darin einbettet, wenngleich für sehr kurze Zeit. Wo es die Umstände erlauben, versuchen viele Touristen möglichst nahe zum Objekt zu gelangen, dieses zu berühren, zu ertasten, zeitweilig zu okkupieren oder sich darauf zu verewigen. Der sinnliche Direktkontakt verweist auf eine Berührungsmagie, die auf den hochtouristischen Schauplätzen häufiger spielt als man annimmt. Die Verbote, dort weitere Graffiti anzubringen, sprechen eine eindeutige Sprache; sie belegen die weltweit etablierte Gewohnheit von Massentouristen auf eindrücklichste Weise.

Im Direktkontakt mit der Sehenswürdigkeit, so sollte deutlich geworden sein, passiert handlungsmäßig viel. Gerade weil die Begegnung einmalig ist und durch die eigene Präsenz in jedem Fall „authentische" Züge erhält, muß sie fixiert und konserviert werden in Form von Erinnerungsphotos, Filmen und Souvenirs. Die hier gespeicherten Urlaubserfahrungen dienen der Erinnerung gleichermaßen wie dem Beweis, tatsächlich dort gewesen zu sein. Auch ein schlecht geratenes Bild vom Himalaya-Panorama oder vom Empire State Building in New York gelten dem einzelnen mehr als fremdgefertigte Abgüsse, besonders dann, wenn die Bildmotive mit individuellen Zeichen durchsetzt sind. Sie stehen zur Annahme eines nivellierten Symbolkonsums nicht im Widerspruch. Wer sich über die obligaten Photohalte auf Gruppenreisen lustig macht mit dem Argument, alle Mitglieder würden doch die gleichen Bilder produzieren, übersieht gerade den individuellen Bedeutungsgehalt der konservierten Erinnerung, die im Alltag weiterlebt.[11]

Gerade da zeigt sich eine interessante Schnittstelle zwischen individualisierender Verarbeitung und kollektiven Vorgaben, die im symbolischen Konsumakt beide bedeutungsvoll sind. Die Wahrnehmung und Dekodierung touristischer Attraktionen auf dem Sightseeing-Parcours erfolgt am häufigsten kollektiv, also in Gruppen. Im Kollektiv wird der einzelne Tourist auf mehrfache Weise gelenkt: Er läuft einfach mit und erhält von Reiseleiter und der Gruppe jene Informationen und Verhaltensanweisungen, die ihm zu entsprechender Orientierung verhelfen, etwa dort, wo er die Grenzen des Dürfens, Sollens oder Müssens in heiklen und unvertrauten Situationen nicht kennt. Dies kann der Fall sein beim Betreten sakraler oder privater Stätten, bei Konflikten mit Einheimischen oder bei Bedrängung durch Souvenirhändler.

Wenn sich Handlungsmuster, Abläufe, Spielregeln und Umgangstechniken auf Gruppenreisen besonders häufen, so deshalb, weil Einzeltouristen wie Gruppen der ständigen Entlastung bedürfen. Im Kontakt mit Fremden und Fremdem erhöht sich die Bedeutung des Sicherheitsfaktors allein aufgrund von sprachlichen, kulturellen, sozialen, religiösen und anderen Kommunikationsbarrieren enorm. Der Aussage, „daß bei der organisierten Gesellschaftsreise ... eine hohe Wahrscheinlichkeit für den Wunsch nach Kollektivbefriedigung der touristischen Bedürfnisse vorherrscht",[12] kann man voll zustimmen. Der Wunsch nach Lenkung und Orientierung zielt indessen nicht ausschließlich auf äußeres Schutz- und Sicherheitsverhalten, er gilt offensichtlich auch im kognitiven und erlebnismäßigen Bereich. Gerade weil direkte Kommunikation mit dem fremden Reiseland nicht möglich ist, verstärkt sich der Transfer symbolischer Botschaften, auf die der Tourist in einem künstlich arrangierten Sightseeing-Parcours immer trifft. Die standardisierte Aneignung durch Rituale in symbolisch verknüpften Handlungsketten ist unübersehbar: Sie erscheinen auch in dieser Form als „sichtbare Verknüpfungs- und Orientierungselemente einer einheitlichen symbolischen Wirklichkeitsdeutung".[13]

---

[11] Ueli Gyr: Touristenkultur und Reisealltag (wie Anm. 2), S. 236 und 238.

[12] Lothar Nettekoven: Massentourismus aus der Industriegesellschaft in die Dritte Welt. In: Aspekte der Entwicklungssoziologie. Hg. von René König u. a. (=Kölner Zeitschrift für Soziologie und Sozialpsychologie, Sonderheft 13), Köln – Opladen 1969, S. 257–275, hier: S. 262.

[13] Hans-Georg Soeffner: Auslegung des Alltags – Der Alltag der Auslegung. Zur wis-

Der symbolische Konsumakt von Sehenswürdigkeiten hat einerseits den Zweck, vorhandene Vorstellungen und Bilder zu bestätigen, andererseits vermittelt er standardisierte Botschaften universalster Art. Teilprozesse gleicher oder ähnlicher Art spielen auch im Umgang mit Touristenartikeln und Waren eine Rolle. Shopping gehört zu jedem Sightseeing-Programm; es ist ein integraler Bestandteil der Touristikindustrie. Auswahl und Kauf von Ansichtskarten, Bildern, Souvenirs, Kunsthandwerk sowie Bekleidungsstücken, Accessoires, Nippsachen und Verbrauchsgütern erweitern, verfestigen und materialisieren den Symbolkonsum auf vielfältige Weise. Im Gegensatz zum Konsum von Sehenswürdigkeiten steht die individuelle Präferenz und Geltung beim Souvenir im Vordergrund.

Dies zeigt sich bereits daran, daß der Kaufakt oft sehr lange dauert und meist in keinem Verhältnis zum realen Gegenstandswert steht. Der Zeitaufwand erklärt sich wohl auch damit, daß man bereits hier vorentscheiden muß, ob man ein Souvenir als Geschenk oder für sich selbst erwirbt und auch, wo es zuhause plaziert werden soll. Im vorliegenden Zusammenhang wird zunächst wichtig, daß über Souvenirs und typische Touristenartikel aus dem bereisten Land ebenfalls symbolische Gehalte transportiert werden: Das Souvenir als typisierter Objektträger verdinglicht gleichsam eine Vielzahl touristischer Erfahrungen, Erlebnisse und Botschaften. Eine vor Ort gekaufte Schnitzfigur aus Afrika z. B. erinnert nicht nur an die Reise durch Senegal, sie evoziert rasch auch Nacktheit, Körperlichkeit, Natürlichkeit, Vitalität und Ästhetik als Deutungselemente einer so vermittelten Kultur der Schwarzen. Spricht man Souvenirs lediglich als Kitschobjekte an, bleiben andere (und wesentliche) Objektqualitäten ausgeblendet. Der Trophäencharakter „säkularisierter Devotionalien", deren kolonisatorische Komponente und kommunikative Substanz bestimmen eigene und faszinierende Strukturen.[14] Wie Souvenirs im einzelnen öffentlich und privat dechiffriert werden, wie und wann sie dazu dienen, Reisen, Erlebnisse und Abenteuer immer wieder neu zu konstruieren, wissen wir noch kaum, doch ist diese Objektsprache sehr gehaltvoll.[15]

---

senssoziologischen Konzeption einer sozialwissenschaftlichen Hermeneutik (=stw 785), Frankfurt a. M. 1989, 178f.

[14] Konrad Köstlin: Souvenir. Das kleine Geschenk als Gedächtnisstütze. In: Übriges. Kopflose Beiträge zu einer volkskundlichen Anatomie. Utz Jeggle zum 22. Juni 1991. Tübingen 1991, S. 131–141.

[15] Arnold Niederer: Le langage des objets. In: Objets prétextes, objets manipulés. Textes réunis et édités par Jacques Hainard et Roland Kaehr. Neuchâtel 1984, S. 151–

Gruppenreisende Massentouristen erkennt man nicht nur an Photoausrüstung, Reiseeffekten und Freizeitkleidung, sondern auch an ausgewählten Reisegepflogenheiten. Gemeint ist Tragen von Hüten, Kopftüchern, Hemden, T-Shirts, Schuhen, Schmuck, Taschen und Amuletten aus dem jeweiligen Reiseland. Sie alle haben zunächst einen Gebrauchswert, doch scheint der symbolische Gehalt, auf den der Umgang unmißverständlich verweist, bedeutsamer zu sein. Wer mit einem Mexiko-Hut reist, ein indisches Kopftuch trägt oder ein krankheitsabwehrendes afrikanisches Amulett erworben hat, signalisiert im Land vielerlei: Er gibt sich als Tourist zu erkennen und markiert symbolische Angleichung zum Reiseland, ohne daß ihm dies selbst bewußt zu sein braucht. Die symbolische Verwandlung erfolgt individuell oder kollektiv und stärkt im zweiten Fall gleichzeitig die Gruppenzugehörigkeit. An einer Gartenparty in einem Hotel in Luxor (1992) wurden wir alle mit der ägyptischen Landestracht (einteiliges, langes Kleid) „verwandelt" und fuhren dann auf einer Feluke auf dem Nil. Nach einem ägyptischen Buffet wurden wir dazu animiert, nubische Volkstänze zu tanzen.

Das (austauschbare) Beispiel führt zum Paradigma der touristischen Verfügbarkeit von Regionalkultur und damit zu Problemen um Folklorisierung und Folklorismus.[16] Sicher wäre es sehr ergiebig, regionaltouristische Angebote unter dem Aspekt von Symbolproduktion und Symbolkonsum einmal näher zu analysieren, auch historisch. Hier werden nicht nur unterschiedliche Erscheinungsformen, sondern auch neue Aufnahme- und Partizipationsmodalitäten entwickelt. Auf Fernreisen scheint das Interesse für Regionalkulturelles allgemein geringer zu sein als im Binnentourismus, was wohl auch mit der kulturellen Distanz zusammenhängt. Hier entwickeln sich Touristenlandschaften aufgrund sehr unterschiedlicher Merkmale, man denke nur an das Loire-Tal (Schlösser), an die Dolomiten (Gebirge), an das Burgund (Wein), an die Camargue (Pferde), an die Puszta (Steppe) oder an ausgewählte Landstriche in Island (Geisire). Nicht aus jeder Region läßt sich gleich eine Touristenzone machen; die „Anfälligkeiten" verweisen auf eigene Gesetze.

Im kleinen Reiseland Schweiz, um die Aufmerksamkeit einmal kurz auf deren Verhältnisse zu lenken, scheint Regionalkulturelles beispielsweise

---

166, hier: S. 163.

[16] Kriemhild Kapeller: Tourismus und Volkskultur. Folklorismus – Zur Warenästhetik der Volkskultur (=Dissertationen der Karl-Franzens-Universität Graz, 81), Graz 1991.

kein besonders auffallendes Profil zu zeigen. Neben nationalhistorischen Schauplätzen (Tellsplatte, Hohle Gasse, Rütliwiese) werden zahlreiche traditionelle Festbräuche zwar auch mit Regionalkulturellem verbunden, doch fungieren etwa das Küssnachter Klausjagen,[17] das Pferderennen im jurassischen Saignelégier oder die Kuhkämpfe im Wallis[18] lediglich als saisonal-touristische Signete. Neuere Entwicklungen zeichnen sich im Alpentourismus (Wiederaufnahme des Glacier-Express von Zermatt nach St. Moritz) oder in der Einführung von spezialisierten Regionaltouren ab (Weinstraße im Wallis, Walserweg, Heidiweg im Heidiland). Gegenwärtig im Aufwärtstrend stehen nach Auskunft der schweizerischen Verkehrszentrale (SVZ) die regionalen Lehrpfade (Architekturlehrpfad, Brotlehrpfad, Industrielehrpfad usw.) sowie der aktive Erlebnistourismus in der Region. In Brienz bei Interlaken, einem Ort in einer traditionsreichen Touristenregion,[19] werden Schnupperkurse für Holzschnitzerei angeboten, während man in einer alten Mine des Napf-Gebietes das Goldwaschen lernt. Als frühtouristisch erschlossenes Naturgebiet empfiehlt das Appenzellerland den „Barfußplausch": War Barfußlaufen für die meisten Bauern beim Heuen hier brauchmäßig verbreitet, wird dies nunmehr von Touristen auf gesunden Moorlandschaften in geführten Gruppen praktiziert.

Solche Beispiele illustrieren regionaltouristische Verfügbarkeit. Die Angebote stützen teils auf bestehende Tourismustraditionen ab, teils bauen sie auf Ausschnitten einer älteren Volkskultur Neues auf. Zur Palette regionaler Elemente, durch die sich regionale Eigenart symbolisch übersetzt, gehören selbstverständlich auch Ortsbild und Baustil. Nach innen bestärken sie örtliche Identitätsgefühle,[20] nach außen vermitteln sie touristisch regionalisierte Eigenart in Form von Hauslandschaften. Bekanntlich werden traditionelle Architektur und einheimischer Wohnstil umfunktioniert und den Bedürfnissen der Gäste angepaßt. Im Berner Oberland, im Wallis und in Graubünden haben sich Chaletbauten und Pensionen im alpen-

---

[17] Klausjagen Küssnacht am Rigi. Küssnacht am Rigi 1988.

[18] Le pays où les vaches sont reines. Sous la direction de Yvonne Preiswerk et Bernard Crettaz (=Collection Mémoire vivante), Sierre 1986.

[19] Arthur Schärli: Höhepunkte des schweizerischen Tourismus in der Zeit der „Belle Epoque" unter besonderer Berücksichtigung des Berner Oberlandes. Kulturgeschichtliche Regionalstudie (=Geist und Werk der Zeiten, Nr. 67), Bern – Frankfurt a. M. – Nancy – New York 1984.

[20] Arnold Niederer: Regionaltypische Bauten und Identitätsgefühl. In: archithese. Zeitschrift und Schriftenreihe für Architektur und Kunst 11 (1981), Nr. 3, S. 10–12.

ländisch-einheimischen Stil in einer Touristenlandschaft längst typisiert. Wo die Bautätigkeit explizit in revitalisierte Rustikalisierung umschlägt, spricht man bereits von „architektonischem Folklorismus".[21]

Die Umwandlung gilt nicht nur für kleine und mittlere Beherbergungen im Alpenraum; auch die moderne Hotelarchitektur in anderen Ländern liefert viele Beispiele. Bisweilen werden auch die sie umgebenden Bungalow-Siedlungen nach dem jeweiligen ländlichen Baustil konzipiert. So lassen etwa neu errichtete Bungalows in Marokko maurische Bogenelemente erkennen, während jene am Nil den Stil altägyptischer Lehmhütten imitieren. In Tunesien kann man auf geführten Rundreisen in Beduinenzelten, vereinzelt auch in Höhlenwohnungen unter dem Boden, ohne Licht und Wasser, übernachten. Wer als Tourist so logiert, wird mit ausgewählten Elementen einer als „einheimisch" vermittelten Regionalkultur in Berührung gebracht und symbolisch darauf eingestimmt.

Dies gilt auch für den Konsum von kulinarischen Spezialitäten und Getränken. Sie werden ebenfalls zu Symbolträgern, sei es in Form von Nationalgerichten, landestypischen Getränken oder Regionalkost. Wo sie, wie im Elsass gehäuft auftreten, kann der Gastrotourismus der Region sogar zu einem dominanten Profil verhelfen, während er anderswo nur als Teilelement im Gesamtangebot auftritt. Die Revitalisierung regionaler Kost[22] enthüllt eigene Strukturen, die in Richtung des Bodenständig-Einfachen, des Traditionell-Überlieferten, des Gesund-Vitalen und des Natürlich-Regionalen weisen. Regionale Kost kontrastiert mit der nivellierten Touristenkost, obgleich beide dem gleichen System zugeordnet sind, allerdings mit Unterschieden. Die regionale Küche, bei der Speisen aus einer vormals privaten Endo-Küche folkloristisch in eine öffentliche Exo-Küche mutieren, ermöglicht „viel leichter den Zugang zu einer Region – sei es die eigene oder eine fremde – als dies andere kulturelle Merkmale erlauben, wie z. B. Sprache (Dialekt) oder Tracht."[23]

---

[21] Kriemhild Kapeller (wie Anm. 16), S. 171.
[22] Konrad Köstlin: Die Revitalisierung regionaler Kost. In: Ethnologische Nahrungsforschung/Ethnological Food Research. Vorträge des zweiten Internationalen Symposions für ethnologische Nahrungsforschung. Helsinki 1975, S. 159–166.
[23] Ulrich Tolksdorf: Heimat und Identität. Zu folkloristischen Tendenzen im Ernährungsverhalten. In: Folklorismus. Vorträge der 1. Internationalen Arbeitstagung des Vereins „Volkskultur um den Neusiedlersee" in Neusiedl/See 1978. Hg. von E. Hörandner und H. Lunzer. Neusiedl/See 1982, S. 223–253, hier: S. 233 und 248.

Von den konsumierenden Touristen wird der Vorgang der Re-Symbolisierung kaum wahrgenommen: Sie nehmen die „typischen" Gerichte konkret und symbolisch als willkommene Angebote auf, sich mit der Region auch auf diese Weise zu identifizieren. Modelle zur Ausgliederung solcher Kosttendenzen in einzelnen Touristenregionen sind noch kaum entwickelt worden. Mag es tatsächlich regionaltypische (und nicht austauschbare) Eigenheiten geben, so darf umgekehrt der Prozeß einer kulinarischen Nivellierung nicht übersehen werden: Fondue zum Beispiel gilt längst nicht nur in der Herkunftsregion (Gruyère) als typisch, auch andere Regionen nehmen das Gericht für sich in Anspruch und reichen es den Touristen als alpenländische Originalität weiter. Die relativ differenzierte Nahrungs- und Getränkekultur der Schweiz, so wie wir sie aus den Materialien des Atlasses der schweizerischen Volkskunde[24] kennen, hat sich touristisch eher schwach regionalisiert. Eine ausgeprägte Regionalisierung der Kost, wie sie für bestimmte Teile Deutschlands oder Frankreichs gilt, gibt es hier nicht zu verzeichnen. An ihrer Stelle erscheinen vielmehr kantonalisierte Spezialitäten, z. B. Berner Platte, Bündner Nußtorte, Zuger Forellen, Basler Leckerli, Zürcher Geschnetzeltes oder Fribourger Vacherin.

Auf Auslandsreisen, insbesondere Fernreisen, gehört der Kontakt mit fremden Speisen und Getränken stets zum festen Programm. Auf Rundreisen und Kreuzfahrten[25] sowie in größeren Hotels oder in durchorganisierten Clubferien stößt man ungefähr einmal pro Woche auf ein Buffet mit einheimischen Spezialitäten, unter denen sich zumeist auch regionaltypische Gerichte befinden. Die Dekodierung solcher Tafelfreuden verlagert sich aber am häufigsten in einen Sammeltopf des Landestypisch-Nationalen und überdeckt regionaltypische Eigenheiten. Wo sie sich sprachlich nur schwer memorieren lassen oder außerhalb der vertrauten Geschmacksraster liegen, resultiert rasch ein globalisiertes Gastroerlebnis. In Erinnerung bleiben lediglich pars pro toto-Merkmale: Die Gerichte waren z. B. „scharf" oder „fad", „kalt" statt „warm", „ländlich" oder „bäuerlich", „ungenießbar" oder einfach „exotisch". Dabei schafft die unverfängliche Kategorie „Nationalgericht" vielfachen Ausgleich: Gulasch steht so für Ungarn, Borschtschsuppe für Rußland, Tequila für Mexiko, Spanferkel für die Philippinen, Reistafel für Indonesien und Couscous für Tunesien.

---

[24] Atlas der schweizerischen Volkskunde, begründet von Paul Geiger und Richard Weiss, weitergeführt von Walter Escher, Elsbeth Liebl und Arnold Niederer. Basel 1953 (Erster Teil, 2. und 3. Lieferung, Karten 7–39).
[25] Catherine Schmidt (wie Anm. 7), S. 453.

Die symbolische Annäherung an das Gastland durch den Konsum von fremdländischen Speisen und Getranken scheint allgemein weniger weit zu reichen als der Erlebniskonsum bei Sehenswürdigkeiten. Meist bleibt es bei einmaligen Versuchen, bevor man sich auf die risikofreie, vertrautere Touristenkost zurückzieht.

Soweit einige Ausführungen zu dem, was als touristischer Symbolkonsum in Anlehnung an Dean MacCannells Überlegungen zum Sightseeing aufgenommen und am Beispiel von Shopping, Souvenirkauf sowie der Aufnahme von Spezialitäten erweitert wurde. Kritisch bleibt anzumerken, daß MacCannells Theorie nicht erklärt, in welchen historischen Situationen und gesellschaftlichen Konstellationen es zu welcher Symbolproduktion und zu welcher Verarbeitung im Alltag kommt. Sein Ansatz gibt dies nicht vor, doch lassen sich unter dem Aspekt symbolbezogener Reisetypik interessante Verbindungen zu anderen Tourismustheorien herstellen.[26] Aus volkskundlicher Sicht bleibt anzufügen, daß die zentral bewertete Suche nach Authentizität mit dem übereinstimmt, was die Bedürfnisse nach Folklore und Folklorisierung hierzulande ausweisen: Brauchpflege, Heimatsuche, Nostalgisierung und Musealisierung führen, wie wir nach 30 Jahren Folklorismus-Debatte wissen, zu recht ähnlichen Prozessen und Konsumstilen. Zwischen eskapistischer Therapie durch Folklore im eigenen Kulturraum und konsumorientierter Ich-Suche durch Reisen in die Fremde liegen graduelle Unterschiede: Bedürfnisse und Institutionalisierung sind sehr ähnlich gelagert.[27]

Was dringend erscheint, sind Einzelstudien über Anfälligkeit und Produktion regionalkultureller Symbole, die im Vergleich zu jener in städtischen Kontexten anders verläuft, nicht nur zeitlich.[28] Mag sein auch, daß sich Regionalkultur durch eine eigenständigere Formsprache folklorisiert und touristiert. Unter dem Aspekt des hier thematisierten touristischen Symbolkonsums, dies eine vorläufige These, nehmen Region und Regio-

---

[26] Vgl. dazu Ueli Gyr: Sightseeing, Shopping (wie Anm. 5); zu denken ist an die Theorien von Hans Magnus Enzensberger, Hans Joachim Knebel, Roland Barthes und Erik Cohen.

[27] Konrad Köstlin: Folklorismus als Therapie? Volkskultur als Therapie? In: Folklorismus. Vorträge der 1. Internationalen Arbeitstagung des Vereins „Volkskultur um den Neusiedlersee". Hg. v. E. Hörandner und H. Lunzer. Neusiedl/See 1982, S. 129–147, hier: 136f.

[28] Hermann Bausinger: Folklorismus in Europa. Eine Umfrage. In: Zeitschrift für Volkskunde 65 (1969), S. 1–55, hier: S. 7f.

nalkulturelles keine besonderen Positionen ein: die künstlich arrangierte, inszenierte und zunehmend nivellierte Zwischenwelt hat keine Mühe mit ihnen. Touristen bleiben sich auch vor der Regionalkultur als Touristen in ihrem Konsumverhalten treu.

Regina Bendix, Philadelphia

Zur Problematik des Echtheitserlebnisses in Tourismus und Tourismustheorie

Zur Einführung

Das Versprechen, Echtes oder Authentisches zu erfahren, lockt in den unterschiedlichsten Tourismusangeboten.[1] Eine englische Reisegepäckfirma, Marke „Ranger", wirbt für ihr Produkt mit dem Motto: „Für Ihren Komfort haben wir uns diese Taschen in *der authentischsten Tradition vorgestellt.*"[2] Eine Gruppe aus München lädt zur Teilnahme am Tanzseminar in Bulgarien ein:

> „Asparouhovo ist ein idyllisches, altes Dorf, ... hervorragend dafür geeignet, die Ferien auf interessante und ungewöhnliche Art zu verbringen.... die Unterbringung erfolgt in romantischen Häusern alten Stils. ... Außerdem ein Fest im Dorf mit einer authentischen Folkloregruppe (Preisträger von Koprivschtiza)."[3]

---

[1] Diese erweiterte Fassung des Tagungsreferats vom 15. Juni 1992 in Salzburg ist zugleich auch Teil meiner größeren Forschungsarbeit zum Thema „Der Diskurs zur Authentizität in der deutschen Volkskunde und amerikanischen Folkloristik". Die Arbeit wird durch ein Förderungsstipendium der Schweizerischen Geisteswissenschaftlichen Gesellschaft (1991–92) und ein John Simon Guggenheim Fellowship (1992–93) unterstützt. Alle Übersetzungen aus dem Englischen stammen von mir. Der vorliegende Beitrag sucht im übrigen die anglo-amerikanische Literatur einzubeziehen, um sie dem deutschsprachigen Publikum näherzubringen. Dank gebührt lic. phil. Roland Inauen, Appenzell, der einen Entwurf des Artikels durchgearbeitet hat, sowie John Bendix, der stets wieder neue Beispiele aufstöbert.

[2] Werbekampagne vom Februar 1992: „For your comfort we imagined these bags in the most authentic tradition". Die Reklame setzt den letzten Satzteil graphisch ab. Semantisch ist interessant, daß „to imagine" auch als „sich einbilden" verstanden werden kann und somit die Pseudoauthentizität dieser Taschen bereits preisgibt.

[3] Flugblatt aus München vom März 1992. Allein dieser Paragraph strotzt bereits vom „Vokabular der Authentizität", mit Wörtern wie idyllisch, romantisch, alt, ungewöhnlich etc. Wie sehr dieses Werbevokabular auch Teil der Geschichte der Volkskunde ist, wird in der oben erwähnten größeren Arbeit untersucht.

Soviel Authentisches wird bereits vermarktet, daß der Tourist sich ganz besonders freut, wenn er unentdeckte Echtheit erspäht. So schrieb 1969 ein Tourist über seine Erfahrungen in einer spanischen Kleinstadt:

> „Frigliana hat keine einzige spektakuläre Attraktion ... Die Anziehungskraft [des Dorfes] besteht in seiner Atmosphäre, ... es ist ein lebendiges Dorf und nicht ‚die Restauration einer authentischen spanischen Stadt'." (MacCannell 1976: 96)[4]

Im Sherlock Holmes-Museum im schweizerischen Meiringen begegnet der Tourist schließlich der echten Nachbildung der Fiktion, verspricht doch die Werbung Einsicht in „die erste authentische und weltweit einzige Nachbildung seines Wohnzimmers an der Baker Street 221b".[5]

Vom authentisch empfundenen Gepäckstück über staatlich bescheinigte authentische Folklore zu einer vom Touristen selbst, im Kontrast zur vermarkteten oder intentionalen Echtheit, empfundenen Authentizität: das Spektrum an Appellen ans menschliche Echtheitsbedürfnis ist breit und differenziert. *Authentes* stammt aus dem Griechischen und hat klassische Bedeutungen wie „echt, zuverlässig, verbürgt, glaubwürdig" (Duden 1991: 281) sowie von eigener Hand gemacht oder geschrieben. Im Lauf der letzten Jahrhunderte hat der Begriff an semantischer Breite derart zugenommen, daß man ihn schon fast ein Plastikwort nennen könnte, ist ihm doch eine klare Definition abhanden gekommen (Pörksen 1989). Doch gleich dem Tourismus, den die Kulturwissenschaften erst vor knapp dreißig Jahren ernstzunehmen begannen (Crick 1989: 311), ist auch die Suche nach Authentizität ein wesentlicher Schlüssel zum Verständnis der Moderne (Berman 1988). Der politische Philosoph Marshall Berman nennt diese Suche das „Leitmotiv der westlichen Kultur seit dem frühen 18. Jahrhundert" (Berman 1972: ix). Doch der Begriff, dessen politische Bedeutung sich damals auf das Recht auf Individualität und Selbstbestimmung bezog und wesentlich zu Revolution und Demokratisierung beitrug, widerhallte in allen Bereichen westlicher Zivilisation. Neben einer auf menschliches

---

[4] Der Originaltext lautet: „Frigliana has no single, spectacular attraction. ... Frigliana's appeal lies in its atmosphere. ... It is a living village and not a ‚restoration of an authentic Spanish town'". MacCannell zitiert hier aus der New York Times, 6. Juni 1969, sect. 10, 29.

[5] Aus der dreisprachigen Museums-Broschüre von 1992. Ein Museum dieser Art entspricht in Genese und Ausführung den „hyperreal" aufbereiteten Erlebnissen, die Umberto Eco so treffend für die USA dargestellt hat (1986).

Verhalten und Erfahren bezogenen Bedeutung wurde „authentisch" auch als spirituelle und monetäre Wertung von materiellen Gütern verwendet. Von Ästhetik und Kunst über Religion und Recht zur Psyche – überall findet man Authentizitätsbelege und -postulate in hoher Stellung. Schon vor Beginn der Moderne war der Begriff relevant, z. B. in der Rechtsgeschichte wie auch dem christlichen Reliquienhandel und Pilgerwesen (Großer Herder 1952: 806; Geary 1986).[6] Doch wird hier postuliert, daß die Echtheitsproblematik erst mit dem politischen, ökonomischen und sozialen Umbruch, der die Moderne kennzeichnet, ihre Dringlichkeit und Breite anzunehmen begann.

Authentizität ist im Grunde eine Art des Erfahrens, Erlebens oder Seins[7], der man einen hohen spirituellen Wert zuspricht. Es fällt uns Menschen jedoch schwer, etwas rein Mentales als Wert zu erfassen, und wir suchen deshalb nach Symbolen oder Verdinglichungen für das Authentische. So glaubt man im katholischen Christentum offenbar an einen echteren, innigeren spirituellen Zugang zu Gott durch den Anblick der Knochen, Kleider oder ähnlicher materieller Güter von Heiligen, deren Nähe zu Gott von kirchlicher Authorität authentifiziert und damit legitimiert war. Sobald aber ein mentaler Wert verdinglicht wird, unterliegt er den Gesetzen des Marktes, wo die Dynamik von Angebot und Nachfrage den monetären Wert festlegt.[8]

In einem Zeitalter, wo authentisches Erleben noch am ehesten im religiösen Bereich angesiedelt war, haftete Reliquien notwendigerweise ein hoher monetärer Wert an (was wiederum einen sekundären Markt in gefälschten Reliquien hervorbrachte). In zunehmend säkularen Zeiten verlagert sich authentisches Erleben auf andere Erfahrensbereiche, bis zur Gegenwart, wo man das echte Selbst in verschiedenen Freizeitbeschäftigungen sucht, vom psychologischen Selbstverwirklichungskurs bis zur

---

[6] Die möglichen strukturellen Analogien zwischen heutigem Tourismus und religiöser Pilgerreise sind in der Tourismustheorie von Graburn (1989 [1977]) und Cohen (1984: 575) dargestellt worden. Daß sich gegenwärtiger Tourismus und Pilgerfahrt auch weiterhin in materieller Hinsicht ergänzen, sei hier nur angemerkt.

[7] Auf die philosophische Dimension des Begriffes, die im 20. Jh. am nachhaltigsten in Martin Heideggers Konzept der ‚Eigentlichkeit' postuliert wurde, wird hier nicht näher eingegangen. Es sei einzig angemerkt, daß vorliegende Überlegungen eher von Adornos kritischem Widerstand zu Heideggers „Jargon der Eigentlichkeit" beeinflußt wurden (Adorno 1964). Daß „okkulte Jargons" auch in der Kritik der Kritik wiedererstehen, hat Greverus deutlich gemacht (1990: 210–221).

[8] Zum Zusammenspiel von Verlangen, Wertung und Geld, siehe Simmel 1989 [1900].

Überlebenswoche fern der Zivilisation. Der Tourismus[9] hat sich im Lauf der letzten zweihundert Jahre als eine Sparte des Marktes herausgebildet, der echtes Erleben zu ermöglichen sucht und verdinglichte Symbole dieser Echtheit, wie auch immer der einzelne sie definiert, in Form von Souvenirs bereit hält. Das Spannungsfeld zwischen Echtheit, Wahrheit und sakraler Nähe zu Gott oder säkularer Selbstfindung enthält Fragestellungen, die für die Standortbestimmung einer gegenwärtigen Volkskunde mehr als lohnend sind. Die Kulturwissenschaften, so postuliert diese Arbeit, sind sowohl in die *zivilisatorische Objektivierung* der Authentizität wie auch deren *touristische Auslegung* engstens verstrickt. Der Versuch, der Authentizitätsproblematik auf die Spur zu kommen, erlaubt der Volkskunde und verwandten Disziplinen, die Selbstreflexion, die mit der Folklorismusdebatte sowie der Aufarbeitung der Nationalsozialistischen Volkskunde einsetzte, weiterzuentwickeln. Die Erkundung touristischer Authentizitätssuche gewährt hierzu einen möglichen Einstieg.

„Der Begriff ‚Tourist' wird zunehmend als spöttische oder verächtliche Bezeichnung für Leute gebraucht, die mit ihren offensichtlich inauthentischen Erfahrungen zufrieden sind", schreibt der amerikanische Soziologe Dean MacCannell (1976: 94). Spricht man über die eigenen Unternehmungen weg von zu Hause, gebraucht man lieber Wörter wie ‚Ferien' oder ‚Reisen', wobei letzteres dann auch noch gleich nach Bildung und Selbstverbesserung klingt, unternahmen doch bereits unzählige Persönlichkeiten vergangener Jahrhunderte von Herodot bis Goethe Reisen, die zu ihrem literarischen Ruhm noch beitrugen.[10] Daß dann der ‚Reisende' in seinem Bestreben, wahre Kultur zu finden und zu erleben, der Gastkultur mehr Ideen des – aus der Sicht des nostalgischen Authentizitätssuchers unerwünschten – Wandels zuführt als der verpönte Massentourist, gehört zu

---

[9] Auf eine ausführliche Begriffsdifferenzierung der Termini Tourismus, Bildungsreise, Fremdenverkehr etc. wird hier verzichtet; der wissenschaftliche Sprachgebrauch wird in Crick (1989) und Cohen (1984) sowie Kapeller (1991) dargestellt. Tourismus wird hier als allumfassender Begriff gebraucht, der historische Vorformen sowie auch die unterschiedlichen Perspektiven von Gast und Gastgeber (Smith 1989) in sich einschließt.

[10] Im Englischen ist der bevorzugte Begriff „travel", der mit seiner etymologischen Verwandtschaft zum französischen „travail", also Arbeit, auch gleich die Verbindung zu Arbeit erstellt, und statt der Frivolität des touristischen Nichtstuns das Bild des unter Strapazen sich selbst verbessernden Reisenden hervorbringt (vgl. Boorstin 1972: 91–109). Zur Entwicklung des Reisens siehe z. B. Berwing (1984) oder, aus kulturpessimistischer Sicht, Enzensberger (1965 [1958]).

Zur Problematik des Echtheitserlebnisses 61

den Paradoxen des Echtheitskomplexes und wird jegliche Schlußfolgerungen zum Thema beinflussen müssen.[11]

Nun ist es nicht von ungefähr, daß der Begriff „Folklore" sowohl im deutschen wie im englischen Sprachgebrauch ebenfalls mit negativem Beigeschmack versehen ist (Bausinger 1988: 325). Außer im engen Bereich der wissenschaftlichen amerikanischen Folkloristik bedeutet das Wort nach wie vor das Gegenteil von Wahrheit: „That's just folklore" will heißen, daß etwas der Tatsachen ermangelt. Zu deutsch bleibt „Folklore" (außerhalb der Fachdiskussion, wo sich die amerikanische Fachbezeichnung ‚folklore' für expressive Kultur langsam einbürgert) mit Bildern kommerzialisierter Trachten- und Musikdarbietungen außerhalb eines postulierten „echten" Kulturkontextes verbunden[12], wovon auch die Anfänge der volkskundlichen Folklorismusdiskussion zeugen.[13] In Institutionen wie dem Folklore-Abend für „Gäste" (der Euphemismus für „die Fremden" oder eben die Touristen), wie er etwa im schweizerischen Interlaken wöchentlich angeboten wird, erscheinen die beiden Begriffe dann gleich zusammen.

Solche Negativbilder deuten natürlich auf den positiven Gegenpol. Das Ideal des Reisenden ist die Erfahrung der echten Fremde, das Ideal des Wissenschaftlers die Entdeckung und Dokumentation der echten (Volks-) Kultur. Daß sich die Wege der zwei Gruppen im Laufe des 20. Jahrhunderts vermehrt kreuzen und daß diese Begegnungen vor allem seitens der Wissenschaft bis vor kurzem vornehmlich negativ gewertet wurden, ändert

---

[11] So meint der Alternative Reiseführer-Autor Stanley Davis: „The impact of a traveler can often be much more imposing than that of a *tourist*. Tourists are isolated. They stay in a big protected hotel. They eat in the same place. Tourists may bring money, but even that often has little impact on a local economy, because the foreigners who run these tourist businesses are often the only ones who profit. Sometimes, travelers are the worst. They can cause much more trouble by living with the locals" (Weverka 1992: 17).

[12] So umreißt Konrad Köstlin diese „öffentliche" Bedeutung von Folklore wie folgt: „Im hier verwendeten Sinne bedeutet Folklore die Verengung und Reduktion einmal vorhandener Vielfalt auf wenige Topoi und dann konsequent die immer wiederholte Betonung dieser Reduktion" (1985: 60).

[13] Erste Überlegungen hierzu finden sich in Bausinger (1966), der sich auch kürzlich (1989) wieder hierzu geäußert hat. Die Folklorismusdiskussion kann hier nicht in ihrer Ganzheit dargestellt werden, sie wird aber weiter unten aufgegriffen; nebst den behandelten Bezügen zum Tourismus siehe als Übersicht Bendix (1988) und neuestens Kapeller (1991, Kapitel 2); vgl. auch Bodemann (1983) sowie Hörandner & Lunzer (1982).

nichts an den Tatsachen, daß die zwei Ziele in der gleichen historischen Konstellation begründet sind (vgl. Daxelmüller 1991: 233) und daß sich Reisende und Wissenschaftler im Lauf der Zeit mit Echtheitsverlangen und -recherchen stets gegenseitig beeinflußten. Dieses zweispurige Argument soll hier zumindest in Umrissen behandelt werden.

Zuerst soll auf die Anfänge der Suche nach Authentizität in der westlichen Moderne zurückgeblendet werden. Aus der mehrgleisigen Entwicklung des Echtheitsbegriffes wird sodann die volkskundlich/ethnographische der touristischen Interpretation gegenübergestellt und gezeigt werden, wie die wissenschaftliche Version sich ständig mehr von der touristischen distanziert hat, bis zum Punkt, wo der Tourist geradezu zum Feindbild des wahren Weges zum Verständnis kultureller Authentizität stilisiert wurde. Schließlich soll die wissenschaftliche (Wieder-)Entdeckung des Tourismus und die Diskussion der Authentizitätsfrage in der Tourismusforschung der letzten Jahrzehnte untersucht werden. Aus der Gegenüberstellung von touristischer ‚Echtheitseinverleibung' und wissenschaftlicher Authentizitätsergründung sollen Parallelen und Vernetzungen hervorgehen.

Wege zur Authentizität in der Moderne: Zwischen Wissenschaft und Reise

Es kann hier nicht darum gehen, den Ursprung des Begriffes Authentizität festzulegen[14], vielmehr soll in groben Zügen gezeigt werden, wie sich Authentizität als erfaßbare *Qualität des Erfahrens* in der westlichen Zivilisation der Moderne herauszubilden begann.[15] Verschiedene Werke in Philosophie und Literaturtheorie haben diese Anfänge bereits brilliant dargestellt, und ich stütze mich hier vornehmlich auf Lionell Trillings Essay zu „Aufrichtigkeit und Authentizität" (1974).

Das Bedürfnis nach Authentizität erwuchs im Nexus verschiedenster Entwicklungen, die in Europa die Epoche der Aufklärung und die Bestrebungen zu einer Demokratisierung der Gesellschaft heraufbeschworen. Der

---

[14] In der Tat wäre ein solches Unterfangen gerade von jenen Sackgassen bedroht, um die es letztlich bei der Suche nach Authentizität geht, d. h. der Versuch, eine endgültige Wahrheit zu finden, stößt schlußendlich immer auf Probleme kontextueller und persönlicher Relativität.

[15] Es handelt sich hierbei um einen Versuch, Konrad Köstlins Postulat, aus den volkskundlich-partikularistischen auch zu zivilisationsgeschichtlichen Perspektiven vorzustoßen, zumindest annäherungsweise nachzukommen (Köstlin 1990).

Zur Problematik des Echtheitserlebnisses

Kolonialismus brachte eine Konfrontation mit der Exotik fremder Kulturen in einer Vielfalt, die abgesehen von mittelalterlichen Kreuz- und Handelszügen bis anhin unbekannt waren. Die Wahrnehmung des Fremden erlaubte gleichzeitig eine neue, distanziertere Perspektive auf das Eigene – das Fremde wirkte in dieser Beziehung gleich einem Ferment (Wierlacher 1985) – und somit einen Weg zur Selbsterkenntnis, der, wie wir sehen werden, später sowohl wissenschaftlich wie touristisch umgesetzt wurde.

Mit oder ohne Umweg über die Fremde finden sich im 16. Jahrhundert erste Anzeichen der gesellschaftlichen Selbstanalyse und -kritik. Trilling zeigt, wie im Englischen zuerst das Wort „sincere" (aufrichtig) als Qualitätsmerkmal für Waren wie Menschen auftauchte (1974: 13). Wo Aufrichtigkeit zur moralischen Pflicht wird, leidet man unter ihrem Gegenteil, und Trilling führt anhand von Beispielen aus Politik und Literatur Englands und Frankreichs vor, wie das gesellschaftliche Rollen- und Machtspiel vermehrt zur Kenntnis genommen wird und wie sich aus dieser Bewußtwerdung gesellschaftskritische Stimmen zu melden beginnen, die ihrerseits auf ein (säkulares) Ideal der menschlichen Authentizität hinsteuern.

Exemplarisch für den deutschsprachigen Bereich sei hier auf Bodmers und Breitingers *Diskurse der Mahlern* hingewiesen, wo man etwa liest:

„Ich setze voraus, daß der Mensch in seinem ganzen Leben sich niemals bloß giebet wie er von Natur beschaffen ist. ... Er verbirgt die Intention, den Zweck und die Absichten seiner Projecten, seiner Unternehmungen, und seiner äußerlichen Actionen; Er weiß sich zu verstellen." (1969 [1721–1723]: Erster Theil, IV. Discourse, D2)

Mit dem Bewußtwerden des gesellschaftlichen Rollenspiels, parallel zur Herausbildung des Bürgertums, erwachte auch das Bedürfnis nach Aufrichtigkeit, nach Authentizität, nach Verhalten und Kommunikation, die nicht verstellt waren. Bodmers und Breitingers gesellschaftskritische Töne, verbunden mit der Absicht, Mitbürger eines Besseren zu lehren, konnten nur in einem aufklärerischen Zeitalter, das sich der Demokratisierung der Gesellschaft zuwandte, Gehör finden. Aus absoluten Gesellschaftsstrukturen wurden neue politische Gebilde, und aus Untertanen wurden zunehmends selbstbestimmende Individuen. Die Suche nach Authentizität stellt somit auch eine vielschichtige Suche nach Freiheit dar – ein Bild das in umgewerteter Form für die touristische Authentizitätssuche weiterhin gilt (vgl. Enzensberger 1965 [1958]). Marshall Berman formuliert dies wie folgt:

„Das Ideal der Authentizität erwuchs aus der Erfahrung des Menschen mit der ersten großen Welle der Modernisierung im Westen. Plötzlich schien es möglich, in dieser Welt *sich selbst* zu sein, das Potential des Selbsts zu erfüllen, nicht indem man aus der Welt ging [d. h. im christlichen Sinne, die Erlösung], sondern indem man in die Welt hinein ging [d. h., sich mit ihr auseinandersetzte]. Indem man das Leben der Welt tiefer denn je durchdrang, konnte man verborgene Quellen von Macht und Ruhm entdecken, die in den Tiefen des eigenen Selbsts schlummerten; nur wenn diese verborgenen Schätze gehoben wurden, konnte ihr *wahrer, endgültiger* Wert enthüllt werden."(1972: 57)

Ein Weg, auf welchem diese verborgenen Schätze gehoben wurden, ist uns Volkskundlern mehr als vertraut, denn das nächste Kapitel in dieser Kurzgeschichte zur Entwicklung des Authentizitätsgedankens führt zu Vico und Rousseau und von Macphersons *Ossian* zu Herders *Stimmen der Völker in Liedern*. Das Bürgertum suchte und fand eine verdinglichte Form der Authentizität in der expressiven Kultur des sogenannten Volkes. Verdinglichte Lieder, Märchen und Sagen waren der erfaßbare Teil der zur exotischen Gegenwelt konstruierten Volkskultur. Konrad Köstlins Metapher zum Folklorismus im 20. Jahrhundert darf auf die Jahrhundertwende vom 18. auf das 19. Jahrhundert angewandt werden: Ein sich selbst entfremdetes Bürgertum suchte nach einer Therapie, und die authentischen Produkte der Volkskultur wurden zum Psychopharmakon (Köstlin 1982: 136).[16]

Aus der Therapie erwuchs jedoch auch die Volkskunde, die sich im positivistischen Eifer des 19. Jahrhunderts zusehends von ihren therapeutischen (romantischen, nationalistischen etc.) Anfängen zu entfernen meinte. Der Glaube an den wissenschaftlichen Weg brachte auch ein Verneinen der therapeutischen Anfänge mit sich, und andere Wege der Authentizitätsfindung, wie z. B. der touristische[17], wurden sukzessive aus dem Bild

---

[16] Daß Bodmer seine Schüler zur Selbstläuterung auf Schweizerreisen schickte, bezeugt die Verknüpfung von Authentizitätssuche, Bildungsreise und Wissenschaft (vgl. Inauen 1988: 30–33).

[17] Man kann hier auch die heimatschützerische Variante erwähnen, die seit der Wende vom 19. zum 20. Jahrhundert besteht und die nach anfänglicher kurzer Un-

Zur Problematik des Echtheitserlebnisses 65

der strengen Wissenschaft ausgeschlossen. Die Formen der Bildungsreise wurden im Lauf der Zeit mit Fachbegriffen wie „Feldforschung" vom „gewöhnlichen" Tourismus differenziert – was jedoch den Tourismus nicht in seiner Entwicklung hinderte, noch die Konnotationen von Bildung, Selbstverbesserung oder Horizonterweiterung aus dem touristischen Vokabular entfernen konnte.

Einige arbiträr gewählte Beispiele sollen die parallele Entwicklung der Suche nach Echtheit in Tourismus und Feldforschung kurz skizzieren, wobei das Vokabular, das auf Authentizität anspielt, kursiv erscheint.[18]

Gelehrte der Romantik machten sich auf Reisen, um, wie z. B. Johann Gottlieb Ebel, naturhistorische und kulturelle Wahrheit aus eigener Ansicht kennenzulernen: „Wer *reine* Volksregierung kennen lernen will", schrieb er z. B., „der findet sie in den Gebirgen der Schweitz" (Ebel 1972[1793]: 25). Manch einer reiste nüchtern wie Ebel, andere wandelten mit emotionalerem Gepäck, wovon Einleitungen zu Erzählsammlungen und Briefwechsel romantischer Sammler und Dichter zeugen. Die Brüder Grimm schrieben noch in begeisterten Tönen von der Spontaneität und Unmittelbarkeit der von ihnen entdeckten Gewährsfrau Frau Viehmann (Grimm 1980 [1857]: 31–35), doch in ihren zunehmend philologischeren archivalischen Recherchen wurde Echtheit bald eher im längst Vergangenen vermutet und Reisen eher zwecks Kopieren alter Handschriften unternommen, als um sich feldforscherisch zu betätigen. Der vielzitierte volkskundliche Vorfahre Riehl gebrauchte zwar Wörter wie *echt* oder *unverfälscht*, doch deutet seine Charakterisierung des Feldforschers als „einsamem, kunstgeübtem Wanderer" bereits auf eine Differenzierung zwischen Tourist und methodisch fundiertem Recherchieren (Riehl 1869: 6). In der zunehmend wissenschaftlicher definierten Reise (als Feldforschung) bleibt der Drang nach semi-sakraler Erfahrung höchstens unterschwellig präsent und äußert sich noch am ehesten im „Schatzsucherblick" der materialistisch gefärbten Authentizitätssuche (Jeggle 1984: 15).[19] Wissenschafts-

---

terstützung aus volkskundlichen Fachkreisen wissenschaftlich sukzessive marginalisiert wurde.
[18] Daß dabei Vergleiche zwischen unvergleichbar erscheinenden Figuren und Intentionen gemacht werden, möge ebenfalls vorausgeschickt werden. Es geht mir um die Illustration der Echtheitssuche aus verschiedensten Lebenslagen, um damit die Breite dieser Suche anzutönen; daß hierbei differenziertes Auseinanderhalten etwas zu kurz kommen muß, wird der Leser hoffentlich verstehen.
[19] Das Thema „Feldforschung als Erfahrung" fristete bis vor kurzem ein Randdasein,

geschichtlich gesehen verlagerte sich also der Lokus der Authentizität weg vom gelebten, auch vom Forscher selbst zu spürenden Erlebnis zur Verdinglichung, sei dies nun ein Text oder ein Sachgut. Aus der stereotypen „Innerlichkeitssuche" der Romantik strebte die um positivistische Anerkennung strebende Kulturforschung als Wissenschaft in den Bereich der Veräußerung. Wollten die Kompilatoren eines *Wunderhorns* noch selbst die Spuren der echten Volksseele in Liedern und Erzählungen ausdrücken und nachempfinden, ging es Sagensammlern im ausgehenden 19. Jahrhundert darum, nach äußerlichen Kriterien authentifizierte Texte herauszugeben.

In der touristischen Reise hingegen blieb die gefühlsmäßige Suche nach Authentizität, oft mit religiösen Obertönen, manifest. Gemäß den Prinzipien des Marktes mußte sich auch eine Hierarchie des Echtheitserlebens durch touristische Verhaltensweisen und Angebote entwickeln, und Kritik des Tourismus war deshalb bereits früh ein Teil des touristischen Echtheitsstrebens. Schon in den 1860er Jahren galt „der Reiseführer als unumgängliches Emblem des Touristen, und schon damals brandmarkte er seinen Träger und machte ihn zum Gegenstück all dessen, was einheimisch, authentisch und spontan war" (Buzard 1988: 155).

So suchte der Engländer John Ruskin, dessen Einfluß auf „revival" Bewegungen in der Volkskunde hinlänglich bekannt ist (z. B. Schwedt 1970: 11), einen alternativen Reiseführer zu den bereits gängigen zu formulieren, und er machte dabei den Versuch, den *besseren* Touristen zu den *echteren* kulturellen Werten hinzuführen. Daß sein Werk selbst auch wieder zum konstruierten und verbrauchten Text werden würde, daß die Echtheit durch ihre Hervorhebung plakativ und entäußert werden würde, daß die vorgeschriebene Echtheitserfahrung nur eine Imitation und darum nicht echt sein kann, erkannten nur wenige Zeitgenossen.[20]

Weit häufiger waren die Touristen, die auch zu finden glaubten, was sie suchten. So z. B. der Engländer Alfred Miell, der 1863 eine Reise mit Cooks

---

und dementsprechend rar waren unverblümte Bekenntnisse seitens der Forscher, wie sie selbst von ihrer Forschung berührt wurden (z. B. Kretzenbacher 1986). Obwohl die unmittelbare Begegnung des Selbst mit dem authentischen anderen zu einem Lieblingsthema im mündlichen Gespräch unter Kulturwissenschaftlern gehört, ist der öffentliche Diskurs hierzu sehr neu und hat bezeichnenderweise in den USA zu starken Umbrüchen geführt.

[20] Buzard nennt Reiseführer „Instrumente der Illusion, die am Herstellen einer künstlichen Reaktion seitens der Touristen" beteiligt sind (1988: 158).

Reiseunternehmen in die Schweiz buchte. „Miell reiste in die Schweiz in Erwartung eines religiösen Erlebnisses, eine Erwartung, in der er vielleicht von Thomas Cook, dem einstigen Wanderprediger[!], bestärkt worden war und die sich erfüllte" (Luck 1982: 9). Beim Anblick des Mont Blanc schrieb Miell:

> „Ich schaute ihn so lange an, bis ich von der Größe und Majestät des Königs der Berge *völlig überwältigt* war, und der Gedanke ging mir durch den Kopf: ,Ist es möglich, als Mensch vor dem ehrfurchterregenden Antlitz des Montblanc zu stehen und *nicht zu empfinden, daß man ein unsterbliches Wesen ist?* Der mächtige Berg schaut mit einem Auge und spricht mit einer Stimme, die *die Seele aus einem tiefen Schlummer zu wecken scheint.*'" (Luck 1982: 76).

Ob Naturerlebnis oder fremdkulturelle Exotik, Vokabular und Empfindungssuche von Cook-Reisendem und Abenteurer waren sich ähnlich. Felix Speiser, der um die Jahrhundertwende auf kulturelle Entdeckungsreisen in die Neuen Hebriden ging, schrieb z. B.:

> „Es wird wohl niemand, der für derartiges Geschmack hat, nicht *die Weihe* des Momentes empfinden, wenn er zum ersten Male dem *unverfälschten Naturmenschen* gegenübersteht. Wie der Wanderer in die Tiefen des Urwaldes mit *frommem Schauder* eintritt, so stehen wir in verstärktem Maße vor einer *Naturoffenbarung*, an den *Tempelstufen eines Heiligtums*, vor der Natur selbst, wenn zum ersten Male ein dunkler, nackter Mensch vor uns auftaucht" (Speiser 1913: 25).

Das „echte" Abenteuer eines Einzelgängers wie Speiser ist im Lauf des 20. Jahrhunderts in Form des Expeditions-Tourismus zum Marktangebot für den wohlhabenden Echtheitssucher geworden. So berichtet „Die Zeit" zum Expeditions-Tourismus:

> „Die ‚edlen Wilden' liegen im Reise-Trend. Technisierter Alltag und Wohlstandslangeweile lassen hierzulande *Sehnsucht nach Unverbrauchtem und Ursprünglichem* gedeihen. So werden Menschen, die noch bis vor kurzem völlig zurückgezogen und *im Einklang mit der Natur lebten*, zu begehrten Besuchsobjekten."[21]

---

[21] Die Zeit, Nr. 11, 6. März 1992, 91.

Die ironische Anspielung auf Rousseaus Authentizitäts-Vokabular sticht hervor und hiermit auch der kritische Abstand von der Echtheitssuche, um den der Journalist sich bemüht. Auch in den Worten einer amerikanischen Reisejournalistin zeigt sich die Erkenntnis der Authentizitätsproblematik: „Zerstören wir auf unserer Suche nach authentischer Erfahrung das Paradies, das wir suchen?" Nach ausführlichster Beschreibung der touristischen Veränderung indonesischer Inselparadiese, der Bedrohung von Naturreservaten durch Ökotouristen und der Vermassung des „Abseits des Tourismus" durch Reiseführer, die sich auf alternative Horden spezialisieren, gelangt sie für sich selbst zum Schluß, daß sie trotz all dieser Probleme jederzeit die Einladung zum Trek nach Katmandu annehmen würde. Denn Tourismus sei, so meint sie, „schlußendlich ein egoistisches Unternehmen", weswegen offenbar selbst vom erleuchteten Reisenden nicht erwartet werden kann, daß er zur Lösung „dieses sehr komplizierten Problems" beiträgt, indem er oder sie zu Hause bleibt (Weverka 1992: 20).

Der Reisende sucht nach Ich-Werten, wobei im Zug der Säkularisierung die religiöse Unmittelbarkeit durch individualistisches Erfahren oder Erleben ersetzt wird. Das Element des Glaubens an eine aufzufindende Echtheit bleibt indessen beständig und treibt den/die Reisende/n nach jeder Enttäuschung erneut auf die Suche. Um die Erfassung dieses Problems, das sich von der Produktion touristischer Güter bis zur Individualpsychologie im Zeitalter der Nachmoderne erstreckt, sowie um die Erarbeitung eines objektiveren Abstands zum „pseudo-wissenschaftlichen" Konkurrenzunternehmen Tourismus und des Verständnisses für die Dynamik des Tourismus haben sich Kulturwissenschaftler der verschiedensten Richtungen seit geraumer Zeit bemüht.

DIE AUTHENTIZITÄTSFRAGE IN KULTURWISSENSCHAFTLICHEN TOURISMUSSTUDIEN

Die sozialwissenschaftliche ‚Entdeckung' von Tourismus gemahnt nicht von ungefähr an die Anfänge der Folklorismusdiskussion. Zum einen konnten Folklorismus-Prozesse in von Tourismus berührten Orten am humoristischsten aber auch dramatischsten belegt werden (Moser 1962). Zum andern fußte die anfängliche kulturwissenschaftliche Tourismuskritik gleich der Folklorismuskritik auf der nur oberflächlich harmlosen Dichotomie „echt – unecht". Wie Dahlhaus schon 1967 anmerkte, ist Echtheit „ein Reflexionsbegriff, zu dessen Wesen es gehört, daß er über sein Wesen täuscht" (1967: 57). In der westlichen Denkart ist jedoch diese Erkenntnis, vielleicht weil sie so ernüchternd-zynisch wirkt, stets wieder durch den Glauben an die Erreichbarkeit des Authentischen ersetzt worden.

Die Anfänge der Folklorismusdiskussion in Europa hatten den Beiklang des „bösen Erwachens" des Volkskundlers, sägte sie doch, um die Metapher Hermann Bausingers zu gebrauchen, am vermeintlich „kräftigen Ast" der „‚Echtheit' und Ursprünglichkeit", auf den sich die Volkskunde mit ihren Ideologien gesetzt hatte (1988: 326). Ob man, wie Hans Moser (1962, 1964) es in seinen frühen Aufsätzen versuchte, die Fachkollegen zum Studium dessen, was damals noch als Randerscheinung, „Volkskultur aus zweiter Hand" galt, anregte, oder ob man gleich Hermann Bausinger (1966) die einseitigen oder ausbleibenden Perspektiven zum Problem Folklorismus kritisierte, es blieb schwierig zu akzeptieren, daß auch der scheinbar unechte Folklorismus in ein soziales und kommunikatives Umfeld eingebettet war und demnach gleich anderen kulturellen Phänomenen analytischer Zuwendung bedurfte. Eine konsequente Auseinandersetzung mit dem scheinbar unechten Konstrukt Folklorismus rückte zusehends auch die Echtheitskonstrukte des eigenen Faches in den Vordergrund (Köstlin 1982: 133) und zwang zu einer „Archäologie des Wissens" im Sinne Foucaults (1969). Historisch fundierte Analysen, wie sie etwa zum Zillertal vorgelegt wurden (Jeggle & Korff 1974), zeigten implizit die Notwendigkeit, die hergebrachten Ansätze des Faches zu revidieren, und es ist sicher nicht von ungefähr so, daß „Abschied vom Volksleben", „Kritik des Kanons" und „Falkensteiner Protokolle" auf die erste Welle der Folklorismusdiskussion folgten (Bendix 1988).

Wenn auch der Begriff ‚Folklorismus' selbst, zumindest gemäß Köstlin (1969), wissenschaftlich quasi als Entlastungssparte mißbraucht wurde[22], wenn auch die Debatten um Definition und Inhalt des Begriffes weit vibranter waren als das empirische Interesse (Bodemann 1983; Kapeller 1991: 42), so unterwanderten Folklorismusbegriff und -kritik nichtsdestotrotz die hergebrachten Fachstrukturen und trugen das Ihre zur Renovation der Wissenschaft bei (Bausinger 1988: 326).

Das Einbringen von Tourismus in die kulturwissenschaftliche Forschung hatte ganz ähnliche Anfänge und Konsequenzen. Ökonomen setzten sich zwar zum Wohle der Nation bereits seit der Jahrhundertwende mit Fakten und Zahlen auseinander, doch fehlte ihnen jegliches Interesse am Einfluß

---

[22] Entlastungssparte insofern, als Phänomene, die mit den Ansätzen der auf „reine Volkskultur" ausgerichteten Methodologien und Theorien nicht erfaßt werden konnten, mit diesem Etikett versehen wurden.

des Tourismus auf das soziale Gefüge der besuchten Regionen (Crick 1989: 311). Der kulturwissenschaftliche Diskurs zum Tourismus hat das Echtheitsproblem vor allem auf zwei Ebenen angepackt, nämlich 1. dem Spannungsfeld zwischen touristischem Authentizitätsstreben und -erleben einerseits und der Störung, die die touristische Invasion im unberührten oder ‚echten' Kulturgefüge der Gastkultur herbeiführt anderseits, und 2. dem Einfluß touristischer Suche nach Erinnerungsstücken auf die ‚Echtheit' des kulturellen Handwerks.

1. Zwischen touristischem Erleben und der ‚Echtheit' der Gastkultur

Kulturanthropologen, Ethnologen, Soziologen und Volkskundler, die sich alle um ein empirisch-ethnographisches Verständnis der kulturellen Vielfalt dieses Planeten bemühten, betrachteten Tourismus, gleich Industrialisierung und Technologisierung, als neuerlichen Feind kultureller Homogenität und Authentizität. Das romantische Leitbild des unberührten Wilden hat manche Feldforscher bis in die Gegenwart motiviert, und um so schwieriger ist es, touristische Präsenz von den Alpen bis nach Jemen, vom Amazonasgebiet zu den australischen Aborigines wissenschaftlich zu akzeptieren. Doch während es früheren Forschergenerationen noch gelang, die Spuren solcher touristischer ‚Trübung' einfach auszublenden, konnte das Problem auf Zeit nicht ignoriert werden.

Nicht jedem Wissenschaftler gelangen dabei so treffend knappe Darstellungen des kulturellen Wandels durch Technik und Tourismus, wie 1960 Richard Weiss in einem Zeitungsartikel zum neuen Bergbahnprojekt im Lauterbrunnental, welches er als Pragmatiker jedoch befürwortete, obwohl er den die technologischen Innovationen begleitenden moralischen Umbruch im Auge behielt:

„Zwar sind wir überzeugt, daß der Fremdenverkehr in diesen durch die Natur und die Geistesgeschichte dafür erwählten Landschaften gefördert werden muß; aber wir wünschen und hoffen auch, daß er verantwortungsvoll auf den einheimischen Menschen Rücksicht nehme. Dieser kommt durch den Kontakt mit der modernen Welt, mit den Mächten des Geldes und der Mode, *die ihm dazu in ferienmäßig unechter Weise entgegentreten*, in eine Krise, die nach geistiger Überwindung verlangt." (Weiss 1960: 3, mein Kursiv)

Daß Weiss die Manier der Reisenden als „unecht" charakterisiert, ist für mein Argument von Interesse, obwohl das Adjektiv „unecht" der Präzisierung bedarf. Weiss verweist damit auf die Tatsache, daß nicht nur die Gastkultur sich durch die Begegnung mit dem Tourismus verändern muß, sondern daß auch der Tourist selbst sich außerhalb seines Alltagshabitus auf selbstbewußtere oder selbstreflektierendere Art verhalten wird. Ob im Namen besserer Gesundheit, Begegnung mit dem Exotischen oder Läuterung des Selbst, der reflektierende Tourist befindet sich schlußendlich auf der Suche nach einer Version des verlorengeglaubten Authentischen, sei dies die Authentizität der anderen Kultur oder des Selbst, errungen durch Reflexion über das andere. So schrieb z. B. Goethe schon 1787 begeistert aus Rom: „Mir geht es sehr wohl, ich finde mich immer mehr in mich zurück und lerne unterscheiden was mir eigen und was mir fremd ist" (1962: 445). Die Kulturwissenschaften haben sich jedoch erst seit kurzem zu diesem Element des Tourismus vor- resp. zurückgetastet.[23] Was voranging war Tourismuskritik, ganz analog der Folklorismuskritik, die die „Verfälschungen" kulturellen Verhaltens und kultureller Güter bedauerte oder verschrie.

Da ist zum Beispiel Davydd Greenwoods entrüstete Studie zur Veränderung eines spanischen Stadtfestes. Um dem touristischen Interesse nachzukommen, beschloß der Stadtrat jener Kleinstadt, daß die *Alarde*, eine alljährliche Erinnerungsinszenierung eines mittelalterlichen Schlachtensiegs über die Franzosen, am Festtag gleich zwei Mal aufgeführt werden sollte. Für Greenwood war dies gleichbedeutend mit einem Verrat an der Bevölkerung der Stadt: „Die kulturelle Bedeutung des Festes zerfiel" und es wurde zunehmends schwieriger „aktive Teilnehmer aufzutreiben", was doch zuvor zum Begehrtesten im Jahreslauf gehört hatte (1989 [1976]: 178).[24]

Stimmen wie diese trugen sicher wesentlich dazu bei, daß nebst dem ökonomischen Aspekt und touristischer Umweltbelastung auch der Problemkreis ‚Tourismus und Kultur' an Brisanz gewann (z. B. UNESCO

---

[23] Die „neue", reflexive Kulturanthropologie, die sich auf ihre ideologischen Wurzeln zurückzubesinnen beginnt, hat hierzu wesentlich beigetragen. Ich beziehe mich hier nicht auf Tourismusstudien allgemein, sondern rein auf die ethnologischen und kulturanthropologischen Arbeiten, die sich dem Einfluß des Tourismus auf Gast- und Gastgeberkulturen zuwandten.

[24] Greenwood selbst bemerkte zehn Jahre später in einem reflexiven Nachwort zu seinem Artikel, daß er damals „sowohl aus Wut, wie aus Besorgnis" geschrieben hätte und daß er inzwischen nicht nur die lokale Umdeutung des Festes erkannt habe, sondern auch davon abgekommen sei, Tourismus als ein isoliertes Feindbild zu betrachten (1989: 181).

1976). Daß Einheimische selbst den Wandel im traditionellen Festwesen unter touristischen Bedingungen nicht unbedingt als negativ empfinden (z. B. Bendix 1989; Brandes 1988: 96–109), daß der Wandel kultureller Formen unter den Bedingungen des Tourismus seitens der Darsteller auch als Herausforderung verstanden werden kann (z. B. Kominz 1988), ist zwar inzwischen empirisch belegt worden, überzeugt jedoch die Kreise der um kulturelle Homogenität bemühten Sozialwissenschaftler und Praktiker nicht unbedingt. Initiativen zum sanften und alternativen Tourismus entwickelten sich z. B. unter dem Eindruck der kulturellen Zerrüttung, die die Ankunft der Touristen aller Orten mit sich brachte.[25] Echtes Erleben, sei dies in der Begegnung mit einer anderen Kultur oder in der Erprobung des nackten Selbst, wie etwa im Abenteuertourismus, findet ein stets größeres Interesse. Je weniger exklusiv solche Reisen werden, je schneller der Massentourismus den Wert solcher Echtheitserlebnisse hinuntergedrückt, umso erfinderischer wird der Tourismusmarkt im Herausarbeiten teurer Alternativen. Die Fahrt zu den „authentischen Menschenfressern" Neu-Guineas kostet bedeutend mehr als die Besichtigung authentischer Kunstschätze Italiens. Letztere sind sowieso in der touristischen Authentizitätsskala längst nicht mehr so gefragt wie der touristische Blick hinter die Fremdenverkehrsszene und somit in den „wahren Alltag" der Gastkultur.

So kontrastiert ein Reisejournalist seine Eindrücke über Ferien in der Mietwohnung in Florenz mit dem Tourismus-Klischee „Florenz, das ist Kitsch und Kunst, Kommerz und Konvention, Verkehr und Historie". Er vermeint ein anderes Florenz gefunden zu haben, „abseits der touristischen Trampelpfade" und berichtet vom Gedränge im Fußballstadion, vom Blick in die Hinterhöfe, von Menschen, die sich noch Zeit nehmen, ihren Alltag zu leben (Büttner 1992). Ironischerweise ist gerade Florenz der Schauplatz von E. M. Foresters mehr als hundertjährigen Romanwerken, welche genau die gleiche vergebliche Suche des Touristen nach dem noch nicht touristisch Verfälschten thematisieren (Buzard 1988).

---

[25] Daß die Ideologie des sanften Tourismus selbst auch wieder von romantischen Vorstellungen einer kulturellen Homogenität beeinflußt ist, trägt zur Vielschichtigkeit der Authentizitätsproblematik bei. Utopien (oder Nostalgien?) wie diejenige Regula Renschlers, dem Reisedrang Einhalt zu gebieten, so daß „viele Menschen wenig reisen", und „die große Reise in einen andern Kontinent ein seltenes, aufregendes Erlebnis wird" (1982: 88), sind realistisch gesehen nicht zu verwirklichen – es sei denn, die neueste Computertechnologie, die uns ‚virtuelle Realität' verspricht, entwickle sich zum erschwinglichen Surrogat für den Massentouristen.

Zur Problematik des Echtheitserlebnisses

Dean MacCannell hat diese Art von „Hinter-den-Kulissen-Echtheit" schon 1976 als stets raffiniertere Täuschung charakterisiert: selbst diese Authentizität ist schlußendlich eine Inszenierung (1976: 91–107). Ein Blick hinter die Kulissen gibt nichts frei als die Sicht auf eine weitere Kulisse und hierin liegt die Tragik dieser Version der Heilung von der Entfremdung (MacCannel 1973, 1976). Ob der Tourist sich vom Reiseführer durch die Küchen von Pariser Restaurants führen läßt oder ob er auf eigene Faust die Gassen eines ihm neuen Städtchens nach Zeichen des „andern Lebens, wie es wirklich ist", erkundet, die Hoffnung auf eine authentische Erfahrung, die zumindest gemäß MacCannell zum tiefsten, fast religiösen Wunsch des Touristen gehört, muß enttäuscht werden. Die Pariser Küchen sind für den Besucher inszeniert worden, und der touristische Einzelgänger wird in einer vom touristischen Markt kontrollierten Welt wohlbehütet geführt:

> „Touristen machen mutige Ausflüge von ihren Hotels, vielleicht in der Hoffnung auf ein authentisches Erlebnis. Aber ihre Schritte können im voraus erraten werden, in kurzen Abschnitten, wo das, was für sie zunehmende Authentizität offenbart, von inszenierten Touristen-Nischen vorgespiegelt wird. Abenteuerliche Touristen schreiten fort, von Bühne zu Bühne, immer im öffentlichen Auge, und überall gegrüßt von wohlwollenden Gastgebern." (MacCannell 1973: 602)

Weniger philosophisch als MacCannell und auch weniger zynisch als Umberto Eco (1986) stellt sich Erik Cohen die Echtheitsproblematik im Tourismus vor. Für ihn ist Authentizität „ein sozial konstruiertes Konzept, und über seine soziale (anstatt philosophische) Konnotation kann demzufolge verhandelt werden" (1988: 374).[26] Solches Verhandeln führt dann zu einer „emergent authenticity", einer Echtheit, die sich aus der Situation heraus für diejenigen, die darin involviert sind, ergibt. Bezeichnenderweise betrachtet Cohen das touristische Unterfangen auch als ein Spiel:

> „Für viele Touristen ist Tourismus eine Form des Spiels, welches, wie alles Spiel, tiefe Wurzeln in der Realität hat, aber für dessen Erfolg ein großer Einsatz von ‚Tun-als-Ob' sowohl seitens der Spieler wie der Zuschauer notwendig ist. Sie nehmen spielerisch und willens Teil, wenn auch oft unbewußt, in einem ‚Als-ob-Spiel', und tun so, als ob ein künstliches Produkt authentisch sei,

---

[26] Im Englischen braucht Cohen den Begriff „negotiable".

wenn sie doch im tiefsten Innern nicht von dessen Authentizität überzeugt sind." (1988: 383)

Zu welchem Grad dieses Spiel bewußt erfahren wird, hängt für Cohen dann davon ab, welchem Typ von Touristen man angehört. Entfremdung und die Suche nach Authentizität sind aus Cohens Erhebungen ineinander verkettet, und die Suche wird umso intensiver, je intensiver die Entfremdung von der Moderne, und hieraus ergibt sich eine Differenzierung des touristischen Authentizitätsstrebens. Der existentielle Tourist – der eigentliche touristische Prototyp MacCannels, und auch der Typ, welcher in seiner Veranlagung dem Kulturwissenschaftler oder Museumskurator zum Verwechseln ähnlich sieht – sucht nach der tiefsten Erfahrung des anderen und gebraucht die striktesten Authentizitätskriterien. Für Cohen ist dies jedoch nur eine, und zwar die extremste Spielart der touristischen Erfahrung. Bereits der *experimentelle* Tourist, wozu man auch den Abenteuertouristen rechnen kann, bleibt etwas weniger streng in der Dichotomierung echt/unecht, und dasselbe gilt für den Erfahrungstouristen (*experiential* tourist), der versucht, auf kurze Zeit das authentische Leben des Gastlandes selbst zu erleben. Der Erholungstourist (*recreational* tourist) begegnet dem Begriff von Echtheit auf viel lockerere Weise und zeigt sich auch bereit, etwas als echt zu akzeptieren, rein um die Situation durchzuspielen, obwohl er von der Echtheit nicht überzeugt ist. Der Unterhaltungstourist (*diversionary* tourist) zeigt sich gänzlich unberührt vom Problem, ob das, was er auf einer Reise erfährt und tut, auch echt ist.

Aus dieser Skala heraus bleibt zu fragen, inwiefern die wissenschaftliche Tourismuskritik in Sachen authentisches touristisches Erleben ein Problem referiert, das nur für den extrem reflektierenden Touristen und den Wissenschaftler selbst ein Problem darstellt. Diese Frage hat auch ihre Berechtigung, wenn man sich dem Bereich touristischer Güter zuwendet, doch können hier die Authentizität und ihre Kriterien noch direktere ökonomische Folgen für die Gastkultur zur Folge haben.

2. Touristische Waren

Nebst der Veränderung kultureller Verhaltensweisen sind die Veränderungen, die der Tourismus in der Wertung von kulturellen Gütern herbeibrachte, zu einem der brisantesten Studiengebiete geworden, und auch hier ist es der Echtheitsbegriff, in welchem sich Tourismusforschung und Folklorismusdiskurs kreuzen, insbesondere im Bereich Volkskunst. Adornos Prozesse der Kulturindustrie, obwohl im amerikanischen Diskurs kaum rezipiert, wurden im Bereich Tourismus zuhauf entdeckt und mit dem Begriff „cultural commodification" – also das „Zur-Ware-Machen der Kultur" – erfaßt. Walter Benjamins Bemerkungen zur technischen Reproduzierbarkeit des Kunstwerkes in der Moderne treffen auf die vielleicht deutlichsten Bedürfnisstrukturen im Feld des Tourismus (Benjamin 1963).

Touristen brauchen Trophäen, und Volkskunst eignet sich hierzu besonders gut, zum Leidwesen einer volkskundlichen Perspektive, die die Produktion von Volkskunst von moderner kapitalistischer und transkultureller Ausnützung beschützen möchte.

„Vom immerwährenden Interesse der Reisenden für ‚Volkskunst'-Artikel lebt die folkloristische Souvenir-Industrie. Dahinter stehen bei den Touristen die Hochschätzung alter Handwerkskunst und der Wunsch nach Gegenständen, die mit der Hand und nicht mit der Maschine angefertigt worden sind.... Diese Gegenstände zeigen, wie das, was man vorgeblich schützen will, die individuelle Handwerkskunst, *zerstört und degradiert wird.*" (Joo 1984: 169)

Andere Perspektiven haben sich jedoch langsam Gehör verschafft. Schon 1976 hat Nelson Graburn herausgearbeitet, daß die Kunst für Touristen eine eigene Dynamik entwickelt hat, die weder den Spielregeln der alten noch der dritten Welt unterliegt. Er nannte Touristenkunst spielerisch „arts of the fourth world" und deutete damit auf die transkulturellen Werte und Wertdiskrepanzen, die sich im Spannungsfeld von Volkskunstproduktion und -kauf entwickeln (Graburn 1976: 1–3).

Authentizitätsfragen im Bereich von Volks- oder ethnischer Kunst sind von komplexeren Problemen befrachtet als etwa im klassischen Kunstmarkt.[27] So mag z. B. der Tourist in Santa Fe, New Mexico, glücklich einen „echten indianischen Silberschmuck" erstehen, auf einem Marktplatz, der ihm bereits in der Reisebroschüre als der für die Region charakteristischste Ort zu einem Kauf nahegelegt wurde. „Authentisch" kann für den Touristen in diesem Kontext jedoch vieles bedeuten: *selbst* gekauft an einem Ort mit *historischer Tradition*, gefertigt von einem *Exoten*, erinnernd an eine *eigene Erfahrung* in einer bestimmten Region, selbst wenn „made in Hongkong" draufsteht, etc. Es ist nicht das Objekt selbst, das für den Touristen zählt; vielmehr ist es die Erzählung um das Objekt herum, die

---

[27] Es zeigen sich auch dort neue Regeln, was man anhand des Interesses an der „Kunst der Fälschung" darlegen könnte (siehe z. B. Jones 1989).

es für seinen Besitzer in das eigentliche, authentische Souvenir verwandelt (Stewart 1984: 134, 136).

Das Etikett „Teil der authentischen Navaho Silberschmiedekunst" ist dann nur noch eines von vielen, das für den Touristen von Bedeutung sein kann. Für die Produzenten hingegen verbergen sich hinter dieser Anpreisung juristisch hart erkämpfte Territorien. Für sie ist dieser Marktplatz auch ein politisch-ökonomisches Symbol: nur Silberschmiede und Textilkünstler, die ihre indianische Abstammung beweisen können, dürfen dort verkaufen. Andere, die gleich aussehenden Schmuck ebenfalls in Handarbeit produzieren, dürfen ihn trotzdem nicht echt nennen, weil sie des authentischen Stammbaumes ermangeln (Evans-Pritchard 1987). Ähnliche Probleme kristallisieren sich gegenwärtig auf der ganzen Welt heraus. So sah sich z. B. die Australische Regierung gezwungen, eine Sonderkommission einzusetzen, um den Markt und die Authentifizierung der durch die touristische Expansion plötzlich höchst gefragten „Aborigines"-Malerei und Handwerkskunst zu reglementieren (Department 1989: 286–287, 289–294). Es sind gerade die Begegnungen in Graburns „vierter Welt" des Tourismus, die zu den Bestrebungen der UNESCO geführt haben, international gültige Ansätze zur Bewahrung echter Kultur herauszuarbeiten.

Beispiele wie diese zeigen zweierlei:

1. Wenn es um die Kontrolle eines Marktes und um Preisfixierung geht, beginnt auch ein Streben nach einer strengeren Echtheitsdefinition.
2. Eine solche Definitionseinengung grenzt den *Erfahrungswert* des Authentischen und somit die verschiedenen Perspektiven, aus welchen etwas als authentisch betrachtet werden kann, aus.

Die Einengung der Echtheitsdefinition spielt mit der Illusion, daß touristisch erfaßte kulturelle Werte mit den Maßstäben „verdinglichter Echtheit" erfaßt und mit einem Preisetikett versehen werden können. Auch hier, wie in Cohens Charakterisierung touristischen Erfahrens, ist demzufolge die Authentizität kein absoluter Wert, sondern ein Produkt komplexer kulturpolitischer Verhandlung.

Schlussbemerkung

Aus dem bisher Gesagten ergeben sich zwei Möglichkeiten, die Authentizitätsproblematik anzupacken. Die erste könnte man als Formen ernüchterter bis verärgerter Tristesse charakterisieren. Die Unerreichbarkeit authentischer Erfahrung im Bereich Tourismus wird erkannt und der Grund

Zur Problematik des Echtheitserlebnisses 77

hierzu wechselseitig den hegemonialen Kräften von Politik und Markt oder dem menschlichen Unvermögen, Authentisches unvermittelt zu spüren, zugeschrieben. So beschrieb Hans Magnus Enzensberger „die eigentliche Arbeit, die der Tourist ableistet" als die „Bestätigung des Vorgespiegelten als eines Wahren". Daß diese Arbeit unbefriedigend bleiben muß, weil sie schlußendlich nur Flucht, nicht aber Befreiung bringt, resultiert in der „Traurigkeit der heimlichen Enttäuschung", und „gegen die Verzweiflung des Voyeurs wuchs dem Tourismus", gemäß Enzensberger, „indes kein Kraut" (1965 [1958]: 203). Auch der MacCannellsche Tourist als Pilger der Gegenwart, der sich sein Heil in der Begegnung mit dem echten andern sucht, ist, sobald er über seinen Glauben reflektiert, zur Enttäuschung verdammt.

Dem gegenüber bietet Cohens Modell, die verschiedenen Arten festzuhalten, wie Menschen in der interkulturellen Begegnung Kriterien der Authentizität aushandeln, eine optimistischere oder zumindest wissenschaftlich gesehen fruchtbarere Annäherung. Aus der Voraussetzung heraus, daß die variablen Authentizitätsdefinitionen aus spielerischer, interkultureller Begegnung erwachsen, eröffnet sich eine Skala von Möglichkeiten, die eine absolutistische „Echt-unecht-Dichotomie" umgeht.

Es bleibt schließlich, als Zwischenstufe zwischen Tourismuspessimismus und -optimismus die Verknüpfung von Reise und Authentizität in ihren philosophischen und individualpsychologischen Spielarten. „Der Mensch ist grundsätzlich unterwegs", schreibt Paul Rieger, „[i]n den Religionswissenschaften wird von der ‚Transzendenz' des Menschen gesprochen, philosophische Systeme sprechen vom ‚grundsätzlich unbefriedigten Wesen des Menschen'" (1982: 10). Aus der Reise auf der Suche nach der von Gott offenbarten Wahrheit erwuchsen Flucht vor und Suche nach einem Selbst, das aus der Reise in physischem und psychischem Sinne geläutert zurückkehren soll. Aus der Metapher des Lebens als eines ständigen Reisens schöpft auch der philosophierende Reisejournalist Aurel Schmidt:

> „Also warum noch reisen wollen? Und wohin? Das sind Fragen, die ich mir jedesmal stelle, wenn ich aufbreche, als müßte ich mich von einem Zweifel befreien, der hartnäckig die vorgenommene Reise zu widerlegen droht. Es sind Fragen, die sich aber auch unterwegs stellen, oft unerwartet und in den schönsten Augenblicken, und wie ein Riß durch die Person des Reisenden hindurchgehen. Sie lösen ein Dilemma aus, aus dem es keinen Ausweg gibt, eine Verzweiflung, die nicht nur das Vorhaben der Rei-

se, sondern die eigene Existenz in Frage stellen. Aber das kann kein Grund sein, nicht trotzdem jederzeit wieder aufzubrechen. Es geht nur darum, einen anderen Sinn zu finden, sozusagen eine andere Reisetechnik zu entwickeln und anzuwenden, die davor bewahrt anzukommen. Das Ziel kann also nur darin bestehen, ihm aus dem Weg zu gehen." (Schmidt 1992: 14)

Für die Kulturwissenschaften wird sich die Frage stellen, ob auch sie einen Weg finden, unterwegs zu bleiben und aus der ewig drohenden Existenzkrise zu entfliehen.

Die wissenschaftliche Akzeptanz des Tourismus als Forschungsgebiet bedeutet letztlich den Verlust hergebrachter kulturwissenschaftlicher Hermeneutik. Sobald der Tourismus mit seinem Einfluß auf Ökonomie, Politik, gesellschaftliche Struktur und individualpsychologische Motivation zur Kenntnis genommen wird, so wird damit auch die bisherige kulturwissenschaftliche Praxis in Frage gestellt. Die Kritik an der Ethnographie, und damit am Grundstein kulturwissenschaftlicher Erkenntnis, die Dekonstruktion musealer Praxis, die Kritik des westlichen Orientalismus (Said 1981) und das vermehrte Interesse an transnationalen Prozessen sind Formen wissenschaftsgeschichtlicher Selbstanalyse, die nicht zuletzt durch die Beschäftigung mit Tourismus in seiner Beziehung zur Kulturwissenschaft zustande kamen.

Der Sinn der Kulturwissenschaften – zumindest ein Sinn, auf den sich die verschiedensten soziopolitischen Credos vielleicht noch einigen können – liegt letztlich darin zu ergründen, was es heißt, Mensch zu sein und zu einer Akzeptanz der Vielfalt an kulturellen Möglichkeiten beizutragen. Der Tourist, in den diversen Stufen der intellektuellen Investition in das Unterfangen, sucht sich dieses Verständnis unmittelbar, aus eigener Anschauung. Daß sich vergangene, insbesondere romantische Auffassungen des Echten sowohl in der Wissenschaft wie im Tourismus ablagern und stets wieder neu realisiert werden, daß der Markt der psychologisch-sozialen Wertung von Echtheit eine kapitalistische angeheftet hat – das sind Aspekte, die eine historisch fundierte Volkskunde der Gegenwart aufzeigen könnte und sollte. Daß die ‚objektive' oder vielleicht auch weltfremde Wissenschaft selbst verschiedentlich sowohl politischen wie kapitalistischen Ansprüchen nach legitimierter Echtheit erlegen ist, mag ein Ansporn zur Selbstbesinnung werden.

Doch daß damit das emotionale Sehnen nach Authentizität kaum gestillt werden kann, sollte klar sein. Mit der uns als Spezies auszeichnenden

Gabe zur Selbstreflexion haben wir Menschen, um die biblische Metapher zu gebrauchen, auch nie die stets wieder heraufbeschworene paradiesische Selbstvergessenheit besessen. Die Natürlichkeit, die uns die Bürden des kulturellen Rollenspiels in Alltag und Tourismus gänzlich vergessen lassen würde, haben wir uns so gründlich wegzivilisiert, daß wir uns davon höchstens noch künstlich (Alkohol, Drogen) oder instinktiv zu entfernen wissen.

Authentizität ist kein absoluter Wert, lautet die hier vertretene Grundthese, weswegen auch die manifesten wie latenten Echtheitskriterien in Wissenschaft und Tourismus schlußendlich arbiträre Wertsetzungen sind – erwachsen aus psychologischen oder emotionalen Zeitströmungen, den stets neuen Formulierungen des alten menschlichen Verlangens nach Unmittelbarkeit.

Literatur:

Adorno, Theodor: 1964. Der Jargon der Eigentlichkeit. Frankfurt a. M. Suhrkamp.

Bausinger, Hermann: 1966. Zur Kritik der Folklorismuskritik. In: H. Bausinger (Hg.): Populus Revisus. Magstadt: Verlag Horst Bissinger, S. 61–75.

—: 1988. Da capo: Folklorismus. In: A. Lehmann & A. Kuntz (Hg.): Sichtweisen der Volkskunde: Zur Geschichte und Forschungspraxis einer Disziplin. Berlin: Dietrich Reimer Verlag, S. 321–329.

—: 1991 [1982]. Zum Begriff des Folklorismus. In: H. Bausinger, Der blinde Hund. Tübingen: Verlag Schwäbisches Tagblatt, S. 92–103.

Bendix, Regina: 1988. Folklorism: The Challenge of a Concept. In: International Folklore Review 6, S. 5–15.

—: 1989. Tourism and Cultural Displays: Inventing Traditions for Whom? In: Journal of American Folklore 102, S. 131–146.

Benjamin, Walter: 1963 [1936]. Das Kunstwerk im Zeitalter seiner technischen Reproduzierbarkeit. Frankfurt: Suhrkamp.

Berman, Marshall: 1972. The Politics of Authenticity. New York: Atheneum.

—: 1988 [1982]. All That is Solid Melts Into Air. The Experience of Modernity. New York: Penguin.

Berwing, Margit: 1984. Wie die Leute reisen lernten. In: M. Berwing und K. Köstlin (Hg.): Reise-Fieber. Regensburg: Lehrstuhl für Volkskunde, S. 17–37.

Bodemann, Ulrike: 1983. Folklorismus – Ein Modellentwurf. In: Rheinisch-Westfälische Zeitschrift für Volkskunde 28, S. 101–110.

Bodmer, J. J. & J. J. Breitinger: 1969 [1721–1723]. Die Discourse der Mahlern (Faksimile Print). Hildesheim: Georg Olms.

Boorstin, Daniel: 1972. The Image. A Guide to Pseudoevents in America. New York: Atheneum.

Brandes, Stanley: 1988. Power and Persuasion. Philadelphia: University of Pennsylvania Press.

Büttner, Jean-Martin: 1992. Weit geht der Blick über Hinterhöfe, Häuser und Pinien. In: Tages-Anzeiger, 22. April, S. 67.

Buzard, James M: 1988. Forster's Trespasses: Tourism and Cultural Politics. In: Twentieth Century Literature 34, S. 155–179.

Cohen, Erik: 1984. The Sociology of Tourism: Approaches, Issues, and Findings. In: Annual Review of Sociology 10, S. 373–392.

—: 1988. Authenticity and Commoditization in Tourism. In: Annals of Tourism Research 15, S. 371–386.

Crick, Malcolm: 1989. Representations of International Tourism in the Social Sciences. In: Annual Review of Anthropology 18, S. 307–344.

Dahlhaus, Carl: 1967. Zur Dialektik von „echt" und „unecht". In: Zeitschrift für Volkskunde 63, S. 56–57.

Daxelmüller, Christoph: 1991. „Heimat". Volkskundliche Anmerkungen zu einem umstrittenen Begriff. In: Bayerische Blätter für Volkskunde 18, S. 223–241.

Department of Aboriginal Affairs: 1989. The Aboriginal Arts and Crafts Industry. Report of the Review Committee. Canberra: Australian Government Publishing Service.

Duden: 1991. Das neue Duden-Lexikon, Bd. 1. Mannheim: Duden Verlag.

Ebel, Johann Gottlieb: 1972 [1793]. „Für wen ist die Schweiz merkwürdig?" Wiederabdruck in Urs Kamber: Für wen ist die Schweiz merkwürdig? Reiseberichte aus dem 18. Jahrhundert. Basel: Gute Schriften.

Eco, Umberto. 1986. Travels in Hyperreality (Übersetzung William Weaver). Orlando: Harcourt Brace Jovanovich.

Enzensberger, Hans Magnus: 1965 [1958]. Eine Theorie des Tourismus. In: Einzelheiten I: Bewußtseins-Industrie. Frankfurt: Suhrkamp, S. 179–205.

Evans-Pritchard, Deirdre: 1987. The Portal Case: Authenticity, Tourism, Tradition, and the Law. In: Journal of American Folklore 100, S. 287–296.

Geary, Patrick: 1986. Sacred Commodities: The Circulation of medieval relics. In: A. Appadurai (Hg.): The Social Life of Things. Philadelphia: University of Pennsylvania Press, S. 169–191.

Goethe, Johann Wolfgang: 1962. Reisen. Goethes Werke in 10 Bänden (Hg. Peter Boerner). Zürich: Artemis, Bd. 9.

Graburn, Nelson H. H: 1976. Introduction: Arts of the Fourth World. In: N. H. H. Graburn (Hg.): Ethnic and Tourist Arts. Berkeley: University of California Press, S. 1–32.

—: 1983. The Anthropology of Tourism. In: Annals of Tourism Research 10, S. 9–33.

—: 1989 [1977]. Tourism: The Sacred Journey. In: Smith (1989 [1977]), S. 21–36.

Greenwood, Davydd J: 1989 [1976]. Culture by the Pound. In: Smith (1989 [1977]), S. 171–186.

Grimm, Jakob & Wilhelm: 1980 [1857]. Kinder- und Hausmärchen (Hg: Heinz Rölleke). Stuttgart: Reclam.

Grosser Herder: 1952. Der Grosse Herder. Freiburg: Herder Verlag.

Hörandner, Edith & Karl Lunzer (Hg.): 1982. Folklorismus. Neusiedl/See.

Inauen, Roland: 1988. Hans Rudolf Schinz (1745–1790). Ein bedeutender Vertreter der frühen schweizerischen Volkskunde. Lizentiatsarbeit, philosophisch-historische Fakultät der Universität Basel.

Jeggle, Utz: 1984. Zur Geschichte der Feldforschung in der Volkskunde. In: U. Jeggle (Hg.): Feldforschung (=Untersuchungen des Ludwig-Uhland-Instituts, Bd. 62.), Tübingen: Tübinger Vereinigung für Volkskunde, S. 11–46.

Jeggle, Utz & Gottfried Korff: 1974. Zur Entwicklung des Zillertaler Regionalcharakters. In: Zeitschrift für Volkskunde 70, S. 39–57.

Jones, Mark: 1990. Fake? The Art of Deception. Berkeley: University of California Press.

Joo, Klara: 1984. Folklorismus in der Reisewerbung. In: M. Berwing und K. Köstlin (Hg.): Reise-Fieber. Regensburg: Lehrstuhl für Volkskunde, S. 163–171.

Kapeller, Kriemhild: 1991. Tourismus und Volkskultur. Folklorismus – Zur Warenästhetik der Volkskultur (=Dissertationen der Karl-Franzens-Universität Graz, Bd. 81). Graz: dbv-Verlag.

Kominz, Laurence R: 1988. The Impact of Tourism on Japanese Kyogen: Two Case Studies. In: Asian Folklore Studies 47, S. 195–213.

Köstlin, Konrad: 1969. Folklorismus und Ben Akiba. In: Rheinisches Jahrbuch für Volkskunde 20, S. 234–256.

—: 1982. Folklorismus als Therapie? Volkskultur als Therapie? In: E. Hörandner und H. Lunzer (Hg.) 1982, S. 129–145.

—: 1985. Freilichtmuseums-Folklore. In: H. Ottenjann (Hg.): Kulturgeschichte und Sozialgeschichte im Freilichtmuseum. Cloppenburg: Museumsdorf Cloppenburg, S. 55–70.

—: 1990. Die „Historische Methode" der Volkskunde und der „Prozess der Zivilisation" des Norbert Elias. In: D. Harmening & E. Wimmer (Hg.): Volkskultur – Geschichte – Region. Würzburg: Königshausen & Neumann, S. 58–76.

Kretzenbacher, Leopold: 1986. Ethnologia Europaea. Studienwanderungen und Erlebnisse auf volkskundlicher Feldforschung im Alleingang (=Beiträge zur Kenntnis Südosteuropas und des Nahen Orientes, Bd. 39). München: Dr. Dr. Rudolf Trofenik.

Luck, Georg: 1982. Eine Schweizer Reise. Das Tagebuch des Alfred Miell aus Salisbury. Bern: Verlag Paul Haupt.

MacCannell, Dean: 1973. Staged Authenticity: Arrangements of Social Space in Tourist Settings. In: American Journal of Sociology 79, S. 589–603.

—: 1989 [1976]. The Tourist: A New Theory of the Leisure Class. New York: Schocken Books.

Moser, Hans: 1962. Vom Folklorismus in unserer Zeit. In: Zeitschrift für Volkskunde 58, S. 177–209.

—: 1964. Der Folklorismus als Forschungsproblem der Volkskunde. In: Hessische Blätter für Volkskunde 55, S. 9–57.

Pörksen, Uwe: 1989. Plastikwörter: Die Sprache einer internationalen Diktatur. Stuttgart: Klett.

Renschler, Regula: 1982. Die anthropologische Dimension: Bedrohung oder Erweiterung der Identität von Gast und Gastgeber. In: J. Krippendorf (Hg.): Das Phänomen des Reisens (=Berner Studien zum Fremdenverkehr, Heft 19). Bern: Verlag Forschungsinstitut für Fremdenverkehr, S. 75–89.

Rieger, Paul: 1982. Die historische und die psychologische Dimension. Warum reiste man früher? Warum reisen wir heute? In: J. Krippendorf (Hg.): Das Phänomen des Reisens (=Berner Studien zum Fremdenverkehr, Heft 19). Bern: Verlag Forschungsinstitut für Fremdenverkehr, S. 9–22.

Said, Edward: 1981. Orientalismus. (Übersetzt von Liliane Weissberg). Frankfurt: Ullstein.

Schmidt, Aurel: 1992. Wege nach unterwegs: Das Ende des Reisens. Zürich: Benziger.
Schwedt, Elke: 1970. Volkskunst und Kunstgewerbe. (=Untersuchungen des Ludwig-Uhland-Instituts, Bd. 28). Tübingen: Tübinger Vereinigung für Volkskunde.
Simmel, Georg: 1989 [1900]. Philosophie des Geldes. Frankfurt: Suhrkamp.
Smith, Valene, (Hg.): 1989. Hosts and Guests. Philadelphia: University of Pennsylvania Press (second revised edition).
Speiser, Felix: 1913. Südsee, Urwald, Kannibalen. Reise-Eindrücke aus den Neuen Hebriden. Leipzig: R. Voigtländer Verlag.
Stewart, Susan: 1984. On Longing. Narratives of the Miniature, the Gigantic, the Souvenir, the Collection. Baltimore: The Johns Hopkins University Press.
UNESCO: 1976. The Effects of Tourism on Socio-Cultural Values. In: Annals of Tourism Research 4, S. 74–105.
Weiss, Richard: 1960. Luftseilbahn, Bergbauer und Fremdenverkehr. Separatdruck aus der Neuen Zürcher Zeitung, Nr. 2768, 19. August.
Weverka, Jody: 1992. Wish you weren't here. Express: East Bay's Free Weekly. April 24, vol. 14, no. 28.
Wierlacher, Alois: 1985. Mit fremden Augen oder: Fremdheit als Ferment. In: A. Wierlacher (Hg.): Das Fremde und das Eigene. München: iudicium, S. 3–28.

ADELHEID SCHRUTKA-RECHTENSTAMM, BONN

„Die Gäste fühlen sich wohl bei uns" –
Begegnungen durch Tourismus

Aus der Vielfalt möglicher touristischer Begegnungen mit all ihren Formen und Nuancen, zu der die professionellen ebenso wie zufällige Kontakte oder auch die bloße gegenseitige Wahrnehmung gehören, sollen hier einige Aspekte der Begegnung zwischen Touristen und nichtgewerblichen Beherbergern vorgestellt werden. Dazu gehören die Privatzimmervermietung und der Urlaub am Bauernhof. Sie scheinen für jüngere Entwicklungen der Kontakte zwischen Reisenden und Bereisten in Fremdenverkehrsregionen symptomatisch, und an ihrem Beispiel lassen sich generelle Überlegungen zur touristischen Begegnung anstellen. Meinen Ausgangspunkt bilden qualitative Interviews, die ich im Rahmen meines Habilitationsprojektes geführt habe.

Unter Begegnung durch Tourismus verstehe ich das Aufeinandertreffen von Reisenden und Bereisten, das durch unterschiedliche Erwartungshaltungen hinsichtlich des Kontaktes und vorgeprägte Bilder bestimmt ist. Dabei ist zu berücksichtigen, daß nach Dieter Kramer jeder Tourismus kulturellen Wandel induziert[1], was auch heißt, daß jede Begegnung als Kulturkontakt zu bewerten ist und Einfluß und Veränderung bedeutet und zur Entstehung neuer kultureller Muster führen kann. Anhand des Zitates, das ich als Titel für meinen Vortrag gewählt habe, lassen sich verschiedene Merkmale der touristischen Begegnung ablesen. Das Zitat der Überschrift ist das Resümee der Erfahrungen eines Vermieters und steht stellvertretend für die Aussagen zahlreicher von mir befragter Familien, die in der Privatzimmervermietung tätig sind, steht aber auch generell für den Wunsch der einschlägigen Branche. So warb 1989 die österreichische Gastronomie und Hotellerie in einer Tageszeitung folgendermaßen:

---

[1] Dieter Kramer: Implikationen des direkten Kulturkontaktes: Die touristische Begegnung. In: Kulturkontakt Kulturkonflikt. Zur Erfahrung des Fremden. 26. Deutscher Volkskundekongreß in Frankfurt. Hg: Ina-Maria Greverus, Konrad Köstlin und Heinz Schilling (=Notizen Bd. 28), Frankfurt 1988, Teil 1, S. 329–338, hier S. 329.

„Warum sind 5,3 Millionen Deutsche so frisch und fröhlich? Sie waren in Österreich auf Sommerfrische"[2].

Die Zufriedenheit der Reisenden wirkt sich direkt auf den wirtschaftlichen Erfolg der Bereisten aus, den sie sich durch die entsprechende Werbung zu sichern suchen – ich denke hier an die bekannten Slogans der Österreichwerbung, die die besondere Freundlichkeit und Gastlichkeit der Bevölkerung betonen. Schon in den 70er Jahren bestätigen die Ergebnisse einer Untersuchung über das Image Österreichs als Reiseland dies durch die Attribute gemütlich, beschaulich, herzlich, liebenswürdig, bescheiden, die Reisende für Österreich als adäquat ansehen und als Hauptreiz wird neben der Landschaft die Mentalität der Bevölkerung angegeben.[3]

Durch die exemplarische Analyse der Feststellung „die Gäste fühlen sich wohl bei uns" zeige ich nun zuerst wichtige Prinzipien der Begegnung zwischen Vermietern von Fremdenzimmern und ihren Gästen auf. Diese möchte ich anschließend in Relation zu den voneinander existierenden Bildern und Vorstellungen und den tatsächlichen Gegebenheiten setzen, wobei ich besonderes Augenmerk auf die beobachteten Veränderungen richte.

Vermietung ist eine bezahlte Dienstleistung, und das Titelzitat bedeutet eine Aufforderung an die Einheimischen, dafür Sorge zu tragen, daß die Gäste zufrieden sind. Sie „sollen" oder „müssen" sich wohlfühlen, damit sie bleiben bzw. wiederkommen und der Verdienst für die Vermieter gesichert ist.

Die Begegnung stellt für den Bereisten den Alltag dar, für den Reisenden ist es das „Außer-Alltägliche", das Besondere, es sind die „kostbarsten Tage des Jahres"[4]. Heide Wahrlich diskutiert die Beziehung Gast – Gastgeber für die Dritte-Welt-Länder als Herr-Knecht-Verhältnis[5]. Auch für Europa mag dieser Vergleich von Wahrlich angebracht sein, da Freizeit höher bewertet wird als die Arbeitszeit und so auch auf eine hierarchische Beziehung zwischen arbeitender und urlaubender Bevölkerung geschlossen werden kann. Außerdem können gewisse Formen kultureller Unterschiede

---

[2] Kleine Zeitung, 10.11.1989.

[3] Helene Karmasin: Das Image von Österreich als Reiseland. In: Marktforschung im Tourismus. Starnberg 1972, S. 53–69, hier S. 61.

[4] Vgl. Gerhard Armanski: Die kostbarsten Tage des Jahres. Massentourismus – Ursachen, Formen, Folgen. Berlin 1978.

[5] Heide Wahrlich: Tourismus – eine Herausforderung für Ethnologen. Problemdimensionen und Handlungsaspekte im touristischen Bezugsfeld. Berlin 1984, S. 149f.

als Rückständigkeit interpretiert werden und gewichten die Beziehung einseitig. Auch die Art der Tätigkeiten am Dienstleistungssektor, in dem das Wort „dienen" ja auch vorkommt, entspricht der Beobachtung von Heide Wahrlich. Daß es sich dabei um vorwiegend von Frauen ausgeübte – reproduktive – Arbeiten handelt, spricht noch zusätzlich für die ungleiche Gewichtung dieser Begegnung[6].

Die Aussage „Die Gäste fühlen sich wohl bei uns" bedeutet also auch ein Ziel, das der Bereiste zu erreichen versucht und das miteinschließt, daß es für ihn Relevanz hat, wenn er finanziellen Erfolg haben will. Allerdings findet in diesem resümierenden Satz nur das Wohlbefinden des Touristen Erwähnung, dessen wichtigere und dominante Position dadurch zum Ausdruck kommt. Die Zufriedenheit des Gastgebers steht in Abhängigkeit von der des Gastes und diese ist es, die notwendig und der touristischen Begegnung immanent ist. Für die private Zimmervermietung bedeutet dies vor allem, daß die Vermieter auch in der Funktion von Gastgebern auftreten, Zeit für ihre Gäste aufbringen und ihnen über die primären Vereinbarungen (Übernachtung mit Frühstück) hinaus Dienste, und zwar freundschaftliche Dienste, erweisen und sich nach deren Wünschen richten. Zu diesen unberechneten Leistungen gehören Einladungen zum abendlichen Grillen oder zum Nachmittagskaffee und gemeinsame Unternehmungen ebenso wie Informationen über lokale Spezialitäten und Tips für Ausflüge.

„Die Gäste wollen, daß man sich mit ihnen beschäftigt, daß man sich dazu setzt. Sie wollen dir das Herz ausschütten", sind die Worte einer Vermieterin, die auch dem allgemeinen Tenor ihrer Kolleginnen entsprechen, und die Erfüllung dieser Bedürfnisse wird als ihre Pflicht angesehen. Sie dürfen selbstverständlich nicht zeigen, daß es sich dabei für sie um einen Teil des geschäftlichen Abkommens handelt. Was dabei zählt ist die – vermeintlich – persönliche und individuelle Verbindlichkeit. Der Gast soll das Gefühl haben, daß er als Persönlichkeit ernst genommen wird und die Sympathie der Gastgeber erworben hat.

---

[6] Vgl. Adelheid Schrutka-Rechtenstamm: Vermiete Zimmer mit Gastfreundschaft. Zur Situation der Frau im nichtgewerblichen Fremdenverkehr. In: Rund um die Uhr. Frauenalltag in Stadt und Land zwischen Erwerbsarbeit, Erwerbslosigkeit und Hausarbeit. 3. Tagung der Kommission Frauenforschung in der DGV 1988. Hg: Anita Bagus u. a., Marburg 1988, S. 51–56.

Schon 1957 sprach Richard Weiß von der „Portiermentalität" als der charakteristischen Berufsprägung durch den Fremdenverkehr[7]. Zwei Gesichter, zwei Haltungen, zwei Maßstäbe seien zu beobachten, von denen der eine für den Fremden, der andere für den Hausgebrauch bestimmt sei. Rollenspiel und Inszenierungen sind dem Tourismus immanent. Hermann Bausinger, der als einer der ersten von volkskundlicher Seite den Tourismus in seine fachbezogenen Überlegungen miteinschloß, schreibt von einer Doppelrolle, die die Einheimischen spielen, sobald sie durch den Tourismus mit ihren eigenen Normen in Konflikt geraten[8].

Je mehr allerdings der Kontakt die Privatsphäre des Bereisten betrifft, um so schwieriger ist es, die Doppelrolle beizubehalten, das Leben auf und hinter der Bühne – ich verwende hier absichtlich den Theatervergleich von Goffman[9] – voneinander zu trennen. Beide Bereiche färben aufeinander ab. Besonders deutlich ist dieses Phänomen bei nichtgewerblichen Vermietern zu beobachten, da hier nicht nur durch die geringe Zahl der Touristen, sondern auch durch räumliche Nähe (Zimmer im gleichen Haus) intensivere Kontakte möglich sind und, wie eben erwähnt, auch erwartet werden.

Gerade bei diesen Begegnungen kommt es dadurch auch zu Spannungen zwischen der familiären und der öffentlichen Rolle. Wie aus zahlreichen Interviews herauszulesen ist, entspringen diese zusätzlichen Leistungen nicht nur der Verpflichtung, daß der zahlende Gast zufrieden ist. Als zweites Merkmal ist eine Verbindlichkeit zu beobachten, die ihren Ursprung in den Gesetzen der traditionellen Gastfreundschaft hat, denen man sich verpflichtet fühlt.

Peter Stringer[10] spricht von neu entstehenden Beziehungen „beyond commercialism", also „jenseits des Kommerziellen", und damit komme ich zur zweiten Interpretation des Eingangszitats. „Die Gäste fühlen sich wohl bei uns" drückt auch den Stolz auf die eigene Leistung aus, die den Gästen über die Bezahlung hinaus geboten wird und die Zufriedenheit mit

---

[7] Richard Weiß: Alpiner Mensch und alpines Leben in der Krise der Gegenwart. In: Die Alpen 33, 1957, S. 209–224. Nachdruck in: Schweizerisches Archiv für Volkskunde 58, 1962, S. 232–254, hier S. 239.
[8] Hermann Bausinger: Volkskunde. Von der Altertumskunde zur Kulturanalyse. Berlin – Darmstadt [1970], S. 163f.
[9] Vgl. Erwing Goffman: Wir alle spielen Theater. Die Selbstdarstellung im Alltag. München 1969.
[10] Peter Stringer: Hosts and guests. The bed-and-breakfast-phenomenon. In: Annals of tourism research 1981, S. 357–376.

der eigenen Gastgeberrolle dokumentiert. Es kommt zur Durchdringung der wirtschaftlichen und der persönlichen Komponente der Beziehung. Nicht nur für den Gast hat die Beziehung über den Vertrag „Zimmer mit Frühstück" hinaus Bedeutung, sondern auch für die Vermieter. Für die Frauen, die, wie schon erwähnt, meist für die Betreuung der Touristen verantwortlich zeichnen, kann es die Wertschätzung ihrer Arbeit durch die Gäste sein. Das Lob der Sauberkeit und Ordnung stellt dabei ein wichtiges Kriterium dar. Tätigkeiten, die in den Bereich der traditionellen Hausarbeit fallen, wie Aufräumen, Kochen oder Putzen, und meist nur im Falle ihres Ausbleibens wahrgenommen werden, erfahren durch die Vermietung eine neue Beachtung und kaum erlebte Anerkennung. Die Aufgabe der Männer ist zumeist das Entertainment und die Animation und entspricht der klassischen Gastgeberschaft, da sie eben „beyond commercialism" ausgeführt wird. Bis auf wenige Ausnahmen beteiligen sich die Ehegatten der Vermieterinnen nämlich nicht an den bezahlten Handlungen, sondern übernehmen gerade die freiwilligen Tätigkeiten, zu denen sie sich entsprechend ihrer Funktion als Gastgeber verpflichtet sehen, eine Rolle, in der sie sich aber auch meist sehr wohl fühlen.

Das Statement „Die Gäste fühlen sich wohl bei uns" ist gleichzeitig auch eine wohlweisliche Rechtfertigung für die Einfachheit, trotz der die Leute gerne kommen. „Die Gäste halten auf Gemütlichkeit mehr als auf Komfort", entspricht dieser Betonung der individuellen Gastfreundschaft. Und hier möchte ich diesen Terminus Gastfreundschaft bewußt verwenden, da die Begegnung an dieser Stelle über die kaufmännische Beziehung hinausgeht. Eine sinngemäße Zusammenfassung der diesbezüglichen Statements aus den Gesprächen lautet: Die Gäste fühlen sich wohl bei uns und das ist mein spezifisches Verdienst. Sie könnten sich auch mehr leisten, aber sie schätzen mein Haus, das ich nach meinem Geschmack eingerichtet habe, und sie schätzen meine Einladungen zum Nachmittagskaffee, die Bergtouren am Wochenende und andere Zeichen meiner Gastfreundschaft.

Bei der Privatvermietung haben sich ebenso wie beim Urlaub am Bauernhof, die beide einen hohen Stammgästeanteil haben, eigene Verhaltensmuster, ja fast möchte ich von ritualisierten Handlungen sprechen, herausgebildet wie die Begrüßung der Gäste mit Getränk und stereotypen Fragen, die Grußkarte zum Geburtstag, das morgendliche Gespräch beim Frühstück oder die Kostprobe aus der eigenen Küche. Über den finanziellen Aspekt hinaus wird die Zufriedenheit der Gäste zum persönlichen Verdienst und führt zur Steigerung der eigenen Identität und des Selbstwertgefühls. Die meisten Gäste und besonders die Stammgäste schätzen

diese zusätzlichen Leistungen, schätzen gerade diesen freundschaftlichen Kontakt, der für sie nicht nur während des Urlaubs von Bedeutung ist.
Trotz dieser Beobachtung bleibt die Beziehung auf einer ökonomischen Basis. Es zeigt sich jedoch, daß es im Laufe der Zeit zu neuen stabilen Formen des Kontaktes kommen kann. Mit der Dauer des Kontaktes mit den Gästen können von den Vermietern Strategien entwickelt werden, die einen persönlichen Freiraum erlauben. Drei verschiedene Typen der Entwicklung konnten dabei beobachtet werden[11]:

1. Die Gastfreundschaft dominiert das wirtschaftliche Interesse des Kontaktes, der Gastgeber wird auch zum Nehmer freundschaftlicher Gefühle. Diese Variante kommt in einem frühen Stadium der Vermietertätigkeit vor, bei geringer Frequenz und bei einem hohen Stammgästeanteil. Der geschäftliche Part der Beziehung entwickelt sich zu einer Belastung.
2. Der finanzielle Erfolg steht im Vordergrund. Dem Gast gegenüber wird eine liebenswürdige und engagierte Fassade präsentiert, eine emotionale Distanz ist jedoch vorhanden, wie dies vor allem bei routinierten Vermietern beobachtet werden konnte.
3. Der persönliche Einsatz wird auf ein Minimum reduziert und die Vermieter distanzieren sich mit ihrem Privatleben. Die Kontakte spielen sich auf einer geschäftlichen, fast schon professionellen Ebene ab.

Nicht nur Konzepte zum sanften Tourismus schließen die Kontakte zwischen Reisenden und Bereisten in ihren Forderungskatalog mit ein, wie das rücksichtsvolle und lernende Reisen mit Interesse für den landesüblichen Lebensstil, bei dem statt Souvenirs Erinnerungen und neue Erkenntnisse mitgebracht werden[12].

Die Betonung der persönlichen und individuellen Begegnung scheint gemäß der einschlägigen Werbung eine Eigenschaft des österreichischen Tourismus generell zu sein.

Auch regionale touristische Präsentationen greifen diesen Wunsch vieler Urlauber nach persönlichen Kontakten auf, wie ich durch das Zitat eines

---

[11] Vgl. Adelheid Schrutka-Rechtenstamm: Kommunikationsmodelle im Tourismus. Versuch einer Analyse in zwei steirischen Regionen (Südoststeiermark und Salzkammergut). In: Kulturkontakt Kulturkonflikt (wie Anm. 1), Teil 1, S. 349–355, hier S. 353f.
[12] Robert Jungk, zit. nach Karl-Heinz Rochlitz: Begriffentwicklung und -diskussion des „sanften Tourismus". In: Freizeitpädagogik 10, 1984, S. 105–114.

Prospektes kurz belegen möchte[13]: Die Überschrift lautet:

„‚Du' und der Beginn einer Freundschaft:
Für die Schladminger ist er bereits ‚einer der Unsrigen'. Die Bewohner des romantischen Bergstädtchens sind ihm längst ‚lieb wie eine Familie'. Hans Z. kommt bereits seit vielen Jahren im Urlaub nach Schladming. ‚Meine Familie und ich', erzählt der Vater von zwei Kindern, ‚wir wollen uns im Urlaub wie zu Hause fühlen können. In Schladming haben wir unsere Urlaubsheimat gefunden. Hier fühlen wir uns so richtig wohl.' Die Freundschaft der Familie Z. mit dem Bergstädtchen begann mit dem ‚Schladminger Du': ‚Anfangs waren wir darüber verwundert', gesteht Hans Z., ‚doch dann haben wir rasch begriffen, daß ein Du der ehrliche Ausdruck herzlicher Offenheit ist.'"

„Wohlfühlen" und die Begriffe Gast und Freundschaft sind nicht zufällig gewählt. Auch eine Gästebefragung aus dem Jahr 1989 nennt als eines der wichtigsten Kriterien für die Wahl des Urlaubsziels „Österreich" die Freundlichkeit der Bevölkerung, wodurch es sich zum Beispiel von der Schweiz deutlich unterscheidet.[14] Diesen neuen Tendenzen nach individueller Betreuung tragen auch die Förderer des Urlaubs am Bauernhof Rechnung. „Nicht Tourist, sondern Gast sein", wirbt 1987 auch der steirische Verein „Urlaub am Bauernhof". Die Verwendung des Terminus „Gast" für den zahlenden Touristen im Gegensatz zum „Fremden" in früheren Jahren ist als wichtiger Marketingaspekt des „Urlaubs am Bauernhof" zu sehen. In einer Informationsbroschüre, die für vermietende Landwirte gedacht ist, wird dies folgendermaßen formuliert:

„(...) das Wort ‚Gäste' sagt deutlich, daß Urlauber nicht als Fremde, sondern als willkommene Gäste – also als Freunde – aufgenommen werden sollen. Willkommen nicht nur wegen der erwarteten Verdienstmöglichkeiten, sondern auch als Partner im Tagesablauf. Der Urlaubsgast soll nie das Gefühl haben, daß er im Wege ist, daß er eine Belastung darstellt und nur geduldet wird, um Geld an ihm zu verdienen."[15]

---

[13] Fremdenverkehrsprospekt Schladming 1992.
[14] Zit. nach: Salzburger Nachrichten, 31.8.1989.
[15] Dietmar Hölzl: Die Menschen – Voraussetzungen bei der ländlichen Bevölkerung. In: Urlaub auf dem Bauernhof – Analyse und Perspektiven des Nebenbetriebes

Der Urlaub am Bauernhof ist auch auf Grund anderer aktueller Trends im Reiseverhalten im Aufwind. Gesteigerter Komfort und eine neue Palette an Angeboten locken die Besucher an: ich greife wahllos ein aktuelles Beispiel aus dem Prospekt „Urlaub am Bauernhof – Gästezimmer in der Steiermark" heraus:

„Zimmer (...) mit Frühstücks- oder Halbpension. Almwanderungen mit der Gastgeberfamilie lassen Ihren Urlaub zum Erlebnis werden. Auf unsere kleinen Gäste wartet eine besondere Überraschung! Sie dürfen nicht nur hautnahen Kontakt mit unseren Tieren pflegen, sondern auch bei der Versorgung unseres Viehstandes im Stall mithelfen. Modelstricken, Bauernmalerei, Fischereimöglichkeit, hausgemachte Marmelade etc. etc."[16]

Die Animation durch die bäuerliche Familie und die Inszenierung der landwirtschaftlichen Welt rücken immer stärker in den Mittelpunkt der Vermietung. Auch die bayerische Landesausstellung „Bauern in Bayern von der Römerzeit bis zur Gegenwart" 1992 in Straubing hat in ihren Begleitangeboten einen Schwerpunkt neben der Präsentation der Landschaft auch in der Betonung der direkten Kontakte und Begegnungen. Es wird authentisches Miterleben versprochen, das den Vorstellungen der Erholungssuchenden von Landwirtschaft entspricht, unter dem Motto „Bauernhof, wo Alltag zum Erlebnis wird"[17].

Ingrid Tomkowiak hat diese Tendenzen in ihrem Vortrag in Hagen zusammengefaßt und beschreibt das Verhältnis der Bevölkerung gegenüber dem Agrarbereich als irrational. Der Blick von der Stadt aufs Land sei vielfach durch Sehnsüchte und Vorurteile verstellt[18]:

„Da Städter das Landleben zumeist aus der Ferienperspektive betrachten, nehmen sie es auch vorwiegend in seiner kontemplativen Funktion wahr. Die Vorstellung und Erfahrung des bäuerlichen Lebensbereiches ist dabei von wunschgeleiteten, an einer idyllisierenden Vergangenheit orientierten Stereotypen ge-

---

„Tourismus in der Landwirtschaft". Hg: Auswertungs- und Informationsdienst für Ernährung, Landwirtschaft und Forsten (AID), Bonn 1982, S. 15.

[16] Urlaub am Bauernhof, Gästezimmer in der Steiermark. [1992], S. 25.

[17] Vgl. das Urlaubsmagazin „Bauernjahr 92 in Ostbayern". S. 37.

[18] Ingrid Tomkowiak, Vortrag am DGV-Kongreß in Hagen 1991: Urlaub auf dem Bauernhof. Zur Dramaturgie eines Freizeit-Angebots für den industrialisierten Menschen der Gegenwart.

prägt, die in starkem Kontrast zum negativ stigmatisierten städtischen Hintergrund stehen und eine realistische Sicht der Dinge behindern. Auch angesichts vollmotorisierter Agrarfabriken, Massentierhaltung, Genmanipulation, schadstoffangereicherter Nahrungsmittel und allenthalben fortschreitender Umweltzerstörung, (...), verbindet sich mit dem Leben auf dem Land für viele Städter also nach wie vor hauptsächlich die Vorstellung von Ruhe und Zu-sich-selbst-Finden, in schöner Landschaft, bei gesunder Luft und gutem Essen."

Die Landwirte reagieren auf diese im Zitat beschriebenen Erwartungen, wie meine empirischen Ergebnisse bestätigen. Die Kontakte zwischen ihnen und ihren Gästen weisen ja nicht erst seit dieser jüngsten Entwicklung zahlreiche Zwischentöne zwischen Gastfreundschaft im traditionellen Sinn und bezahlter Dienstleistung auf. Die Mithilfe bei landwirtschaftlichen Arbeiten, das Kennenlernen von regionalen Besonderheiten sowie Information und persönliche Betreuung waren schon immer möglich. Neu ist, daß diese ehemals unbezahlten Leistungen in das Angebot und in die Werbung mitaufgenommen wurden und gleichzeitig auch Erweiterungen erfahren haben. Die Bäuerin besucht einen Vollkornbrotbackkurs, um Bauernbrot anbieten zu können, um nun ihrerseits die Gäste darin zu unterweisen, der Viehbestand und Anbau wird nach der von den Gästen gewünschten Vielfalt ausgerichtet und der Bauer holt Arbeitsgeräte, die lange nicht mehr in Gebrauch waren, hervor, um fast schon vergessene Tätigkeiten zu demonstrieren. Um den idyllisierenden und romantisierenden Vorstellungen von bäuerlichem Alltag zu entsprechen, werden zusätzlich Tätigkeiten erlernt, die den Schein des Alten, Echten und vor allem des Natürlichen wahren.

Ich möchte dieses Phänomen als „Folklorisierung des Alltags" bezeichnen. Die Suche der Touristen nach authentischem Naturerleben hat im Besuch des Bauernhofes, der jedoch mehr Ähnlichkeit mit einem vorindustriellen Subsistenzhof als mit einem landwirtschaftlichen Betrieb des späten 20. Jahrhunderts aufweisen sollte, seine Verwirklichung gefunden. Die Rückwirkung dieser Erwartungen auf die Landwirte zeigt, daß nach Auskunft der oberösterreichischen Bauernkammer der Anteil der Betreiber von Urlaub am Bauernhof unter den am ökologisch kontrollierten Anbau Interessierten besonders hoch ist und daran haben die Erfahrungen mit den Gästen großen Anteil. Nicht nur deren Erwartungen an einen vielseitig orientierten Bauernhof, sondern auch die positiven Erfahrungen mit der direkten Vermarktung der Produkte bestärken den Mut zur Veränderung.

Letztlich lassen sich also bei den vermietenden Landwirten Verinnerlichungen dieses inszenierten Alltags und Veränderungen der persönlichen wie der kulturellen Identität durch die Begegnung mit ihren zahlenden Gästen beobachten.

DIETER RICHTER, BREMEN

Reisen ins Märchenland

VOLKSKULTURELLE ELEMENTE IM TOURISMUS UND DIE
KONSTITUTION NEUER TRADITIONEN

Das Märchen gilt – unter Volkskundlern ebenso wie im Allgemeinverständnis – als Ort der Wunder. Aber trotz – oder darf ich vermuten: gerade wegen – der allgemein unterstellten Distanz zwischen dem „Märchen" und der „Wirklichkeit", zwischen der „Welt der Wunder" und der „Welt des Alltags" gibt es gerade im aufgeklärten Zeitalter vielfältige Versuche, die Grenze zwischen dem einen und dem anderen zu verwischen, das Wunderbare in der Wirklichkeit anzusiedeln. Wollen oder können wir, auch nach einem inzwischen schon nach Jahrhunderten zählenden Prozeß der Entzauberung der Welt, uns mit den Konsequenzen für das Alltagsbewußtsein nicht abfinden? Die Frage wäre – außerhalb meines engeren Themas – durchaus grundsätzlich zu diskutieren. Auch die neuere kritische Erzählforschung hat es immer wieder mit dem „wunderbaren Alltag" zu tun – ich erinnere an die von Linda Dégh oder Lutz Röhrich beobachtete Infiltrierung alltäglicher Kommunikationsformen durch märchenhafte Elemente[1] oder an die von Rolf Wilhelm Brednich jetzt auch im deutschen Sprachraum dokumentierten „modernen Sagen" und ihren sagenhaften Erfolg auf dem Buchmarkt[2]. Auch ein anderes Phänomen, das uns seit einiger Zeit immer häufiger begegnet und das dem Volkskundler eher ein überlegenes Lächeln oder das Verdikt „Folklorismus" abnötigt, hat es mit dieser Vermischung von Märchen und Alltagswelt zu tun: die Lokalisierung von Märchen.

Im Jahr 1963 erschien in Frankfurt ein inzwischen mehrfach nachgedrucktes Büchlein von Hans Traxler mit dem Titel: „Die Wahrheit

---
[1] Linda Dégh: Zur Rezeption der Grimmschen Märchen in den USA. In: K. Doderer (Hg.): Über Märchen für Kinder von heute. Essays zu ihrem Wandel und ihrer Funktion. Weinheim – Basel 1983, S. 110–128; Lutz Röhrich: Wage es, den Frosch zu küssen. Das Grimmsche Märchen Nr. 1 in seinen Wandlungen. Köln 1987.
[2] Rolf Wilhelm Brednich: Die Spinne in der Yucca-Palme. Sagenhafte Geschichten von heute. München 1990; ders.: Die Maus im Jumbo-Jet. Neue sagenhafte Geschichten von heute. München 1991.

über Hänsel und Gretel. Die Dokumentation des Märchens der Gebrüder Grimm".[3] Mit Fotografien, wissenschaftlichen Modellzeichnungen und der Dokumentation archäologischer Fundstücke illustrativ angereichert, weist der Autor fußnotenstark und akribisch nach, daß der Schauplatz von „Hänsel und Gretel" ein Waldstück im Bereich der Bahnmeisterei Rohrbrunn an der Autobahn Frankfurt–Würzburg gewesen ist. Und ein märchenforschender Privatdozent weist in einem wissenschaftlichen Vorwort darauf hin, daß schließlich auch Heinrich Schliemann mit seiner erfolgreichen Suche nach dem „sagenhaften" Troja oder Arthur Evans mit der Ausgrabung des „legendären" minoischen Reiches keinen anderen Weg beschritten haben als der junge Mittelschullehrer Georg Ossegg, der volkskundliche Privatgelehrte des Traxlerschen Büchleins, nämlich den, gegen Spott und Besserwisserei der Fachgelehrten die „historische Wahrheit" einer literarischen „Fiktion" durch empirisch-archäologische Untersuchungen ans Licht zu bringen. Alles in allem ein überzeugender Versuch. Zumindest was die Rezeption des Büchleins betrifft. Ich kenne nicht nur Studenten der Germanistik, sondern auch einen gestandenen Fachkollegen, die ich nur mit Mühe davon überzeugen konnte, daß Hans Traxler – bekannt geworden als Karikaturist von „Pardon" und anderen Satire-Zeitschriften – hier eine perfekte Wissenschaftsparodie gelungen ist. Und der Autor selber bestätigt auf Nachfrage: „Das Buch ist ernst genommen worden", selbst dann noch, als eine „Bauchbinde" in der 2. Auflage ausdrücklich auf seinen satirischen Charakter hingewiesen habe. „Noch heute ruft mich mindestens einmal im Monat jemand an und sagt ,Es muß doch etwas daran stimmen'", sagt Traxler im Gespräch und weiß zahlreiche Geschichten zur „ernsthaften" Rezeption seines Buches zu erzählen: Mehrere Volkshochschul-Gruppen seien in den Spessart gefahren, um den Ausgrabungsort zu finden; ein japanischer Gelehrter wollte das Buch als neuen Beitrag der deutschen Märchenforschung übersetzen etc. – „das geht bis in die akademischen Kreise".[4]

Statt Häme und Schadenfreude aufkommen zu lassen, sollte das genannte Beispiel nachdenklich machen: Die „Entfiktionalisierung" solcher Geschichten, ihre Lokalisierung an so vertrauten Orten wie einer Autobahnraststätte, scheint offenbar nicht nur einem verbreiteten Bedürfnis

---

[3] Hans Traxler: Die Wahrheit über Hänsel und Gretel. Die Dokumentation des Märchens der Gebrüder Grimm. Mit Fotografien von Peter v. Treschkow. Frankfurt 1963. Neue vom Autor durchgesehene Auflage. Frankfurt 1978.

[4] Gespräch mit Hans Traxler, 22. Mai 1992.

entgegen zu kommen, sondern kann auch – wenn es nur „gut gemacht" ist – zu einer neuen Form der „Fiktionalität" führen, die durchaus traditionsbildend wirken kann. Ist – so wäre ketzerisch zu fragen – das, was Traxler gemacht hat, in seinen Konsequenzen wirklich so weit entfernt von dem, was die Brüder Grimm zumindest provoziert haben, indem sie bestimmte Stoffe der europäischen Erzählüberlieferung als „stockhessisch" o. ä. deklariert haben?

Die Mindener Stadtmusikanten

Im Juni 1991 trat das Museum für Geschichte, Landes- und Volkskunde in Minden an der Weser mit einer Erklärung an die Öffentlichkeit: „Die Mindener Stadtmusikanten oder der kurze Weg nach Bremen. Erkenntnisse eines Freizeit-Forschers revolutionieren die Märchenkunde"[5]. Der genannte Freizeitforscher, der Landwirt Bertram Schulte aus Hille-Südhemmer, der schon als kleiner Junge „beim flackernden Schein der Holzscheite im Kaminofen" dem Märchen von den „Bremer Stadtmusikanten" gelauscht hatte, hatte sich in den Kopf gesetzt, das Räuberhaus, das die vier Tiere nach der Grimmschen Erzählung erobert hatten, aufzufinden. „Schulte zog Erkundigungen ein: Wie weit konnte ein alter Esel an einem Tag gekommen sein? Ein Tierarzt bestätigte ihm: nicht mehr als zehn Kilometer ... ". Nach aufwendigen Recherchen und gegen die anfängliche Skepsis des zuständigen Ortsheimatpflegers und des Mindener Museums führt Schulte an dem vermuteten Ort Probegrabungen durch, die seine Theorie bestätigen. Jetzt schalten sich auch die Wissenschaftler ein:

„Die Grabungsfunde [...] sind sensationell: Die Grundmauern des Räuberhauses und eine Feuerstelle sind auf den Fotos [...] genau zu erkennen, altes Kartenmaterial wurde entdeckt, gut erhaltene Pistolen, die von Christiane Neumann, einer Mitarbeiterin des Mindener Museums sorgfältig restauriert wurden, ein regelrechtes Warenlager an Zinn- und sonstigen Gefäßen und sogar eine alte Truhe. Für Schulte war jedoch das Größte, als endlich der komplette Satz Esels-Hufeisen beisammen war."

Fazit der Erklärung: „Das Räuberhaus lag auf Mindener Stadtgebiet." Auf

---

[5] Archiv Rainer Wehse, Deutsches Märchen-Museum, Bad Oeynhausen. – Ich danke Herrn Dr. Wehse für das zur Verfügung gestellte Material über das Ereignis.

einer Pressekonferenz[6] wurden vom Mindener Kulturdezernenten und dem Leiter des dortigen Museums, Dr. Volker Rodekamp, der Schädel eines Esels und die „Räuberpistolen" als Grabungsfunde präsentiert. Resumée: „Die bisherigen ‚Bremer Stadtmusikanten', im internationalen Typenindex von A. Aarne und S. Thompson als Nr. 130 klassifiziert, werden wohl in Zukunft als ‚Mindener Stadtmusikanten' in die Erzählforschung eingehen."[7]

Die Presse hatte eine Sensation: „Überreste der Stadtmusikanten gefunden. Archäologische Untersuchungen laufen" (Mindener Tageblatt, 13.06.91). „Wissenschaftler sicher: Bremer Stadtmusikanten kamen aus Minden!" (Bild, 13.06.91). Aus dem Deutschen Märchen-Museum im benachbarten Bad Oeynhausen kam Schützenhilfe. Die Presseerklärung von Dr. Rainer Wehse machte zwar dem Eingeweihten deutlich, daß ihr Autor den „unernsthaften" Charakter der Angelegenheit durchschaut hatte. Sie führte aber in ihrer Weise das einmal begonnene Spiel geschickt fort: Wehse gibt darin der Hoffnung Ausdruck, „daß die Grabungsfunde letztendlich, ggf. mit der tatkräftigen Hilfe von bewährten Sponsoren, nach Bad Oeynhausen transloziert werden können, die zentrale Örtlichkeit, an der diese u. ä. aufsehenerregenden Funde konzentriert werden sollten, um einer Zersplitterung zusammengehöriger Exponate entgegenzutreten."[8]

Die Mischung aus Märchen-Philologie, Heimatkunde, Laienforschertum und Archäologie (einer Disziplin, der die Öffentlichkeit immer wieder gern „sagenhafte" Ergebnisse abzunehmen bereit ist[9]), nicht zuletzt die prätentiöse „Wissenschaftlichkeit" der Aufmachung sollten ihre Wirkung nicht verfehlen. Was im Kreise von Mitarbeitern des Mindener Volkskunde-Museums als witzige „Idee beim Biertisch"[10] geboren worden war, um die Aufmerksamkeit der lokalen Öffentlichkeit auf ungewöhnliche Weise auf eine kleine Ausstellung und ein Museumsfest zu lenken, wurde zur größten

---

[6] Presseerklärung der Stadtverwaltung Minden vom 7. Juni 1991: „Kamen die Bremer Stadtmusikanten aus Minden?". Pressekonferenz am 12. Juni 1991. – Ich danke Herrn Dr. Rodekamp (Minden) für Material und Informationen.

[7] Presseerklärung vom 7. Juni 1991.

[8] Presseerklärung vom 4. Juni 1991. – Archiv Rainer Wehse, Bad Oeynhausen.

[9] Ich verweise auf den zur Zeit tobenden Streit um neue Ergebnisse zur Lokalisierung der „Varusschlacht", der im Bereich von Heimatpflegevereinigungen in der Gegend des Teutoburger Waldes geführt wird.

[10] Gespräch mit Dr. Volker Rodekamp, Mai 1992.

Überraschung der Beteiligten zu einer überregionalen Sensationsmeldung (allein zur Pressekonferenz waren fünf Fernsehteams erschienen!). Und was die Mindener Volkskundler am meisten überraschte (und, wie Volker Rodekamp sich erinnert, gleichsam nötigte, das einmal angefangene Spiel jetzt „mit der ernsthaften Miene des Wissenschaftlers"[11] weiterzuspielen), war, daß der Witz von den „Mindener Stadtmusikanten" von der Presse einhellig als absolut seriöse Nachricht verbreitet wurde: von den Lokalzeitungen über die BILD-Zeitung und die Frankfurter Allgemeine Zeitung bis hin zu „Heute", der Nachrichtensendung des ZDF. Nach dem bekannten journalistischen Muster von Recherche und Enthüllung ging es weiter:

„Mitarbeiter des Westfälischen Landesmuseums für Archäologie sind nun mit der weiteren Überprüfung der Funde beschäftigt. Sollte sich ihre Echtheit bestätigen, will sich Stadtdirektor Dr. Erwin Niermann nach der Aussage von Dr. Rodekamp dafür einsetzen, daß die seit 1953 vor dem Bremer Rathaus stehende Bronzeplastik mit Esel, Hund, Katze und Hahn nach Minden geholt wird. ‚Das Denkmal gehört dahin, wo sich das Märchen abgespielt hat', betont Dr. Rodekamp."[12]

Damit bekam das Mindener Ereignis eine neue Dimension. Die Lokalisierung des Märchens wurde zum Mittel der Stadtwerbung.

Das Beispiel war nicht schlecht gewählt. Die „Bremer Stadtmusikanten" sind ein Musterbeispiel dafür, wie eine Stadt, die Freie Hansestadt Bremen nämlich, ein Märchen-Motiv in exzessiver Weise für Zwecke der Selbstdarstellung benutzt.[13] Es war daher kein Wunder, daß die Mindener „Enthüllungen" in Bremen heftige Reaktionen auslösten. Tageszeitungen und Regionalfernsehen berichteten über die „Provokation" aus Minden („Hände weg von den Bremer Stadtmusikanten" schrieb BILD-Bremen), und der Senatspressesprecher gab eine Erklärung ab, in der es hieß, daß die Bremer auf „ihre" Stadtmusikanten (gemeint war das Denkmal vor dem Rathaus) nicht verzichten wollten.[14]

---

[11] Ebd.

[12] Mindener Tageblatt vom 13. Juni 1991.

[13] Vgl. Dieter Richter: Die „Bremer Stadtmusikanten" in Bremen. Zum Weiterleben eines Grimmschen Märchens. In: H.-J. Uther (Hg.): Märchen in unserer Zeit. Zu Erscheinungsformen eines populären Erzählgenres. München 1990, S. 27–38.

[14] Weser Kurier vom 15. Juni 1991; BILD-Zeitung Bremen vom 13. Juni 1991; Bremer Regionalfernsehen „Buten + Binnen", 13. Juni 1991.

Animositäten dieser Art sind nicht nur von Lokalpatriotismus geprägt;
sie haben eine ökonomische Seite, in der es um viel Geld geht. Seit etwa zwei Jahrzehnten ist verstärkt die Tendenz zu beobachten, daß Städte
mit aus der Volkskultur entlehnten, speziell mit Märchen-Motiven für den
lokalen Fremdenverkehr werben, wobei die Märchenfiguren in emblematisierter, also auf den Wiedererkennungseffekt zielender Form aufbereitet werden. Es scheint, als suchten die Orte, die urbanistisch einander
oft immer ähnlicher werden, d. h. ihre originären Unterschiede allmählich einzubüßen drohen, sich auf diese Weise wieder als „unverwechselbar"
zu profilieren. Allen Prophezeiungen über das „Absterben des Märchens"
zum Trotz, erfreuen sich Märchen im Kontext solcher Tourismuswerbung
heute einer immer größer werdenden Beliebtheit – allerdings in verwandelten, gleichsam rudimentären Formen. Neben einzelnen Orten, die sich
als „Heimat" bestimmter Märchen oder Sagen deklarieren, neben Freizeitparks, die Märchenstaffagen in ihr Unterhaltungsangebot aufnehmen, ist
als die „konzentrierteste" Form der Tourismuswerbung durch Märchen die
„Deutsche Märchenstraße" zu nennen, die im folgenden vorgestellt werden
soll.

DIE DEUTSCHE MÄRCHENSTRASSE

Die „Deutsche Märchenstraße" ist ein Werbeverbund von rund 70 Landkreisen, Städten und Gemeinden längs einer etwa 600 km langen Route,
die von Hanau am Main im Süden durch die Bundesländer Hessen, Niedersachsen und Nordrhein-Westfalen bis zur Freien Hansestadt Bremen
führt. Der Verbund wurde 1975 nach dem Muster anderer „Straßen"-
Werbegemeinschaften („Romantische Straße" etc.) gegründet, um touristische Aktivitäten in einer bestimmten Region mit Hilfe eines thematischen Bezugs zu bündeln und zu fördern. „Reisen nach dem Märchenbuch"
war das Motto der Gründung der Arbeitsgemeinschaft[15], deren Initiative
von Kassel ausging, wo die Hauptgeschäftsstelle noch heute ihren Sitz hat.
Finanziert wird die „Deutsche Märchenstraße" durch die Mitgliedschaften
der in ihr zusammengeschlossenen Orte; seit einiger Zeit bemüht sich der
Verband auch um das sponsoring anderer Orte und Einrichtungen.[16]

---

[15] Schreiben von Heinrich Fischer, Deutsche Märchenstraße, an die Unternehmen der Reisebranche, Dezember 1988. – Sammlung D. Richter.

[16] Ich danke Frau Jutta Gräbner, Verkehrsverein Bremen und Bereichsleiterin Verden-Nienburg-Bremen, für ihre Informationen (Interview Mai 1992).

Organisatorisch ist die „Märchenstraße" in zehn Bereiche mit jeweils einem Bereichsleiter eingeteilt. Als Service-Leistungen bietet der Verband vierteljährliche Produktschulungen an. Darüber hinaus finanziert der Verband Journalistenreisen und gibt jährlich einen Reiseplaner und Prospekte heraus, in denen die Aktivitäten der einzelnen Mitgliedsorte verzeichnet sind. Bereiche und Orte sorgen ferner mit ihren Einzelangeboten (Führungen, Märchen-Performances, Prospekte, Märchenlesungen, Souvenirs etc.) für die individuelle Ausgestaltung des Programms.

In den 17 Jahren ihres Bestehens hat die „Deutsche Märchenstraße" zunehmende Aufmerksamkeit unter den an der Fremdenverkehrswerbung interessierten Gemeinden der Region gewonnen[17], d. h. immer mehr Orte bemühen sich um einen Beitritt. Das kann zu Bedenklichkeiten innerhalb der Organisation führen, die sich ja einer Idee verpflichtet fühlt: Die beitrittswilligen Ortschaften müssen einen Märchenbezug nachweisen, wobei ein solcher allerdings durchaus großzügig verstanden wird.

„Wir hatten jetzt gerade ein Zusammentreffen in Bad Orb. Bad Orb ist ein sehr malerischer kleiner Ort und wollte auch gerne Mitglied der ‚Märchenstraße' werden: weil sie eben an der ‚Märchenstraße' liegen und dann natürlich ein wenig von dem ‚touristischen Kuchen' abbekommen möchten. Mein Widerstand war, daß wir versuchen sollten, aufgrund unserer Glaubwürdigkeit, Bezugspunkte [zum Märchen, D. R.] zu finden und nicht irgendwelche Städte einzubeziehen, nur weil sie ‚malerisch' sind. [...] Ich sah dann, daß sie unheimlich viele Brunnen hatten, auch Brunnen als Denkmäler, die unter Glas stehen, und ich sagte: ‚Sagt mal, warum macht ihr denn nicht den Froschkönig hier?' Froschkönig war noch frei."[18]

Auf diese Weise wurde Bad Orb Mitglied der „Deutschen Märchenstraße" und der Froschkönig in Bad Orb lokalisiert.

Die lockere thematische Anbindung von Orten an die „Märchenwelt", bei der eher Gesichtspunkte der Tourismuswerbung als der Märchen-Philologie ins Gewicht fallen, ist nicht untypisch für das Konzept der „Märchenstraße". Die Route beginnt in Hanau, dem Geburtsort der Brüder Grimm, und führt über Steinau nach Marburg. Weiter geht es durch

---

[17] Zwischen 1989 und 1992 hat sich die Zahl der eingeschlossenen Stationen von 60 auf 64 erhöht (nach: Prospekte Deutsche Märchenstraße 1989 und 1992).

[18] Jutta Gräbner, Interview Mai 1992.

das „Rotkäppchenland" nach Schwalmstadt, es folgen Homberg mit seinem „märchenhaften Fachwerkensemble", Kassel mit dem „Brüder-Grimm-Museum", Fuldatal mit „Hans im Glück", Hannoversch-Münden mit dem Grab von „Doktor Eisenbart", das „Dornröschenschloß Sababurg" im Reinhardswald, die Trendelburg an der Diemel, „waldgrüne Heimat der Riesin Trendula", Göttingen mit dem „Gänseliesel"-Denkmal, Fürstenberg mit dem „märchenhaften Porzellan", Bodenwerder mit dem „Baron von Münchhausen", die „Rattenfänger"-Stadt Hameln, Bad Oeynhausen mit dem „Märchen- und Wesersagenmuseum", die Porta Westfalica, Minden mit „Potts Freizeitpark mit der Riesenwohnung", Nienburg mit der „kecken ‚kleinen Nienburgerin'", die „Reiterstadt" Verden mit dem „Märchen- und Freizeitpark" und schließlich die Hansestadt Bremen mit den „Stadtmusikanten" – wobei ich nur einige der Stationen genannt habe.[19]

Längs dieser Route hat der Reisende nicht nur Gelegenheit, Museen, Denkmäler, Schlösser, Erinnerungsstätten und andere Lokalitäten mit Märchenbezug zu besuchen; die lokalen Verkehrsvereine und andere touristische Werbeträger bieten ihm darüber hinaus eine Reihe von Veranstaltungen und anderen Ereignissen an, die entweder als regelmäßige Programmveranstaltungen stattfinden oder auf Anfrage von Einzelreisenden oder Reisegruppen gebucht werden können. Es gibt Stadtführungen, Märchenlesungen und -erzählstunden (1992 an acht verschiedenen Orten), Freilicht-Theateraufführungen (z. B. die „Eisenbart-Spiele" vor dem Rathaus in Hannoversch-Münden, die „Münchhausen-Spiele" in Bodenwerder oder die „Rattenfänger-Spiele" vor dem „Hochzeitshaus" in Hameln), und es gibt, unter dem Titel „Welcome-Service" zusammengefaßt, eine Reihe von Performances. In Steinau kann man sich beispielsweise von der Grimm-Familie in historischen Kostümen begrüßen lassen, in Hameln gibt es einen „Rattenfängerauftritt mit vier Ratten" (in Deutsch oder wahlweise in Englisch zu buchen, Preis DM 100,-), in Trendelburg (wo auch ein „Fest der langen Zöpfe" stattfindet) wartet Rapunzel zur Begrüßung und in Hofgeismar steht die „Begrüßung durch Dornröschen und den Prinzen" (ebenfalls in Deutsch oder Englisch) auf dem Programm, Kostenpunkt ohne Rosen DM 80,-, mit Rosen DM 120,-.[20]

---

[19] Die Zitate nach: „Deutsche Märchenstraße. Märchen – Sagen – Legenden", Prospekt der „Arbeitsgemeinschaft Deutsche Märchenstraße", Kassel 1992.

[20] Deutsche Märchenstraße: Reiseplaner 1992/93, Kassel 1992, S. 16–18.

Und natürlich gibt es längs der Straße die „märchenhaften und landestypischen Souvenirs". Hier eine Auswahl aus dem Katalog: Trachtenpuppen aus Alsfeld, Münchhausen-Schlüsselanhänger aus Bodenwerder, Frottee-Handtücher mit Stadtmusikantenmotiv aus Bremen, Porzellan mit Märchenmotiven aus Fürstenberg, Gartenzwerge aus Lauterbach, Rapunzel-Puppen aus Trendelburg, Doktor-Eisenbart-Likör aus Hannoversch-Münden, Marzipan-Gänseliesel aus Göttingen und Brotratten aus Hameln.[21]

Wie das Angebot der touristischen Werbestrategen genutzt wird, war schwer zu eruieren. Nächst der „Romantischen Straße" soll die „Deutsche Märchenstraße" unter den deutschen „Straßen"-Routen die beliebteste sein. Das Angebot stoße vor allem bei Italienern, Spaniern, Amerikanern und Japanern auf Interesse; Engländer seien eher weniger vertreten.[22] Auf jeden Fall ist die Werbung international orientiert: Die Prospekte erscheinen in mehreren Fremdsprachen, darunter auch Japanisch. Der Pressespiegel scheint die hohe Resonanz der „märchenhaften Angebote" zu bestätigen. Reisejournalisten (denen die Arbeitsgemeinschaft die Reise finanziert) äußern sich weitgehend zustimmend bis begeistert.

Ich möchte abschließend in einigen Thesen zu formulieren versuchen, welches Bild vom Märchen die „Deutsche Märchenstraße" und ähnliche touristische Einrichtungen vermitteln und welche volkskulturellen Wandlungen darin sichtbar werden.

1. Entgegen aller von Volkskunde und Germanistik ausgearbeiteten Gattungsdefinitionen erleben wir heute eine zunehmende Verwischung und Ausuferung des „Märchen"-Begriffs. In der „Deutschen Märchenstraße" gehören Sagenfiguren (Rattenfänger) ebenso wie historische Originale (Dr. Eisenbarth), Denkmalsfiguren mit Lokaltraditionen (Gänseliesel) oder popularliterarische Traditionen (Wilhelm Busch, „Max und Moritz") zum Ensemble des „Märchenhaften". Diese These wird übrigens durch das Ergebnis einer Umfrage zur „Märchenkenntnis unter Studenten" bestätigt, die ich vor kurzem durchgeführt habe; auch dort werden mit großer Selbstverständlichkeit alle möglichen fiktionalen Stoffe aus Sage, Popularliteratur, Kinderliteratur, „fantasy" etc. als „Märchen" angesehen.
2. Im Gegensatz zur älteren, eher oral oder literarisch geprägten Überlieferung des Märchens, bemerken wir heute starke Tendenzen der

---
[21] Ebd., S. 21–26.
[22] Interview Jutta Gräbner.

Visualisierung und der environmenthaften Gestaltung von Märchen. Dabei leben ältere Formen (Märchentheater, Märchenoper) weiter und vermischen sich mit „Ereignis"-Formen, wie sie für den modernen Kulturbetrieb typisch sind (Stadtfest, historische Performance).
3. Durch die „Lokalisierung" klassischer Volkserzählungen (die dem Philologen natürlich ganz gegen den Strich geht) sowie durch moderne Neuerfindungen von Folklore-Figuren („Riesin Trendula") entstehen neue „Lokalsagen", die den Prozeß der Überlieferung historischer Volkserzählungen auf ihre Weise fortsetzen. Wenn wir bedenken, daß zahlreiche „klassische" Lokalsagen gelehrte Erfindungen des 18. und 19. Jahrhunderts sind, die dann über Lesebücher, Bilderbogen, heimatkundliche Heftchen etc. ins „Volk" diffundierten, „populär" geworden sind, dann haben „Märchenstraßen" und ähnliche touristische Ensembles heute vielleicht die gleiche Funktion für die Konstituierung populärer Lokaltraditionen wie volkskundliche Buch-Publikationen der Vergangenheit. Ihre Verurteilung als „Folklorismus" greift zu kurz, wird doch damit fälschlicherweise unterstellt, daß es „früher" eine reine, eine echte Volkskultur gegeben habe. Tatsächlich ist die alte ebenso wie die neue Volkskultur ein ziemlich kompliziertes Ineinander von traditioneller, fragmentarischer Überlieferung und prätentiöser Neugestaltung im Rahmen der jeweiligen zeitgenössischen Kommunikationsformen.
4. Es kann daher nicht überraschen, daß wir immer wieder Übertragungen traditioneller volkskundlicher Brauchtums-Elemente auf die neuen touristischen Ensembles beobachten können. Ein Beispiel dafür ist das 1952 errichtete „Stadtmusikanten"-Denkmal am Bremer Rathaus, eine Bronzeplastik des expressionistischen Künstlers Gerhard Marcks, die zu einer Art „Logo" der Bremen-Werbung geworden ist. Seit kurzem hat sich dort die Sitte entwickelt, daß auswärtige Besucher die beiden Vorderhufe des Esels umfassen, die Augen schließen und „sich etwas wünschen" (eine Sitte, die dem Volkskundler als „Berührungsmagie" bekannt ist). Dieser Brauch kann nicht älter als einige Jahre sein. Tatsache ist, daß die Stadtführerinnen des Verkehrsvereins ihn inzwischen als „Bremer Brauch" vermitteln. Der von mir benutzte Begriff der „Übertragung" eines Brauchtums-Elements hat hier möglicherweise noch einen sehr konkreten Sinn. „Früher" – aber wer weiß, wann genau dieses „früher" war? – gab es in Bremen einen ähnlichen und nach meiner Beobachtung heute verschwindenden Brauch an der Statue des Roland, die an der anderen Seite des Rathauses steht.

„Nach einem alten Brauch, in dem vielleicht die magische Wurzel des Handauflegens als Verpflichtung steckt, verabschieden sich bremische Bürger durch Handanlegen [an der Spitze des linken Knies, D. R.] vom Roland [...], um dadurch die Wiederkehr zu gewährleisten", heißt es dazu unter dem Artikel „Roland- Brauchtum" in einem Bremen-Handbuch von 1977.[23]

Wer weiß, wie alt jener „alte Brauch" von 1977 wirklich ist und aus welchen Zusammenhängen heraus er eingeführt wurde und sich durchsetzte? Und wer weiß, wie alt jener neue „alte Brauch" von 1992 einmal werden und ob wieder einmal die Zeit kommen wird, wo ihn die Volkskunde auf die „magische Wurzel des Handauflegens" zurückführen wird? Vielleicht wissen wir es heute für einen kurzen Augenblick der historischen Erkenntnis besser. Wir werden Zeuge, wie ein solcher „alter" Brauch gerade entsteht und wir können sehen, wer seine Praktizierung fördert. Aber der erwähnte Sachverhalt der „Übertragung" dieses Brauches verweist natürlich auf eine Traditionslinie, und wir wissen auch, daß wir davon – vom langen Prozeß der Ausbildung historischer Volksüberlieferungen – allenfalls ein kleines Ende zu fassen bekommen.

---

[23] Werner Kloss: Bremer Lexikon. Ein Schlüssel zu Bremen. Bremen 1977, S. 263.

Bernhard Tschofen, Wien

Die Seilbahnfahrt.
Gebirgswahrnehmung zwischen klassischer Alpenbegeisterung und moderner Ästhetik

für s. w.

„Ich gleite, wie ein Vöglein fliegt,
Durchs Sonnenmeer der Lüfte;
Auf Wald und Blumenauen liegt
Der Atem reiner Düfte;
Die Brust wird weit ... der Blick wird hell –
Fern ruht die Welt, ihr Leiden;
Ich trinke an der Gottheit Quell
Und ahne Ewigkeiten –."[1]

Die zweite Strophe des Gedichtes „Pfänderfahrt" nimmt es voraus: Vom Gleiten und Fliegen soll hier die Rede sein, vom Blicken zumal und von erahnten Ewigkeiten. Das Interesse gilt den ästhetischen Dimensionen und symbolischen Formen der Bergerfahrung, wie sie das Zeitalter der Seilbahnen hervorgebracht hat. Daß damit ein wichtiges Kapitel einer Kultur des Tourismus ausgebreitet wird, liegt in der Popularisierung des Alpenerlebnisses im 20. Jahrhundert begründet, daß damit aber gleichzeitig ein spezifisch österreichisches Symbol zur Debatte steht, hängt mit der Rolle zusammen, die dieses Land durch das gesamte Jahrhundert hindurch dem Fremdenverkehr in den Bergen, seiner Förderung und Entwicklung, zugedacht hat.

Dem beschränkten Raum entsprechend, werden sich die Ausführungen im folgenden nicht der gesamten Breite des Themenfeldes gleichermaßen

---

[1] Irmgard Vischer: Pfänderfahrt. In: Festschrift zur Hauptversammlung des D. u. Oe. Alpenvereins in Bregenz. Herausgegeben von der Sektion Vorarlberg (=Beilage der Vorarlberger Landes-Zeitung vom 30. August 1935), S. 24. Vgl. die erste Strophe: „Zu meinen Füßen wogt der See/Von Silber überronnen./Ich gleite auf zur stillen Höh' –/Das Tal ruht dunstumsponnen;/Die Gipfel aber heben frei/Und stolz die Felsenstirnen/Als ob ein göttlich Leuchten sei/Auf ihren lichten Firnen."

widmen können, und die eine oder andere Fragestellung wird nur angerissen, ihre Antwort bestenfalls skizziert werden können. Auch kann ich nur einen Bruchteil der mir zur Verfügung stehenden Quellen[2] ausbreiten, freilich die sprechendsten, auch mit dem Risiko, damit manche These plausibler erscheinen zu lassen, als die komplexe Realität sich in toto darbietet.

Eine weitere Beschränkung weist bereits in den Bereich des Technischen; ich werde mich vorwiegend auf die Fahrt mit Seilbahnen, die durch die Luft führen, beschränken und somit die älteren Standseilbahnen und anderen Bergbahnsysteme weitgehend unberücksichtigt lassen. Wenn hier nun die in Österreich und Deutschland gemeinhin Seilschwebebahnen, in der Schweiz Luftseilbahnen genannten Systeme in den Brennpunkt des Interesses gerückt werden, so liegt dem aber auch eine angenommene und im folgenden zu verdeutlichende Zäsur der Bergerfahrung zugrunde.[3]

Ein Rückblick in die technische Vorgeschichte des Seilbahnwesens beweist, daß sich dessen Entwicklung am Ende des 19. Jahrhunderts nur zu einem Teil den herkömmlichen Möglichkeiten zur Überwindung größerer Höhen mit Bahnen verdankt. Die Anlage von Adhäsionsbahnen im Gebirge war teuer, weil sie wegen der geringen Steigungen eine Vielzahl sogenannter Kunstbauten, Tunnels, Kehren und Viadukte, erforderte. Auch nicht die Zahnradbahnen, erst die Standseilbahnen oder Schrägaufzüge ermöglichten, obwohl bodenverhaftet, eine sparsamere und geradlinige Trassenführung.[4] Der Bau von durch die Luft führenden Seilbahnen erhielt hingegen unübersehbare Anregungen aus dem Bergbau, wo seit langem Erfahrungen im Transport von Materialien und Personen mittels Seilen bestanden – und zwar nicht nur in der Vertikalen, was der Entwicklung des mechanischen Aufzugwesens[5] zugute kam, sondern auch über relativ

---

[2] Mein herzlicher Dank gilt der großen Bereitschaft, mit der Seilbahngesellschaften in der Schweiz, in Italien, Deutschland und Österreich historisches Quellenmaterial – Eröffnungs- und Jubiläumsfestschriften – zur Verfügung gestellt haben.

[3] Mit dem Wandel des touristischen Erlebnisses durch die Technik beschäftigt sich grundsätzlich vor allem Dieter Kramer: Der sanfte Tourismus. Umwelt- und sozialverträglicher Tourismus in den Alpen. Wien 1983. Zu Seilbahnen v. a. S. 127–131.

[4] Vgl. R. Woernle: Zur Beurteilung der Drahtseilschwebebahnen für Personenbeförderung. Habil. TH Karlsruhe, Berlin 1913, S. 3.

[5] Vgl. dazu die sorgfältige und kulturphilosophisch fundierte Monographie Jeannot Simmen – Uwe Drepper: Der Fahrstuhl. Die Geschichte der vertikalen Eroberung. München 1984.

Die Seilbahnfahrt 109

weite Distanzen in der Horizontalen oder mit mäßiger Steigung[6]. Eine vor allem für die Sicherheit wichtige Neuerung, nämlich die Entwicklung von sogenannten Verseilmaschinen zur Herstellung von Stahlseilen[7], stammte zwar bereits aus den vierziger Jahren des 19. Jahrhunderts, fand aber erst gegen dessen Ende größere technische Anwendung.[8]

Noch aus dem Dunstkreis des Bergbaus stammt die erste bekannte Anregung zur touristischen Nutzung von Personenseilbahnen. Frederik R. Simms, neben dem preußischen Bergrat Franz Fritz Freiherr von Dücker einer der Pioniere der Seilbahntechnik, schlug 1891 in Berlin vor, solche Bahnen vor allem dort zur Anwendung zu bringen, „wo breite oder in tiefem Tale fließende Flüsse zu überschreiten sind, ferner nach einer Reihe von Aussichtspunkten"[9]. Ähnliches hatte ein spanischer Ingenieur im Sinn: Leonardo Torres y Quevedo, der bereits 1889 in der Schweiz mit dem Projekt einer „schwebenden Drahtseilbahn von Pilatuskulm nach Pilatus-Klimsenhorn" auftrat, aber mit seinem Vorhaben genauso wie eine ganze Reihe weiterer Erfinder und Techniker an den Widerständen der europäischen Eisenbahnbehörden scheiterte.[10] Dennoch war der Schritt zur Vergnügungsbahn getan, auch wenn diese meist nur für einen be-

---

[6] Zur Entwicklung der Seilbahntechnik im Bergbau vor allem Paul Stephan: Die Luftseilbahnen. Berlin 1907 und Woernle (wie Anm. 4).

[7] Als Erfinder des Drahtseils gilt gemeinhin der Clausthaler Bergingenieur W. A. J. Albert; die Verfügbarkeit von Drahtseilen beschränkte sich aber zunächst auf kleinere, innerbetriebliche Anlagen. Vgl. Norbert Mumelter: Chronik des Schwebebahnwesens. In: Die erste Bergschwebebahn der Welt Bozen–Kohlern. Ihr Bauherr – Ihre Umwelt – Ihr Werdegang und ihr Schicksal. 1908–1983. 75 Jahre seit Betriebsbeginn. Bozen 1983, S. 18–28, hier S. 20.

[8] Noch in den achtziger Jahren des 19. Jahrhunderts wurden beim Bau von Materialseilbahnen an Ort und Stelle verschweißte Stahlstangen verwandt, die durchaus als „Seile" bezeichnet wurden; vgl. etwa Stephan (wie Anm. 6), S. 6f. Dieses System lag auch noch dem Großprojekt einer 200 Kilometer langen Seilbahn zugrunde – Johann Matern: Denkschrift betreffend den Bau einer Seilbahn im Bosnathal, von der Save bis Bosna Deraj, zunächst für den Transport der Bedürfnisse der k. k. Armee, eventuell als provisorische öffentliche Verkehrsbahn. Wien 1878.

[9] Glückauf 28 (1892), S. 171, zit. n. Woernle (wie Anm. 4), S. 9.

[10] Vgl. Woernle (wie Anm. 4), S. 7–9. Die rechtliche Situation des Seilbahnwesens war zumindest bis zum Ersten Weltkrieg in den meisten europäischen Ländern noch völlig ungeklärt; vgl. für Österreich etwa Herbert Frank: Die Entwicklung des Seilbahnwesens in Österreich. In: Arlberger Bergbahn AG (Hg.): 50 Jahre Galzigbahn. St. Anton am Arlberg 1987, S. 53–64, hier S. 53f.

schränkten Zeitraum genehmigt wurden und allein ihrem Aussehen nach mit den späteren alpinen Bahnen wenig gemein hatten.

Die Rede ist von den Vergnügungsparks der großen Ausstellungen der zweiten Hälfte des 19. Jahrhunderts, die auch für die weitere Entwicklung des Aufzugs- und Seilbahnwesens zu einem unübersehbaren Experimentierfeld der Moderne wurden, die aber auch, wie noch zu zeigen sein wird, ein neues Sehen ganz maßgeblich geprägt haben. Neben Panoramen und Dioramen fehlten kaum einmal Möglichkeiten zur Gewinnung eines Überblicks von künstlichen Anhöhen, und horizontale Seilbahnen verbanden vor allem nach 1890 einzelne Teile der Ausstellungsgelände. Daß dabei neben der Demonstration des technischen Fortschritts[11] das Amusement im Mittelpunkt stand, zeigt die sorgfältige Dekoration der konstruktiven Teile solcher Einrichtungen: Die Gondel der später berühmten Mailänder Seilbahnbauer Ceretti & Tanfani auf der Mailänder Industrieausstellung von 1894 erinnert in ihrer Luna-Park Manier mehr an italienische Lustgondeln des 18. Jahrhunderts als an ein modernes Verkehrsmittel.[12]

Es bleibt also festzuhalten, daß die Anfänge des Seilbahnfahrens in den Bereich der technischen und medialen Vergnügungen des 19. Jahrhunderts verweisen und daß neben funktionalen Aspekten das Erlebnis der Fahrt von vornherein in die Popularisierungsabsichten der Pioniere einkalkuliert war.

Die frühen Seilbahnbauten außerhalb der Sicherheit vorübergehender Ausstellungen unterstreichen diese Verwandtschaft: Sie erschlossen bereits als Aussichtswarten etablierte, meist stadtnahe Höhen. Das gilt sowohl für ein kleines Bähnchen zu einer beliebten Bellevue bei S. Sebastian[13] wie auch für die meisten weiteren Erschließungen bis zum Ausbruch des Ersten Weltkriegs. Dennoch beherrschte Skepsis die Berichterstattung über die ersten Projekte in alpinem Gelände, und so wie die schwer feststellbare behördliche Zuständigkeit[14] die Entwicklung behinderte, so wurde erst allmählich für das neue Verkehrsmittel eine adäquate Bezeichnung

---

[11] Aus Anlaß der Wiener Weltausstellung von 1873 entstand etwa auch eine Standseilbahn auf den Leopoldsberg; die Seilschwebebahnen „zu Vergnügungszwecken in den Belustigungsparks" und auf den Ausstellungen seit etwa 1890 registriert Woernle (wie Anm. 4), S. 11f.

[12] Abbildung bei Mumelter (wie Anm. 7), S. 21.

[13] Abbildung bei Woernle (wie Anm. 4), S. 8.

[14] Vgl. für Projekte der Zeit nach 1900 v. a. Verena Gurtner: Schilthorn umsteigen. Geschichte und Technik der Luftseilbahn. Zürich ²1991, S. 27–48.

Die Seilbahnfahrt 111

gefunden. 1904 etwa, als der Widerstand gegen weitere Schienenbahnen sowohl in den deutschen Mittelgebirgen als auch in den Alpen bereits wuchs[15], berichteten die „Mittheilungen des Deutschen und Oesterreichischen Alpenvereines" über Bergbahnpläne in den Alpen:

> „Noch kühner (als das Projekt einer Zahnradbahn auf den Mont Blanc, B. T.), nicht was die zu ersteigende Höhe, sondern die Anlage betrifft, ist das Projekt der ‚Wetterhorn-Bahn', die zwar nur bis zur Glecksteinhütte leiten, den Höhenunterschied aber als ‚Aufzug', und zwar in einer neuen Form, als Drahtseilbahn an zum Teile freihängenden Drahtseilen überwinden soll. Angeblich hat man bereits mit dem Bau begonnen und auch der Bau eines ‚Hotels Gleckstein' als Endpunkt der Bahn soll schon in Angriff genommen sein."[16]

Diesem untersten Teil eines bis zum Gipfel des Wetterhorns geplanten Systems von „Aufzügen" war kein langes Dasein beschieden; 1908, bei seiner Eröffnung, war zudem die Seilbahn von Bozen nach Kohlern als erste in den Alpen bereits erfolgreich in Betrieb. Auf Initiative eines Gastwirtes war hier eine 1906 genehmigte Materialseilbahn auf Personenbetrieb umgerüstet und zum Anziehungspunkt für Sommerfrischler und Besucher des Ausflugziels auf dem Bozner Mittelgebirge geworden.[17] Die Gondeln dieser eigentlich ersten alpinen Seilschwebebahn verweisen – obwohl sie formal mit Vorhängen und Sitzgelegenheiten noch stark an die Tradition des Kutschenbaus erinnern[18] – bereits auf ein Phänomen, das für die ästhetische Erfahrung der Seilbahnfahrt in den folgenden Jahrzehnten bestimmend

---

[15] Vgl. die Ablehnung in der Kunstgewerbebewegung – A. von Ehrmann: Bergbahnbau. In: Die Jugend 2 (1901), H. 27, S. 436 – oder in der Heimatschutzbewegung – Richard Nordhausen: Die Vereisenbahnung der Berge. In: Der Kunstwart 20 (1907), H. 23, S. 641–643.

[16] Mittheilungen des Deutschen und Österreichischen Alpenvereines NF 20 (1904), H. 14, S. 172.

[17] Mumelter (wie Anm. 7).

[18] Vgl. ähnliche Fixierungen im frühen Aufzugs-, Waggon- oder Automobilbau. Bemerkenswert ist, daß der Transport von Touristen zu einigen beliebten Aussichtswarten der Alpen im 19. Jahrhundert in kleinen, einsitzigen Pferdewägelchen geschah, die bereits den talgewandten Blick vorwegnahmen. Beispiele und Abbildungen bei Harald Schueller: Die Schmittenhöhe – Der „Rigi Salzburgs". Der Zeller Hausberg in der Zeit von 1873 bis 1927. In: Schmittenhöhebahn AG (Hg.): Schmittenhöhebahn 1927–1987. Festschrift zum 60-Jahr-Jubiläum. Zell am See 1987, S. 13–26.

werden sollte. Sie erzwangen von den Passagieren den talgewandten Blick und beförderten diese mit dem Rücken zum Berg in die Höhe.

Der Unterschied der Naturwahrnehmung, der durch eine solche Beförderungsart gegenüber den wechselnden Perspektiven der sich den Berg hochschlingenden Gebirgsbahnen markiert ist, darf nicht unterschätzt werden. Einzig die Standseilbahn bot ein ähnlich schnelles, vertikales Bergerlebnis, aber ohne das Gefühl des lautlosen Schwebens. Eines der wenigen Zeugnisse einer Seilbahnfahrt aus der Zeit vor dem Ersten Weltkrieg macht die Revolutionierung des von Wolfgang Schivelbusch beschriebenen und von Dieter Kramer im Hinblick auf die Entwicklung des Alpinismus untersuchten Eisenbahnerlebnisses[19] deutlich, die Beschreibung einer Fahrt mit der 1912 eröffneten Lana-Vigiljochbahn:

> „Bequeme Wagen, in deren Kupee sich durch die Fenster das herrliche Panorama der Fahrt genießen läßt, von deren Plattform es sich besonders herrlich entfaltet, führen uns empor in die lichten Höhen. Nur das leise Surren der Seile zeigt die Fahrt an, und das Hinabsinken der hohen Träger, das Winzigwerden aller Dinge da unten mahnt an die Höhe, die der Wagen scheinbar ganz ohne irgend eine Arbeit erklimmt."[20]

Daß aber der hier beschriebene Naturgenuß in den Anfängen keinesfalls zu den Selbstverständlichkeiten einer Seilbahnfahrt zählte, sondern daß zunächst die Sorge um die Sicherheit und wohl auch Angst mit im Vordergrund standen, macht eine Broschüre derselben Seilbahn deutlich: Acht von neun Seiten widmen sich ausschließlich der Schilderung technischer Details und der Beschwörung der Sicherheit des Systems.[21] Da werden Rechnungen über die Reserven vorgelegt, die Konstruktionsmerkmale der Stützen erläutert und sogar berichtet, daß „jede Niet durch die Staats-

---

[19] Wolfgang Schivelbusch: Geschichte der Eisenbahnreise. Zur Industrialisierung von Raum und Zeit im 19. Jahrhundert. Frankfurt/Main 1989; Kramer (wie Anm. 3), S. 46–49. Die Eisenbahnfahrt im Gebirge scheint mir vor allem im Hinblick auf die Neuordnung der Topographie von Bedeutung zu sein, in den Bereich des eigentlichen alpinen Erlebens drang sie allerdings kaum vor.

[20] Das Vigiljoch und seine Erschließung durch die Schwebebahn. o. O. und o. J. (1913), S. 5. Vgl. Vigiljoch-Bahn. Meran o. J. (1913).

[21] Die Vigiljoch-Bahn. o. O. und o. J. (Originale der in Anm. 20 und 21 zitierten Literatur im Besitz der Lana-Vigiljochbahn Gesellschaft, Lana; Kopien im Besitz des Verfassers).

Die Seilbahnfahrt 113

ingenieure (...) sorgfältig untersucht und abgeklopft" worden ist[22]. Das Gefühl einer „Schwebefahrt (...) hoch über dem Boden" konfrontierte die Passagiere zwar mit einer völlig neuen Form der Bergerfahrung, ging aber, wie die frühen Erlebnisse der Eisenbahnreisenden auch, mit einer Art Reizüberflutung und mit Angst einher. Das hielt jedoch Städte, Gemeinden und Gesellschaften nicht davon ab, eine ganze Reihe von neuen Seilbahnprojekten ins Auge zu fassen, die allerdings alle zum Opfer des Ersten Weltkrieges wurden.

Erst 1926 konnten wieder Seilbahnbauten realisiert werden, jetzt aber in rascher Folge und einem regelrechten Boom folgend. Ein neues System, das für den militärischen Einsatz im Weltkrieg entwickelt worden war, hatte dazu die Grundlagen geschaffen. Wie für viele Bereiche der Ziviltechnik, den Motorenbau, die Telegraphie und Luftfahrt, aber auch für den Skilauf und den Alpinismus, ist der Antrieb des Seilbahnwesens durch den Ersten Weltkrieg unübersehbar. Gerade die Stellungen im Gebirgskrieg an der Dolomitenfront erforderten den raschen und sicheren Transport von Nachschub, Kriegsgerät und Soldaten. Sowohl auf italienischer als auch auf österreichischer Seite wurden unzählige Seilbahnen errichtet, die zum Teil mit mehreren tausend Metern Länge enorme Höhenunterschiede zurücklegten. Die Chroniken wollen wissen, daß gerade der fehlende Zugriff der gestrengen österreichischen Eisenbahnbehörden eine in der Folge die gesamte Seilbahntechnik revolutionierende Erfindung ermöglichte: Der Meraner Techniker und Landsturm-Ingenieur Louis Zuegg entdeckte, daß entgegen einer alten Lehrmeinung die Drahtseile durch eine erhöhte Seilspannung keinesfalls Schaden nehmen, sondern im Gegenteil durch den vermiedenen Seildurchhang an den Stützen die Lebensdauer der Seile vervielfacht, die Anzahl der – in ihrer Errichtung stets teuren – Stützen bedeutend verringert und die Fahrgeschwindigkeit ohne Risiko gesteigert werden kann.[23]

---

[22] Schueller (wie Anm. 21), S. 18.

[23] Vgl. Alexander Koci: Seilbahnen in Österreich. In: Seilbahnen in Österreich (Sondernummer der Zeitschrift „Der Fremdenverkehr"). Wien 1956, S. 11–14, hier S. 12. Zu Zuegg unter anderem auch: Hans Lamprecht: Südtirol schreibt Seilbahngeschichte. In: Urlaub im Schnee – Südtirol. Bozen 1988, S. 10–13, hier S. 11f.; mit ausführlichen Quellenangaben jetzt auch Günther Luxbacher: Bergauf Schweben. Die Raxbahn – die älteste moderne Seilbahn Österreichs. In: Wolfgang Kos (Hg.): Die Eroberung der Landschaft. Semmering – Rax – Schneeberg. Katalog zur Niederösterreichischen Landesausstellung 1992 Schloß Gloggnitz (=Katalog des Niederösterreichischen Landesmuseums NF 295). Wien 1992, S. 557–566.

Dieses System – Bleichert-Zuegg[24] – liegt den Seilbahnbauten der Zwischenkriegszeit fast ausschließlich zugrunde und bildet noch heute die Basis jeder Weiterentwicklung von Zweiseilpendelbahnen. Für unsere Fragestellung – das Seilbahnerlebnis – ist diese technische Neuerung nur insofern von Belang, als daß sie durch die vergleichsweise geringen Baukosten es selbst dem wirtschaftlich schwer angeschlagenen Österreich ermöglichte, in wenigen Jahren ein Dutzend solcher Bahnen zu errichten. Jetzt erst wurde die Seilschwebebahn zum alpinen Massenverkehrsmittel und in die Überlegungen zur Belebung des Fremdenverkehrs einbezogen; die Projekte sollten ganz gezielt das touristische Angebot erweitern und gleichzeitig der Arbeits- und Auftragsbeschaffung dienen. Diese Gemengelage, wie sie schon aus den Planbeschreibungen und Zeichnungseinladungen der ersten Projekte in den zwanziger Jahren herauszulesen ist, konnte in der Folge für die mehrfachen Symbolqualitäten dieser alpinen Fortschrittschiffre verantwortlich sein. Eine 1925 erschienene, reich illustrierte Broschüre von etwa vierzig Seiten warb beispielhaft für die Vorzüge des Baus der Rax-Seilbahn. Einige Schlagworte daraus bilden schon ein komplettes Inhaltsverzeichnis der sich erst entwickelnden Seilbahnmythologie: Zunächst wird die Rax als idealer Seilbahnberg in Großstadtnähe vorgestellt, dann die Entwicklung des Seilbahnwesens – „eine lückenlose Kette von der Eisenbahn des Flachlandes bis zum Flugzeug" – als Geschichte fortschreitender Erfolge skizziert, um schließlich die Vorzüge des „dem inländischen Baugewerbe und der inländischen Industrie zugute" kommenden Bahnbaues aufzurechnen.[25] Erstmals verbinden sich auch weitreichendere nationale Hoffnungen mit dem stolzen Bauwerk:

> „Die Proponenten sind davon überzeugt, daß gerade die Raxbahn auf Jahre hinaus die Mustertype für den Personen-Seilbahnbau aller künftigen in- und ausländischen Unternehmungen gleicher Art werden wird. (...) Österreich geht hierin wieder führend voran, (...), und unsere Heimat wird damit auf dem Gebiete des Bergbahnbaues wieder tonangebend, wie sie es vor 80 Jahren durch den Bau der Semmeringbahn war."[26]

---

[24] So benannt nach der Leipziger Firma Adolf Bleichert & Co, die das Patent Zueggs übernommen hatte.

[25] Die Seilschwebebahn auf die Raxalpe. Wien 1925, S. 3, 5 und 10.

[26] Ebd., S. 12. Zur Raxbahn nunmehr auch die hervorragend recherchierte Monographie von Günther Luxbacher (wie Anm. 23); vgl. auch die entsprechenden Exponatdokumentationen im selben Band, S. 298–301.

Die Seilbahnfahrt

Noch war diese erste österreichische Seilschwebebahn der Zwischenkriegszeit nicht in Betrieb, und dennoch war sie bereits dazu angetan, dem Publikum als Vehikel des öffentlichen Aufstiegs und Fortschritts vorgestellt zu werden:

> „Schon in wenigen Monaten werden die ersten Wagen lautlos zur Höhe schweben und dem Auslande einen neuen Beweis dafür geben, daß Österreich nichts unversucht läßt, um aus eigener Kraft wieder emporzukommen, und daß dieses Land dem Fremden wirklich Hervorragendes an Schönem und Fesselndem zu bieten vermag."[27]

Diese hier nur kurz angerissenen Qualitäten der Seilbahn aus dem Bereich des Symbolischen scheinen sehr direkt mit den medialen Eigenarten des frühen Seilbahnerlebnisses zusammenzuhängen. Es empfiehlt sich daher, einige Fahrtbeschreibungen genauer anzusehen, freilich vor allem mit Blick auf die virtuellen Dimensionen der neuen Bergästhetik.

Es fällt auf, daß sich die Schilderungen von Bergfahrten aus den späten zwanziger Jahren nicht allzusehr von solchen aus den fünfziger Jahren unterscheiden. Die Motive bleiben gleich, sieht man einmal von der in den Anfangsjahren geradezu topischen Beschwichtigung der Ängstlichen ab.[28] Beschrieben wird vor allem die neue Erfahrung von Raum und Zeit, die Wahrnehmung der raschen Wechsel der Ausblicke und Panoramen:

> „,Glückliche Bergfahrt!' rufen die Zurückgebliebenen. – Ein letztes Winken, und schon hebt die Luftreise an. Im Wagen herrscht Schweigen. Die Blicke suchen durch die Kabinenfenster die entschwindende Stadt – Berge, Seen – unsere schöne Alpenwelt. Auch die grundlos Aengstlichen wollen, wenn auch zunächst zaghaft, die Wunder schauen, die sich in stets wechselnder Pracht und ungeahnter Weite unter uns ausbreiten. Rechts unten ruht die Stadt, breiten sich die Häuser mit den roten und grauen Dächern, die schmucken Villen in grünen Gärten, wie wir sie einst als Kinder aufgestellt haben, als wir ‚Städte bauten'. (...)

---

[27] Seilschwebebahn auf die Raxalpe (wie Anm. 25), S. 36. 1935 setzt Luis Trenker: Berge und Heimat. Das Buch von den Bergen und ihren Menschen. Berlin 1935, Abb. 95 eine Photographie der Stützendurchfahrt bei der Raxbahn als „Der Triumphbogen (Raxbahn)" ins Bild.

[28] Vgl. Festschrift (wie Anm. 1), S. 23; Seilschwebebahn auf die Raxalpe (wie Anm. 25), S. 13; Meinrad Pizzinini: 60 Jahre Tiroler Zugspitzbahn. o. O. und o. J. (1986), S. 13f.

Die Menschlein sind ganz klein und winzig und ihre Bewegungen sind kaum zu erkennen. Schon nähern wir uns den Steilhängen des Stadtberges. (...) Wir schweben dicht über den Baumkronen uralter Bergtannen hinweg. (...) Das Auge muß flink sein, um hüben und drüben die stets wechselnden Bilder zu erfassen. Linker Hand schiebt sich der verträumte Saalachsee mit seinen grünschimmernden Fluten ins Blicklicht. Rechts folgt das Auge dem Lauf der Saalach gegen Salzburg und ins weite Flachland. Senkrecht unter uns treten steil abfallende Felswände an die Stelle des Bergwaldes. (...) Wir werden zwischen Himmel und Erde Zeuge einer seltsamen Begegnung. Hurtig eilt der zu Tal gleitende Wagen vorüber; sein Tempo ist auch das unsrige. Kaum gegrüßt, schon gemieden, schwebt unser Luftfahrzeug in einer senkrechten Höhe von 170 m über der zerklüfteten Kesselbachschlucht. Nun gehts mitten hinein in die an malerischen Szenen reiche Alpenlandschaft (...) In grandioser, niegekannter Wildheit öffnen sich Klüfte und Grüfte, senken sich Steilwände, türmen sich Spitzen und Grate von hochalpinem Charakter. Kein Mensch hat diese Steilwände bestiegen, in denen noch die Gemse haust. (...) Bevor aber (voraus geht die Beschreibung eines steilen Streckenabschnittes, B. T.) ängstliche Gemüter Zeit haben, sich mit Gefahrenproblemen zu beschäftigen, ertönt ein dünnes Glockensignal und meldet die Einfahrt in die Bergstation, während unser Antipode, der Talwagen, in Kirchberg gelandet ist. Wieder festen Boden unter den Füßen, stellen wir erstaunt fest, daß die Reise nur 8 1/2 Minuten gedauert hat."[29]

Das Schema ist meist dasselbe, und die Schlagworte „Schweben und Schauen und Seligsein"[30] könnten über der oben zitierten Beschreibung einer Fahrt mit der Predigtstuhlbahn genauso stehen wie über den kürzeren oder längeren Prosatexten einer Rax-, Zugspitz-, Pfänder-, Hafelekar- oder Schmittenhöhefahrt. Gemeinsam ist den Texten, daß die Fahrt „wie im Fluge" vergeht und daß die Ankunft bei der Bergstation unvermittelt und noch inmitten staunenden Schauens geschieht.[31] Das Tempo der

---

[29] Sepp Niedermeier: Bergfahrt. In: Ders.: Die Predigtstuhl-Bahn Bad Reichenhall. Bad Reichenhall o. J. (1928), S. 17–20.

[30] Georg Vogath: Schweben und Schauen und Seligsein. In: Tegernseer Tal Verlag Sebastian Daimer (Hg.): Deutsche Bergbahnen. Rottach-Egern 1957, S. 9.

[31] Vgl. ebd.: „(...) da rasselt es über uns, das Bild wird verlöscht, wir sind in der

Fahrt scheint sich zudem auf das Tempo der Wahrnehmung und selbst auf das Tempo der Sprache zu übertragen: Gelegentlich erscheinen die Texte wie die Montage unvollendeter Wahrnehmungen. „Durch die Geschwindigkeit", resümmierte Wolfgang Schivelbusch für den panoramatischen Blick der Eisenbahnreisenden, „wird also eine erhöhte Anzahl von Eindrücken hervorgerufen, mit denen der Gesichtssinn fertig werden muß"; bei der Seilbahnfahrt scheint diese Erfahrung durch die Vertikalgeschwindigkeit und den erhöhten Standort noch gesteigert. Der Vordergrund tritt noch weiter zurück[32], der flugähnliche Aufstieg wird als Aneinanderreihung von in Dynamik geratenen Hintergründen wahrgenommen. Viel spricht dafür, daß die Seilbahn die von Georg Simmel als Merkmal großstädtischen Lebens beschriebene „Steigerung des Nervenlebens"[33] ins Gebirge überträgt.

Neben der Luftfahrt wird die Seilbahnfahrt als die am meisten entmaterialisierte Form der Fortbewegung aufgefaßt. Das Gefühl des lautlosen, ferngeleiteten Schwebens, wie es in der französischen Bezeichnung für Seilbahn, ‚Téléphérique', am eindrucksvollsten verbildlicht ist, rückt die Seilbahn wiederum in die Nähe der medialen Reisesurrogate des 19. Jahrhunderts. Das Einfahren in die Landschaft wird wie der Eintritt in eines jener Alpen- und anderen Panoramen empfunden, die wie die kleinen Vergnügungsbähnchen aus den Anfängen des Seilbahnwesens die Besucher von Ausstellungen und Volksbelustigungen mit ungekannten Illusionen konfrontierten.[34] Die Herkunft des Seilbahnsehens aus den neuen Medien

---

Halle der Bergstation eingelaufen. Selig über das Geschaute, über diesen herrlichen Film steigen wir aus, wissend, daß es schönere Bilder nicht mehr geben wird." Die Inszenierung des Blicks während der Fahrt war vor allem in den dreißiger Jahren – offene Sommergondeln – ein Anliegen der Seilbahnbauer. In den fünfziger Jahren wurde außerdem mit rotierenden Gondeln in „Weltraumdesign" experimentiert. Bei den Bergstationen erwarteten die Ankommenden nahezu überall großzügige Panoramen und entsprechende Aussichtskanzeln.

[32] Schivelbusch (wie Anm. 19), S. 55, 61f.

[33] Georg Simmel: Die Großstädte und das Geistesleben. In: Brücke und Tor. Essays des Philosophen zur Geschichte, Religion, Kunst und Gesellschaft. Im Vereine mit Margarete Susmann hg. von Michael Landmann. Stuttgart 1967, S. 128–141, hier S. 128.

[34] Gerald R. Blomeyer – Barbara Tictze: Reiseersatz. In: Angelika Thiekötter – Eckhard Siepmann (Hg.): Packeis und Preßglas. Von der Kunstgewerbebewegung zum Deutschen Werkbund (=Werkbund-Archiv 16). Berlin – Gießen 1987, S. 137–143; Heinz Buddemeier: Panorama, Diorama, Photographie. Entstehung und Wirkung neuer Medien im 19. Jahrhundert. München 1970; vgl. Bernhard Tschofen: Zillertal.

findet ihre Bestätigung in den Assoziationen an die „bewegten Bilder" der Kinematographie:

„Es sind nicht zehn Panoramen, die sich uns erschließen, es sind tausend, es sind unendlich viele. Landschaft ist auf einmal kein stilles Bild mehr, nichts Ruhendes, Beharrendes, kein lyrisches Gedicht. Sie ist Geschehen geworden, Bewegung, Aktion und Kampf. Landschaft als Handlung! Landschaft als Drama!"[35]

Paul Virilio, der französische Philosoph und Geschwindigkeitstheoretiker, würde in der Seilbahn wohl folgerichtig einen „kinematischen Aufnahmeapparat" erkennen, weil sie wie die anderen „Mittel zur Vergrößerung der Reichweite des menschlichen Blickes" das Auge führt und fährt.[36]

Nachvollziehbar werden die virtuelle Dimension der Fahrt und das entmaterialisierte Erleben in der Schilderung der durchfahrenen unterschiedlichen Vegetationsgürtel, Jahres- und Tageszeiten:

„Trunken und tief erregt vom vogelhaften Schauen mag man dann (bei einer abendlichen Fahrt auf die Zugspitze, B. T.) rasch den Abstieg nehmen und rasch in den blauen Abend hinunterschweben, im Nu aus dem Schnee in den tropisch schwülen Juliabend des Tals, im Nu aus dem Blick über die starrblauen Abendberge hinunter in ihre Schatten, von einem rätselhaften Triumphgefühl der Ueberwindung aller Gegensätze erfüllt (...)"[37]

Diese Erweiterung des Horizonts und der touristischen Möglichkeiten ist das meistbestaunte Moment einer Seilbahnfahrt und in der Folge naturgemäß auch ein beliebtes Argument für den Bau weiterer Bahnen.

Wenn der Berichterstatter des Berliner Lokal-Anzeigers – das Presseecho der Bahneröffnungen war vor allem in den zwanziger Jahren noch enorm[38] – über die Pfänderbahn ausrief, „glückliche Bregenzer, die fortan jeden halbwegs sonnigen Tag, jede Stunde ausnützen können, um den

---

In: Wörther – Sachen – Sinne. Eine kleine volkskundliche Enzyklopädie. Gottfried Korff zum Fünfzigsten (=Studien und Materialien des Ludwig-Uhland-Instituts der Universität Tübingen 9). Tübingen 1992, S. 179–183, hier S. 182.

[35] Vogath (wie Anm. 30).

[36] Zuletzt Paul Virilio: Rasender Stillstand. München – Wien 1992, S. 54f.

[37] Zugspitzbahn. Eine orientierende Darstellung. In: Bäder Blatt der Frankfurter Zeitung vom 23. Juli 1926; freundlicher Hinweis von Andrea Wetterauer, Tübingen.

[38] Beispielhaft im Blickfeld der Öffentlichkeit stand der Bau der Tiroler Zugspitzbahn,

Die Seilbahnfahrt

Nebeln der Tiefe zu entfliehen und hier oben im Lichte herumzuspazieren (...)"[39], dann mischen sich unter die Bewunderung für die neuen Möglichkeiten der Technik freilich auch jene aus dem älteren Alpinismus bekannten zivilisationskritischen Fluchtmotive. Und überhaupt zeigt sich bei genauerem Hinsehen, daß die Ästhetik der Seilbahnfahrt zwar auf die neuen Formen der Wahrnehmung aufbaut, in der Ordnung und Beschreibung der Eindrücke aber immer wieder auf den Kanon altvertrauter Motive zurückgreift, der zum Teil aus der Romantik stammt und in der Kultur des klassischen Alpinismus seine Durchformulierung erfahren hat. Neben eskapistischen Tendenzen findet selbst noch – das Medium legt solches nahe – die alte Aufstiegsmetapher von der geistigen Hebung des Bergansteigenden ihre Fortsetzung[40]. Übernommen wird auch das bei der Wiedergabe „überwältigender Panoramen" hilfreiche Motiv der Belebung der Gebirgsnatur:

> „Es ist, als wenn sich die Höhen recken wollten, umhergehen, einander über die Schulter schauen, sich ducken und wieder auftauchen. Als wenn sie um ihre Plätze kämpften, sich verdrängten, aneinander vorbeizukommen suchten".[41]

Hatte schon der Alpinismus, also das Vordringen in bis dahin unbekannte Höhen, mit Unvertrautem konfrontiert und daher auch die metaphernreichsten Imaginationen heraufbeschworen, so mußte der rasche und unbeschwerliche Anstieg einer Seilbahnfahrt erst recht zunächst einmal seine „Sprache" finden. Wirkliche Hilflosigkeit verbirgt sich wohl hinter manchem heute befremdlich anmutenden Topos, und fast neigt man dazu,

---

der Deutschlands höchsten Gipfel erschloß. Schon während der Bauarbeiten berichteten Journalisten und Kamerateams aus aller Welt über das Projekt; vgl. Pizzinini (wie Anm. 28), und Anm. 37. Dem mit aller Härte vorangetriebenen Bau widmete Ödön von Horváth 1927 zwei Theaterstücke: „Revolte auf Côte 3018" und „Die Bergbahn"; beide wiederabgedruckt in: Gesammelte Werke 1. Frankfurt/Main 1985, S. 45–132.

[39] Eugen Kalkschmidt: Die Eröffnung der Seilbahn auf den Pfänder. In: Berliner Lokal-Anzeiger vom 24. März 1927, zit. n. Feierabend. Wochenendbeilage zum Vorarlberger Tagblatt vom 31. März 1937.

[40] Beispiele liefern etwa Erich Schandlbauer: Der Eröffnung der Schmittenhöhebahn zum Geleite. Nachdruck aus der Festschrift zur Eröffnung der Schmittenhöhebahn. In: Eberhard Zwink (Hg.): Schmittenhöhebahn 1928–1978. Festschrift zum 50-Jahr-Jubiläum. Salzburg 1978, S. 18; Vischer (wie Anm. 1).

[41] Vogath (wie Anm. 30).

jenem Besucher des Pfänders Glauben zu schenken, der sich „mit einemmal auf der Höhe stehen und wie hilflos die Augen schweifen lassen" sah, „nicht wissend, wie man in diese Fülle von überwältigenden Eindrücken Ordnung bringen kann".[42]

Daß eine solche, zumindest seit der Mitte des 19. Jahrhunderts hochidealisierte, Erfahrung durch die Mittel der Technik plötzlich allgemein gemacht werden sollte, fand naturgemäß den Widerspruch der eingeschworenen Alpinisten. Dabei geht es um weit mehr als um die Angst vor dem Verlust angestammter Bergeinsamkeit. Vielmehr scheint der Anstieg ohne Schweiß und ohne Anstrengung die in jahrzehntelanger alpinistischer Praxis und ihrem Diskurs mühsam definierten idealen Motive außer Kraft zu setzen:

> „In feierlichen ‚Entschließungen' der Hauptversammlungen, in Protestversammlungen, in Schrift und Wort, in Eingaben an die Regierungen hat der D. und Ö. Alpenverein den Bau von Bergbahnen im Hochgebirge bekämpft. Er hat diesen Kampf geführt nicht allein aus Gründen des Naturschutzes – (...) – auch aus dem Grunde der Reinhaltung der Bergesgipfel von dem Publikum, das diese Aufzüge in Massen hinaufbringen und das zu den Gipfelfelsen paßt, wie die Faust auf das Auge. Der ruheliebende Bergsteiger meidet daher heute diese Gipfel (s. Zugspitze); sie sind ihm, der auf dem Gipfel die Erhabenheit und Ruhe der Natur sucht, verekelt. Aber nicht das allein ist es. Die Bergbahnen schädigen auch die Bergsteigerei an sich. Tausende und Abertausende, die früher, wenn auch nicht ‚Alpinisten', so doch Anfänger oder schon Gelegenheitsbergsteiger waren (...), sind heute zu bequem, auch nur diese wenigen Touren zu unternehmen, und ziehen die Bergfahrt dem Berggang vor, indem sie sich sagen: Wozu sich plagen, wenn man so bequem in die Höhe gelangen kann?"[43]

Die alpinen Vereine gehen in ihrer Kritik vor allem mit den Skisportlern besonders hart ins Gericht – „denn so fällt jede Anstrengung weg, es bleibt rein nur das Vergnügen der Abfahrt, der ‚Sport' und der Ge-

---

[42] Was der Pfänder bietet. In: Die Eröffnung der Pfänderbahn am 20. März 1927 (=Feierabend. Wochenendbeilage zum Vorarlberger Tagblatt vom 27. März 1937), S. 131.

[43] Franz Moriggl: Zehn Jahre Vereinsgeschichte 1919–1929. In: Zeitschrift des Deutschen und Österreichischen Alpenvereines 60 (1929), S. 301–355, hier S. 341.

nuß der Höhensonne"[44] –, aber es ist kaum anzunehmen, daß ihre Ablehnung der Seilbahnen realiter so groß war wie verbal. Immerhin finden in den Vereinsorganen der dreißiger Jahre auch Beiträge Aufnahme, die die Benützung der Aufstiegshilfen von vornherein in die Tourenplanung miteinbeziehen, auch wenn festgehalten wird, daß etwa „wer die Welt der Höhen um Bozen voll erfassen will, zu Fuß auf einem der alten steinigen Bergwege hinaufsteigen (muß)"[45]. Trotzdem sind die Argumente der alten „Bergsteigerhygiene" auch zur Rechtfertigung einer Seilbahnfahrt wie geschaffen: „Im Sommer zieht auch der Begeisterte den fremden Motor vor", heißt es im selben Text weiter, und

> „stetig gleiten wir hinan durch die Brutwärme der Hänge; reglos dunstet das Gedränge. Da auf einmal, ein unbewußtes Aufatmen geht durch den Wagen, frische Höhenluft zieht zum Fenster herein, mit dem Duft des Waldes und der Wiesenblumen. Die Geister beleben sich wieder. Frisch wie die Luft sind die Farben, saftiges Grün auf roter Erde, Baumgruppen hingestreut, wogende Ährenfelder und in sanften Horizontlinien der dunkle Wald."[46]

Dennoch sind so begeisterte Beschreibungen von Seilbahnfahrten aus den Umkreisen der alpinen Vereine selten, und noch seltener sind in jener Zeit, in der sich Hochalpinisten längst nach einem Erschließungsstop sehnten[47], Bekenntnisse wie das Johannes Emmers, des Vereinschronisten des mächtigen Deutschen und Österreichischen Alpenvereines: „Ich liebe die Bergbahnen, – ein ketzerisches Bekenntnis? – denn ich finde es ganz vergnüglich, zur Abwechslung einmal an einem Nachmittag auf eine Höhe zu fahren und in behaglicher Ruhe die Welt zu beschauen."[48] Ansonsten steht bei Besuchern von Seilbahnbergen meist die um den Preis des

---

[44] Ebd.

[45] Raimund v. Klebelsberg: Höhen um Bozen. In: Zeitschrift des Deutschen und Österreichischen Alpenvereines 67 (1936), S. 136–144, hier S. 144.

[46] Ebd., S. 137f.

[47] Vgl. Walter Flaig: Ein vorbildlich erschlossener Winkel im Ferwall. Die Niederelbehütte und ihr Bergreich. In: Zeitschrift des Deutschen und Österreichischen Alpenvereines 64 (1933), S. 147–158. Bald schon tauchen in Alpinistenkreisen Vorschläge auf, durch einige wenige Seilbahnbauten die Touristenströme gleichsam zu kanalisieren.

[48] Emmer bezieht sich wohl auf eine der wenigen österreichischen Zahnradbahnen oder überhaupt auf eine ausländische Bergbahn – Johannes Emmer: Beiträge zur Ge-

Verlusts eines individuellen Erlebnisses erkaufte Popularisierung im Mittelpunkt der Kritik. Wenn dann etwa Kurt Tucholsky über einen Ausflug auf die Zugspitze, „eine Plattitüde von dreitausend Metern", lakonisch vom letzten Anstieg „zum noch unasphaltierten Gipfel" berichtet, dann kann es nicht nur keinen schärferen Gegensatz zu den „alten steinigen Bergwegen" geben, sondern auch kaum eine bessere Charakterisierung einer grundlegenden Aporie: „Grammophon mit Schinkensemmeln" und „Ansichtskarte" kontra tradierte Rede von der heiligen Einsamkeit der Berge.[49]

Daß die gelegentlich doch harte Kritik am Seilbahnwesen, die auch in ökologischer Hinsicht etwa schon früh über die bloß optische Verurteilung hinausgriff, tatsächlich die Symbolqualitäten dieser alpinen Fortschrittsmetapher schwächen konnte, ist nicht anzunehmen. Vielmehr ist sogar festzustellen, daß der aller Kritik am Ende zugrunde liegende scheinbare Gegensatz von menschlicher Zivilisation und urgewaltiger Natur die Seilbahn erst zu einem wirklichen „Schlagbild" – um sich einer Formulierung Aby Warburgs zu bedienen – gemacht hat[50]. Diese Erfahrung – nämlich sichtbare und nachvollziehbare – Domestizierung von Natur, verweist nun abermals auf die nicht zu übersehende Verwandtschaft des Seilbahnwesens zur Aviatik, der wahrscheinlich gefeiertsten und am meisten mythisierten Art der Fortbewegung in unserem Jahrhundert. Hinweise auf die Seilbahn als einen Zeppelin der Berge gab es schon früh, als die Luftschiffahrt noch in ihren Anfängen und die Schwebefahrt mit Seilbahnen noch gar nicht wirklich ersonnen war: Bildpostkarten, die bestimmte Städte „in der Zukunft" zum Sujet hatten, setzten die beiden Verkehrsmittel gemeinsam ins Bild.[51]

---

schichte des Deutschen und Österreichischen Alpenvereines 1895–1909. In: Zeitschrift des Deutschen und Österreichischen Alpenvereines 40 (1909), S. 319–368, hier S. 322.

[49] Kurt Tucholsky: Ausflug auf die Zugspitze, 1926, zit. n. Gabriele Seitz: Wo Europa den Himmel berührt. Die Entdeckung der Alpen. München – Zürich 1987, S. 200f.

[50] Beispielhaft dafür Georg Frey: Im Bergreich des Nebelhorns. Von Gipfeln und Höhenwegen, Hochseen, Bergtieren und Blütenpracht. In: Nebelhornbahn Oberstdorf (= Festschrift 25 Jahre). Oberstdorf o. J. (1955), S. 21–36, s. v. a. das Kapitel „Die Bergbahn – Brücke in die Urwelt", S. 35f.

[51] Ein Beispiel aus einer späteren Seilbahnstadt in Emmerich Gmeiner: Alt-Bregenz läßt grüßen. Stadt und Leute auf alten Ansichtskarten. Bregenz 1989. Photographische Ateliers in Seilbahnstädten hielten außerdem in den zwanziger und dreißiger Jahren die entsprechenden Kulissen bereit, um die Seilbahnfahrt von Touristen im

Die Seilbahnfahrt 123

Christoph Asendorf hat mit anderen untersucht, wie „das Verschwinden der Materie" – so einer seiner Buchtitel – zu einem der bestimmendsten Phänomene der Moderne werden konnte.[52] Diese Tendenz zur Entmaterialisierung, zur Auflösung und Dekonstruktion, steckt hinter der modernen Begeisterung für Geschwindigkeit genauso wie hinter der „Eroberung der Vertikalen"[53]. Die Seilbahn als ein hoch über dem Boden schnell und leise zur Höhe surrendes Verkehrsmittel entsprach diesem Schema nicht nur aufgrund ihrer primären Eigenschaften, sondern kam ihm auch im Ästhetischen sehr nahe: Jede Stütze war ein kleiner Eiffelturm und jedes kühn durch die Natur gespannte Drahtseil kündete von geheimnisvollen telepheren Energien, die schon Aby Warburg als die neuen Mythen des Maschinenzeitalters[54] gedeutet hat.

Wenn von Seilbahnen die Rede ist, ist es nicht immer leicht, wieder festen Boden unter den Füßen zu gewinnen. Dabei hat uns schon Ernst Bloch vorgeführt, daß der Abstieg entgegen der alten Bürgertugend vom erhebenden Aufstieg „nicht von vornherein trüb stimmen"[55] muß. Und es kann gelegentlich hilfreich sein, noch einmal an den Ausgangspunkt zurückzukehren, um den Blick nach oben zu wagen: Gewiß darf nicht übersehen werden, daß Seilbahnen, zumindest bezogen auf den Erfahrungshorizont der Menschen der ersten Hälfte des 20. Jahrhunderts, als schwebende Vehikel dem Fliegen am nächsten kamen und daß dieser Vergleich zumindest in den ersten Jahrzehnten des Seilbahnwesens stets präsent war – selbst im Bildlichen, wenn etwa die Plakatgraphik Seilschwebebahnen Flügel verpaßt oder die Photographie die scheinbar unausweichliche Nähe zu am Himmel kreisenden Flugzeugen gesucht hat.[56] Aber es darf auch nicht vergessen werden, daß die Bestimmung der Seilbahn vor allem eine

---

Bild festzuhalten – ähnliches wurde mit Flugzeugkanzeln praktiziert.

[52] Christoph Asendorf: Ströme und Strahlen. Das langsame Verschwinden der Materie um 1900 (=Werkbund-Archiv 18). Gießen 1989.

[53] Simmen – Drepper (wie Anm. 5), v. a. S. 51–74.

[54] Aby Warburg: Schlangenritual. Ein Reisebericht. Berlin 1988, S. 58f.

[55] Ernst Bloch: Maloja-Chiavenna-Drift, 1934. In: Ders.: Literarische Aufsätze. Verfremdungen II (Geographica) (= Gesamtausgabe 9). Frankfurt/Main 1965, S. 498–503, hier S. 498.

[56] Gerade in den dreißiger Jahren nützten Segelflieger die Bahnen, um zusätzliche Höhe zu gewinnen. Vgl. Pizzinini (wie Anm. 28), S. 14f.; Ernst Peter: Der Pfänder als Segelfluggebiet. In: Die Eröffnung der Pfänderbahn (wie Anm. 42), S. 134–136. Bildbeleg beispielsweise bei Trenker (wie Anm. 27), Abb. 232. Zum Mythos der Aviatik zuletzt Wolfgang Behringer/Constance Ott-Koptschalijski: Der Traum vom

sehr funktionale war – nämlich die Beförderung von Personen in Höhen, die mit den Mitteln der Technik ansonsten nur sehr schwer zu gewinnen wären. In dem breiten Feld zwischen diesen beiden Sichtweisen muß der Punkt liegen, an dem sich das Symbolische mit dem Technisch-Medialen zu jener Mischung verband, die – zumal in Österreich – zur unübersehbaren Bekundung alpinen Fortschritts gerinnen konnte.

Warum jedoch die Seilbahn gerade in Österreich zu einem nationalen Mythologem avancierte, ist nicht leicht zu erklären. Aber es wäre wohl auch unzulässig, ein solches zu konstatieren, ohne vergleichende Materialien aus den übrigen Alpenländern nach ähnlichen Transformationen zu befragen. Daß sich die Seilbahnerlebnisse in den einzelnen Ländern nicht allzusehr voneinander unterscheiden, haben das Beispiel von der Fahrt auf den Predigtstuhl und die ältere Beschreibung einer Fahrt mit der Lana-Vigiljochbahn gezeigt, wo das lautlose Schweben und unaufhörliche Schauen gleichfalls im Mittelpunkt standen. International waren auch die mit einer Seilbahnfahrt verbundenen ästhetischen Muster und idealistischen Momente; aber sie scheinen nur in Österreich jene Verbindung mit den Metaphern vom technischen Fortschritt und nationalen Aufstieg eingegangen zu sein, die besonders den zwölf zwischen 1926 und 1937 in Betrieb gegangenen Schwebebahnen anhing. Naturgemäß taugten Seilbahnen in Frankreich oder Italien, wo sich ihr Bau noch dazu fast ausnahmslos auf Südtirol beschränkte, allein schon wegen der geringeren Alpenanteile nicht als Nationalsymbol. Ähnliches kann für Deutschland gelten: Hier wurden zwar in den zwanziger und dreißiger Jahren sieben Großkabinenbahnen realisiert, von denen fünf in Bayern lagen und die auch der Stolz der lokalen und regionalen Fremdenverkehrswirtschaft waren, aber nicht wie etwa der Autobahnbau den Fortschritt der Nation vertreten konnten.[57]

Wagte man es – vielleicht vor allem mit Blick auf die dreißiger Jahre –, eine Inventur der technischen Mythen der europäischen Nationen zu erstellen, so hätte man wohl Deutschland die Straße, dem faschistischen Italien das Flugzeug, der Schweiz aber die das Gebirge über- und unterquerenden traditionellen Schienenbahnen zuzuordnen. Daß die fünf vor 1945 in der Schweiz bestehenden Luftseilbahnen keinen besonderen Symbolwert an-

---

Fliegen. Zwischen Mythos und Technik. Frankfurt/Main 1991, v. a. S. 412–428.

[57] Vgl. auch Einrichtung und Ausbau der Deutschen Alpenstraße während der Zeit des Nationalsozialismus; ansonsten ist mit Einschränkungen Simmen – Drepper (wie Anm. 5) zu folgen, die am Beispiel des Obersalzbergkultes die Vertikalität als für die nationalsozialistische Ästhetik tendenziell nachrangig bewerten; hier S. 241f.

gelastet bekamen, mag außerdem mit einem in jener Zeit in dem traditionellen Eisenbahnland insgesamt geringeren Bedarf an aufrichtenden und Eigenständigkeits-Symbolen zusammenhängen.[58] Auch die Tatsache, daß in der Schweiz zumindest bis vor wenigen Jahren Seilbahngondeln gerne in den Nationalfarben gehalten waren und beflaggte Fahrten durchaus üblich waren, hat mehr mit der Omnipräsenz des Schweizerkreuzes und der im Vergleich zu den anderen deutschsprachigen Ländern viel ausgeprägteren Beflaggungskultur als mit einer besonderen Seilbahnmythologie zu tun.[59] Nach dem derzeitigen Stand der Quellen scheint sich diese – nicht ganz ohne Grund – als weitgehend österreichisches Spezifikum zu erweisen.

Nicht weniger als in den zwanziger und dreißiger Jahren, als bei keiner Seilbahneröffnung Bundespräsidenten, -kanzler und -minister fehlen durften[60] und bekränzte und beflaggte Wagen die Ehrengäste bei Jungfernfahrten zu den neu erschlossenen Höhen elevierten, galt der Seilbahnbau im Österreich der Nachkriegszeit als Staatssache. Dabei hatte die Branche während der sogenannten „Tausendmarksperre" ihre Krisenanfälligkeit bitter zu spüren bekommen[61], und selbst der auch noch nach Kriegsausbruch rege „Kraft durch Freude"-Verkehr hatte die Verluste jener Jahre nicht wettmachen können.[62] Daß das nach 1945 bereits zum zweiten Mal in diesem Jahrhundert in seiner Identität schwer erschütterte Österreich sich einer unausgesprochenen Übereinkunft folgend noch einmal seiner Gebirgsnatur besann und zum „Land der Seilbahnen"[63] erklärte, mag mit der in jener Zeit generell neuentdeckten Bergsymbolik zusammenhängen:

---

[58] Im übrigen waren die Bauwerke der „weißen Kohle", besser dazu angetan, Schweizer Unabhängigkeit zu verkörpern; die eigentlichen Absetzungsbemühungen von der nationalsozialistischen Kultur Deutschlands sind aber erst mit Kriegsbeginn, frühestens mit der schweizerischen Landesausstellung von 1939 anzusetzen.

[59] Die Hersteller von Spielzeugseilbahnen halten sich interessanterweise seit den fünfziger Jahren an das Aussehen der schweizerischen Bahnen.

[60] Beispielhafte Bildbelege etwa bei Zwink (wie Anm. 40), S. 20f.

[61] Emilie Mayer: Die Erschließung der österreichischen Gebirgswelt durch Seilschwebebahnen und Skilifte. Diss. Hochschule für Welthandel, Wien 1954; vgl. die Statistiken in den o. zit. Festschriften.

[62] Die Zugspitzbahn zählte etwa erst nach 1950 wieder ähnlich viele Beförderungen jährlich wie in den Jahren vor 1933.

[63] Etwa Koci (wie Anm. 23). Für den österreichischen Seilbahnkult besonders aufschlußreich sind die entsprechenden Jahrgänge der in Wien erscheinenden Internationalen Berg- und Seilbahn-Rundschau; Hinweise verdanke ich Thomas Blank und Hemma Tschofen, Wien.

Der Bau von Seilbahnen ist neben dem Kraftwerks-, Tunnel- und Alpenstraßenbau eines der wesentlichsten Elemente einer Kultur des österreichischen Wiederaufbaus. Ihre Durchschlagskraft verdankte die Seilbahn daneben aber einer in ihrer Wirkung nicht zu unterschätzenden Entscheidung der österreichischen Bundesregierung. Sie hatte nach dem Krieg die Förderung von Fremdenverkehrsprojekten aus Counterpart-Mitteln beschlossen und den Seilbahnbau durch ERP-Kreditgewährung vorangetrieben[64]: In der Schweiz, wo solche Mittel nicht zur Verfügung standen, und in Bayern, wo für ähnliche Finanzierungsprogramme die gesetzlichen Grundlagen fehlten, verfolgte man in jener Zeit mit Neid die rasche Verwirklichung zahlreicher österreichischer Seilbahnprojekte.[65]

Schon hatte aber die Realität dazu angesetzt, den nationalen Seilbahnstolz zu überholen. Die zunehmende Konzentration auf einen Zweisaisonenbetrieb mit ihrer Förderung des Wintertourismus brachte nicht nur eine Funktionalisierung des Seilbahnerlebnisses, indem das wiederholbare Erlebnis der Abfahrt über das Erlebnis der Auffahrt gestellt wurde, sondern begann im Zeichen der Übererschließung auch allmählich die gesamte Seilbahnmythologie in Frage zu stellen. Der damit verbundenen Wende in der Naturwahrnehmung und Gebirgsästhetik, der Abkehr vom heroischen Alpinismus, von Staumauerstolz und Alpenstraßentourismus, wird noch an anderer Stelle nachzugehen sein.

Für den Zeitraum von drei bis vier Jahrzehnten war die Seilbahn die am meisten benützte Chiffre des Fortschritts im Gebirge. Sie konfrontierte die traditionelle Ästhetik des Wilden und Erhabenen in einem bis dahin nicht gekannten Maße mit Mechanismen des „neuen Sehens". Wenn dabei die Denk- und Wahrnehmungsgewohnheiten, die Mentalitäten, zunächst nur zögerlich mit den Eindrücken zurecht kommen, die die Innovation bescherte, bleibt doch die Medialisierung des Alpenerlebnisses unübersehbar.[66] Dieser Modernität – der Geschwindigkeit und dem Eindruck einer schwerelos erlebten Natur – verdankt sich letztlich die Bedeutung der Seil-

---

[64] Otto Gatscha: Die Bedeutung der Seilbahnen und Sessellifte für den Fremdenverkehr. In: Seilbahnen in Österreich (wie Anm. 23), S. 6–8, hier S. 7f.

[65] Vgl. K. Morgenroth: Bergbahnen und Fremdenverkehr. In: Deutsche Bergbahnen (wie Anm. 30), S. 10f. In der Schweiz lief der Bau von Seilbahnen auch nach 1945 zunächst nur zögerlich an. Ihren Ruf als Seilbahnland verdankt die Schweiz vor allem in den sechziger und siebziger Jahren in hochalpinem Gelände errichteten Gipfelbahnen, von denen etwa die Schilthornbahn in der James-Bond-Verfilmung „Piz Gloria" zu Weltruhm gelangte.

[66] Eine ähnliche Zäsur in der Gebirgsästhetik bedeutet der Einzug der Photographie

Die Seilbahnfahrt 127

bahn für die Formierung einer spezifisch österreichischen Berg- und Fortschrittssymbolik, für die Betonung einer modernen nationalen Kultur.[67] In der Seilbahn haben wir, um mit Pierre Nora zu sprechen, ein Moment zur Konstruktion von österreichischer Identität im 20. Jahrhundert, einen modernen „lieu de memoire" vor uns.

---

in den Alpinismus.

[67] Interessanterweise begegnen sich in den Hohen Tauern, im Kapruner Tal, gleich drei um die Bergsymbolik kreisende Paradeprojekte des österreichischen Wiederaufbaus: Kraftwerk, Hochalpenstraße und Kitzsteinhornbahn.

WOLFGANG MEIXNER, INNSBRUCK

„ ... dass es etwas gar zu viel Cultur in die Berge bringt." – Aspekte der Bewertung des frühen Fremdenverkehrs in Tirol durch Gäste und Einheimische

„Das Fremdenwesen in Tirol ist eine vollendete Thatsache, die niemand mehr aus der Welt schaffen kann. Man betrügt sich, wenn man glaubt, es sei nur eine vorübergehende Mode."
Diese Zeilen finden sich nicht in einer ökonomischen Abhandlung zu den segensreichen Auswirkungen des Fremdenverkehrs in Tirol, sie stammen auch nicht aus der Feder eines begeisterten Reiseschriftstellers, sie stehen am Beginn der „Aphorismen über das Fremdenwesen", die 1889 in der 1. Nummer des 1. Jahrganges des Brixener Priester-Conferenz-Blattes erschienen sind.

Es mag überraschen, diese Worte in einer klerikalen Schrift zu finden, aber es war die ausdrückliche Meinung des nicht näher bekannten Autors, daß sich nicht „bloß die Socialökonomie, sondern auch die Pastoral" mit diesem Phänomen zu beschäftigen hätte, denn für Tirol sei „die Zeit der Isoliertheit ... auf immer vorüber".[1]

Die hier wiedergegebene Ansicht wurde allerdings nicht von einem Vertreter der damals herrschenden konservativ-klerikalen Landtagsmehrheit geäußert. Die Tiroler Konservativen standen nach wie vor sämtlichen „Neuerungen" und „Modernisierungen" ablehnend gegenüber. Sie lehnten jegliche Form des *Fremden* ab. Suspekt waren ihnen sowohl auswärtige Fabriksgründer und ins Land kommende Arbeitskräfte als auch die ersten Touristen, die zwar nur für ein paar Tage oder Wochen das Land besuchten, aber stets die Gefahr in sich bargen, fremde Ideen und Werthaltungen ins Tiroler Volk zu bringen. Um dies zu verhindern, betrieben die Konservativen eine Politik, die geprägt war von der Ausgrenzung des „Fremden" und „Neuen". Ihr politisches Handeln blieb orientiert an der Aufrechterhaltung überholter Positionen (Stichwort „Kulturkampf"[2]).

---

[1] „Aphorismen über das Fremdenwesen". In: Priester Conferenz-Blatt, Jg. 1, Nr. 1 (1889), S. 79f., hier S. 79.

[2] Zu diesem Streit zwischen den Konservativ-Klerikalen und den Liberalen um die Hoheit in Schul- und Ehefragen sowie der Gewerbegesetzgebung vgl. Josef Fontana: Der Kulturkampf in Tirol. Bozen 1978, zur Gewerbegesetzgebung insb. S. 86.

Mit ihren Einstellungen waren die Konservativ-Klerikalen aber zu Ende des vorigen Jahrhunderts endgültig in eine Sackgasse geraten. Sie vermochten die sozio-ökonomischen Probleme des Landes immer weniger zu lösen (Gewerbegesetzgebung, Agrarverschuldung, Höfegesetz etc.). Zudem war ihnen durch das Aufkommen der christlichsozialen Bewegung eine Konkurrenz aus dem eigenen Lager erwachsen, die diesen ökonomischen und sozialen Problemen weitaus realistischer gegenüberstand. Die politischen Vertreter des konservativen Lagers gerieten damit, wenn sie sich nicht rechtzeitig der neuen politischen Strömung angeschlossen hatten, machtpolitisch bald in die Gefahr, in die Bedeutungslosigkeit zu versinken. Hand in Hand damit ging eine Radikalisierung des politischen Stils, der sich zunehmend fremdenfeindlicher und antisemitischer Elemente bediente.

Dieser Kurswechsel entsprach durchaus realen Notwendigkeiten. Das Kronland Tirol befand sich seit dem ausgehenden 18. Jahrhundert in einer zunehmenden ökonomischen Krise, die gekennzeichnet war durch ein „Seitwärtstreten" innerhalb der kapitalistisch-industriellen Entwicklung des Habsburgerreiches. Die beiden Säulen der Tiroler Wirtschaft – Transithandel und Landwirtschaft – verloren, nicht zuletzt durch den Bau der Eisenbahn ab 1858, endgültig ihre Funktion als Träger der wirtschaftlichen Prosperität. Die ab dieser Zeit ins Land importierten billigeren Waren und Lebensmittel zerstörten lokale Märkte und führten zum Zusammenbruch des traditionellen Fernverkehrs und der davon abhängigen Gewerbe. Als letzter Ausweg aus dieser Krise blieb vielen Tirolerinnen und Tirolern nur mehr die (saisonale) Migration.

Doch nicht nur Waren beförderte die Eisenbahn ins Land. Der zunehmende Fremdenverkehr bediente sich sogleich eifrig dieses neuen Massenverkehrsmittels. Einerseits bildeten diese „Sommerfrischler" und „Alpentouristen" für die Tiroler Bevölkerung eine dringend benötigte Einnahmequelle, andererseits waren sie Träger einer Kultur, die die traditionelle Tiroler Gesellschaft nachhaltig beeinflussen und wandeln sollte. So wurde die Eisenbahn – und darauf spielt das Zitat im Titel an – zum „Beförderer" städtisch-bürgerlicher Kultur.

„Neue Gesichter, neue Menschen erregen das Interesse, absorbieren die Gedanken; neue Ansichten, neue Anschauungen entwickeln sich; neues Leben, frische Kraft schüttelt dann endlich die Angst und Schreckensempfindungen, die alten schwer lastenden Vorurteile ab",

„... *dass es etwas gar zu viel Cultur in die Berge bringt.*" 131

hieß es etwas pathetisch formuliert in einem Beitrag, der die Rolle der Eisenbahn an der Entwicklung des Alpentourismus beleuchtete.[3]

Utz Jeggle und Gottfried Korff haben in ihren Untersuchungen des Zillertaler Regionalcharakters betont, daß der Beginn des Fremdenverkehrs für diese Region keine „Stunde Null, in der die ‚Cultur' Einzug ins Tal hielt" bedeutete, daß er vielmehr „quasi ein Strichpunkt inmitten einer langen Entstehungsgeschichte" sei.[4] Der Tourismus begann die Tiroler Welt in zwei Lager zu spalten (in ein befürwortendes und ein ablehnendes). Ein „Unbeteiligtsein" war jedoch – selbst für die „hintersten" Talmenschen – unmöglich geworden, denn direkt oder indirekt betrafen die Auswirkungen bereits kurze Zeit nach Aufkommen des Fremdenverkehrs den Großteil der Bevölkerung. Wenn eine Wahl blieb, dann die, abzuwägen, auf welcher Seite der Betroffenheit man/frau in Hinkunft stehen wollte.

Im folgenden soll versucht werden, diese ersten Kontakte zwischen Einheimischen und Fremden, die die neuen „Ansichten" und „Kulturerrungenschaften" des „Eisenbahnfiebers" mit sich brachten, etwas auszuleuchten. Dabei ist einsichtig, daß diese Kontakte vornehmlich von Vorurteilen und Stereotypen geprägt waren. Dies bestätigte auch das Quellenstudium, das unter dem „Ungleichgewicht" der Vermittlung durch Einheimische wie Fremde litt. Während „Erfahrungsschilderungen" von Gästen relativ häufig in Publikationen (Büchern, Zeitschriften, Zeitungen) zu finden sind, wurden die „Erfahrungen", welche die Tirolerinnen und Tiroler machten, selten tradiert. Oft sind es nur die „nackten" Zahlen, welche die Akzeptanz oder die Ablehnung des Fremdenverkehrs im späten 19. Jahrhundert zeigen. Wo er angenommen wurde, sicher auch deshalb, weil er Arbeit ins Land brachte.

Sozialer Wandel Tirols ab 1850

Zwar dominierte auch in Tirol, wie in den meisten anderen Alpenländern der Monarchie (mit Ausnahme Vorarlbergs), im 19. Jahrhundert noch weitgehend die Landwirtschaft als Haupterwerbssektor, doch vermochte

---

[3] Diese Analyse, verfaßt von Lambert Märzroth, war unter dem Titel „Die Eisenbahn und der Aberglaube" in der Tiroler Fremdenzeitung, Nr. 62 vom 30. 8. 1889, S. 2f. erschienen.

[4] Utz Jeggle, Gottfried Korff: Homo Zillertaliensis oder Wie ein Menschenschlag entsteht. In: Der Bürger im Staat, Jg. 24 (1974), Nr. 3, S. 182–188.

diese längst nicht mehr alle Bewohner des Landes zu ernähren. Abwanderung, saisonale Arbeitsmigration sowie das Ausüben mehrerer „Professionen" kennzeichnete die Situation der Tiroler Erwerbstätigen.

Tiroler und österreichische Erwerbstätige nach Sektoren – 1869=100 %:

	primärer		sekundärer		tertiärer	
	Tirol	Österr.	Tirol	Österr.	Tirol	Österr.
1869	100,0	100,0	100,0	100,0	100,0	100,0
1890	103,5	97,2	109,9	135,1	90,5	105,2
1900	94,7	90,3	124,6	150,8	116,1	133,6
1910	89,2	89,1	142,4	163,0	173,8	163,0

Quelle: eigene Berechnungen nach Otruba, Wachstumsverschiebungen.[5]

Aus dieser Tabelle wird ersichtlich, daß in Tirol 1910 der tertiäre Sektor – der rund 25 % aller Erwerbstätigen beschäftigte – den sekundären zahlenmäßig überholt hat.[6]

Für Tirol hieß dies, daß das Land gleichsam den Industrialisierungsprozeß übersprungen hatte und das jährliche Wirtschaftswachstum zum großen Teil über den tertiären Sektor der Dienstleistungen (=Fremdenverkehr) bewerkstelligt wurde.[7]

Diese Chance des wirtschaftlichen Aufschwunges durch den Fremdenverkehr konnte nur zum Tragen kommen, weil

– in den Zentren der Monarchie und des angrenzenden Deutschen Reiches bereits ein geglückter Industrialisierungsprozeß erfolgt war, der

---

[5] Gustav Otruba, Wachstumsverschiebungen in den Wirtschaftssektoren Österreichs 1869–1961. In: Vierteljahrsschrift für Sozial- und Wirtschaftsgeschichte, 62. Bd. (1975), S. 40–61. Die Werte beziehen sich auf den Gebietsstand der Republik Österreich.

[6] Vgl. Otruba, Wachstumsverschiebungen (wie Anm. 5), S. 61. Tirol lag damit, prozentuell, in diesem Sektor hinter Wien und Salzburg an dritter Stelle. Die Angaben beziehen sich auf die Fläche des heutigen Bundeslandes Tirol.

[7] Vgl. dazu die auch auf die Tiroler Situation weitgehend zutreffenden Gedanken für Salzburg bei Ernst Hanisch: Wirtschaftswachstum ohne Industrialisierung: Fremdenverkehr und sozialer Wandel in Salzburg 1918–1938. In: Mitteilungen der Gesellschaft für Salzburger Landeskunde, 125. Vereinsjahr (1985), S. 817–835.

"... dass es etwas gar zu viel Cultur in die Berge bringt."

ein ausreichendes Wirtschaftswachstum sowie gesicherte und geregelte Freizeit für die dort arbeitenden und lebenden Menschen mit sich brachte, und
- in der Region selbst attraktive Anreize, wie Naturschönheiten oder ein geeignetes kulturelles Angebot für die potentiellen Urlaubsgäste vorhanden waren.[8]

Das Aufkommen des Fremdenverkehrs in Tirol ab den 1870er Jahren bedeutete für die Bevölkerung eine gerne angenommene Verdienstquelle, zumal diese Erwerbsarbeit von ihnen vorerst keinen allzu großen Wandel ihres Lebensstils abverlangte.

Von den Besuchern erwartet, von den Einheimischen – im wahrsten Sinne des Wortes – „verkauft", wurde das Klischee vom „urwüchsigen" Tiroler, von der „Roheit" und „Naturbelassenheit" der Landschaft. Bereits 1835 hatte August Lewald in seinem Reiseführer Tirol als Fundgrube des Exotischen angepriesen:

„Die Naivität dieser Thalbewohner gränzt an den schmucklosen Reiz der wilden Kindlichkeit der Ureinwohner America's, ist aber noch um vieles anziehender für uns, da diese lieben Naturmenschen unsere Landsleute sind und Deutschland uns an seiner Gränze noch so holde Schönheiten bietet, um uns zurückzuhalten und uns von dem Drange nach der Fremde zu heilen, der uns allen leider angeboren ist."[9]

Fünfzig Jahre später war es dann nicht mehr so sehr das Gefühl, „in der Fremde und doch zu Haus' zu sein", welches eine Tirolreise legitimierte. Ein Tirolbesuch galt nicht mehr der „Heilung" vom „angeborenen Drang nach der Fremde", als vielmehr dem Verlangen, die „Bräuche und Sitten" dieses „Volkes" kennenzulernen.

„Es hat einen eigenen Reiz und erfordert große Aufmerksamkeit, die Anschauungen, Sitten und Bräuche eines Volkes kennenzulernen, das sozusagen für sich lebt und das sich um das Getriebe des modernen Stadtlebens so viel wie gar nicht kümmert",

vermeinte der Bozener Jacob Amonn, 1885, die Motive von Tirolbesuchern erkannt zu haben, und er veröffentlichte diese Feststellung nicht

---

[8] Hanisch, Wirtschaftswachstum (wie Anm. 7), S. 817.
[9] August Lewald: Tyrol vom Glockner zum Orteles und vom Garda- zum Bodensee. 2 Bde., München 1835, 2. Bd. S. 244.

von ungefähr in einem Organ, das den Untertitel „Zeitschrift für Land- und Völkerkunde, Literatur, Kunst, Handel und Gewerbe" trug.[10]

Zahlreiche Reiseschilderungen betonen in der Folge, wie bereichernd dieses Kennenlernen von „Sitten und Gebräuchen" für die Besucher sei[11], die aber, um in diesen Genuß zu kommen, auch den „Eigenthümlichkeiten des Landes und Volkes Rechnung tragen, sich ihnen anbequemen" müßten.

Wer nun solche Ratschläge von Reiseschriftstellern befolgte, der konnte erwarten, so ein nicht näher genannter Autor, von diesem „braven, herzensguten und frommgläubigen Volk" ohne Scheu und Mißtrauen empfangen zu werden. Ein Umstand übrigens, den Tirol, in der Gunst der Reisenden, der Schweiz vorauszuhaben schien. Denn derselbe Verfasser vertrat in bezug auf die Kontaktnahme mit Schweizern die Ansicht, es sei „in der Schweiz überaus schwer, die Einwohner kennen zu lernen, weil es an den Berührungspunkten fehlt", man könne, fährt er in seiner Klage fort, „Wochen lang die Schweiz durchstreifen und kommt nur mit anderen Reisenden oder mit den Aufwärtern der Hotels zusammen, von denen sich wahrlich kein Schluß auf die Individualität des Volkes ziehen läßt."

Sein ernüchterndes Resümee, das nicht berücksichtigte, daß auch der wesentlich frühere Beginn des Fremdenverkehrs in der Schweiz mit eine Ursache für diese Erfahrungen sein könnte, endete mit der Feststellung: „Alles was national und eigentümlich, ist in diesen Kasernen-Hotels absichtlich vertrieben und vernichtet worden."[12]

---

[10] Die Zeilen finden sich in einem Beitrag zum Thema „Allerseelen in den Tiroler Bergen". In: Tiroler Fremdenblatt. Organ zur Hebung des Fremdenverkehrs in Tirol. Zeitschrift für Land- und Völkerkunde, Literatur, Kunst, Handel und Gewerbe, Nr. 12 vom 19. 11. 1885, S. 1.

[11] Daß nicht nur „Laienvolkskundler" Tirol zum Studienobjekt erwählt hatten, sondern auch gestandene Geschäftemacher des Exportgutes „Volkskultur" belegen Klagen über Antiquitätenhändler, die „wagenweise" Kulturgüter aus Tirol verbringen würden. Vgl. dazu Wolfgang Meixner: Mythos Tirol. Zur Tiroler Ethnizitätsbildung und Heimatschutzbewegung im 19. Jahrhundert. In: Geschichte und Region/Storia e regione, Nr. 1 (1992), S. 88–106.

[12] Diese Zitate eines nicht näher genannten Autors finden sich im Teil III des Artikels „Tiroler und Schweizer". In: Tiroler Fremdenblatt, Nr. 34 vom 18. 8. 1886, S. 321. Eine kritisch-vergleichende Betrachtung der historischen Entwicklung des Schweizer und des Tiroler Fremdenverkehrs steht noch aus!

Wurzeln des Tourismus

Eine Wurzel des Tiroler Fremdenverkehrs liegt – wie bereits angedeutet wurde – im einstigen Fernhandel.[13] Dieser ließ schon vor über 300 Jahren ein blühendes Gastgewerbe entlang der benützten Routen entstehen. Diese Wirtshäuser boten Mensch wie Vieh Unterkunft, kannten „Fremde" jedoch nur als „Durchreisende". Neben Händlern, Kauf- und Fuhrleuten waren dies vor allem Pilger und Studierende. Die Ansprüche, die diese Reisenden an die Tiroler Gastwirtschaft stellten, waren nicht übermäßig. Die Unterkunft war recht einfach. Die Bedienung erfolgte durch den Besitzer selbst, der von Familienmitgliedern mitunter auch von einer Kellnerin unterstützt wurde. Den Beruf „Wirt" als solchen gab es noch nicht, der Umgang mit den „Fremden" mußte erst allmählich eingeübt werden. Die „Dienstleistungen" für den Gast bestanden in der Beistellung eines Nachtlagers, der Bereitung einer warmen Mahlzeit sowie der Gewährung von Futter und Unterstand für die Zugtiere. Geselliger Umgang mit den Gästen vermochte den Ruf und damit den Umsatz eines Wirtshauses zu heben, war aber nicht eigens gefordert.[14] Im großen und ganzen hatte jeder Gasthof allein schon aufgrund der bescheidenen Distanzen, die Mensch und Tier pro Tag zurückzulegen vermochten, sein tägliches Publikum.

Der Bau der Eisenbahnen durch Tirol (1858 Eröffnung der ersten Strecke von Kufstein nach Innsbruck, 1864 bis 1867 Bau der Brennerstrecke von Innsbruck nach Bozen, 1883/84 Beginn des Bahnverkehrs durch den Arlberg von Innsbruck nach Feldkirch) beendete aber sowohl die alte „Fuhrmannsherrlichkeit" wie die Blüte des traditionellen Tiroler Gastgewerbes. Die Waren wurden nun mit der Bahn transportiert, der Fernhandel mit Pferd und Wagen kam zum Erliegen und damit verschwand auch das Hauptpublikum der Gasthöfe entlang der Transitrouten.

Dafür, daß dieser Strukturwandel aber nicht das vollständige Ende des Reisens nach und durch Tirol bedeutete, sorgten neue Formen des Reisens:

– die bürgerliche Reise, die vor allem Bildungsziele verfolgte,

---

[13] Dazu u. a. Otto Stolz: Geschichte des Zollwesens, Verkehrs und Handels in Tirol und Vorarlberg von den Anfängen bis ins XX. Jahrhundert. Innsbruck 1953.

[14] Vgl. dazu u. a. das Referat von Hans Heiss anläßlich der Tagung Sexten Kultur 1991, „König Gast und seine Untertanen. Ausblick auf ein Herrschaftsverhältnis. In: Il Matino, Extra Kultur, Nr. 57 vom 16. Juli 1991, S. I-III sowie Wolfgang Meixner: „Tirols langer Marsch in die Gastronomie". Gastgewerbe als historischer Lernprozeß. In: Tiroler Heimat, Bd. 56 (1992), S. 143-153.

- die „klassische" Sommerfrische, die ein vorwiegend städtisch-bürgerliches Publikum über mehrere Wochen ins Gebirge führte,
- der Kurtourismus, der sich, im Gegensatz zu den Besuchern der alten „Bauernbadl", ebenfalls aus dem städtisch-bürgerlichen Milieu rekrutierte und den es eher in kleinstädtische Orte (vor allem Meran) als auf's Land zog, und
- der frühe Alpentourismus, der vor allem das Erleben der Naturwelt und die sportliche Betätigung in derselben für sich in Anspruch nahm.

Insbesonders der aufblühende Alpinismus führte zu einem touristischen Aufschwung in Tirol. Mitentscheidend dafür war die Gründung alpiner Organisationen. Ein Jahr nachdem in London der erste alpine Verein Europas ins Leben gerufen worden war (1861), konstituierte sich 1862 der Österreichische Alpenverein (ÖAV), der sich vorerst aber rein wissenschaftlichen Zwecken widmete. Erst der 1873/74 erfolgte Zusammenschluß mit dem 1869 in München gegründeten Deutschen Alpenverein (DAV) und die dabei vorgenommene Neugliederung in Sektionen erwirkten die zunehmend fremdenverkehrsfördernde Bedeutung des nunmehrigen Deutsch-Österreichischen Alpenvereins (DÖAV).[15] Bereits 1863 waren auch in Italien und in der Schweiz Alpenclubs gegründet worden.

In Österreich entstand 1869 mit dem eher auf Geselligkeit ausgerichteten Österreichischen Touristenclub (ÖTC) ein Konkurrenzverein zum DÖAV, der alsbald eifrig mit dem Schutzhüttenbau begann. Dadurch gelang es dem ÖTC, seine eher kleine Mitgliederzahl von 234 Personen im Gründungsjahr bis 1885 auf rund 10.000 zu erhöhen. Dem DÖAV gehörten bei seinem Zusammenschluß, 1874, 3.682 Personen an.

Laut eines Berichtes der Statthalterei Tirol an das Ministerium für Inneres aus dem Jahr 1888 hatte der DÖAV 1887 34 Sektionen, der ÖTC 10 Sektionen; insgesamt bestanden um 1888 91 Schutzhütten, um 1899 bereits 224.[16]

Zugleich waren zahlreiche Bergsteiger- und Schivereine gegründet worden: 1871 die „Societá degli alpinisti Tridentini", 1878 der „Österreichische

---

[15] „Von innen her, durch die Alpenvereinssektionen allein, kann Nützliches geschaffen werden, um die Bereisung der Alpen zu erleichtern und dadurch einen dem Lande gewinnbringenden Fremdenverkehr zu ermöglichen", hieß es dazu in der geplanten Statutenänderung. Vgl. Dieter Kramer: Der sanfte Tourismus. Wien 1983, S. 27.

[16] Tiroler Landesarchiv; Statthalterei 1888, Zl. 24536, sowie die Angaben von Josef C. Platter in seinem Beitrag „Die Alpen- und Touristenvereine in Tirol und Vorarlberg". In: Tiroler Fremdenblatt, Nr. 23 vom 3. 6. 1886, S. 201–203.

„... *dass es etwas gar zu viel Cultur in die Berge bringt.*"

Alpenclub", 1883 die erste Tiroler Sektion des ÖTC, 1893 der „Akademische Alpenclub", 1904 folgten die „Karwendler", 1911 die „Gipfelstürmer". 1901 wurde der „Schiklub Arlberg" gegründet; 1905 der „Österreichische Schiverband", zuerst mit seinem Sitz in München, ab 1908 in Innsbruck. Diesem Verein gehörten 1912 bereits 17 Verbandsvereine an.[17]

In der Folge nahm die Zahl der Fremdenbesuche in Tirol rasch zu. Laut dem oben zitierten Bericht der Statthalterei besuchten das Land 1885 188.359 Personen, 1886 204.318 und 1887 217.374. Im Zeitraum von 1890 bis 1909 erhöhte sich die jährliche Fremdenfrequenz von rund 210.000 Meldungen auf über 820.000, allein seit 1896 war das Ausmaß des Gästebesuches in Tirol um 146,8 % gestiegen. Gut die Hälfte dieser Touristen kam aus dem Ausland.[18] Von den 345.000 Gästen, die 1896 Tirol besuchten, waren 135.000 aus Deutschland (=39 %). Von den rund 820.000 Gästen, die 1909 das Land besuchten, reisten 340.000 aus dem nördlichen Nachbarland an (=41 %). 1913 übertraf die jährliche Zahl der Tirolbesucher erstmals die Zahl der Bewohnerinnen und Bewohner des Landes: den 982.047 Gästen standen um rund 40.000 weniger Einheimische gegenüber.[19]

Der Fremdenverkehr war damit in Tirol in den Sommermonaten nicht nur zu einer alltäglichen Erfahrung und „Plage", sondern auch zu einer beträchtlichen Einnahms- und Beschäftigungsquelle geworden.

1910 beschäftigte der Tiroler tertiäre Sektor rund 25 % aller unselbständig Erwerbstätigen (=41.177 Personen) und hatte damit den sekundären Sektor auch in absoluten Zahlen überholt. Der Großteil arbeitete im Schank- und Gastgewerbe (9.408 Personen, davon 7.239 Frauen) und im Warenhandel.[20]

---

[17] Vgl. Josef Dapra: Geschichte Tirols von 1900–1914. Phil. Diss., Innsbruck 1948, S. 176–178, sowie Platter, Alpen- und Touristenvereine (wie Anm. 16), S. 201–203.

[18] Vgl. die Aufstellung der Zunahme des Tiroler Fremdenverkehrs bei Heinrich Rohn: Denkschrift zur Feier des 20jährigen Bestandes des Landesverbandes für Fremdenverkehr in Tirol. Innsbruck 1910, S. 26.

[19] Angaben lt. Erstes Tiroler Fremdenblatt. Publikations-Organ zur Hebung und Förderung des Fremdenverkehrs, Nr. 3 vom 11.4.1914, S. 6. Damit war die Zahl der jährlichen Fremdenbesuche in Tirol zwischen 1909 und 1912 nochmals um 12 % gewachsen, die Anzahl der Hotels hatte sich in diesem Zeitraum um 16 % und die der Betten gar um 44 % vergrößert. Diesem Touristenboom bereitete allerdings der Ausbruch des Ersten Weltkrieges ein jähes Ende.

[20] Österr. Statistik, Ergebnisse der Volkszählung 1910, N.F. 3. Bd., Heft 7, Ergebnisse der Berufsstatistik für Tirol und Vorarlberg. Wien 1915, S. 24 u. S. 29. Allein

GASTRONOMISCHE BEDÜRFNISSE

Die Tiroler Gastronomie vermeinte zusehends, den städtisch-bürgerlichen Lebensstil der Gäste kopieren zu müssen. „Künstlerstübchen" und der „große Salon" erlebten ebenso ihre Premiere im Tiroler Gastgewerbe wie die unumgängliche „Table d'hôte", das Lese- und Raucherzimmer.

Diese „Errungenschaften" waren auch Ausdruck der gewandelten Ansprüche, welche die Alpentouristen, im Gegensatz zu den einstigen Gästen (Händler, Fuhrleute), an das Gasthaus stellten. Zahlreiche Wirte versuchten sich zwar diesen Wünschen anzupassen, bewiesen aber in ihrer Wahl der Mittel – nicht nur aus heutiger Sicht – keineswegs immer Geschmackssicherheit. Die Kritik am Tiroler Gasthaus und seinen Zuständen war bald ebenso Bestandteil der einschlägigen Reiseführer wie vordem das Lob der Exotik des Landes.

Wieder erwies sich dabei August Lewald als Pionier, der bereits 1835 in seinem Tirolführer die von ihm besuchten Gaststätten auch kritisch unter die Lupe genommen hatte. Über das Ambiente seiner Innsbrucker Unterkunft im „Goldenen Adler" (vulgo „Reichsadler") notierte er sich:

> „Es schimmert darin überall die Naivität des Gebirges hervor, bei allem Anstrich von großstädtischem Wesen, und was den Schmutz betrifft – je nun! – der war früher ja auch in der ganzen Stadt anzutreffen."[21]

Nicht nur die mangelnden und teilweise schmutzigen Unterkunftsstätten boten Anlaß zur Kritik, sondern auch das Angebot an Speisen und Getränken. Daran schien sich auch 40 Jahre nach Lewalds Kritik nicht allzuviel geändert zu haben. Gustav Rasch – ein weiterer Tirolbesucher aus Deutschland – jedenfalls sah sich 1874 in seinen Reiseaufzeichnungen „Touristen-Lust und Leid" zu einem Rundumschlag gegen die Tiroler Gastronomie genötigt:

> „Die Einfachheit der Speisekarte ist oft zum Verzweifeln. Sie beginnt mit Kälbernem und mit Lämmernem und hört mit Lämmernem und Kälbernem auf. Hie und da bringt eine Mehlspeise einen Wechsel hervor. In den Suppen fehlt jede Auswahl und die

---

im Handelskammerbezirk Innsbruck wurden 1910 im Warenhandel 5.633 und im Schank- und Gastgewerbe 5.780 Personen gezählt (der Großteil davon Frauen).
[21] Lewald, Tyrol (wie Anm. 9), S. 13f.

Käsesorten finden ihren einzigen Repräsentanten in dem Emmenthaler."

Fast zur Manie gerieten ihm die zahlreichen Verrisse der tirolischen Kochkunst:

„Der unglückliche Reisende liebt das Beefsteak in englischer Manier zubereitet zu essen. Die Tiroler Köchin brät das Rindfleisch zur Schuhsohle; der Reisende muß seinen Gaumen an die Schuhsohlenbereitung gewöhnen – oder gar nicht zu Abend speisen",

um dann doch – eher resignierend – mit der Feststellung zu enden: „In die ‚Kuchel' selbst mit hineinreden zu wollen, falle dem Reisenden nur ja niemals ein. Souveräner regiert kein asiatischer Despot, in seinem Staate, als die Tiroler Köchin in ihrer ‚Kuchel'."[22]

Bei all seiner Kritik ist ihm aber nicht aufgefallen, daß die von ihm geschilderten Speisen keineswegs „typische" Tiroler Kost gewesen sind. Seine Kritik traf daher nicht nur die Tiroler Köchin, die es nicht verstand „weltmännisch" zu kochen, sondern auch den verwöhnten Gast, der selbst im Urlaub seine gewohnten Speisen nicht vermissen wollte.

VERBANDSMÄSSIGE ORGANISATION

Einige dieser „Klagen" dürften allerdings nicht so ganz aus der Luft gegriffen gewesen sein, denn ab den 1890er Jahren begann sich die Verbandsorganisation des Tiroler Fremdenverkehrs immer mehr mit der „Hebung des Fremdenverkehrs" zu beschäftigen.

Bereits 1890 war es – vorerst bloß auf Vereinsbasis – zur Gründung des „Landesverbandes der vereinigten Kur- und Fremdenverkehrsvereine von Tirol" gekommen. Der Verband unterhielt ein eigenes Büro, und seine Arbeit bestand vor allem „in der Durchführung der Propaganda für das Land und in der Verbesserung der Verkehrsverhältnisse". Daneben war der Verband, der seit dem Jahre 1902 zusammen mit den Staats- und Südbahnen ein „Stadtbureau der k. k. Staatsbahnen" unterhielt, Auskunfts- und Vermittlungsstelle für diverse touristische Belange. Und nicht zuletzt sah diese Vereinigung von im Fremdenverkehr führend engagierten Personen (Hoteliers, Vertretern der Handelskammern etc.) ihre Aufgabe in der Begutachtertätigkeit einschlägiger Gesetze sowie im Unternehmen, „unter

---

[22] Gustav Rasch: Touristen-Lust und Leid in Tirol. Stuttgart 1874, S. 7f.

allen Umständen, die Gründung einer Kommission mit gewissen Machtverhältnissen von der Regierung zu erlangen."[23]

1910 kam es dann zur Einsetzung des „Landesverkehrsrates". Damit hatte die verbandsmäßige Organisation der Tiroler Fremdenverkehrsbranche ihre gesetzlich geregelte Form erhalten. Zu den Aufgaben dieses Rates gehörten die Erarbeitung von Gutachten, die Unterstützung der Gemeinden und Vereine zur Förderung des Fremdenverkehrs, Propaganda- und Reklameaufgaben, Erstellung von einschlägigen Statistiken und der „Heimatschutz". Zur effizienten Arbeit wurden in allen Bezirken „Bezirksverkehrsräte" eingerichtet.[24]

Neben den im Lande erscheinenden Fremdenverkehrszeitungen und -zeitschriften waren es vor allem die Vertreter dieser Organisation, die sich um die „Hebung des Fremdenverkehrs" bemühten.

Anläßlich einer 1890 abgehaltenen Enquete zur Förderung des Fremdenverkehrs in Tirol sowie in mehreren Broschüren versuchte der Fremdenverkehrs-Förderer Josef C. Platter Mißstände aufzuzeigen und Ratschläge zur Abhilfe zu erteilen.

1896 gab der Landesverband für Fremdenverkehr ein kleines Heftchen heraus, „Der Gastwirth auf dem Lande", verfaßt von J. C. Platter, welches solche Ratschläge enthielt.[25] Die darin ausgesprochenen Empfehlungen lassen sich in fünf Hauptpunkte, die für eine „erfolgreiche" Bewirtung notwendig sind, zusammenfassen:

„1. *Unterkunft*. Ein anständig möbliertes, entsprechend bequemes Zimmer und

2. Ein guter, *echter Wein*, wie überhaupt nur gute Getränke.

3. Gut zubereitete, wenn auch *einfache* Speisen auf reinen Geschirren.

4. Eine zuvorkommende, *freundliche Behandlung* bei

---

[23] Zur Entwicklung siehe Rohn, Denkschrift (wie Anm. 18), S. 8, S. 12 u. S. 10.

[24] Vgl. Dapra, Geschichte Tirols (wie Anm. 17), S. 167f., sowie Adolf Lässer: 100 Jahre Fremdenverkehr in Tirol. Die Geschichte einer Organisation. Innsbruck 1989. 1920 wurde dieser Verkehrsrat in ein „Landesverkehrsamt" umgewandelt.

[25] J. C. Platter: Der Gastwirth auf dem Lande. Rathschläge für die Inhaber von Gasthäusern, Bad-Etablissements, Pensionen etc. Hg. vom Landesverband für Fremdenverkehr in Tirol, Innsbruck 1896. Diese Broschüre gliedert sich in vier Abschnitte: I) Das Gasthaus, II) Die Karlsbader Diät, III) Gasthof-Prospekte und IV) Wasserversorgung.

5. *ebenmäßigen*, zu dem Gebotenen in richtigem Verhältnis stehenden *Preisen*".[26]

Darüber hinaus wurde den Wirten und Hoteliers in Broschüren[27] und Flugschriften empfohlen, wie Stube und Küche auszusehen hätten.

Auf die rhetorische Frage, „Wie soll das Haus aussehen?", empfahl etwa Josef C. Platter: „reinlich im Aussehen und womöglich mit Veranden versehen"; im Inneren sollte es eine „allgemeine Gaststätte" sowie eigene „Fremdenzimmer" geben. Die Schlafkammern wiederum wären, seinem Rat zufolge, mit großen Betten (innere Länge 2 m, Breite 1 m) und mit Waschschüsseln auszustatten.

Besonders die sanitären Bedingungen – und hier insbesondere die „Klosetts" – hatten es sowohl den Kritikern wie den Förderern angetan. Laut Johann Angerer, einem weiteren Tiroler Fremdenverkehrspionier, wären hier „die diesbezüglichen Anregungen bisher von unseren Wirten [wenig] befolgt" worden.[28] Hinzu kamen noch die wiederholten Klagen über offene Senkgruben und Misthaufen vor den Häusern. Hier bot sich den Fremdenverkehrsförderern auch in den nächsten Jahren noch ein reiches Aufklärungsfeld.

Doch nicht nur die hygienischen und gesundheitlichen Bedingungen[29] waren den Kritikern ein Dorn im Auge. Wohlmeinende Ratgeber vermeinten, den Wirten und Hotelbesitzern auch in bezug auf ästhetische Überlegungen Vorschläge unterbreiten zu müssen. So auch J. Etzel in seinem Aufsatz über das Bauwesen und die Errichtung von Fremden-Wohnungen

---

[26] Landesverband für Fremdenverkehr in Tirol (Hg.): Gastwirth auf dem Lande. Innsbruck 1896, S. 6f. (Hervorhebungen durch W. M.)

[27] Eine weitere, gleichfalls von J.C. Platter verfaßte Broschüre trug den Titel: Was verlangt der Fremde vom Gastwirth in Tirol? Eine Belehrung an die Gastwirthe ‚in Berg und Thal'. Hg. vom Landesverband der vereinigten Kur- und Fremdenverkehrsvereine in Tirol, Bozen 1890.

[28] Johann Angerer: Vergleichende Betrachtungen über den Fremdenverkehr in Tirol und in der Schweiz. Innsbruck 1899, S. 32. Er wies deshalb nochmals eindringlich auf das Büchlein Platters hin, der ja der Propagierung des „Wasserklosetts" einen eigenen Beitrag gewidmet hatte.

[29] Nicht umsonst war die Kritik der gesundheitlichen Zustände in Tiroler Dörfern ein probates Mittel einiger Schweizer Publizisten, die sich dadurch erhofften, daß Tirol-Urlauber wieder in ihr Land zurückkehren würden. Die Tiroler Landesregierung sah sich jedenfalls 1890 dazu veranlaßt, Gerüchten über Seuchengefahr in Tiroler Dörfern öffentlich entgegentreten zu müssen.

in den Alpenländern, der, anstelle von mit allem Komfort ausgestatteten Hotels, lieber „behagliche nach heimischem Stile erbaute Gaststätten, die mit der Eigenart der Gegend und deren Bewohnern völlig harmonieren und das Landschaftsbild nicht entstellen" sehen wollte.[30]

Häufig wurde – im Gegensatz zur Schweiz mit ihren von zahlreichen Reisenden als „unwirtlich" empfundenen „Hotel-Kasernen" – das einfache Tiroler Gasthaus als angenehm geschildert. Einerseits weil es der vielfach erwünschte und begehrte Kontaktplatz für eine Begegnung mit den Einheimischen war, andererseits weil es – im Gegensatz zu den Schweizer „Luxusrestaurants" – für den Großteil der Gäste auch erschwinglich war.

Diese „Einfachheit" und „Anspruchslosigkeit" so mancher Tiroler Wirtshäuser wurde von einigen Gästen sogar regelrecht mythisiert:

> „Hier sind die Gasthäuser [gemeint sind die Tiroler Lokalitäten, W. M.], die schon an Gestalt und Einrichtung weit anspruchsloser sich zeigen, als die Schweizerischen Hotels, die echten und rechten Mittelpunkte der Bevölkerung."

Nach Meinung des Autors würde diese „Anspruchslosigkeit" selbst vom anspruchsvollsten Publikum hingenommen werden, wenn die Fremden ohne Scheu und Mißtrauen empfangen und ein „braves, herzensgutes und frommgläubiges Volk" vorfinden würden. Bei solch einer freundlichen Aufnahme würden dann die Gäste, so die Ansicht des Schreibers, auch gerne auf Luxus und Annehmlichkeiten verzichten, wie es in den Schweizer Hotels üblich sei, denn hier in Tirol wären sie als „Mensch unter Menschen" und nicht „unter Larven die einzig fühlende Brust".[31]

Diese Ansichten wurden allerdings nicht von allen Tirolbesuchern geteilt. Einem anderen Gasthausbesucher des Jahres 1886 rief es vor allem „Unwohlsein" hervor, daß sich die Burschen in einem Gasthaus „gegenseitig den stinkenden Rauch ihrer Tabakspfeife in's Gesicht bliesen" und er nützte diese Beobachtung in der Folge, sich Gedanken zum städtischen versus ländlichen Gasthausbesucher zu machen:

> „Während wir Stadtleute, wenn wir ein Gastzimmer betreten, vor allem nach einem leeren Tisch uns umschauen, an dem wir uns niederlassen können, sitzen die Tiroler Burschen in der Regel

---

[30] J. Etzel: Einiges über das Bauwesen und die Errichtung unserer Fremden-Wohnungen in den Alpenländern. In: Erstes Tiroler Fremdenblatt, Nr. 6 vom 6.6.1914, S. 1.
[31] „Tiroler und Schweizer III" (wie Anm. 12), S. 321.

„... *dass es etwas gar zu viel Cultur in die Berge bringt.*"

im Wirtshaus aufeinander, respective aneinander gedrängt, wie Heringe."[32]

Nicht immer also schien die „Behaglichkeit" der „heimischen" Gasthäuser von all seinen Besuchern geteilt zu werden.

Sozialstruktur und Herkunft der Beschäftigten

Weniger als mit dem Ambiente der Tiroler Gaststuben vermochten sich zahlreiche Gäste mit dem vorhandenen Personal anzufreunden, denn die aus den Reiseschilderungen bekannte „Tiroler Kellnerin" war nicht selten bereits einer männlichen Belegschaft gewichen.

Die hierarchischen Strukturen des Gastgewerbepersonals (Pikkolo, Kellner, Zahlkellner, Oberkellner etc.) imitierten zwar vordergründig das adelige wie städtisch-bürgerliche Dienstbotenmilieu, waren jedoch vorwiegend ein Produkt der auch im Gastgewerbe vorgenommenen Arbeitsteilung. Die traditionelle Kellnerin – von Reiseliteraten wie Hormayr, Noë und Steub verklärt – wurde mehr und mehr von männlichen Kollegen verdrängt, die meist eine Fachausbildung vorweisen konnten und eher dem Ideal des bürgerlichen Dieners entsprachen.

Diese Professionalisierung des Gewerbes zeigte auch Auswirkungen im Ausbildungsbereich. 1903 kam es in Innsbruck zur Gründung der „Gasthof- und Gasthaus-Schule", der alsbald eine ähnliche Anstalt bei Bozen folgen sollte.[33] Zur Notwendigkeit einer solchen Schule hieß es in einem Schreiben der Betreiber an das Ministerium für Kultus und Unterricht, daß

„der immer wachsende Fremdenverkehr in diesen Ländern [gemeint sind die Alpenländer der Monarchie, W. M.] eine intensive

---

[32] N. N.: „Kreuz und quer II". In: Tiroler Fremdenblatt, Nr. 37 vom 9. 9. 1886, S. 357f., hier S. 357.

[33] Der Lehrplan dieser eigenständigen, in der Leitung aber der Innsbrucker Handelsakademie angegliederten Schule umfaßte sowohl theoretische Fächer wie „Nahrungsmittelkunde", „Chemie" sowie „Geographie" als auch durchaus praktische Fächer wie „Deutsche und fremde Sprachen", „Servierkunde" und „Kellerwirtschaft". Vgl. dazu Gasthof- und Gasthaus-Schule in Innsbruck. A. Organisations-Statut, B. Lehrplan, Beilage zu einem Schreiben der Genossenschaft der Hotel-, Gast-, Schank- und Kaffeehausgewerbe in Innsbruck an die Statthalterei in Tirol und Vorarlberg vom 27. 3. 1903 (Tiroler Landesarchiv, Unterr. Nr. 29667/1537 bei 35583/1847 ex 1903). Vgl. auch Meixner, Gastronomie (wie Anm. 14), S. 146.

Ausbildung eines den Anforderungen der Jetztzeit entsprechenden Hotel- und Gasthofgewerbes gebietet. Nur durch ein gut organisiertes Hotel- und Gasthauswesen werden unsere Alpenländer in den Stand gesetzt, mit den Nachbarländern, insbes. mit der Schweiz in Bezug auf die Fremdenindustrie auch nur einigermaßen erfolgreich zu konkurrieren."[34]

Mit der Beschäftigtenzahl von 9.408 Personen (davon 7.239 Frauen) rangierte das Gast- und Schankgewerbe 1910 in den Berufsgruppen des erzeugenden Gewerbes an zweiter Stelle unmittelbar hinter der Baubranche (14.392 Beschäftigte) und noch vor der Textil- sowie der Nahrungsmittelindustrie. Noch zwanzig Jahre zuvor, 1890, war das Beherbergungsgewerbe bei den Beschäftigten im Industriebereich noch an 3. Stelle (hinter der Bekleidungsindustrie und dem Bausektor) gelegen.[35]

Mit einem Anteil von über 75 % weiblichen Beschäftigten war das Gastgewerbe führend in der Tiroler Erwerbslandschaft. Insgesamt arbeiteten 1910 rund 40 % aller weiblichen unselbständig Beschäftigten Tirols in dieser Branche, wenn auch mitunter bereits in als „nieder" angesehenen Positionen (Aufräumerinnen, Stubenmädchen, Küchenhilfskräfte).

Eine genauere Betrachtung der Alters- und Herkunftsstruktur der Beschäftigten im Tiroler Gastgewerbe zeigt, daß diese vorwiegend jugendlichen Alters waren und aus ländlichen Gegenden stammten: Dies ein Hinweis auf den „transitorischen" Charakter des Erwerbszweiges Fremdenverkehr, der vor allem jungen ledigen Frauen aus ländlichen Gegenden Arbeit bot.

Von den 2.963 im Jahre 1890 im Handelskammerbezirk Innsbruck im Gastgewerbe beschäftigten Arbeiterinnen und Arbeitern waren über 80 % (2.396) ledig (im Handelskammerbezirk Bozen waren es sogar an die 85 %); 63 % davon befanden sich in der Altersgruppe 11 bis 30 Jahre (25 % in der Gruppe 11–20 Jahre; ca. 38 % in der Gruppe 21–30 Jahre), die restlichen Beschäftigten waren älter.[36]

Die Berufszählung von 1890 zeigt, daß noch knapp 40 % aller im Gastgewerbe tätigen Personen aus der Erwerbsgemeinde gebürtig waren, etwas über 20 % im Bezirk des Erwerbsorts, rund 25 % in einem anderen Bezirk

---

[34] Tiroler Landesarchiv, Unterr., Nr. 49981/III.

[35] Vgl. Volkszählungsergebnisse von 1890, bes. Berufsstatistik 1890, 7. Heft, Tirol und Vorarlberg (=Österr. Statistik, XXXIII. Bd./7. Heft), Wien 1894.

[36] Laut Berufsstatistik von 1890, 7. Heft, Ergebnisse für Tirol und Vorarlberg.

„... dass es etwas gar zu viel Cultur in die Berge bringt."   145

Tirols und gut 10 % in einem anderen Kronland oder im Ausland. In den Hochburgen des Tiroler Tourismus, die vor dem Ersten Weltkrieg durchwegs im heutigen Südtirol lagen, verringerte sich der Anteil von aus dem Ort geboren Bediensteten bereits um 1900 auf rund 26 %.[37]

Die meisten Gast- und Schankbetriebe hatten 1902 eine Betriebsgrößen von 2 bis 10 Mitarbeitern. Immerhin finden sich in dieser Zählung auch 8 Betriebe mit je 51 bis 100 Beschäftigten.

Die Zahl der Hotelbetriebe und der verfügbaren Betten war in den letzten Jahrzehnten des vorigen Jahrhunderts in Tirol ständig angestiegen. Sie belief sich 1890 noch auf 1.101 Hotels und Gasthöfe mit insgesamt 20.909 Betten; 1909 lag sie bereits bei 2.504 Beherbergungsbetrieben mit zusammen 54.252 Betten. Auch die Zahl der Privatzimmerbetten hatte im selben Zeitraum von 6.090 auf 18.882 zugenommen.[38]

Dieser Wandel in der Berufs- und Sozialstruktur des Tiroler Gastgewerbes blieb auch Reiseschriftstellern nicht verborgen. So hatte bereits 1880 der bekannteste von ihnen, Ludwig Steub, seine Klage über den Niedergang der traditionellen Tiroler Wirtshauskultur schriftlich festgehalten:

> „In den größeren Gasthöfen an der Eisenbahn kommen jetzt schon mitunter Kellner und Oberkellner vor, eine Gattung, der ich möglichst auszuweichen suche; die Mädchen aber, die immerhin noch häufiger, sind selten mehr von jener alten Art. Sie scheinen sich jetzt mehrentheils nach Münchner Mustern zu bilden, die in diesem Fach kaum zu empfehlen sind; sie werden vornehm und verlieren dabei die tirolische Einfachheit und den alpinen Zauber."[39]

Und was Steub nicht verborgen blieb, fiel auch weitaus kleingeistigeren Tirolbesuchern mißlich auf. So etwa Wilhelm Kleinecke jun., dem wir bereits die Erkenntnis des unguten Einflusses der Eisenbahn auf die „Cultur" zu verdanken haben. Er verewigte seine Erlebnisse eines Besuches der Osttiroler Berg- und Gaststättenwelt in als „Humoreske" bezeichneten Zeilen, die aber mitunter ernst gemeint sein dürften. „Kellner im Frack und weisser Cravate" waren ihm da, bei seiner Suche nach „Freiheit und Natür-

---

[37] Sämtliche Zahlen laut der Gewerblichen Betriebszählung von 1902, 8. Heft, Tirol und Vorarlberg (=Österr. Statistik, LXXV. Bd./8. Heft), Wien 1905.
[38] Rohn, Denkschrift (wie Anm. 18), S. 27–38.
[39] Ludwig Steub: Aus Tirol. Stuttgart 1880, S. 256f.

lichkeit", genauso ein Greuel, wie die sich an diesen Stätten tummelnden „geschminkten, parfimirten und geputzten Städterinnen."
Und ein Besuch der Burg Weissenstein rief in ihm vollends die blanke Abscheu hervor:

„Diese Gesellschaft, der wir kaum entflohen waren, fanden wir hier wieder, fast noch schrecklicher. Dazu noch Kellner in Fracks und weisser Cravate, die sich geschäftig nach unseren Wünschen erkundigen. Wir setzten uns auf den Söller und tranken unseren Kaffee, oder besser gesagt wir tranken ihn nicht, denn es war ein fürchterliches Gebräu, und gedachten wehmüthig an Kals. Der Contrast war zu grell. Dort die reckenhaften Gestalten, diese einfache Natürlichkeit und Herzlichkeit, hier dies entnervte Geschlecht, diese geschraubte Unnatürlichkeit. O Cultur! O Eisenbahn!"[40]

ZUSAMMENFASSUNG

Der Tiroler Fremdenverkehr bis 1914 war gekennzeichnet durch seine zunehmende ökonomische Bedeutung für die heimische Bevölkerung. Er bot dieser Arbeitsplätze, einen Ausbau der Infrastruktur sowie zunehmend die Gewißheit, sich im Lande selbst ernähren zu können.

Für die Fremden war Tirol eine Art „Ersatzschweiz", in welcher der Aufenthalt billiger zu stehen kam als im Original. Bei genügend großer Vorstellungskraft vermochten sich nicht wenige Gäste sogar einzureden, daß ein Aufenthalt in Tirol einem solchen in der Schweiz, dem „Ursprungsland" des Alpentourismus, vorzuziehen sei.

Das Verhältnis Schweiz – Tirol in punkto Tourismus war zunehmend gekennzeichnet von Konkurrenzneid. Dies hatte seine Gründe auch im unterschiedlichen Beginn der Tourismusentwicklung in diesen beiden Ländern. War Tirol anfangs noch keine Konkurrenz für die Schweiz (das Verhältnis der Nächtigungen in den 1890er Jahren betrug 900.000 zu 2,3 Mill. zugunsten der Eidgenossenschaft), so nahm der „Kampf" um die Gäste zur Jahrhundertwende hin zu. Beide Parteien versuchten dabei mit mitunter auch unfairen Mitteln, bei den Herkunftsländern der Gäste zu punkten. Wurden von Schweizer Seite die Tiroler Kurorte als ungesund vernadert, so zahlte dies die Tiroler Seite mit barer Münze zurück, indem sie ein Bild

---

[40] Wilhelm Kleinecke jun.: Von Kaprun nach Windisch-Matrei. Eine Humoreske. In: Österr. Touristenzeitung, Nr. 21 (1883), S. 249f., hier S. 250.

der Schweiz und ihrer Bewohner zeichnete, das gekennzeichnet war von „Herzlosigkeit" und reiner „Gewinnsucht".

Nicht nur die Tourismusbranche arbeitete zunehmend mit Stereotypen, auch das Verhältnis von Einheimischen zu Gästen war durch solche gekennzeichnet: auf der einen Seite standen die „Naturmenschen" mit ihren exotischen „Sitten und Gebräuchen", auf der anderen die als „Schrofenhexen" und nicht selten als „geizig" verschrienen „Städter".

Der „reine" Gebrauchswert „Erholung" (falls es einen solchen überhaupt gibt), der zu Beginn des alpinen Fremdenverkehrs im Mittelpunkt stand, wurde im Laufe der Zeit zunehmend durch den Diskurs der Begriffe „Natürlichkeit", „Urtümlichkeit", „Echtheit" etc. eingelöst. „Erholung" erwies sich damit nicht als Wert per se, sondern als eine erst durch die Interaktion zwischen Gästen und Einheimischen aufgeladene Kategorie. Die Frage, ob eine solche „Verschiebung" nicht auch notwendig war, um sowohl Besucher wie auch Besuchte den in Tirol doch in relativ kurzer Zeit stattgefundenen sozio-ökonomischen Wandel verkraften zu lassen, muß vorerst noch unbeantwortet bleiben.

ULRIKE KAMMERHOFER-AGGERMANN UND ALMA SCOPE, SALZBURG

Kleidungsverhalten von Künstlern und Gästen der Salzburger Festspiele und der einheimischen Bevölkerung zwischen 1920 und 1938 – eine Wechselwirkung?[1]

EINLEITUNG

Ziel dieser Untersuchung war die Hinterfragung einer Vorstellung, die im Bewußtsein weiter Teile der Salzburger und Österreichischen Bevölkerung verankert ist. Dabei wird angenommen, die Entstehung der Salzburger Trachtenmode sei auf die Vorbildwirkung der Einheimischen in den 1920er und 30er Jahren zurückzuführen. Die Autorinnen stellten es sich zur Aufgabe, diese Annahme zu überprüfen. Eine Wechselwirkung zwischen den Einheimischen einerseits und den Festspielgästen und Touristen andererseits bestand zwar eindeutig, aber in differenzierterer Form. Sie hatte sowohl wirtschaftliche als auch gesellschaftliche Hintergründe und entwickelte eine eigene politische Dynamik, die bislang nicht berücksichtigt worden war.

SALZBURG – DIE IDYLLE

Das ideale Bild der Salzburger Sommergesellschaft schildert der Salzburger Maler und Freund Anton Faistauers, Wilhelm Kaufmann, im „Profil", Sonderausgabe Salzburg im Jahre 1935:

> „August in Salzburg – Festspiele – das ist Inbegriff erlesenen Genusses. Bezaubernde Musik, mitreißendes Schauspiel erheben in

---

[1] Das vorliegende Tagungsreferat stellt den ersten, kurzen und daher plakativen Überblick über ein umfangreiches Forschungsprojekt des Salzburger Landesinstitutes für Volkskunde dar. Zum Gesamtprojekt siehe: Ulrike Kammerhofer-Aggermann – Alma Scope – Walburga Haas (Hg.): Trachten nicht für jedermann? Heimatideologie und Festspieltourismus dargestellt am Kleidungsverhalten von 1920 bis 1938 in Salzburg (=Salzburger Beiträge zur Volkskunde, 6. Bd.). Salzburg 1993. Die gesamte Untersuchung wurde durch Werkverträge des Salzburger Landesinstitutes für Volkskunde und der Gesellschaft der Freunde der Salzburger Festspiele ermöglicht.

andere Sphären; sorgloser, schneller pulst das Leben; die steinerne Szene, an der tausend Jahre geformt und gebaut haben, dazwischen als amüsante Staffage der Salzburger Alltag mit Markt, Handwerkslärm und den kleidsamen Trachten; – das paßt gerade zum Spiel und erscheint dem unbekümmerten Gast als eine Märchenwelt, die einmal im Jahr aus ihrer Versunkenheit auftaucht, von der er für ein paar kurze Wochen Besitz nimmt, sich sorglos ihrem Bann hingebend. – Und bald ist man nicht mehr nur Zuschauer, nein, man tritt selbst auf die Jedermanns-Bühne dieser kleinen Stadt, gefällt sich in keckem Salzburger Hütl, Dirndl, Haferlschuh – und alles tut mit als ob's nur dazu da wäre. Bis dann der September ins Land kommt – da ist das Spiel aus, der Zauber schwindet; die Rechnung der fröhlichen Tage stellt einen vollends wieder auf realen Boden und man eilt seinen Obliegenheiten zu."[2]

Die Entwicklung des Salzburg-Tourismus

Salzburg gehört mittlerweile in Österreich, aber auch international zu *den* vorrangigen Tourismusregionen. Die Anfänge der Wechselwirkung von lokaler Situation, Folklorismus und Tourismus reichen ins frühe 19. Jahrhundert zurück. Bereits im 18. Jahrhundert rühmen Forschungsreisende und Künstler die Natur- und Architekturschönheiten des Landes, bekritteln aber gleichzeitig dessen mangelnde Infrastruktur für Reisende.

Nach wechselnden Regierungen wurde das bis 1803 reichsunmittelbare Fürsterzbistum Salzburg auf dem Wiener Kongreß Österreich zugesprochen. Dieser Hoheitswechsel 1816 führte in wirtschaftliche und politische Bedeutungslosigkeit. Abwanderungen waren die Folge, Salzburg wurde der Oberösterreichischen Regierung unterstellt. Das Salzburger Selbstbewußtsein war schwer geschädigt. Landespolitik und Bürgeraktivitäten des 19. Jahrhunderts richteten sich darauf aus, dem Lande seine Bedeutung wiederzugeben. 1861, als der erste selbständige Landtag des neuen Kronlandes konstituiert wurde, beschlossen Land und Stadt Salzburg in einer Denkschrift, Salzburg dem Tourismus, speziell der Sommerfrische zu „widmen".

---

[2] Wilhelm Kaufmann: Salzburger Landschaft. In: Profil. Österreichische Monatszeitschrift für Bildende Kunst. Hg. v. d. Zentralvereinigung der Architekten Österreichs, 3. Jg., 1935, 7. Heft („Salzburg"), S. 338.

Die Einweihung des Mozartdenkmales 1842 legte den Grundstein für den Salzburger Kultur-, und späteren Festspieltourismus. Damals, vor 150 Jahren, waren erstmals internationale Prominenz, Künstler und Kunstliebhaber bei einem kulturellen Ereignis in Salzburg versammelt. Tourismus, Kultur und Folkorismus in der Form eines Festzuges mit Bräuchen, Standesgruppen und Schauwägen gingen erstmals die Salzburger Symbiose ein. Das Mozarteum (1841) und die internationale Mozartgemeinde (1888) begannen bald darauf rege Aktivitäten, die schließlich zu den Salzburger Festspielen führten.[3]

Einbrüche erfuhr diese rasante touristische Entwicklung durch die beiden Weltkriege. Hungersnot und Warenmangel vor und nach dem Ersten Weltkrieg führten zum Erliegen des Tourismus und machten 1919 kurzfristig ein Einreiseverbot für Touristen notwendig.[4] Dennoch inszenierte Max Reinhardt bereits im Jahre 1920 für die 1916 gegründete Festspielhausgemeinde den ersten Jedermann vor einem großteils österreichischen Publikum. Er setzte damit den Anfangspunkt der Salzburger Festspiele.

DIE ENTSTEHUNG DER SALZBURGER FESTSPIELE

Noch während des Ersten Weltkrieges war von der Festspielhausgemeinde die Idee der Salzburger Festspiele verkündet worden: Das Ziel war die „Errichtung einer Welt-Kunstzentrale" auf österreichischem Boden, die nach dem Krieg die Annäherung der Völker vorantreiben sollte.[5] Die wahren Motive lagen indes eindeutig auf wirtschaftlicher Ebene: Die Salzburger Politiker hatten die einmalige Bedeutung des Fremdenverkehrs für die Wirtschaft erkannt und betrieben daher trotz anfangs widriger Umstände eine tourismusfreundliche Politik. Der Landeshauptmann, Dr. Franz Rehrl, förderte die Entstehung der Festspiele besonders[6] und fand in Max Reinhardt einen kongenialen Partner. Reinhardt als einfaches Mitglied des Kunstrates der Salzburger Festspielhaus-Gemeinde überstrahlte die örtlichen Mitbegründer der Festspiele bei weitem und inszenierte sich,

---

[3] Vgl. zur Vorgeschichte der Salzburger Festspiele Edda Fuhrich – Gisela Proßnitz: Die Salzburger Festspiele. 1920–1945 (=Die Salzburger Festspiele. Ihre Geschichte in Daten, Zeitzeugnissen und Bildern, Bd. 1). Salzburg 1990, S. 7f.

[4] Vgl. Pert Peternell (Hg.): Salzburg Chronik. Überarbeitet von Heinz Dopsch und Robert Hoffmann. Salzburg 1984 (4. Aufl.), S. 352.

[5] Fuhrich – Proßnitz, Festspiele (wie Anm. 3), S. 12.

[6] Vgl. etwa Charlotte Mayr: Das Arbeitsbeschaffungsprogramm Franz Rehrls. Phil. Diss. Salzburg 1975, S. 84ff.

die Stadt und ihr Publikum. Mit Unterstützung der weltlichen und geistlichen Machthaber konnte er die Stadt und ihre Schauplätze völlig für seine Aufführungen vereinnahmen, z. B. mit der Inszenierung des Jedermann, der noch heute vor dem Dom aufgeführt wird und in dessen Sterbestunde immer noch die Salzburger Glocken auf Kommando ertönen.[7] Reinhardt bezeichnete die Stadt Salzburg als die „ideale Kulisse"[8], wie auch ihre Bewohner als die „idealen Statisten"[9] für seine allgegenwärtige Inszenierung, der sich auch die Festspiel-Prominenz und ihr Publikum nicht entzog. So konnten sich die Festspiele von einem kleinen lokalen Ereignis zum „Brennpunkt europäisch-amerikanischer Kunstsehnsucht"[10] entwickeln. In ihrem Umfeld entstand das einzigartige „Salzburger Flair", das international zum Synonym wurde für Luxus, Ausgelassenheit und nicht zuletzt: Trachtenmode.

Das Salzburger Flair

Italienische Renaissance, spätmittelalterliche Bürgerstadt, Ideallandschaft der Romantik, das Fehlen jeglicher altösterreichischen Kultur, das Hereinreichen des Bäuerlichen in die Stadt waren Komponenten des Salzburger Flairs. Nur so konnte Salzburg in den Festspielmonaten völlig durchdrungen werden von dieser abgehobenen Festspielwelt – denn keine gewachsene Stadtkultur stand ihr im Wege. Das Leben der Salzburger spielte sich am Rande ab, griff in diese „glückliche Insel"[11], „getragen von Sonnenschein und jener leichten Euphorie, die einen in Salzburg überkommt"[12], kaum ein, konnte aber (bei Bedarf) wie das Schauspiel einer anderen Welt betrachtet werden. Die Verquickung von Sommerfrische, Gebirgsidylle, Bad

---

[7] Vgl. dazu Fuhrich – Proßnitz, Festspiele (wie Anm. 3) und Gusti Adler: „ ... aber vergessen Sie nicht die chinesischen Nachtigallen." München 1983; von der Sekretärin Max Reinhardts, die uns damit ein hervorragendes Zeitporträt der 20er und 30er Jahre in Salzburg hinterlassen hat.

[8] Erwin Kerber (Hg.): Ewiges Theater. Salzburg und seine Festspiele. Salzburg 1935, S. 51.

[9] Vgl. ebd., S. 86.

[10] Paul Stefan: Arturo Toscanini. Mit einem Geleitwort von Stefan Zweig. Wien 1935, S. 66.

[11] Paul Stefan: Das war der letzte Sommer. Roman. (Untertitel des englischen Manuskripts: A political novel of the Salzburg festival days.) Wien 1946, S. 162.

[12] Annette Kolb: Festspieltage in Salzburg und Abschied von Österreich. Amsterdam 1950 (1937), S. 91.

und Kunstspektakel ist wohl das Geheimnis Salzburgs. Salzburg inszenierte sich und ließ sich inszenieren. Das schildert Stefan Zweig in „Die Welt von Gestern":

> „Etwas Merkwürdiges hatte sich in aller Stille ereignet. Die kleine Stadt Salzburg mit ihren 40.000 Einwohnern, die ich mir gerade um ihrer romantischen Abgelegenheit willen gewählt, hatte sich erstaunlich verwandelt: sie war im Sommer zur künstlerischen Hauptstadt nicht nur Europas, sondern der ganzen Welt geworden. Max Reinhardt und Hugo von Hofmannsthal hatten in den schwersten Nachkriegsjahren, um der Not der Schaupieler und Musiker abzuhelfen, die im Sommer brotlos waren, ein paar Aufführungen, vor allem jene berühmte Freilichtaufführung des <Jedermann> auf dem Salzburger Domplatz veranstaltet, die zunächst aus der unmittelbaren Nachbarschaft Besucher anlockten; (...) Allmählich wurde die Welt aufmerksam. (...) Mit einemmal wurden die Salzburger Festspiele eine Weltattraktion, gleichsam die neuzeitlichen olympischen Spiele der Kunst, bei denen alle Nationen wetteiferten, ihre besten Leistungen zur Schau zu stellen. Niemand wollte mehr diese außerordentlichen Darstellungen missen. Könige und Fürsten, amerikanische Millionäre und Filmdivas, die Musikfreunde, die Künstler, die Dichter und Snobs gaben sich in den letzten Jahren in Salzburg Rendezvous; (...) Salzburg blühte auf. In seinen Straßen begegnete man im Sommer jedwedem aus Europa und Amerika (...) in Salzburger Landestracht – weiße kurze Leinenhosen und Joppen für die Männer, das bunte ‚Dirndlkostüm' für die Frauen – , das winzige Salzburg beherrschte mit einemmal die Weltmode."[13]

SOMMERFRISCHE – ENTWICKLUNG DER TRACHTENMODE

1. Henndorf – die Wiege der Salzburger Trachtenmode?

Im Land Salzburg war nach dem Vorbild des Salzkammergutes eine kleine Sommerfrischenkultur entstanden. In Henndorf am Wallersee hatte sich schon zu Ende des 19. Jahrhunderts eine Sommerfrische entwickelt, die im Laufe der Jahre überregionale Bedeutung erhielt: dort versammelten sich in den 20er und 30er Jahren Professoren der Kunstakademien

---

[13] Stefan Zweig: Die Welt von Gestern. Erinnerungen eines Europäers. Frankfurt am Main 1989 (1944), S. 394ff.

von Wien und München, Festspielkünstler aller Sparten und Prominenz aus den höchsten Oberösterreicher und Salzburger Kreisen.[14] In dieser Atmosphäre begann Carl Mayr, Nachkomme einer Brauereidynastie und zum Kostümbildner ausgebildet, um 1910 mit der Entdeckung der „Ländlichkeit" – die bislang eher belächelt worden war – für seine Zwecke. 1875 in Salzburg geboren, hatte er im Jahr 1910 den geschichtsträchtigen Henndorfer Bräugasthof übernommen. Bei den von ihm in Henndorf veranstalteten Festzügen stattete er persönlich die Teilnehmer aus – teils mit historischen, teils mit ländlichen Trachten, teils mit wilden Kombinationen aus beidem.[15] Er selbst trug leidenschaftlich gerne selbstentworfene Modelle im „Trachtenstil". Aus dieser Leidenschaft entwickelte sich nach und nach eine Berufung und später sogar eine Verdienstmöglichkeit, denn die phantasievollen Entwürfe Mayrs kamen gerade recht in einer von Krisen geschüttelten Zeit.

Bei seinen Entwürfen stützte sich Mayr hauptsächlich auf alte Trachtenstücke regionaler Herkunft, orientierte sich aber auch an bürgerlichen Vorlagen, wie sie z. B. im Salzburger Museum Carolino Augusteum zu finden waren. Durch die Stadtnähe waren in Henndorf selbst schon sehr früh fast alle trachtlichen Elemente verschwunden. Hingegen war um die Jahrhundertwende das Dirndl nicht nur den Salzburger Sommerfrischlern bekannt, sondern auch für die Flachgauer Dienstboten zu einem Modestück geworden, in dem man sich gerne fotografieren ließ.

Man kann vermuten, daß Mayr aufgrund seiner Verbindungen zu den höchsten Kreisen des Salzburger Bürgertums auch Kontakt zum 1910/11 geschaffenen Landesausschuß „betreffend Hebung und Förderung der Salzburger Eigenart in Tracht, Sitten und Gebräuchen" hatte. In dessen Umfeld entstand um 1915 das bekannte Henndorfer Dirndl.[16] Dieses Dirndl gilt noch heute als Inbegriff der Salzburger Trachtenmode und wurde besonders gern im Festspielmilieu der 20er und 30er Jahre getragen.

---

[14] Vgl. dazu die Berichte der Nichte Carls, Maria Kapsreiter-Mayr: Bruder Carl. Maschingeschriebenes Manuskript. o. O. 1958 und: Bilderbögen meiner Kindheit. Maschingeschriebenes Manuskript. o. O., o. J. (Henndorf 1955); weiters: E. J. Wimmer: Modeschöpfung in Henndorf. In: Neue Freie Presse, 22. 8. 1936, S. 5.

[15] Vgl. Fotosammlung Festzug und Album, Nachlaß von Richard Mayr, im Besitz des Salzburger Museums Carolino Augusteum.

[16] Zur wechselvollen Geschichte dieses Kleidungsstückes s. Kammerhofer-Aggermann – Scope – Haas (wie Anm. 1); vgl. zum Henndorfer Dirndl außerdem: Friederike Prodinger: Die Henndorfer Tracht. In: Heimatwerk in Österreich. Heft 2/84. Wien 1984, S. 15–17.

Mayr gilt als Erfinder des „Modehits" Henndorfer Janker, der aus weißem Bauernleinen gefertigt ist. Mit der Entdeckung des Leinens als bequemer und kühler Sommerkleidung löste er einen Leinenboom aus, der in den weißen, kurzbehosten Leinenanzügen der Festspielszene gipfeln sollte.

2. Der Höhenflug der Trachtenmode und die Firma Lanz:

„Noch vor zwei, drei Jahren war man, wenn man in Salzburg ankam, erstaunt, mitten in der Stadt in eine Art Bauernballeben zu geraten. Man war damals noch gar nicht daran gewöhnt(!), an einem einzigen Ort so viele Städter als Dirndl und Buam verkleidet vorzufinden. Salzburg selbst dürfte sich darüber am meisten gewundert haben."[17]

Im Zuge eines allgemein wachsenden Interesses für die Trachtenmode wurden die erfolgreichen Kreationen des Carl Mayr sehr bald in das Angebot der einschlägigen Salzburger Touristen- und Trachtengeschäfte aufgenommen. Die Seniorchefin der Firma Lanz erinnert sich, mit ihrem Bruder, dem Firmengründer Sepp, einmal nach Henndorf zu Carl Mayr um Schnitte gefahren zu sein, und auch die alteingesessene Lederermfamilie Jahn verkaufte die Henndorfer Janker.[18] Weiters sollen Verbindungen zu Firmen wie Thalhammer und Opferkuch bestanden haben. Das 1920 gegründete „Sporthaus Lanz" stellte bald von Touristenkleidung und -zubehör auf Sommerfrischenmode um.[19] Die gelungene Kombination der Entwürfe von Carl Mayr, aber auch von Grete Lanz selbst und ab 1932 von Charlotte Foregger, verehelichte Strohschneider, barg das Geheimnis des Firmenerfolges in sich: Lanz war bis in die späten 30er Jahre Inbegriff von Trachtenmode, Festspieltrubel und Salzburg.[20]

---

[17] E. J. Wimmer: Mode in Salzburg. In: Neue Freie Presse, 8. 8. 1936, S. 5.

[18] Vgl. Gespräch mit Grete Lanz, 19. 3. 1992; Inserat der Firma Jahn-Markl in der Österreichischen Volks- und Gebirgstrachtenzeitung. Für die Einsichtnahme in die Firmenarchive danken wir den Herren Wilhelm Lanz und KR. Erwin Markl.

[19] Vgl. Chronik des Hauses Lanz. Maschingeschriebenes Manuskript. Salzburg 1975, S. 1.

[20] Vgl. die Zeitschilderungen in Adler, Nachtigallen (wie Anm. 7); Ferdinand Graf Czernin: This Salzburg. Being an incomplete introduction to the beauty and charm of a town we love. Wien 1937/1949/1951 und: Erich Kästner: Der kleine Grenzverkehr. Wien 1950 (1938). Für freundliche Auskünfte danken wir Herrn Bundesminister a. D. Dr. Egmont Foregger.

Unter den Kunden war neben Vertretern des wohlhabenden, großteils deutschsprachigen Adels hauptsächlich jene Prominenz, die sich alljährlich rund um die Festspiele einfand. Rudolf Kommer, unentbehrliche rechte Hand Max Reinhardts, der vorwiegend die gesellschaftlichen Belange zu regeln hatte, verewigte sich in Lanz' Kundenbuch mehrere Male und ließ dabei die gefeiertsten Festspielstars sofort nach ihrer Ankunft bei Lanz einkleiden. Der Einkauf bei Lanz wurde zum gesellschaftlichen Muß. Zu Salzburg mit seiner „Lustigkeit" und Ferienwelt gehörten nun einmal in der Vorstellung der Besucher die verspielten und gewagten Modelle von Lanz. Ausschließlich in Salzburg getragen, dienten sie hier zur idealen Kostümierung und Einstimmung auf die Ferienatmosphäre. Bunte Drucke auf Leinen, gezackte andersfärbige Revers, weiße Leinenhosen und kesse Hütchen, jedes Jahr anders, dazu alte Gürtel, Silberknöpfe vom Antiquitätenhändler, im Preis exklusiv – das Spiel mit Mode, Nostalgie und Lokalkolorit wurde intensivst betrieben. Die Trachtenmode der Firma Lanz wurde auch in Übersee bekannt und festigte den Ruf der Firma, sodaß ihr Gründer 1935 auswandern und in den USA weitere Filialen eröffnen konnte.

Salzburg – die Realität

Lanz war einer der wenigen international orientierten Betriebe, die durch die Tausendmarksperre von 1933–1936 (eine von Deutschland erhobene Ausreisesteuer für Österreichurlauber) nicht litten. Gerade in jener Zeit nahm das internationale und zahlungskräftige Publikum zu.[21] Die Geschichte des Salzburgtourismus und der Festspiele ist auch durch einen ständigen Wechsel der Besucherschichten gekennzeichnet. In den frühen Festspieljahren kamen Österreicher aus dem Bildungsbürgertum, die Kunst und Sommerfrische genossen, sowie immer mehr Reisende aus Deutschland. Mit der Tausendmarksperre fiel somit ein großer Teil der allgemeinen Salzburgtouristen aus, gleichzeitig nahmen die internationalen, auch außereuropäischen Gäste zu, deren wirtschaftliche wie politische Bedeutung gleichermaßen zu erwähnen ist. Ihre tägliche Freizeitkleidung war die Sommerfrischenmode, die von Schneidern und Konfektionären zwischen Wien und München erzeugt wurde und schließlich in „Lanz aus

---

[21] Vgl. dazu Gisela Proßnitz: „Das kleine Welttheater. Die Salzburger Festspiele in den dreißiger Jahren." In: Das Jüdische Echo, Vol. XXXVIII, Nr. 1, Oktober 1989. Hg. v. d. Vereinigung jüdischer Hochschüler und jüdischer Akademiker in Österreich. S. 143–151.

Salzburg" zum internationalen Begriff der Mode wurde. Die Sommerfrischenidylle des 19. Jahrhunderts, „laßt uns leichte Gewänder anziehen und auf den Wiesen tanzen"[22], hatte sich auf die Salzburger Festspiele übertragen. Diese sommerliche Trachtenmode war Freizeitkleidung, legerer und kühler als die konventionelle Gesellschaftskleidung und Teil der Inszenierung Salzburgs. Sie wurde von aller hier anwesenden Prominenz, von Künstlern und Bankiers, Adel und Finanzadel getragen.

Die Salzburger selbst kleideten sich immer häufiger ihren Gästen zuliebe in Tracht.[23] In einzelnen Regionen des Landes waren noch Relikte bäuerlicher Tracht erhalten, ebenso hatte längst der Einfluß der Sommerfrischenmode und Bergsteiger die Bürger in der Stadt erfaßt. Die Lederhose hatte, quer durch die Gesellschaftsschichten und politischen Ansichten als praktisches Bergsteiger- und Alltagsgewand wieder und noch immer Bedeutung. Zu den wesentlichen Erzeugern gehörte die Firma Jahn, die für Kaiser Franz Joseph I. die Lederfarbe „Altschwarz" erfunden hatte und sich laut Firmenlegende als Erneuerer der gestickten Salzburger Knielederhose fühlt. Jedenfalls sollen Johann Jahn und der Landespräsident Graf Schaffgotsch, beide Mitglieder im renommierten „Touristen-Club" und Alpenverein zu den ersten Salzburgern gezählt haben, die im Alltag solche Jahnerzeugnisse in der Stadt Salzburg trugen.[24] Aus der Sommerfrischenmode und städtischen Trachtenkonfektion kommend, wurde auch das Dirndl populär. Ebenso entstand in den verschiedenen Heimat-, Freizeit- und Wandervereinen ein immer größer werdendes Bedürfnis nach Tracht, das mit vielfältigen politischen Meinungen immer mehr verwoben wurde.

Durch die Entwicklung von Mode und Trachtenerneuerung, durch die Weltwirtschaftskrise 1933 und die in Salzburg seit dem 19. Jahrhundert schwelenden deutschnationalen Ideen klafften Festspielwelt und Salzburger Alltag immer mehr auseinander.[25]

---

[22] Nach André Duvernois; in Hilde Spiel: Verwirrung am Wolfgangsee. Roman. Leipzig – Wien 1935, Motto am Vorsatzblatt.

[23] Vgl. dazu das Gespräch mit Frau und Herrn KR. Richard Spängler am 23.4.92, für das wir herzlich danken.

[24] Interviews mit KR. Erwin Markl.

[25] Vgl. Ernst Hanisch und Ulrike Fleischer: Im Schatten berühmter Zeiten. Salzburg in den Jahren Georg Trakls. (1887–1914). Salzburg 1986, S. 68f.

Der Salzburger Landesanzug

Bereits 1910/11 entstand ein Ausschuß der Landesregierung „zur Förderung und Hebung der Salzburger Eigenart in Tracht, Sitten und Gebräuchen", der u. a. den sogenannten ersten Salzburger Landesanzug empfahl. Tatsächlich handelte es sich dabei um eine Reihe von Varianten der „Neusalzburger Tracht" mit den zwei Haupttypen „allgemeine alpine Tracht" und „Flachgauer Tracht", die in Zusammenarbeit mit dem Gewerbeförderungsinstitut entwickelt wurde. Auf Anregung des Reichsverbandes der Trachtenvereine, vorrangig der „Alpinia", und des „Vereines für Heimatschutz und Denkmalpflege" wurde der Ausschuß nach Kriegsunterbrechung am 1. 3. 1923 wiedererrichtet. Seine Aufgabe war die Erstellung einer allgemeinen Salzburger Tracht, des 1935 mit Regierungsbeschluß geschaffenen Landesanzuges.[26] Drei wesentliche Intentionen kennzeichnen diese „Uniform des Landesbewußtseins für Beamte, Lehrer und Bürger":

1. Das im 19. Jahrhundert entstandene Salzburgbewußtsein mit all seinen folkloristischen Aspekten.
2. Das Österreichbewußtsein gegenüber Hitlerdeutschland und die Schaffung von stabilen Ständen im Ständestaat. So sollte der Landesanzug als Dienstkleidung für Beamte fungieren und alle anderen offiziellen Kleidungsstücke ersetzen und daher mit Achselspangen für Dienstränge versehen werden. Auch beweist die Tatsache, daß es dazu kein weibliches Äquivalent gab, seine politische Funktion.
3. Die Notlage der Wirtschaftskrise sowie das, auch wirtschaftliche, Autonomiestreben des Ständestaates.

Zum Landesanzug wurde der angeblich 1887 für den Makartfestzug zur Silberhochzeit Kaiser Franz Josephs I. geschaffene und seit 1923 allgemein bekannt gewordene Lamberghut getragen.

Dieser Landesanzug wurde nie populär, doch er zeigt die vielschichtigen lokalen und politischen Strömungen der Trachtenbegeisterung in der Stadt auf. Die gehobene Schicht lehnte ihn mangelnden Chics wegen ab, wohl auch, weil sie sich durch das Tragen von Trachtenmoden gegen deutschnationales Gedankengut abgrenzte.[27]

---

[26] Vgl. dazu die Berichte des „Landesausschusses des Herzogtumes Salzburg, (...) betreffend die Förderung und Hebung der Salzburger Eigenart in Tracht, Sitten und Gebräuchen, (...)" aus den Jahren 1911–13; und später in anderer Form auch 1923–24 und 1935 (Salzburger Landesarchiv).

[27] Vgl. z. B. Gespräch KR. Richard Spängler.

Die Trachtenvereine vermißten darin einerseits das Pathos der von ihnen eingeführten „echten erneuerten Trachten".[28] Zum anderen waren aber jene seit den 1880er Jahren entstandenen und seit 1912 im 1. Österreichischen Reichsverband für Alpine-, Volks- und Gebirgs-Trachten-Erhaltungsvereine zusammengeschlossenen Trachtenvereine – Detail am Rande: seine Österreichzentrale war in Salzburg, Judengasse 9 – ein Hort kleinbürgerlicher bzw. in der ersten Generation nicht mehr bäuerlicher Schichten, mit stark deutschnationaler und hitlerfreundlicher Tendenz. Die Artikel und Debatten in der Verbandszeitschrift lassen auch illegale Nationalsozialisten in ihren Reihen vermuten. Sie lehnten den Landesanzug in erster Linie auch als Österreichsymbol ab, das nicht in ihre Ideologie des „anschlußsuchenden Auslanddeutschtums"[29] paßte.

Ab 1908 suchten die Vereine in Relikten historischer und vereinzelt noch getragener bäuerlicher Tracht, im Vorbild der bayerischen Vereine, aber auch in der Sommerfrischenmode nach der „echten Volkstracht". 1935, gleichzeitig mit dem Landesanzug, legten die Vereine die von Kuno Brandauer mitgeschaffene sogenannte 1. Salzburger Trachtenmappe auf.[30] Bereits in den 1920er Jahren gaben sie, immer lauter und immer deutschnationaler werdend, ihrem abqualifizierenden Unwillen über die Sommerfrischenmode Ausdruck. Tracht und Trachtenverein wurden zum Symbol der Suche nach einer neuen Existenzberechtigung all jener, die unter den Auswirkungen der industriellen Revolution zu leiden hatten und sich im Trachtenverein als „Bauernstand" gegen das Proletariat abheben wollten. Heimat, Ahnenerbe, Deutschtum waren die Schlagworte.[31] Unverhohlener Haß gegen die Moderne konzentrierte sich auf die Vertreter der neuen Zeit, auf die international ausgerichtete Finanz- und Geisteswelt. „Die Juden" in diesen Reihen wurden auch in den Trachtenvereinen zum Feindbild Nr. 1.

Waren einerseits die Touristen, die Festspielgäste und Künstler als zahlungskräftiges Publikum von Heimatabenden, Festzügen und Trachtenhochzeiten im großen Festspielhaus wohl gelitten, wenn auch als „Salon-

---

[28] Vgl. etwa Kuno Brandauers Kommentar zu Franz Martin: Die Salzburger Landestracht. In: Österreichische Volks- und Gebirgstrachten-Zeitung (GTZ), 1935, Nr. 8, S. 57ff.

[29] Kuno Brandauer in GTZ 1937, Nr. 10, S. 78.

[30] Landesverband der Trachtenvereine in Salzburg (Hg.): Salzburger Landes-Trachten. Salzburg 1935.

[31] Vgl. GTZ 1914, Nr. 1, S. 3 und 1925, Nr. 9, S. 3.

tiroler" und „Trachtengigerln" verspottet, wurde andererseits bereits ab 1921 „der in alpinen Kreisen heilig gehaltene Arierparagraph"[32] ventiliert, der nicht durch „modernes, volksfremdes Weltgetriebe geschändet und verunziert werden" sollte.[33] Die „ererbte Vätertracht", das „Ehrenkleid" und „Volksheiligtum"[34] wurde zum rassischen Fanal.

Der Zwiespalt: Heimatbewusstsein und Maskerade

Die Wogen schlugen also immer höher. Die heile Welt des Max Reinhardt, bestehend aus Festspielaufführungen, barock inszenierten Festen in Schloß Leopoldskron und small talk in „Leinen von Lanz", war mehr und mehr bedroht.[35] Mit der Gleichsetzung von Tracht mit Heimatbewußtsein war die internationale und großteils jüdische Sommerfrischengesellschaft in eine Lage gekommen, derer sie wohl selbst gar nicht gewahr wurde. Ihre Vorliebe für die Trachtenmode war Spiel mit Mode, Nostalgie, Verkleidung und Lokalkolorit. „Heimat" im Sinne von Blut und Boden vertraten sie nicht, wohl aber jenen Begriff von Heimat, der ab 1934 verstärkt aus Opposition gegenüber Anschlußbestrebungen aus dem Deutschen Reich von Österreich propagiert wurde. Gleichzeitig wurden „die Juden" aber in einer Zeit des wachsenden Antisemitismus zum Inbegriff des Feindbildes weiter Teile der Salzburger Bevölkerung, die an der fröhlichen Scheinwelt der reichen Touristen nicht teilhaben konnte. So „behalf" man sich bereits zu Beginn der 20er Jahre mit einem Aufenthaltsverbot für Juden in gewissen Salzburger Sommerfrischeorten, und wetterte in den Kampfschriften des „Eisernen Besens", des Organs des Antisemitenbundes, der in Salzburg herausgegeben wurde und an Schärfe die reichsdeutschen Gesinnungsgenossen noch übertraf, gegen die jüdische Infiltration. Das Verbot des Trachtentragens für Juden war also einerseits nur ein weiterer Triumph der Antisemiten, gleichzeitig aber Vorbote einer neuen, grausamen Zeit.[36]

---

[32] GTZ 1921, Nr. 12, S. 9.

[33] GTZ 1925, Nr. 9, S. 3.

[34] Kuno Brandauer in GTZ 1924, Nr. 16, S. 2 und 1921, Nr. 2, S. 3.

[35] Vgl. dazu Berta Zuckerkandl: Österreich intim. Erinnerungen 1892–1942. Frankfurt a. M. – Berlin 1988, S. 219.

[36] Vgl. dazu Günther Fellner: Antisemitismus in Salzburg 1918–1938. Wien – Salzburg 1979.

Die Konsequenz: Verbot des Trachtentragens für Juden

Im 20. Jahrgang der Gebirgstrachtenzeitung wurde folgendes Verbot veröffentlicht:

> „Auf Grund der Verordnung des Bundesministeriums für Inneres und Unterricht vom 28. Juni 1922 verordnet der kommissarische Polizeidirektor von Salzburg, Doktor Braitenberg:
> ‚Juden ist im Bereiche der Polizeidirektion Salzburg das öffentliche Tragen von alpenländischen (echten oder unechten) Trachten, wie Lederhosen, Joppen, Dirndlkleidern, weißen Wadenstutzen, Tirolerhüten usw. *verboten*. Übertretungen werden mit Geld bis 133 Reichsmark (200 S) oder Arrest bis zu zwei Wochen bestraft. Diese Kundmachung tritt mit dem Tage ihrer Verlautbarung in Kraft.'
> Diese Verfügung wurde durch Verordnung des Landeshauptmannes von Salzburg auf das ganze Land (Gau) Salzburg erstreckt. Die Verfügung (Anm.: 1938) wird zweifellos von allen Kreisen begrüßt werden, die es seit langem hinnehmen hatten müssen, daß z. B. das Dirndl – man erinnere sich nur an Bad Ischl früherer Jahre! – geradezu als ein jüdisches Nationalkostüm erschien. (...)"[37]

Die Salzburger Idylle wandelte sich nun für einen großen Teil der Mitwirkenden und Gäste zur akuten Lebensbedrohung. Durch den „Amoklauf Hitlers gegen die gesittete Welt"[38] war aus der „Märchenwelt in der sich der Tourist im kecken Salzburger Hütl, Dirndl und Haferlschuh selbst auf der Jedermanns-Bühne gefiel"[39], die erbitterte „Auferstehung ... deutschen Volkstums"[40], das Ende der „Verhöhnung durch die Juden"[41] geworden. Das Spiel mit Nostalgie und Folklore wurde als „Schändung und Verhöhnung"[42] der Volkstracht interpretiert. So waren auch Trachtenmode und Trachtenerneuerung zwei Pole in jenem einseitigen Rassen- und Klassenkampf geworden, der weite Teile des geistigen Potentials Österreichs vernichten sollte.

---

[37] GTZ 1938, Nr. 7, S. 7
[38] Stefan, Sommer (wie Anm. 11), S. 162.
[39] Vgl. Kaufmann, Landschaft (wie Anm. 2).
[40] GTZ 1926, Nr. 9, S. 3.
[41] GTZ 1938, Nr. 9, S. 9.
[42] GTZ 1935, Nr. 3, S. 1 und 1929, Nr. 13, S. 1 – jeweils auf der Titelseite.

GERT KERSCHBAUMER, SALZBURG

Vom Heimatwerk des Lazarett-Gaues Salzburg zum Tauriska-Kultursommer im Europa der Regionen

DAS HEIMATWERK DES LAZARETT-GAUES SALZBURG

Im Frühjahr 1938 flossen in einer zuvor unbekannten Größe Urlauberströme aus dem „Altreich" in das Land Salzburg, in das Zentrum der „verjudeten" Trachtenmode, der Sommerfrischen- und Festspielfolklore, die antisemitische Vereine und Medien, insbesondere der „1. Österreichische Reichsverband für Alpine, Volks- und Gebirgs-Trachten-Erhaltungs-Vereine", der „Antisemitenbund" und „Der eiserne Besen", seit den 20er Jahren heftig attackierten.[1]

„Ein Jodler grüßt die neue Zeit
als Abschied von dem Jiddeln."[2]

1938 wurde den Juden sowohl die Benutzung von Bädern als auch das Tragen von Trachten verboten.

„Die einzige Tracht, die man solchen Typen zugestehen soll, ist eine Tracht Prügel!"[3]

Während die Juden schikaniert, deportiert oder vertrieben wurden, inszenierten etliche Orte Begrüßungsfeiern für die deutschen Urlauber im „Gau der guten Nerven"[4]. Auf festlich geschmückten Bahnhöfen, Straßen und Plätzen brachten Trachten- und Volksmusikgruppen zu Ehren der

---

[1] Siehe Referat von Ulrike Kammerhofer-Aggermann und Alma Scope; deren Aufsätze in: Ein ewiges Dennoch. 125 Jahre Juden in Salzburg, hg. v. Marko M. Feingold, Wien 1993. Ausführliche Darstellung der Volkskultur und des Tourismus in der NS-Zeit in: Gert Kerschbaumer: Alltag, Feste und Feiern im Wandel: nationalsozialistische Regie des öffentlichen Lebens und praktizierte Kulturen in Salzburg von 1938 bis 1945. Diss. Salzburg 1986; gekürzte veröffentlichte Fassung: ders.: Faszination Drittes Reich. Kunst Alltag der Kulturmetropole Salzburg. Salzburg 1988.
[2] Calafati: Salzburger Elegie. In: Kleines Volksblatt, Wien 22.6.1938.
[3] Völkischer Beobachter, Wien 30.6.1938.
[4] Salzburger Volksblatt, 3.3.1939.

„Gäste" oder „Brüder" ein Ständchen. Die Mittersiller Trachtenkapelle spielte „flotte Weisen". Tamsweg führte seiner ersten „Kraft durch Freude"-Gruppe den Samson und die Zwerge vor, musikalisch verzaubert durch die Klänge des Samsonwalzers. Die Morzger Buam und Dirndl, der Salzburger Dreigesang und die Flachgauer Musikanten, geleitet von Tobias Reiser, boten den „Kraft durch Freude"-Urlaubern „Heimatabende", das heißt Wiedervereinigungsfeiern, die in Huldigungen der Machthaber mündeten.

Bis Mitte August 1938 sollen durch den Massentourismus, organisiert durch „Kraft durch Freude", „Volkswohlfahrt" und „Hitler-Jugend", bereits an die 300.000 Reichsmark in die Kassen der Gemeinden geflossen sein, die nach 1933 unter dem deutschen Tourismus- und Kulturboykott gelitten hatten. Einige Gemeinden dankten dem Retter aus der Not, die durch den Boykott verursacht worden war.

Die „Gauhauptstadt Salzburg" bilde dank ihrer Lage das „Einfallstor zur Ostmark und ihrer Alpenwelt". Die Stadt dürfe weder Klein- noch Großstadt sein, müsse ohne Schlote, in den „äußeren Bezirken ein Garten und im Kern ein Juwel" sein, müsse das zukünftige „Pensionopolis" Deutschlands werden, verkündeten die neuen Herren.[5] Die Peripherie des Deutschen Reiches bekam eine komplementäre Funktion zugewiesen – „Pensionopolis", eine zum industriell entwickelten Norden inszenierte Gegenwelt angeblicher Ursprünglichkeit und Echtheit, ein Reservat der Relikt- und Fluchtkultur.

Der geplante und zum Teil realisierte Ausbau des Verkehrsnetzes, vor allem der Reichsautobahn, und die Schaffung von Nationalparks galten als notwendige Voraussetzungen der wirtschaftlichen, politischen und kulturellen Intentionen. Professor Eberts, „Beauftragter für die Sicherstellung von Naturschutzgebieten", der im August 1938 in Österreich eine „Naturschutzbereisung" durchführte, legte die Marschroute fest: Die Ostmark werde in Zukunft für die deutschen Volksgenossen als Reise- und Erholungsland an erster Stelle liegen. Die Schaffung großer Nationalparks habe dem ganzen Volk die Heimatnatur wieder nahe zu bringen.[6]

Geplant war ein Nationalpark Hohe Tauern. Während in Vorbereitung dazu kleinere Landschaften zu Schutzgebieten erklärt wurden, entstanden auf dem Reißbrett Projekte für Kraftwerke, Fernleitungen, Seilbahnen, Straßen, Autobahnen und Bahntrassen zwecks Anpassung der „Hei-

---

[5] Salzburger Volksblatt, 4./24. 2. 1939.
[6] Salzburger Landesarchiv, Präsidialakten/SLA PA 1938 2268/2, 14.

matnatur" an die Ökonomie. Die Deutsche Alpenstraße (Berchtesgaden–Salzburg) und die Reichsautobahn zerschnitten den Raum im Süden und Westen der Stadt Salzburg. Die „Restnatur", der unangetastete Strauchbestand entlang der Fahrbahnen, empfing die Weihe des Naturschutzes. Als die ersten Autobahnkilometer 1941 fertiggestellt wurden, war der private Kfz-Verkehr längst zum Stillstand gekommen.

Die Politik wirkte dahin, Personal und Material effizient einzusetzen, Mangel, Qualitätsverminderung und Typisierung zu verbergen und den Wert „bodenständiger" Produkte jener Klein- und Mittelbetriebe zu adeln, die ebenfalls von der Kriegswirtschaft erfaßt und teils zerstört wurden. Die 1941 gegründete „Genossenschaft des bäuerlichen Kunsthandwerks" hatte die Handwerker zu organisieren, die noch nicht zum Kriegshandwerk gezwungen worden waren. Im gleichen Jahr initiierte das Salzburger „Gauschulungsamt" die Errichtung einer Geschäftsstelle des „Deutschen Heimatwerkes", dessen Aufgabe darin bestand, das sogenannte bodenständige und volkstümliche Handwerk durch den Ankauf seiner Produkte zu fördern und die Bevölkerung und Touristen mit „echtem" Handwerk anstelle von „Schund und Kitsch" zu versorgen.[7] Der Tätigkeitsbereich diverser Organisationen erstreckte sich von der Bekämpfung des angeblich industriellen und kapitalistischen Kitsches wie Reklameschilder und Reiseandenken hin zur Verbreitung handgemachter Kunst wie Möbel, Trachten, Reiseandenken und Zunftschilder, die den wahren Charakter der straff durchorganisierten Kriegswirtschaft, die Ausbeutung von Frauen und Zwangsarbeitern, verhüllten und dekorierten.

Der Tourismus der Kriegsjahre bewegte sich durch ein Gehäuse voller Schikanen: je eine Reisekarte für Brot bzw. für Fleisch und Fett, eine Ab- und Anmeldebestätigung sowie ein Vermerk auf der Reichskleiderkarte; für Heilbäder zusätzlich ein ärztliches Attest und ein Genehmigungsvermerk. Dennoch wurden steigende Nächtigungszahlen registriert. Tausende Bombenflüchtlinge, Evakuierte, zwangsumgesiedelte Volksdeutsche und Südtiroler Optanten mußten versorgt werden. Tausende Frontsoldaten und Arbeiterinnen aus Rüstungsbetrieben verbrachten ihren Urlaub im „Gau der guten Nerven", der sich zunehmend in einen Lazarettgau verwandelte. Spitäler, Bäder und Kuranstalten waren weitgehend Soldaten und Offizieren vorbehalten. Auch die Naziprominenz, deutscher Hochadel, Industrielle und Ufa-Stars goutierten den von Juden „gesäuberten" Lu-

---

[7] Mitteilungsblatt der NSDAP, Folge 3, 1941.

xuskurort Badgastein. „Alkoholische Exzesse" und „wesenfremde" Tänze wie Tango, Foxtrott und Swing erregten die Gemüter.[8]

Tobias Reiser behauptete allerdings in Zeitungsartikeln, geprägt von rassistischen Reinigungsgelüsten, daß seit Kriegsbeginn Volkslied und Volksmusik überall, in der Stadt und auf dem Lande, im Betrieb und in der Familie, ihren verlorenen Boden wieder gewonnen hätten und daß die artfremde Musik fast gänzlich ausgerottet worden sei. Jüdisch internationales Lied, Musik und Tanzgut seien auf uns losgelassen worden. In Literatur, Theater und Kino sei das Gift eingeflößt worden. Unser Führer habe es als eine vordringliche Arbeit gehalten, hier reinen Tisch zu machen.[9] Cesar Bresgen, Leiter der „Musikschule für Jugend und Volk", artikulierte jedoch im letzten Kriegsjahr jene Bedrohungsängste, die zum Aggressionsrepertoire der „Brauchtums"-Funktionäre vor 1938 und nach 1945 gehörten:

> „War es zunächst der Städter, der durch seine stetige Entfremdung vom bauerngebundenen Lebenskreis – Lied und Brauch – die Verjazzung (denn diese bildet den Gipfel der Zersetzung einer gesunden musikalischen Substanz) allmählich in sich aufnahm und sie noch heute – trotz der Entjudung des Schlagerwesens – keineswegs abgeschüttelt hat, so hat der nachteilige Einfluß heute weite Kreise des Landvolkes erfaßt."[10]

Der Kriegstourismus scheint eine städtische Kultur auf das Land importiert zu haben. Zur Abwehr „entarteter" Kultur veranstaltete die Landesbauernschaft sogenannte Volkstumsabende wie das „Große Preistanzen um die Goldene Kuhglocke von Anif". Jugendsinggruppen der NS-Frauenschaft und der „I. Salzburger Gebirgs-Verein Alpinia" betrieben volkskulturelle Betreuungsarbeit in Rüstungsbetrieben, Kasernen und Lazaretten.

Mit der Parole „Wir stärken die Heimat" nahm im Festspielhaus das Wehrertüchtigungsprogramm seinen Anfang. Die Windhofbäuerin probte im Musentempel den „Tausendjährigen Kuhschrei". Das in der Kaserne Glasenbach groß aufgezogene Heimatfest „Bauer und Soldat" bescherte

---

[8] Salzburger Volksblatt, 19.7.1941.
[9] Salzburger Volksblatt, 29.12.1939, 2.2.1940, 3.6.1941.
[10] Cesar Bresgen: Gewachsene und entwurzelte Musik. In: Kulturempfinden und Entartung. Ausstellung. Salzburg 1944, S. 21ff.

seinen Gästen außer Volkstänzen und Jodlern auch Maschinengewehr-Salven und Granaten-Explosionen – „wehrhaftes Brauchtum".[11]

Das Schlagwort „Brauchtum" verdrängte seit den 20er Jahren im einseitig geführten Kultur- und Rassenkampf das Begriffspaar „Sitte und Brauch". Der „völkische" Folklorismus, der im Volks-, Deutsch- und Germanentum seine mythologischen Wurzeln suchte und über die internationale Folklore im Sommerfrischenmilieu triumphierte, okkupierte das Attribut „Heimat". „Brauchtum" wurde der jeweiligen politischen Situation entsprechend gedeutet und instrumentalisiert.

„Tobi Reiser: Aperschnalzen oder Flur-Erwecken
(...) Nicht einmal die Reichsgrenze, die durch viele Jahre die Menschen hüben und drüben künstlich trennte, war imstande, diesen bäuerlichen Brauch einzuschläfern. In der für die Grenzbewohner verspürbaren Zeit der aufgezwungenen Zwiespalte haben sich die Bauernburschen drüben mit den Schnalzern von herüben auf diese Weise verständigt, als wollten sie sagen: ‚Halt's nur fest am deutschen Brauch, die Frühlingssonn' wird uns diese Grenze einmal zerschmelzen und uns alle vereinen!' Und tatsächlich ist die Zeit gekommen, wo durch die zitternd kalte Winterluft die Peitschensalven auf bayerischem Boden in unseren Salzachgau viel deutlicher herüber zu hören sind. Brauchtum, Lied und Volksmusik dulden keine Grenzen, die Menschen errichtet hatten, denen die Einheit und Geschlossenheit im großdeutschen Vaterlande ein Dorn im Auge war. Die Sprache, das Lied und der Brauch sind viel stärkere Ausdrücke eines Volkes, als all die Theorien der haßerfüllten Staatsmänner und Politiker, die in ihrer Einfalt glauben, Grenzen so setzen zu können, wie es ihnen in den Kram paßt. Daß sie aber gerade im Volksbrauch, im Glauben des deutschen Menschen an seine Heimat und Scholle das größte Hindernis erblickten, war wohl der Beweis dafür, daß sie uns 1918 mit allen Mitteln, mit jüdischem Gift, kulturell Artfremdes aufzwingen wollten, um uns die beste Waffe, die ein Volk besitzen kann, aus der Hand schlagen zu können. Wir geben ihnen aber 1940 den Beweis dafür, daß wir unser Heimatbrauchtum um so lieber pflegen und daß die innere Front mit Opfer und Krieg den festen Willen hat, den deutschen Bauernbrauch erst recht voran-

---

[11] Salzburger Volksblatt, 14. 8. 1941.

zustellen, damit ein segensreicher Sommer uns Stall und Scheune füllt. (...)"[12]

„Brauchtum" galt als Ausdruck einer durch „jüdisches Gift" bedrohten und dann wiedervereinigten Stammes- und Volksgemeinschaft, einer „gesäuberten" ethnischen Identität in der größeren „Heimat" Deutschland. „Wehrhaftes Brauchtum" diente während des Krieges als „Waffe" der straff gelenkten Kriegswirtschaft und der Durchhalte-Propaganda, der „Verteidigung" kultureller Werte und der „Heimat".

Während der Expansionsraum der „Heimat" schrumpfte, erklomm das „Heimatbrauchtum" eine hohe Stufe der Organisation, Konzentration und Zentralisation. „Mitten in der Entscheidungsschlacht des deutschen Volkes" – Schlacht um Stalingrad – gründete Gauleiter Gustav Adolf Scheel „im Kreise des Führerkorps des Reichsgaues Salzburg das Heimatwerk Salzburg als eine Gemeinschaft für Volks- und Brauchtumspflege mit dem besonderen Ziel der Förderung, Planung und Lenkung der gesamten Volkskulturarbeit unseres Gaues".[13] Die „Pfleger" sind Funktionäre des politischen Herrschaftsapparates: Kuno Brandauer, Tobi Reiser und Cesar Bresgen, „Gaubeauftragte" für Brauch und Tracht, Volksmusik bzw. Volkslied.

In Widerspruch zur kolportierten Legende, das „Brauchtum" sei während des „Krieges" (NS-Herrschaft) verkümmert, ist vor allem für die Kriegsjahre 1943 und 1944 eine rege „Volks- und Brauchtumspflege", ein zuvor unbekannter Aktivismus, nachweisbar: Tag der Landarbeit (1. Mai), Anklöpfeln, Flurumritt und Kranzlstechen der Irrsdorfer Leonhardireiter, Perchtenlauf, Wettaperschnalzen, Preisranggeln, Schwerttanz, Küfertanz, Armbrustschießen, Wasenschießen, Oberdorfer Piratenschlacht und herausragend die 1943 zugleich in Stadt und Land inszenierte „Salzburger Heimatwoche": ein Erntedankfest mit einer Rinderschau, einer Dichterlesung von Karl Heinrich Waggerl, einem Festzug, an dem Trachten-, Volksmusik- und Schützenvereine, Hitler-Jugend, Wehrmacht und SS beteiligt waren, sowie mit einer Vorführung von Bräuchen – „Sieghaftes Brauchtum – Historischer Küfertanz auf dem Kapitelplatz".[14]

---

[12] Tobi Reiser: Aperschnalzen oder Flur-Erwecken. In: Salzburger Volksblatt, 30.1.1940.

[13] Salzburger Zeitung, 17.12.1942; Wochenblatt der Landesbauernschaft Salzburg, 2.1.1943; Gustav Scheel: Rede zur Gründung des Salzburger Heimatwerkes. Salzburg 1943.

[14] Salzburger Zeitung, 17.9. bis 4.10.1943; Mitteilungsblatt des Salzburger Heimat-

Das unter der Patronanz des „Salzburger Heimatwerkes" inszenierte wehr- oder sieghafte „Brauchtum" war ein Theater, das Machthaber und Machtlose gemeinsam in der Rolle der Volks- und Kriegsgemeinschaft spielten. „Brauchtum" war Auftrittsdekor für die Herrschenden und gespielte Teilnahme der Beherrschten an der ausgeübten Herrschaft, die den politischen Rahmen und Praxisbezug diktierte. Loyalität und Pflichterfüllung, der Wille zum Zupacken in der „Erzeugungsschlacht", waren zu stärken – „Wir sitzen alle im selben Boot", in der „Heimat", die ringsum von Feinden bedroht und daher „verteidigt" werden mußte. „Heimatbrauchtum" war ein Instrument eines Herrschafts- und Präventivsystems, welches das Oppositions- und Widerstandspotential nach außen mobilisieren und nach innen paralysieren sollte.

Mobilisierung und Indoktrination waren aber begrenzt. Wer „ungepflegte" Volkskultur sucht, findet sie im Sozialverhalten: Hamstern von Mangelwaren, Hören von Feindsendern, Kontakt zu Zwangsarbeitern und eine zeitlich und räumlich begrenzte Verweigerung, eine Flucht aus dem Machtgehäuse in die Traumwelt der Literatur und des Films, ins Private und in die Idylle der Natur, der Wälder und Berge, in die Trampelpfadromantik. Mit zunehmenden Ängsten, Sorgen und Belastungen entwickelte sich das Wandern zum intimen privaten Brauch. Als einige Schutzhütten Rekordbesuche meldeten, als die schlechte Versorgungslage, mangelhafte Ausrüstung und Unfälle sogenannter Halbschuhtouristen aus deutschen Städten zum Problem wurden und als Einbrüche und Desertion sich einbürgerten, mußte jeder Auf- und Abstieg erfaßt und auf der Kleiderkarte vermerkt werden. Spezielle Einheiten der Hitler-Jugend, Gendarmerie und SS durchstreiften die Wälder, kontrollierten Wanderer und Rucksäcke, fahndeten nach Hamsterern, Dieben, Schwarzhändlern und Fahnenflüchtigen.

Gegen Ende des Krieges bot der Alpenraum vielen NS-Funktionären, SS-Männern und Künstlern einen relativ sicheren Zufluchtsraum, den letzten unbesetzten im Deutschen Reich. Diese Zuwanderung setzte sich nach der Befreiung durch US-amerikanische Truppen fort. Die Wiener „Arbeiter-Zeitung" bemerkte am 7. August 1945, daß dem großen Zug nach dem „Goldenen Westen" ehemalige Parteifunktionäre und belastete Künstler folgten, die sich die nunmehr unbequeme Farbe durch den Salzburger Schnürlregen abwaschen ließen.

---

werkes, 1.10.1943; Salzburger Soldatenzeitung, Oktober 1943.

Das wiederbelebte Heimatwerk des Landes Salzburg

Die Hakenkreuze auf den pompösen Grenzsteinen der einstigen Gauhauptstadt wurden abgekratzt. Die von US-Truppen befreite und verwaltete Mozart- und Festspielstadt entwickelte sich zu einem internationalen und multikulturellen Flüchtlingszentrum. Im August 1945 hausten in diversen Lagern und Notunterkünften etwa 70.000 „Displaced Persons" (DPs), überwiegend Flüchtlinge aus ost- und südosteuropäischen Ländern, Überlebende der Konzentrationslager, Juden, aber auch Ustascha-Kroaten und vertriebene Deutsche, sogenannte Volksdeutsche.[15]

Im August 1945 gab die „Alpinia" ihren ersten „Heimatabend" für die Amerikaner. Kinder bettelten tagtäglich vor dem Festspielhaus und den besetzten Hotels um Kaugummi, Schokolade, Zigaretten und Coca Cola. Die begehrten Nylons zogen Scharen von Girlfriends in die Militärstadt. Die als Restaurants getarnten Bordelle wie das „Ristorante Napoli" waren zum Bersten voll. Der in Lokalen, Wohnungen, Waggons und angeblich sogar auf Puffern abgewickelte Geschlechtsverkehr – „Rassenschande" – erregte den Zorn der Sitten- und Reinheitsapostel.

Dem illustren Fremdenverkehr hatten die Nazis den Garaus gemacht. Ihn wieder anzukurbeln und auf den Stand von 1937 zu bringen, war ein vorrangiges Ziel der Nachkriegspolitik, des Wiederaufbaus. Die Exklusivität der Festspiele sollte im Sinne des „Anknüpfens an die Glanzzeit vor 1938" wieder hergestellt werden. Die Trachtenumzüge während der Festspiele und volkskulturellen Darbietungen im Festspielhaus, beispielsweise eine Bauernhochzeit, eine Trachtenschau und der Faschingsbrauch Aperschnalzen anläßlich des „Anthropologentages" im September 1926 oder die Verwendung von Schiachperchten und Trachten in der berühmten „Faust"-Inszenierung von Max Reinhardt, waren nicht vergessen. Das wirtschaftliche Motiv dieser Verkoppelung von exklusiver Hochkultur und Sommerfrischen-Folklore liegt auf der Hand.

Die Bevölkerung sollte aber nicht wie ehedem vom Kulturleben ausgegrenzt werden, weshalb die Landespolitik auch auf die Kulturpraxis und die Organisationsstrukturen zurückgriff, die sich anscheinend bewährt hatten: auf das „Salzburger Heimatwerk" und die vorexerzierte „Brauchtumspflege", die vom Ruch der Vergangenheit gesäubert werden mußten.

---

[15] Zur Geschichte der Nachkriegszeit siehe Darstellungen in: Gert Kerschbaumer und Karl Müller: Begnadet für das Schöne. Der rot-weiß-rote Kulturkampf gegen die Moderne. Wien 1992; Ein ewiges Dennoch. 125 Jahre Juden in Salzburg, hg. v. Marko M. Feingold, wissenschaftlich betreut von Gert Kerschbaumer. Wien 1993.

Im Februar 1946 präsentierte die Salzburger Landesregierung der Öffentlichkeit den Plan, das „Salzburger Heimatwerk" auf der Festung Hohensalzburg einzurichten.

„Heimatwerk auf Hohensalzburg

(...) Viele Salzburger beginnen nun mit dem Schmieden kühner Pläne und mit allerlei Vermutungen, wie ein von der Größe der Aufgabe ergriffenes Salzburger Heimatwerk, die ihm anvertraute Festung wohl am besten nützen könnte.

Selbstverständlich fangen alle Ortskundigen zuerst mit Verkehrsfragen an. Wenn die Festung wirklich zu einem Mittelpunkt des Heimatschaffens, zu einem Zentrum des Fremdenverkehrs, zu einem Wallfahrtsort für Freunde österreichischen Brauchtums, zu einer Feststätte für Trachtenveranstaltungen, zu einem Schauplatz für Volkstanz, Volkslied, Volksmusik und Volksschauspiel werden soll, dann wird die Festungsbahn in ihrer heutigen Form nicht ausreichen. In der Zukunft wird vielleicht ein elektrischer Aufzug von einem Nonnbergstollen aus direkt in den Burghof führen. In nächster Zeit wird wohl nur eine Elektrifizierung der jetzigen Drahtseilbahn eine Verstärkung der Transportschnelligkeit bringen können.

(...) Weil das rege Interesse, das die Öffentlichkeit an den Plänen um die Neuausnutzung von Hohensalzburg zeigt, dem Heimatwerk sehr erwünscht ist, sei ausdrücklich betont, daß Vorschläge aus dem Volke, und zwar aus unserer Stadt als auch aus unseren Landbezirken beim Salzburger Heimatwerk (Landesregierung Salzburg) jederzeit willkommen sind."[16]

Die Salzburger Landesregierung gründete im Sommer 1946 das Salzburger Heimatwerk als Dachorganisation zum Schutz, zur Förderung und Lenkung des Salzburger Brauchtums. Es sollte ausschließlich das „typisch Salzburgische" und nicht etwa Jazz oder Boogie-Woogie zum Zuge kommen, wozu offensichtlich ein Rechtsträger notwendig war, der sowohl den Vereinszweck als auch die Organisationsstruktur weitgehend kopierte. Es war wie ehedem eine Konstruktion mit politischer Dominanz über die Kultur, allerdings demokratisch legitimiert. Der Kulturreferent des Landes, der sozialistische Landeshauptmann-Stellvertreter Franz Peyerl, war

---

[16] Salzburger Nachrichten 20. 2. 1946.

Vorsitzender des politischen Kuratoriums, das nach dem Parteienverhältnis (Proporz) besetzt war. Ein Landesbeamter, Alexander Negrelli, leitete das Heimatwerk und den Fachbeirat, der sieben Gruppen umfaßte. Der Fachbeirat war an die Weisungen des politischen Organes gebunden. Den Vorsitzenden stellte also jene politische Partei, deren eigene Kultur – „Mit uns zieht die neue Zeit!" – in den 30er Jahren vernichtet worden war.[17]

Die Spuren sind durch Legenden und Mythen von der Stunde Null, von der Gründung des „Salzburger Heimatwerkes" durch einen Mann aus dem Volk in einer Notzeit überformt – beispielsweise in der Darstellung Helmuth Huemers, die anläßlich des Landesfestes 1990 veröffentlicht wurde:

„In Salzburg war es Tobi Reiser, der 1946 das dortige Heimatwerk ins Leben gerufen hatte. Der begeisterte Volksmusikant, der im selben Jahr auch das – inzwischen weit über die Grenzen hinaus bekannte – Salzburger Adventsingen begründete, hatte sich die Wiedererweckung heimischer Volkskultur zur Lebensaufgabe gemacht. Er gründete zu diesem Zwecke keine Einzelfirma, sondern eine Genossenschaft bäuerlicher Handwerker – gemäß der Heimatwerkidee – (...).

Solche Erneuerungen aus alter Tradition, die sich bis zur innovativen Neuschöpfung steigern können, gibt es auf allen Gebieten der Volkskultur, auf ihrer geistigen und auf ihrer gegenständlichen Ebene, beteiligt daran ist wiederum das ‚ganze Volk', nämlich Einzelpersonen und Kulturschaffende im musischen und handwerklichen Bereich. Neues fordert immer zum Widerspruch heraus, und vieles mag danebengehen, wichtig ist nur, daß ‚die Flamme' nicht verlischt!

In Salzburg hatte sich Tobi Reiser mit der Gründung des dortigen Heimatwerkes 1946 dieser Aufgabe gestellt. Die Anfänge waren bescheiden, als sich in einem winzigen Raum unter den Arkaden des Glockenspiels ein hoffnungsfrohes Team, ausgestattet mit einem Startkapital von 3.500 Schilling, an die Arbeit machte. (...)"[18]

---

[17] Dr. H. Hanke: Der Neuaufbau des Heimatwerkes. In: Salzburger Nachrichten, 2. 8. 1946; Salzburgs Aufbautätigkeit. Führer durch die Ausstellung auf der Festung Hohensalzburg, 27. Juli bis 31. August 1948, hg. v. der Stadtgemeinde Salzburg, S. 30ff.

[18] Helmuth Huemer: Das Heimatwerk: Gemeinschaftsarbeit im Dienste der Volkskultur. Salzburger Landesfest 1990, S. 108f.

Der Leiter des „Salzburger Heimatwerkes", Alexander Negrelli, reaktivierte im Auftrag des Landeshauptmannes die Genossenschaft für Kunsthandwerk, die Hauptlieferantin für das vor Weihnachten 1946 mit finanzieller Unterstützung der Landesregierung eröffnete Verkaufslokal am Residenzplatz im Regierungsgebäude unter dem Glockenspiel. Geschäftsführer und Vorstandsmitglied der Heimatwerk-Genossenschaft wurde der ehemalige „Gaubeauftragte" Tobias Reiser, Fachgruppenreferent für Volkslied, Volksmusik und Volkstanz im 1946 wiederbelebten „Salzburger Heimatwerk" der Landesregierung im Chiemseehof. Die Genossenschaft kooperierte unter anderem mit der Trachtenschneiderei der Gewerbeschule, die in der NS-Zeit unter dem hochtrabenden Titel „Meisterschule des deutschen Kunsthandwerks" aufgeblüht war. Alle Hofschreiber verschweigen, daß diese lukrativen Institutionen – Verkauf von Kunsthandwerk und Trachten gegen begehrte Devisen – den Nationalsozialismus beerbten.

Obendrein – die Spuren sind diesbezüglich gänzlich zugedeckt – lag die suggerierte „Gründung" des „Salzburger Heimatwerkes", gemeint ist die genossenschaftliche Verkaufsstelle, zeitlich eindeutig *nach* den ersten Aktivitäten, die das 10. Salzburger Volksliedsingen, das 1. Landesarmbrustschießen, einen Schuhplattlerbewerb, historische Küfer- und Schützentänze, Aperschnalzen, Heimatabende der Alpinia, eine Trachtenschau, ein Bauerntheater und die Heimatwerkschau „Altes Vorbild – Neues Schaffen" – „ein Schlag gegen die Nachkriegsblüten des kunstgewerblichen Kitsches" – auf der Festung Hohensalzburg und auf Straßen und Plätzen der Altstadt umspannten. Es war während der Salzburger Festspiele 1946, vier Monate vor der Eröffnung des legendären Verkaufslokales unter dem Glockenspiel, als das „Salzburger Heimatwerk" das erste Landesfest nach der Befreiung auf die Beine stellte und jede Erinnerung an die Bodenständigkeitsrituale des NS-Heimatwerkes unter der Ägide des Gauleiters unterdrückte – „Aufruf des Salzburger Heimatwerkes, Salzburg, Chiemseehof (Landesregierung). Telephonische Anmeldung unter 2541 (Ortsverkehr) und 2471 (Fernverkehr) Klappe 232"[19].

Das Sinn- und Identitätsvakuum im chaotischen Trümmer-, Häftlings-, Flüchtlings- und Militärzentrum wurde mit einem kulturpolitischen, die Bevölkerung einbindenden Aktivismus gefüllt, der sich schon einmal als ordnungs- und systemstabilisierend erwies. Das Salzburger Landesfest startete im Chiemseehof mit dem „Siebenjahr-Tanz" der Salzburger Küfer-

---

[19] Salzburger Nachrichten 23. 7. 1946.

zunft, mit dem Faschingstanz des Vergessens, der Flucht aus der „Pestzeit" (NS-Zeit) in die glückliche Zeit der Ahnen:

„Der Tanz (Siebenjahr-Tanz der Küfer, Anm. G. K.) und seine Entstehung erinnern an die Pestzeit, in welcher die Menschen sich aus Furcht und Schrecken nicht mehr aus den Häusern wagten. Da faßten die Küfer wieder neuen Mut, holten ihre alten Handwerksbräuche hervor, zogen unter Trommelschlag und Pfeifenklang in stattlicher Festtagskleidung vor die Häuser und führten dort mit ihren grün geschmückten Reifen ihre Tänze auf. Dadurch wurden die Menschen wieder froh, sie kamen aus den Häusern auf die Straße und fanden so den Weg ins Leben zurück. Öffentliche Wiederholungen des Küfertanzes finden im Hof der Festung an folgenden Tagen statt: am 15. August von 16–17 Uhr und am 18. August von 14–15 Uhr."[20]

Das „sieghafte Brauchtum" mutierte zum Opfer-Brauch einer Heimat, in der die Vertriebenen und Überlebenden der Vernichtungslager, die Opfer der siebenjährigen „Pestzeit", keinen Platz, keine Heimat fanden. Deren Kulturveranstaltungen standen unter dem Ehrenschutz des amerikanischen Jewish Chaplin Office, also außerhalb der „Heimat".

Das erste Salzburger Landesfest war kein Fest der kulturellen Vielfalt, der Begegnung mit anderen Kulturen und Ethnien, es war das Landesfest der gepflegten, d. h. politisch organisierten und bevormundeten „Volks"-Kultur, die „völkische" Vereinskultur einer segmentierten Gesellschaft auf dem Weg zu einem staatstragenden Einheitsstand war und dann in der NS-Zeit Herrschaftskultur und – nach diesem Organisationsschub – demokratisch legitimierte Landeskultur wurde. Die dekretierte Amtsbürokratiekultur, die vermutlich 1948 das Etikett von „Salzburger Heimatwerk" auf „Salzburger Heimatpflege" wechselte[21], ist hierarchisch strukturiert, ist von der Landes- über die Bezirks- zur Ortsheimatpflege abgestuft. Politik und Kultur, Amt und Heimatverbände, Geber und Nehmer der Subventionen lagen nun in einer Hand, in der Hand Kuno Brandauers (Landesbeamter, NSDAP-Mitglied, Leiter der Mittelstelle Deutsche Tracht der Arbeitsgemeinschaft für Deutsche Volkskunde im Gauschulungsamt der NSDAP, Leiter des Arbeitsausschusses des Gaues Salzburg für Volkslied-

---

[20] Salzburger Nachrichten 14. 8. 1946.
[21] Salzburger Kulturlexikon. Salzburg 1987, S. 421.

forschung und -sammlung, Gaubeauftragter für Tracht und Brauchtum und Geschäftsführer des Salzburger Heimatwerkes, Leiter der Abteilung für Heimatpflege, Landesobmann des Verbandes für Landestrachten und Heimatvereinigungen 1931 bis 1939 und von 1949 bis 1965).

Der Landestrachtenverband organisierte 1948 das zweite Landesfest, das unter dem bezeichnenden Titel „Volkstumswoche"[22] mit einem hochsommerlichen Aperschnalzen auf dem Residenzplatz in Szene ging. Mit dem Winteraustreiben und Frühlingserwecken kam wie bei der nationalsozialistischen „Heimatwoche" der „Dichter der Heimaterde", Karl Heinrich Waggerl, zu Wort. Er las, dem herrschenden Zeitgeist angepaßt, aus seinen Werken „Fröhliche Armut" und „Jahr des Herrn", umkränzt von Volksliedern wie ehedem. Auch der Lindenhof der Festung Hohensalzburg war wieder bevorzugter Aufführungsort. Eine fachkundige Jury beurteilte das Leistungsmessen der Volkstänzer. Die Präsenz der Volkskundler Viktor Geramb und Richard Wolfram hatte der „Volkstumswoche" eine seriöse Note zu verleihen. Sie fand ihren Höhe- und Schlußpunkt in einem Schützen- und Trachtenfestzug durch die Altstadt. Mit den „Bergkräutlern" jubilierten im Marschrhythmus die regionalen Heimat-, Schützen- und Trachtenvereine sowie Gruppen heimatvertriebener Südtiroler, Sudetendeutscher, Banater, Siebenbürger Sachsen und Donauschwaben, die das spalierstehende „Volk" mit Beifall überschüttet habe. „Volks"-Kultur präsentierte sich als Landes-, Heimat- und Opfer-Identität, als christlich-deutsches „Wir", das von fremden Mächten und Kulturen verfolgt und bedroht worden sei.

Fremdländisch mußte nach der Naziherrschaft der Jazz der „Rhythmischen Sieben" klingen. Auch das schwarze Jazzorchester „Joe Smith And His Cracker Jacks" machte in Salzburg Furore. Negro spirituals belebten erstmals die heiligen Räume des Salzburger Mozarteums. Der Sender „Rot-Weiß-Rot" strahlte Broadway-Melodien und Jazz-Rhythmen in den heimischen Äther – eine ungewöhnliche Attraktion nach dem Bannfluch „völkischer" Heimat- und Trachtenschützer. Eine Umfrage des Senders ergab, daß der Wunsch nach mehr Volksmusik groß sei und der Jazz von vielen abgelehnt werde. Als aber die fremden Töne mit vertrauten Heimatklängen zusammengespannt wurden, formierte sich die öffentliche Meinung. Unsere Volksmusik gegen die vom Jazz eingeschleppte Primitivität abzugrenzen wußte der Wiener Volkskundler Richard Wolfram, der ehemalige Leiter der „Lehr- und Forschungsstätte für germanisch-deutsche

---

[22] Hans Hanke: Im Dienste der Heimat. In: Salzburger Nachrichten, 17. 8. 1948.

Volkskunde" in der „Außenstelle Süd-Ost" des „Ahnenerbes der SS Heinrich Himmler".[23]

Ungebrochen wirkte die von den Nationalsozialisten propagierte Sinngebung: Treue zur Heimat und Schutz seiner besten Güter und der Jugend angesichts der Bedrohung durch Fremdkulturen und der sittlichen Verwahrlosung, der Prostitution und Bettelei. Heimatschützer sahen ihre Befürchtungen und Propagandasprüche aufs neue bestätigt. Gewählte Politiker redeten ihnen nach dem Mund. Anläßlich der Salzburger Jugendschutztage 1949 arrangierte das „Salzburger Heimatwerk" unter der Leitung Kuno Brandauers einen „Heimatabend" auf der Festung Hohensalzburg, die als Symbol des heimatlichen Bollwerkes wirkte.

Ein Reflex auf das Erleben der Fremd- oder „Un"-kulturen ist der Rückzug eigener Kultur auf ein familiäres „Brauchtum" an einem quasi geheimen Ort. Beispiele sind hiefür sowohl das „Salzburger Adventsingen", das als echte Erneuerung gepriesen wird (nach Grazer Vorbild geschaffen?), als auch die „Wilde Jagd", dieser „uralte Vor-Rauhnachtsbrauch" oder „wunderschöne alte Salzburger Brauch", den die unzufriedenen Familien Brandauer und Reiser mit der Gruppe „Jung Alpenland" 1949 am Fuße des Untersberges angeblich wieder zum Leben erweckt hätten.[24]

Meyers Kleines Konversations-Lexikon aus dem Jahre 1893 bemerkt zur „Wilden Jagd":

> „Wütendes Heer (d. h. Wodans Heer), im deutschen Volksglauben ein nachts mit Tosen durch die Lüfte ziehendes Geisterheer, eigentlich Wodan und sein Gefolge; in manchen Gegenden auch wilde Jagd genannt."[25]

Der mythologische Hintergrund des „uralten" Brauches um den Salzburger Sagenberg und den Birnbaum auf dem Walserfeld wurde in der NS-Zeit mehrmals, etwa von den Heimatkundlern Karl Adrian und Helmut Amanshauser, angesprochen. Nach uralter Überlieferung befinde sich im Untersberg das Reich der Toten und die Götterwelt der Germanen. Der schlafende Held, der ihn bewohne, sei niemand anderer als Wodan, der

---

[23] Richard Wolfram: Volksmusik gegen Primitivität. In: Salzburger Nachrichten, 17. 4. 1948.

[24] Prospekt des Untersberg-Museums Grödig-Fürstenbrunn. Salzburger Nachrichten, 10. 12. 1968, 12. 12. 1991. Salzburger Volksblatt, 10. 11. 1987; Salzburger Landes-Zeitung, 5/1992.

[25] Meyers Kleines Konversations-Lexikon. 3. Band, Leipzig und Wien 1893, S. 681.

Asenfürst. Er reite auf einem dreifüßigen Schimmel an der Spitze der wilden Jagd. Nach der Version der „Deutschen Sagen" der Gebrüder Grimm sei es Kaiser Karl, der im Untersberg schlafe und eines Tages auferstehe. Eine politische, den deutschen Angriffskrieg begleitende Deutung dieser Sage lieferte 1940 Ingo Ruetz, Kommandant der „Gauschulungsburg", indem er Adolf Hitler, der bekanntlich unweit des Untersberges residierte, als den „Führer" Kaiser Karl darstellte, der aus dem Untersberg steige, das Volk sammle und in die Entscheidungsschlacht führe.[26]

Das NSDAP-Organ „Salzburger Zeitung" veröffentlichte 1943 unter dem Titel „Die Haberer und die Bockhäutler – Vom Bockfell zum Volksgericht und Volksschauspiel" einen Artikel Kuno Brandauers, der mythologisch-programmatische Aussagen zur „Wilden Jagd" enthält.

„(...) Mit den Fellen der Böcke, der heiligen Tiere des Donnerers, verkleidet waren nach der ältesten Überlieferung viele ‚Haberer' in der Ausübung der Volksjustiz. Es überrascht nicht, daß bei diesem Femegericht der Teufel in eigener Person der Sage nach mitlärmte – wie beim Perchtenlauf. Die Kirche hatte seit eh und je die ‚heidnische Unsitte' bekämpft, sich bei Kultumzügen mit Tierfellen zu behängen. Eine Vermummung war bei den nächtlichen Gerichten wohl nicht so sehr notwendig, sie stellte vielmehr den Zusammenhang mit dem hohen Gerichtsherren her. Dieser wurde als Karl vom Untersberg angerufen, denn dort schläft er als Karl der Große, aber auch als Friedrich der Rotbart. Die Haberfeldtreiben wurden zumeist an Vorabenden vor Sonn- und Feiertagen, aber auch an Donnerstagen abgehalten und dieser Tag war auch bei uns noch bis in die jüngste Zeit ein Tag der bäuerlichen Arbeitsruhe (Donnerstag auf dem Lande schulfrei!). Die Verehrung Donars scheint in Südbayern so stark verwurzelt gewesen zu sein, daß hier sogar der Name des ihm geheiligten Tages in den farblosen Pfingsttag (5. Tag) umgewandelt wurde. Im Salzburgischen kennen wir das Haberfeldtreiben, das seinen Mittelpunkt im Mangfallgebiet hat, nicht – trotz der Anrufung des Alten vom Untersberge – doch haben wir eine Menge anderer Formen des bäuerlichen Rügegerichtes gehabt, das sich gegen alle

---

[26] Karl Adrian: Die Kaisersage und der Birnbaum auf dem Walserfeld. In: Salzburger Volksblatt, 26.11.1938; Helmut Amanshauser: Das nordische Erbe in Salzburgs Sagenwelt. In: Salzburger Volksblatt, 6.6.1940; Ingo Ruetz: Der Kampf im Norden. In: Mitteilungsblatt des NS-Lehrerbundes, 10/Oktober 1940.

Dorfgenossen richtete, die gegen die Sitte verstoßen hatten, von Grenzstein‚schiebern' angefangen bis zu den Verzapfern schlechten Bieres und Milchpantschern.

Die Träger der Bocksfelle, die auch beim wilden Gjaid als Begleiter des Totenheeres Wutans eine Rolle spielen, sind nicht zufällig als Teilnehmer der Kultumzüge auch Mitbegründer der Volksschauspielschule geworden. Einen ähnlichen Vorgang finden wir in der Urentwicklung des Schauspieles schlechthin, sind doch die Tragödien (tragos=Bock, ode=Gesang) ursprünglich Gesänge und Lieder der in Bocksfelle gehüllten Verehrer des griechischen Dionysos gewesen.

Dieser Vergleich läßt es verlockend erscheinen, unsere mystisch-mythische Habergais, den Dirndlschreck und Krapfenschnapper des Flachgauer Faschings- und Abdreschtanzes, ebenfalls eher mit dem Haper-Bock [die althochdeutsche Bezeichnung Hapar liege dem oberbayerischen Sittengericht des Haberfeldtreibens zugrunde, erwähnt K. Brandauer eingangs, Anm. G. K.] als mit dem Hafer in Verbindung zu bringen. (...)"[27]

Brandauer verwurzelt das Haberfeldtreiben, ein in Salzburg nicht bekanntes bayerisches Sitten- und Rügegericht, im Germanenmythos, in der bäuerlichen Verehrung des Gottes Donar (Donnerstag); er verknüpft diesen relativ jungen, keineswegs germanischen Brauch mit der Anrufung des Kaisers Karl im Untersberg als Gerichtsherrn, mit dem Perchtenlauf, mit der wilden Jagd des Toten- oder Geisterheeres Wodans – Träger der Bocksfelle als Begleiter – und mit der Habergeiß (Haper-Bock) eines Flachgauer Faschingsbrauches. Die „Wilde Jagd" oder das „Wilde Gjaid" ist kein „uralter Vor-Rauhnachtsbrauch" oder „alter Salzburger Brauch", sondern eine Kreation aus zusammengebrauten mythologischen Elementen und umfrisierten Bräuchen, eine „völkische" Folklore, die „Jung Alpenland" mit wilden Perchtenmasken, der eingeschmuggelten Habergeiß und mit Wodan als Vorläufer an einem Donnerstag im Advent um den sagenumwobenen Hausberg der Salzburger „zur Bewahrung gelebten Brauchtums" vorführt.[28]

---

[27] Kuno Brandauer: Die Haberer und die Bockhäutler – Vom Bockfell zum Volksgericht und Volksschauspiel. In: Salzburger Zeitung, 15. 1. 1943.

[28] Siehe Kritik von Frau Adelgunde Vogel, Tochter K. Brandauers, an meiner Darstellung: Kuno Brandauers Arbeit aus falschem Blickwinkel betrachtet. In: Salzburger Nachrichten, 8. 7. 1992.

Sowohl die „Wilde Jagd" als auch das zu Beginn intime „Salzburger Adventsingen" entwickelten sich zu touristischen Attraktionen, letztere mit Waggerl-Geraune im Festspielhaus, einem manierierten Ritual der Verinnerlichung inmitten des Weihnachtstrubels.

Der Festspielbezirk war umkämpftes Terrain der Kulturen. Als eine US-Airforce-Band auf der „Jedermann"-Bühne amerikanische Melodien spielte, forderten Salzburger Zeitungen ein Verbot „minderwertiger" Veranstaltungen, der „kulturellen Schranne", des „Revue-Klimbims", und überdies ein Gesetz zum Schutz der Salzburger Festspiele, dieser „allerheiligsten Offenbarung des Produktes von Natur mal Kultur". Wohlwollender Meinung erfreute sich die in der Festspielsaison inszenierte Volkskultur: Faschings- und Winterbräuche sowie der „Tausendjährige Kuhschrei" der Wuzlbäuerin und der „Andachts-Plattler" der „Alpinia".

Massen wie zur Zeit der „Kraft durch Freude"-Züge sollten nicht mehr durch das Festspielhaus geschleust werden. Die wieder mühsam hochgezogene Exklusivität der Festspiele lag im Kreuzfeuer der Kritik, auch der Gegner des Jazz bzw. der Befürworter der Volkskultur. Der „Verband der Unabhängigen", Vorläufer der „Freiheitlichen Partei", prangerte aus „völkischer" Sicht diesen „undemokratischen Zustand" an. Er forderte mit Erfolg die Einbindung der Volkskultur in die Eröffnungsfeier. Die oftmals attackierte Exklusivität war gebrochen. 1952 sollen 20.000 Salzburger und Gäste den Fackelzug und den „Alt-Salzburger-Fackeltanz" der Gruppe „Jung Alpenland" bewundert haben. 38 trachtige Tranzpaare, eine Blaskapelle, ein Chor und etliche Angehörige des sonst spalierstehenden „Volkes" wirkten mit. Tausende Kerzen brannten zur Erinnerung an die „Ahnen" in den Fenstern. Ein wirkliches Volksfest, wie es sich Hugo von Hofmannsthal erträumte, soll es gewesen sein. Die Eröffnung der Festspiele mit volkskulturellen Darbietungen und einer Kranzniederlegung vor dem Denkmal des Genius loci auf dem Mozartplatz symbolisierte die Eintracht zwischen Hoch- und Volkskultur.

Die „Alpinia", das „Salzburger Heimatwerk" und das Mozarteum-Orchester bestritten auch die primär wirtschaftlich motivierte Kulturmission im Ausland. 1948 nahm eine Jugendgruppe des „Heimatwerkes" als einzige aus Österreich am internationalen Volkstrachtentreffen in Lausanne teil. Die „Alpinia"-Jodlerin Maria Durchner unternahm gemeinsam mit der Filmschauspielerin Marika Rökk eine Auslandstournee. Die Shows der „Alpinia" erfreuten sich insbesondere im Ausland großer Beliebtheit (Einladungen in die Schweiz, nach Frankreich, Holland, Ägypten und Kanada). Prospekte warben mit Hoch- und Volkskultur, Mozart

und Folklore, mit einer idyllischen Gegenwelt zur Welt der Schlote.
Die Tagespresse formulierte Schlagzeilen wie „Überall tritt die Familie von Trapp in der schmucken Salzburger Tracht auf – Wo sie singen, ist Österreich". Erzbischof Andreas Rohracher und Landeshauptmann Josef Klaus gaben einen Empfang, als die singende Trapp-Familie, die in Amerika „edelstes Österreichertum" verkörperte, nach ihrem Exil erstmals Österreich besuchte. Die „Trapp-Family-Singers" trugen auf ihren Konzertreisen offensichtlich Trachten der Handwerker-Genossenschaft (Tobias Reiser), die seither die Internationalisierung der bis 1938 als „jüdisch" verschrieenen Modetrachten unter dem Markenzeichen und Firmennamen „Salzburger Heimatwerk" betreibt (1949 letztmalige Bezeichnung der amtlichen Dachorganisation als „Salzburger Heimatwerk" in der Presse).

„Fünf Jahre Salzburger ‚Handwerker-Konzern'
Ein Konsul und die ‚Trapp-Family-Singers' als Propagandisten des Heimatwerkes + Stilles Jubiläum zu Füßen des Glockenspiels (...) Dabei kann der Besucher immer wieder feststellen, daß zu den besten Kunden die Ausländer zählen. Außer den Familienangehörigen der in Salzburg stationierten Amerikaner stehen hier interessanterweise die Nordländer an der Spitze. (...)"[29]

Nach der Sommersaison haben bekanntlich Statistiker das Wort, das die Presse kommentiert: „Rekordzahlen von 1938 fast erreicht".[30] Die 1938 aus ihrer Heimat vertriebenen Juden wurden weder vermißt noch zurückgerufen. Verirrte sich dann doch einer in die Festspielstadt, die ihren Weltruf den Vergessenen verdankt, blieb man so gelassen und unverbindlich, als ob nichts geschehen wäre.

„Alfred Polgar ist nach langjährigem Aufenthalt in den USA wieder nach Österreich gekommen. Salzburg besuchte er von seinem Ferienort Bad Reichenhall."[31]

TAURISKA KULTURSOMMER IN DER REGION NATIONALPARK HOHE TAUERN

Erfreuliche Nächtigungsbilanzen verzeichnet die Nationalparkregion Hohe Tauern im Pinzgau durch gezielte Umleitung des „Sound of Music"-

---
[29] Salzburger Nachrichten, 26.10.1951.
[30] Salzburger Nachrichten, 16.11.1951.
[31] Salzburger Nachrichten, 24.8.1951.

Stromes, der sich tagtäglich über die Mozartstadt ergießt. Der „Times"-Redakteur Hans Fantel, der den Pinzgau einige Tage bereist hatte, verfaßte einen dem Gastgeber „Tauriska", Verein der Freunde der Region Nationalpark Hohe Tauern, gefälligen und seiner Werbung entsprechenden Artikel:

> „Not many visitors to Salzburg realize that just a short drive south of the city, in Austria's Hohe Tauern national park, a unique project ist underway. The Austrian Government has set aside a section of the park – dubbed Tauriska, after the region's ancient Celtic name – for an experiment in small-scale economic development. (...)
>
> Additional information, including lists of hotels, inns und bed-and-breakfast places, is available from the Austrian National Tourist Office (500 Fifth Avenau, Suite 2009, New York, N. Y. 10110; 212-944-6880) or in Salzburg at the Landesverkehrsamt (Regional Tourist Office at 96 Alpenstrasse; 205060)."[32]

Die von Reiseagenturen gepflegte „Prospektwahrheit" manifestiert sich auch im „Tauriska-Festmagazin":

> „Eingebettet in eine grandiose Gebirgslandschaft liegt das Rauriser Tal mit seinen vier Seitentälern. Sein guter Ruf als Sommerfrische hat sich auch in „höchsten Kreisen" herumgesprochen: Seit Jahrhunderten verbringen dort alljährlich etwa 40 Weißkopfgeier aus dem Balkan den Sommer. (...)
>
> Das Ganzjahres-Skigebiet Kitzsteinhorn ist nur eine der vielen bekannten Attraktionen dieses Ferienortes [Kaprun, Anm. G. K.]. Das Gletschergebiet auf dem Kitzsteinhorn ist ebenso wie die Stauseen ein Beweis dafür, daß Natur und Technik auch harmonisch miteinander leben können. (...)
>
> 16 Uhr Beginn des Kapruner Hagmoars – Lustige Bewerbe auf der Burg Kaprun – Armbrustschießen, Faßschießen, Plattenwerfen, Saututten-Stechen, Schwanzelbaum-Gehen – kostenlos für alle Gäste (...).
>
> Der gesamte Oberpinzgau wird Bühne"[33]

---

[32] Hans Fantel: A Return to The Past in Austria's Alps. In: The New York Times, 22. 10. 1989.

[33] Tauriska-Festmagazin 1989; Zur Kritik an „Tauriska" siehe: O. P. Zier: Im Tauriska-

„Newspeak" nannte George Orwell in „1984" jenes Herrschaftsidiom, das jede Art anderen Denkens ausschalten soll. Der aufmerksame Leser der „Tauriska"-Werbung bemerkt, daß die potentielle Kritik an der Vermarktung gleich durch Beteuerungen ausgeschaltet wird:

> „Unsere Gäste werden immer umweltbewußter. (...) Mit seinem Image und seiner Signalwirkung ist der Nationalpark auch eine wichtige touristische Attraktion. Salzburg wird sicher nicht der Versuchung erliegen, den Nationalpark im herkömmlichen Sinn zu vermarkten."[34]

Zugleich werden kulturelle Säugungen inszeniert und den in Bussen via Autobahn und Schnellstraßen ein- und durchgeschleusten Touristen verabreicht: Schuhplatteln und Mozart-Serenade, Würstelbraten und Heilige Firmung, Modellhubschrauberfliegen und Gedenken an Kronprinz Rudolf, Kräuterwanderung mit Yves Rocher und Scheiblerbergmesse des Kameradschaftsbundes, Märchenstunde und Almabtrieb, Paragleiten und Behindertentreffen, irisch-keltische Folklore und Sonnwendfeier, kritisches Kabarett und Rutengehen, Goldwaschen und Fronleichnamsprozession – „Eintritt frei" –, ein Burgfest mit Gauklern, Rittern und tanzenden Aristokraten, keltische Musiziertage auf Schloß Lichtenau, Samerzug über die Tauern wie vor 3.000 Jahren, Mittersiller Gesundheitstage, Hollersbacher Heckenmärchentage, internationale Mal- und Fotowochen, wofür der Starfotograf der „New York Times", Paul Hosefros, extra eingeflogen wird – die USA im „Tauriska"-Land, das zum historischen Samerzug rüstet.

„Tauriska" proklamiert das Menschenrecht auf Nahversorgung – in einem Bauernland, das seine Produkte selbst vermarktet. „Tauriska" huldigt dem Grundsatz: „keine Fremdbestimmung durch Außenstehende, sondern Förderung der Eigeninitiative aus der Region". „Tauriska" würdigt seine Förderer und Mitgestalter: Salzburger Heimatwerk (Filiale in Neukirchen am Großvenediger), Salzburger Heimatpflege im Amt der Landesregierung, Freunde des Salzburger Adventsingens und Yves Rocher.

Leopold Kohr, der „Prophet der Kleinheit", ist Präsident des Vereines der Freunde der Region Nationalpark Hohe Tauern. Für Kohr bedeutet jede Vereinigung zum Großen einen Schritt hin zu Katastrophe. Die Saurier seien an ihrer Körpergröße zugrunde gegangen. Während Österreichs

---

Himmel. In: Gert Kerschbaumer – Karl Müller: Begnadet für das Schöne. Wien 1992, S. 299–308.

[34] Tauriska-Magazin 1992.

Politiker in Brüssel den Anschluß an einen Markt von Saurier-Größe betreiben, beschäftigt sich in Neukirchen die zur Fachhochschule strebende „Leopold-Kohr-Akademie" mit Alternativ-Technologie, Ökologie, Regionalismus, Dezentralismus, Kommunikation und Gesundheit – ein regional begrenztes und gesetzlich geschütztes „Small-is-beautiful"-Reservat, eine von EG-Wegbereitern subventionierte Spielwiese für Grün-Alternative mit einer international vorzeigbaren und wegweisenden Galionsfigur.

Der Weg in die Welt des Großmarkts ist auch in der Region Nationalpark Hohe Tauern vorgezeichnet. Der Verein „Tauriska" zur Förderung eigener Kultur und Regionalentwicklung wird vom Naturkosmetikproduzenten Yves Rocher gesponsert. Kosmetik beherrscht die Natur. Zwar leben im bretonischen Ort La Gacilly nur 2.000 Menschen, aber ebensoviele arbeiten in Rochers Fabrik. Die menschliche Größenordnung, für Kohr verkörpert im Wirtshaus, mutiert zu einem Saurier. 200.000 Touristen besuchen jährlich, vermutlich zur Blütezeit, das Dorf „mit regionaler Expansion", jüngst inbegriffen die Hollersbacher Kräuterfelder, die ebenfalls von tausenden Naturromantikern heimgesucht werden.

„Bauerngärten – einfache Lebensweise und alte Tradition. (...)
Man fühlt sich dort daheim. (...) Es sind Erinnerungen an die Kindheit, als es Gärten dieser Art auch in der Stadt noch gab."[35]

Die dekorativen und plakativen Natur-, Dorf-, Statisten- und Szene-Farbbilder à la Disneyland schieben Alkoholismus, Frauenprobleme, Existenzängste und Selbstmorde in den toten Winkel der Aktiverlebniswelt mit Autobahnanschluß. „Tauriska" bietet seinen Konsumenten die rückwärtsgewandte und pervertierte Utopie eines zentral gesteuerten Marktes im Europa der Regionen, die umgekippte Vorstellungwelt, die amerikanische Sekten seit Jahrzehnten in heiliger und kapitalschlagender Naivität vorexerzieren.

„Das Talmuseum in Hüttschlag. In der Nationalparkgemeinde Hüttschlag wird bereits mit Hochdruck gebaut; vom geplanten Talmuseum (Großprojekt siehe Bild) soll bereits Ende Juli dieses Jahres das Nationalpark-Informationszentrum im Bauernhof-Stil eröffnet werden. Bürgermeister Josef Lederer initiierte dieses Projekt, um altes Brauchtum zu erhalten. Im Museumsdorf wird bis zum Jahre 1994 das traditionelle Hüttschlager Leben rekonstruiert werden: Holz schnitzen, Schnaps brennen, Brot backen

---

[35] Ebd.

und eine Mühle zu betreiben gehören zu den geplanten Aktivitäten."[36]

Wie in einem Schachspiel werden die „Bauern" gebraucht, die nicht wissen sollen, wer sie setzt und vor allem wohin sie gesetzt werden – in den Großmarkt und ins Museum. Unvorstellbar für einen Museumsbetrieb scheint das traditionelle Landleben zu sein, wie es der Pinzgauer Schriftsteller Franz Innerhofer in seinem Buch „Schöne Tage" beschrieben hat.

„Ein Tag-hinter-sich-Bringen war es. Die Dienstboten und Leibeigenen wurden, sobald einer den Kopf aus der finsteren Dachkammer reckte, sofort in die Finsternis zurückgetrieben. Jahraus, jahrein wurden sie um die Kost über die grelle Landschaft gehetzt, wo sie sich tagein, tagaus bis zum Grabrand vorarbeiteten, aufschrien und hineinpurzelten. Mit Brotklumpen und Suppen zog man sie auf, mit Fußtritten trieb man sie an, bis sie nur mehr essen und trinken konnten, mit Gebeten und Predigten knebelte man sie."[37]

Die inszenierte Museumkultur ahmt nicht Kultur nach, wie sie war und heute im krassen Fall der Schiregionen ist: zerstörte Dorfstruktur einschließlich des heimeligen Wirtshauses und der Linde, zersiedelte Landstriche, alpines Showbusiness und umfunktionierte Bauernhöfe zu Bettenburgen bzw. Bauern zu Quartiergebern und Liftbügelhaltern. Die Museumskultur entspringt den Köpfen des Kulturmanagements und dem Bedürfnis nach einer ungestörten und unzerstörten Welt.

Die moderne Gesellschaft, bestimmt von einer Umwälzungsdynamik, die Gegenstände und Menschen auf den Markt wirft, die permanent zu technischen Neuerungen und Rationalisierung der Arbeitsprozesse zwingt, die wachsende Auslaugung der Naturressourcen verlangt und weltweit nur einer Minderheit ihren Wohlstand samt Tourismus zugute kommen läßt – diese moderne Gesellschaft bastelt an ihrer angeblich ursprünglichen und verzauberten Gegenwelt, erlebnisaktiv und auf dem Lande mit attraktiver Naturkulisse gestaltet, dennoch ein Abklatsch der städtischen Mode- und „in"-Kulturszene, eine städtische Kulturkolonisierung des Landes.

Je mehr die moderne Gesellschaft sich umwälzt, desto weniger hält sie es bei sich selbst aus – Kälte, Vermassung, Anonymität und Umwelt-

---

[36] Ebd.
[37] Franz Innerhofer: Schöne Tage. Salzburg 1974, S. 24.

zerstörung. Sie schafft sich in einem Reservat – „Pensionopolis" – eine Fülle von Unterhaltungs-, Ablenkungs-, Orientierungs- und Sinnangeboten. In einer Gesellschaft, deren materielle Bedürfnisse gestillt und Lebensräume zerstört sind, muß sich der zum Konsumenten degradierte Mensch auf geistige und kulturelle Bedürfnisse, Geborgenheit, Wärme, Sehnsüchte, Märchen und Mythen werfen, ohne die er – täuschungswillig – nicht leben könnte.

„Zur Wiederentdeckung von Symbolik und Ornamentik
Alfred Winter

(...) In letzter Zeit entstand aber die Einsicht, daß materielle Werte an sich sinnerfüllend sind, für den Menschen aber nicht sinngebend. So erweist sich, daß mehr und mehr geistige und kulturelle Werte an Bedeutung gewinnen, die ganz entscheidend dazu beitragen, eine neue Lebensqualität zu schaffen. Es müssen nicht fernöstliche oder fernwestliche Mystizismen sein, ‚das Gute liegt doch so nah'. Eine Besinnung auf eigene religiöse wie mystische Wurzeln und Inhalte unseres Glaubens wie unserer Kultur kann hilfreich sein, vergessene wie verborgene Dinge zu erkennen."[38]

Wie das Buch „Mythos und Kult in den Alpen" von Hans Haid liegt auch „Tauriska" im Trend der Zeit: „Tauriska" sucht und forscht nach Art der wissenschaftlich obsoleten Germanen-Mythologie und offeriert den Entwurzelten künstlich gezogene Wurzeln, ungebrochene Tradition und Sinn, symbolisiert im Lebensbaum – „Der Baum – ein Lebenssymbol". Keltisches und christliche Mythologie und Mystik besetzen den Platz der aus der Mode gekommenen Germanen – „Auf den Spuren der Kelten", „Irisch-Keltische Mystik nördlich der Alpen", „Mit Kreuz- und Zauberknoten als Mittler zwischen dem Sichtbaren und dem Unsichtbaren", „Naturmagische Plätze und Steine" und „Tauriska".

Archaismen werden mit Natur und Gegenwart auf raffinierte Weise zu einem Mixtum compositum von Orientierungs- und Sinnangeboten verknüpft. Ein Sinn, der als Angebot daherkommt, ist schon der potentielle Ersatz und Verkauf seiner selbst, ist Surrogat und Ware.

Aus dem Esoterik- und Mystiknebel leuchtet einmal die geforderte Prospektwahrheit hervor:

---

[38] Symbogramm. Kreuz- und Zauberknoten. Symbolik in der Strickkunst. Neukirchen am Großvenediger 1991, S. 7.

„Normal ist wer sich anpaßt, wer reibungslos funktioniert. Das Stück [Einer flog über das Kuckucksnest, Anm. G. K] will mehr, als nur den merkwürdigen Alltag einer Nervenklinik zeigen."[39]

---

[39] Tauriska-Festmagazin 1989.

BETTINA DEL BIANCO, SIGTUNA

Tourismus in Schwedisch-Lappland/Sápmi

Sápmi ist das samische Wort für das Land der Samen. Im Ausland ist es unter der Bezeichnung Lappland bekannt. Tourismus und Ethnologie scheinen seit langem miteinander verknüpft zu sein. Ob es Ethnologen waren, die als erste ein unbekanntes Volk für die ihnen nachfolgenden Reisenden entdeckten, oder ob es umgekehrt war, ist unmöglich zu entscheiden. Beispiele gibt es in beiden Fällen. Interessant ist jedenfalls, daß kaum ein Volk während des Entdeckungszeitalters der Neugierde fremder Eindringlinge entrinnen konnte. Unter ihnen gab es Missionare, Kolonialverwaltungsfunktionäre und Ethnographen, die ihre „Observationen" notierten, jeder von ihnen aus seinen eigenen Motiven.

Genau wie andere Völker waren auch die Samen dieser Neugierde ausgeliefert. Sowohl die Samen wie auch die gigantische Gebirgswelt Sápmis locken seit langem Touristen und Wissenschaftler nach Lappland. Die Gebirgswelt wird als „unberührte Wildnis" und die Samen werden als „Exoten" verkauft. Weder das eine noch das andere entspricht der Wirklichkeit.

Jokkmokk gehört zu den auch international bekannten Tourismuszielen der Nordkalotte. Jokkmokk hat die einzige samische Volkshochschule Schwedens und ein Museum, das die ökologischen und kulturellen Besonderheiten der skandinavischen Fjällregion darstellt. Für „Ajtte", so der Name des Jokkmokker Fjäll- und Samenmuseums, ist es unter anderem ein wichtiges Anliegen, den durchreisenden Touristen die besondere Empfindlichkeit der nördlichen Gebirgswelt ans Herz zu legen.Trotz ihrer gigantischen Weiten kann diese Natur die Belastungen eines ansteigenden Wandertourismus nicht verkraften.

Der Kreis Jokkmokk hat ein relativ gut ausgebautes Straßennetz. Der sogenannte „riksväg 97" führt dem Hauptort vorbeireisende Nordkaptouristen aber auch abenteuerlustige Fjällwanderer, „outdoor survival fans" oder himalaja-erprobte „Trekker" zu. Außerdem passiert die schwedische Inlandbahn Jokkmokk, was dem Ort in den Sommermonaten eine ansehnliche Zahl jüngerer „Interrailer" beschert. Innerhalb der Gemeindegrenzen liegen vier der bekanntesten und beliebtesten europäischen Nationalparks, und zwar der Sarek, der Padjelanta, der Muddus und der Stora Sjöfallet Nationalpark.

All das macht natürlich Jokkmokk zu einem interessanten Studienobjekt für eine Untersuchung über die Bedeutung und den Einfluß dieses Sommertourismus auf die ansässige samische Bevölkerung. In diesem Zusammenhang ist wichtig zu bemerken, daß es, wie oben bereits erwähnt, unterschiedlicheTypen von Jokkmokktouristen gibt. Neben den Nationalparkenthusiasten gibt es durchreisende Autourlauber aus Nordnorwegen oder Pseudokultur konsumierende Charterbusreisende aus Europa, den USA und Japan. Diese Kategorien können wiederum leicht in verschiedene Untergruppen eingeteilt werden.

Für diese Untersuchung waren die aus den alten deutschen Bundesländern stammenden Nationalparktouristen von Interesse. Vor allem die deutschen, aber auch die niederländischen Wanderer lassen sich wiederum in zwei kleinere Gruppen aufteilen. Die eine folgt genau den Wanderpfaden in den Parks und hält sich pedantisch genau an die topografischen Karten dieser Region, und die andere stürzt sich „bodygebuildet" und spezialausgerüstet in die weglose Einsamkeit des Sarek. Gemeinsam ist ihnen allen die Sehnsucht nach „der letzten, freien und einsamen Wildnis, dem Alaska Europas". Das Überleben-Können in dieser Wildnis soll sich selbst und den Lieben daheim bewiesen werden. Gemeinsam ist ihnen auch die „Uniform des survivors", die in den zahlreichen Ausrüstungsläden Europas, wie z. B. „Globetrotter Service Berlin" oder „Lauche und Maas" in München, erworben wird. Anders als die skandinavischen und ortsansässigen Wanderer haben sie die neuesten und natürlich auch teuersten Zelte, Rucksäcke, Schlafsäcke und diverses anderes Überlebenswerkzeug aufzuweisen. Sie vermitteln den Eindruck des erfahrenen, naturliebenden und -beherrschenden Abenteurers, und trotzdem sind es, laut Statistik, gerade diese Wanderer, die jährlich in den für einen Fremden unberechenbaren Gebirgsmassiven des Sarek oder anderer Parks ums Leben kommen.

Ein Beispiel: Ein deutscher Wanderer ertrinkt, weil er an einer Stelle einen reißenden Gebirgsfluß durchwatet, an der seine nur knapp ein Jahr alte Karte eine Furt aufweist. Sein Fehler war, die Karte und nicht die Natur zu lesen. Flußläufe können sich in dieser Landschaft innerhalb kürzester Zeit ändern und eine zunächst sichere Furt um einige Meter verschieben. Wer sich dann außerdem noch von den regelmäßig kontrollierten Touristenpfaden entfernt und querfeldein wandert, muß damit rechnen, daß ihm die Natur des Nordens eine Lektion erteilt. Nur Menschen, die jahrelange Erfahrung haben oder hier aufgewachsen sind, wissen mit der Natur im Einklang zu leben.

Für die samische Bevölkerung der Gemeinde Jokkmokk und vor allem für die Sirkassamen, die einen Teil des Sommerweidelandes ihrer Rentiere im Sarek haben, bringt dies Probleme mit sich. Wanderer, die die Pfade verlassen, schrecken grasende Rentiere auf oder stören Samen bei wichtigen Arbeitsmomenten der Rentierzucht. Wer begreift, was eine oft tagelange, anstrengende Treibearbeit für einen Hirten bedeutet, bis er eine Herde von nicht selten 2.000 oder mehr Tieren im Gehege hat, der kann auch den Hass verstehen, der entsteht, wenn ein fotojagender „Trekker" die gesamte Treibearbeit zerstört. Wenn eine Herde auf ein Gehege zujagt, darf sich in dessen Nähe nichts rühren. Ein fotojagender, heranspringender Tourist schreckt die Tiere auf, bringt sie zum Wenden und schließlich zum Auseinanderlaufen.

Ein anderes Problem sind die jährlichen Einbrüche in die im Gebirge strategisch verteilten Rentierzüchterhütten. Anfangs waren diese Hütten unverschlossen, weil sie dem Vorbeikommenden Wärme und Schutz vor Unwetter ermöglichen sollten. Mittlerweile aber haben die Samen einsehen müssen, daß ihr Brennmaterial unnötig aufgebraucht und die Hütten ungeputzt und durchstöbert hinterlassen wurden. Die Folge war, diese mit starken Schlössern zu versehen, was wiederum wütende Wanderer zum Einschlagen von Türen und Fenstern veranlaßt. Nicht selten kommt es vor, daß Wanderer sich im Herbst in den verlassenen Sommerdörfern der Samen eine Køata auswählen, deren Tür leicht aufbrechbar ist, um dort zu übernachten.

Ein nicht zu unterschätzender Faktor ist sicherlich auch das schwedische Allemansrätt, dessen Grundgedanke es ist, daß jeder das Recht hat, sich frei in der Natur zu bewegen. Die Samen und deren Eigentum werden ganz einfach unter die Rubrik Naturvolk eingeordnet, also vereinfacht ausgedrückt, Same=Natur=Allemansrätt. Das schwedische Allemansrätt erlaubt in der Regel das freie Campen. Befindet man sich auf privatem Boden, muß man den Besitzer um Erlaubnis fragen. Es ist außerdem zulässig, unter bestimmten Umständen die Produkte der Natur zu nutzen, solange dies nicht zu Raubbau führt.

Den Samen ist es erlaubt, in den Nationalparks ihren Beruf, den des Rentierzüchters, auszuüben. Das bedeutet für die Hirten oft tagelange Aufenthalte in der freien Natur, in Arbeitshütten und Zelten. Ihnen ist es daher offiziell zugestanden, Weiden und Holz zum Feuermachen zu suchen, den Touristen ist dies jedoch untersagt. Viele der Parkbesucher begreifen den Sinn dieses Verbotes nicht und kümmern sich nicht darum, welchen Schaden sie der Natur antun, wenn sie ganze Weidensträucher aus dem kargen Boden reißen und nicht selten großflächig verbrennen. Wenn ein Same sich ein kleines Feuer macht, ist das eine Sache, wenn aber hunderte von Touristen auf der empfindlichen Tundraerde großflächige (oder auch viele kleine) Lagerfeuer anzünden, so ist das eine ganz andere und viel ernstere Angelegenheit. Die Natur des Nordens ist einem solchen Ansturm von Wanderern auf die Dauer nicht gewachsen. Das berühmte Rappadalen, ein bezaubernd schönes und wildes Flußtal im Sarek, hat mittlerweile bedeutende Schäden in seinem Ökosystem. Die Tundraflechten wachsen nur sehr langsam. Werden sie aufgebrannt oder niedergetrampelt, entstehen Kahlstellen auf der Oberfläche, die nicht wieder nachwachsen. Beidseitig des Rapadalen sind die Hänge des Tales von Trampelpfaden durchzogen und statt den alten zu folgen, werden immer neue in die sogenannte unberührte Wildnis gestampft. Vielen ist nämlich nicht klar, daß diese Wildnis nicht unberührt ist. Die Samen bewegen sich hier genauso selbstverständlich wie ein Berliner auf dem Kurfürstendamm. Es ist ihr Land und ihr Zuhause. Seit mehr als 2000 Jahren haben Samen in dieser Region gelebt und gearbeitet, und das ist auch heute noch so. Der Unterschied zu den fremden Besuchern ist allerdings der, daß die Samen diese Natur kennen und mit ihr statt gegen sie leben. Das bedeutet für die Samen, daß sie in diesen Gebieten das sogenannte Urminneshävd, samisches Gewohnheitsrecht, beanspruchen können. Samisches Gewohnheitsrecht wird von samischer Seite als Eigentumsrecht angesehen, von skandinavischer Seite aber wird es aus machtpolitischen Gründen offiziell nicht anerkannt.

Von schwedischer Seite versucht man zwar einiges gegen den Raubbau durch den Tourismus zu unternehmen, aber aus samischer Sicht reicht dies noch lange nicht aus. Die offizielle schwedische Politik besagt, daß jeder das Recht hat, sich im Gebirge und in der freien Natur aufzuhalten. Jedermann hat einen Anspruch auf Erholung, selbstverständlich auch im Fjäll. Die schwedische Gebirgswacht hat daher zusammen mit anderen staatlichen Organen bestimmte Verhaltensregeln für den Aufenthalt in den Nationalparks erarbeitet.

Außer den oben angeführten Beispielen gibt es noch eine Anzahl anderer tourismusbedingter Veränderungen, die das Leben der Samen beeinflussen. An dieser Stelle möchte ich allerdings einen Schritt weiter gehen und nach den Ursachen dieser Veränderung fragen. Auch hier gibt es zahlreiche Faktoren, die aus Platzgründen nicht alle behandelt werden können. Weil ich zu der Überzeugung gelangt bin, daß gutes Layout und geschickte Textarbeit eine enorme Manipulationskraft auf potentielle Konsumenten ausüben können, wähle ich hier das Beispiel der Touristenreklame. In so gut wie allen deutschen und den meisten schwedischen Reklamebroschüren von 1985 werden die einzigartige Natur und die friedvolle Einsamkeit, die der Besucher im Gebirge erleben kann, hervorgehoben. In der Regel zeigt man Samen in farbenfrohen Trachten; näher kommentiert werden sie selten und wenn, dann nicht sachgemäß. Verschiedene Reiserouten werden beschrieben, die Schönheit der Natur wird ausgemalt und der Text ist von Fotos mit gigantischen Gebirgsmassiven, tiefen Fjorden, Samen in Tracht und Rentieren im Gatter eingerahmt. Es wird immer wieder deutlich gemacht, daß Samen und Natur eins sind. Natur kann hier allerdings leicht als Gegenstück zu Kultur verstanden werden und mit Primitivität gleichgesetzt werden. Daß die Rentierzucht ein technisch hochentwickelter Erwerbszweig ist, wird nirgends angedeutet. Als Ausgleich für den hochindustrialisierten Arbeitsalltag in Deutschland bieten diese Broschüren Individualität, Freiheit und Einsamkeit in „Europas letzter Wildnis" an. Um noch deutlicher zu machen, auf welche Weise wir das Verhalten verschiedener Fjällwanderer erklären können, zitiere ich eine Broschüre die Sveriges Turistråd 1986 für den deutschen Markt herausgegeben hat. Ihr Titel: „Nordkalotten, das große Abenteuer".

> „Nördlich des 66. Breitengrades hört Europa auf. Aber das Land, das hier, jenseits des Polarkreises, beginnt, ist grenzenlos. Von unendlich schweigender Weite für das von zivilisatorischer Enge geprägte Raum-Zeit-Bewußtsein des Mitteleuropäers: die Nordkalotte, Europas letzte Wildnis. Am nördlichen Ende Skandinaviens: ein Land wie am Anfang. Wald und Wasser, Berge, Moore und Steppe. Natur im Urzustand. Ein Bild das vor rund 5000 Jahren entstand, geformt und gezeichnet von der letzten Eiszeit. Unverändert und unverbraucht – noch heute ... "

Es dürfte deshalb nicht verwundern, wenn sich die fremden Wanderer in dieser für sie unberührten Natur und Einsamkeit die oben genannten Freiheiten herausnehmen. Daß dies unter anderem auf die Texte der Lapplandreklame zurückzuführen ist, hat sich immer wieder deutlich bei meiner Feldarbeit in den Parks gezeigt. Viele der interviewten Wanderer hatten eine Art Lapplandreklameraster vor Augen. Auch den Samen ist mittlerweile bewußt geworden, daß sie mit Hilfe von Touristenreklame manipulieren können, und sie hoffen dies zu ihren Gunsten steuern zu können. Wie oben bereits erwähnt, haben die schwedischen Behörden versucht durch verschiedene Maßnahmen, wie etwa strengere Nationalparkregeln oder gesetzlich geschützte Kunsthandwerksetiketten, den Raubbau an der Natur und die Eingriffe in samisches Eigentum einzudämmen, aber dies ist für die Samen noch lange nicht ausreichend. Sie wollen selbst den Tourismus in Sápmi steuern, was ihnen unter anderem die Möglichkeit gäbe, Wanderer von empfindlichen Fjällregionen fernzuhalten. Beispielsweise könnte man so die Anzahl der Touristen selbst bestimmen, die etwa bei einer Rentiermarkierungsaktion anwesend sein können. Es gäbe den Samen die Möglichkeit, nach und nach eigene Geschäftsideen zu entwickeln und einen neuen Wirtschaftszweig unter eigenen Prämissen aufzubauen. 1986 war dies noch kaum möglich, unter anderem weil das schwedische Rentierzuchtgesetz keinen anderen Erwerbszweig als den der Rentierzucht unter der Regie der Samendörfer zuläßt. Mittlerweile haben die Mitglieder der schwedischen Samendörfer eine Möglichkeit gefunden, diesen Paragraphen zu umgehen. Dem Samendorf als administrative und ökonomische Einheit ist es nach wie vor untersagt, andere Erwerbszweige neben der Rentierzucht zu haben. Einzelnen Mitgliedern des Dorfes kann allerdings nicht verboten werden, außerhalb der offiziellen Dorfverwaltung eigene Aktiengesellschaften und Firmen zu gründen. Dann ergibt sich für das Samendorf wiederum die Möglichkeit, Fischgewässer, Übernachtungshütten und ähnliches diesen Unternehmern zur Verfügung zu stellen.

Dieses Jahr wurde zum ersten Mal auf dem Jokkmokker Wintermarkt eine samische Urlaubsbroschüre aufgelegt, in der sich 25 samische Touristenunternehmen mit ihrem Angebot vorstellen. Eine Übersetzung der Broschüre ins Englische und Deutsche ist für die Sommersaison 1993 geplant. Bezeichnend für die „Philosophie" der samischen Unternehmer ist der Abschnitt über Rentierzucht und Tourismus:

„Rentierzucht und Tourismus sind miteinander vereinbar – unter samischer Verantwortung. Dies zeigen auch die Reiseziele im Sameland auf der Probekarte dieser Broschüre. Die Entwicklung des Tourismus hat sich aufgedrängt, besonders in der Zeit von 1960 bis heute. In einigen Fällen mußte die Entwicklung der Samendörfer zu Gunsten der Tourismusexpansion zurückstehen. Störungen der Rentierzuchtarbeit haben die Samen beunruhigt und ohne daß sie dies beeinflussen konnten.

Während der letzten Jahre haben immer mehr Samen die Sache in eigene Hände genommen. Sie haben sich entschieden, Rentierzucht, Jagd und Fischfang mit Tourismus zu kombinieren. Auf der einen Seite, weil die Samen selbst den Tourismus zeitlich und entsprechend den Gebieten steuern wollen, die für die Rentierzuchtarbeit günstig sind. Auf der anderen Seite kann Tourismus auch ein Mittel für das Weiterleben des Samendorfes sein. Als Touristen müssen wir großen Respekt und Rücksichtnahme zeigen. Die Samen müssen ihren Erwerbszweig ungestört ausüben können." (Sápmi 1991)

Die unmittelbar darauf folgende, großgedruckte Rubrik lautet „Välkommen till Sápmi", was soviel bedeutet wie „Willkommen in Sápmi". Dem potentiellen Touristen soll also zunächst einmal der samische Standpunkt zum Thema Tourismus und Touristsein in Sápmi klargemacht werden, dann erst wird er willkommen geheißen. Die Broschüre enthält außerdem allgemeinbildende Kurzinformationen über die Kultur der Samen, über Rentierzucht und Sprache. Bezeichnend sind dann auch die jeweiligen Geschäftsideen der samischen Unternehmer, wie etwa Teilnahme am samischen Arbeitsalltag unter Leitung eines samischen Führers und ähnliches. Der altbekannte Touristenlappe in Kautokeinotracht will für seinen Besucher bewußt Same sein und nicht farbenfroher Exot.

Der auf schwedischer Seite lebende samische Politiker Lars Petter Niia hat sich eingehend mit der Möglichkeit einer samischen Tourismusbranche auseinandergesetzt. Er schlägt unter anderem eine samische Touristikwarenmarke vor, die dem Reisenden garantieren soll, daß er es beim Kauf bestimmter Erzeugnisse mit einem samischen Unternehmer zu tun hat (Niia 1992: 4f.). Zur Zeit ist es an vielen Orten der Nordkalotte noch so, daß samische folkloristische Elemente von nichtsamischen Unternehmern aufgenommen und in ihrer Arbeit mit den Besuchern bis zur Unkenntlichkeit verkitscht werden. Mit einer samischen Touristikwarenmarke kann man solche Auswüchse zwar nicht verhindern, aber es ermöglicht dem Reisenden, zwischen exotischem Kitsch und samischen Ferienangeboten zu wählen.

In meiner damaligen Untersuchung (Del Bianco 1986) wurde sehr genau deutlich, welchen starken Einfluß die schwedische und ausländische Lapplandreklame auf das Lapplandbild der Nordskandinavien-Touristen hatte. Dort vermitteltes Wissen über Land und Leute spiegelte sich deutlich in den Gesprächen und Interviews mit den Reisenden und Fjällwanderern wieder. Es ist den sich neu etablierenden samischen Unternehmern zu wünschen, daß es ihnen gelingt, ein neues Lappland- bzw. Sápmi-Bild zu vermitteln. Ihr Wunsch ist es letztlich, daß ihre Gäste nicht einem exotischen Touristenlappen, sondern einem ganz gewöhnlichem Mitmenschen begegnen.

Literatur:

Del Bianco, B.: 1986. Jävla tourister? En studie av tourismen, samer och fjällvärlden i Jokkmokk. C-uppsats vid kulturantropologika institutionen i Uppsala.

—: 1987. Sverige är fantastiskt. En studie av Sverigebilden i tyskspråkiga reklambroschyrer. C-uppsats vid etnologiska institutionen, Uppsala.

Gouvdageaidnu/Kautokeino. Touristikbroschüre der norwegischen Gemeinde Kautokeino. Produktion: emfem, Alta-Trykk: Kontor og grafisk, Alta.

Niia, L. P.: 1991. Turism kan bli samisk näring. In: Samefolket 1991:12, S. 4–5.

—: 1992. Samisk turism måste hitta rätt stig. In: Samefolket 1992:3, S. 30–31.

Ruotsala, H.: 1994. Tourismus und Lokalbevölkerung in Finnisch-Lappland (in diesem Band).

Sápmi: 1991. Touristikbroschüre samischer Unternehmer. Herausgegeben in Zusammenarbeit mit schwedischen und samischen Organisationen.

HELENA RUOTSALA, TURKU

Tourismus und Lokalbevölkerung in Finnisch-Lappland

Lappland mit seiner sauberen, unberührten Natur und besonders mit seinen Ureinwohnern, den Samen, war und ist eine zugkräftige Attraktion für den finnischen Fremdenverkehr. Die Lappentracht, eines der Symbole samischer Identität, ist nicht nur als Nationaltracht der Samen, sondern ebensogut als Dienstkleidung von Reiseveranstaltern bekannt. Die jeweilige „Miss Finnland" pflegt bei internationalen Schönheitswettbewerben ihr Land in der Lappentracht der Männer zu repräsentieren.

Lappland wird als mystischer, exotischer Landstrich vermarktet, in dem die letzten Nomaden Europas leben. Die ausgedehnten Wildmarksgebiete Lapplands bieten noch genug Raum zu freier Bewegung. Den Tourismus selbst im Siedlungsgebiet der Samen werde ich im folgenden weitgehend ausklammern, nicht zuletzt deshalb, weil ich mich selbst nicht zu dieser ethnischen Minderheit rechne. Ich werde mich auf die wirtschaftlichen, sozialen, kulturellen und auch ökologischen Auswirkungen des Tourismus' konzentrieren, die teils als positiv, teils als negativ empfunden werden. Meine Perspektive ist die der Bereisten; ich stamme selbst aus einem sehr beliebten Touristengebiet in der Fjellgegend, einem Gebiet, in dem Naturalwirtschaft und Tourismusindustrie bereits seit Jahrzehnten miteinander in Berührung stehen. Die traditionellen Erwerbszweige, darunter auch die Rentierzucht, auf der der Schwerpunkt meiner Untersuchung lag, sind dadurch erheblich beeinflußt worden.

Der Tourismus kann in diesem Gebiet als altbekannter Erwerbszweig gelten, denn schon vor dem Zweiten Weltkrieg verdienten sich die örtlichen Rentierbesitzer ein Zubrot, indem sie Touristen von der Landstraße zu dem in unwegsamem Gelände liegenden Berghotel brachten (Ruotsala 1989). Als sich in den fünfziger Jahren die Rentierzucht wandelte und Rentiermilch nicht mehr im Haushalt verwendet wurde, entdeckten in Enontekiö vor allem die Frauen eine neue Einkommensquelle: Sie verkauften am Straßenrand eigene Handarbeiten an die Touristen (Linkola 1965). In den fünfziger und sechziger Jahren wurde der Lapplandurlaub mit eigenem Auto immer populärer, und eine der wichtigsten Strecken war die

Landstraße, die von Enontekiö in nordwestlicher Richtung nach Norwegen führt.

Der Tourismus heute

Der heutige Lapplandtourismus hat eine ganz andere Größenordnung als noch in den siebziger Jahren. Der Fremdenverkehr ist heute von immenser Bedeutung für die Provinz Lappland; 1990 betrugen die unmittelbaren Einkünfte aus dem Tourismus rund 1,6 Milliarden Finnmark. Man verzeichnete 1,5 Millionen registrierte Übernachtungen und schätzte die Zahl der Übernachtungen insgesamt auf 5,5–6 Millionen. Pro Kopf der Bevölkerung gab es in Lappland fast dreimal soviel registrierte Übernachtungen wie im Landesdurchschnitt. Der Anteil Lapplands an der touristischen Nachfrage innerhalb Finnlands beträgt rund 12 %, und im Ausland dient Lappland auch der Werbung für den Finnlandtourismus insgesamt. Der Fremdenverkehr schafft – direkt und indirekt – zahlreiche Arbeitsplätze. Er beschäftigt über 4 % der Arbeitskräfte in Lappland; in einigen Gemeinden liegt der Anteil der Tourismusindustrie an den verfügbaren Arbeitsplätzen bei genauerer Betrachtung sogar über 20 %. (Jyvälä 1988; Kaihua 1990)

Die Veränderung der Erwerbsstruktur in meinem Heimatort Kittilä illustriert den raschen Wandel, der sich in den letzten Jahrzehnten im Norden vollzogen hat. Deutlich erkennbar ist der schnelle Übergang von der Urproduktion – Naturalwirtschaft und Landwirtschaft – zum Dienstleistungssektor. Der Anteil der Naturalwirtschaft ist von 50 % auf 20 % gesunken und der des Dienstleistungssektors berägt heute über 50 %. (Gemeinde Kittilä 1992)

Aufteilung in %	1970	1980	1990
Naturalwirtschaft	50	32	20
Industrie und Baugewerbe	15	16	24
Dienstleistungsgewerbe	34	46	56
Erwerbszeig unbekannt	1	6	0

Der Fremdenverkehr hat auch im Baugewerbe Arbeitsplätze geschaffen, denn in der Hochkonjunktur Ende der achtziger, Anfang der neunziger Jahre wurde in den Tourismuszentren fieberhaft gebaut. In dieser Zeit des Wirtschaftsbooms herrschte Mangel an Baufacharbeitern. Gerade die Saisongebundenheit und Abhängigkeit von Konjunkturschwankungen wird dem Tourismus zum Vorwurf gemacht.

Steigender Lebensstandard, wachsende Freizeit und verbesserte Verkehrsverbindungen haben zur starken Expansion des Tourismus beigetragen. In den entlegenen nördlichen Regionen galt er in den letzten Jahren als einziger Wirtschaftszweig, der entwicklungsfähig war und Investitionen rechtfertigte. Er schuf neue Arbeitplätze und trug dazu bei, den fortwährenden Abwanderungsüberschuß der Gemeinden in eine neue Zuwanderung umzukehren.

Anderseits ist der Fremdenverkehr bei einigen der Ortsansässigen umstritten, da er viele traditionelle regionale Wirtschaftszweige beeinträchtigt. Kritisiert wird auch, daß der Tourismus die ortsansässige Bevölkerung nur für einen Teil des Jahres beschäftigt. Eine genauere Betrachtung des Arbeitsmarktes zeigt, daß es zwischen den Beschäftigungsmöglichkeiten im Fremdenverkehr und dem lokalen Arbeitskräftereservoir nicht zu einer Begegnung kommt (Vaarala - Vauhkonen 1992). Die Reiseunternehmer haben bereits früher darüber geklagt, daß die örtliche Bevölkerung kein Interesse an Arbeitsplätzen im touristischen Bereich zeige, und tatsächlich interessieren sich die jungen Leute der Region kaum für eine Ausbildung in diesem Bereich. So nahmen etwa an einem mehrmonatigen Reiseführerkurs, der im vergangenen Winter in Lappland gehalten wurde, nur zwei junge Leute aus diesem Gebiet teil; die anderen Teilnehmer kamen aus Südfinnland, vor allem aus dem Großraum Helsinki. Warum zeigen die jungen Leute kein Interesse am Tourismus – liegt es an den negativen Auswirkungen des Fremdenverkehrs oder daran, daß der Tourismus nach wie vor als aus dem Süden Finnlands importierter Wirtschaftszweig gilt, der von dortigen Kapitalgebern regiert wird? Mit diesen Fragen sollte sich auch die Tourismusbranche auseinandersetzen.

Die Auswirkungen des Tourismus auf die Naturalwirtschaft

Der Tourismus gilt, wie gesagt, in der untersuchten Region bereits als traditioneller Wirtschaftszweig, der bis weit in die siebziger Jahre hinein in friedlicher Koexistenz mit der Rentierzucht lebte. Wenn Mitte Mai die Skiläufer die Fjells verließen, kamen die Rentiere auf die gleichen Hänge, um zu kalben. Wenn um Mittsommer die ersten Wanderer eintrafen, zogen die Rentiere bereits auf ihre Sommerweiden. Infolge des expandierenden Fremdenverkehrs und der steigenden Touristenzahlen begannen in den siebziger Jahren die Rentiere früher vom Fjell auf die Sommerweide zu drängen, worunter die seit Jahrzehnten übliche Weidezirkulation litt. Unwissende Touristen verscheuchten zudem die Rentierherden, indem sie mit ihren Fotoapparaten gerade dann auf eine Herde zustürzten, wenn die Tiere zur Sommermarkierung in die Umzäunung getrieben werden sollten. Dabei machten sie eine Arbeit zunichte, die die Rentierzüchter mehrere Tage in Anspruch genommen hatte (vgl. Del Bianco 1992; Helle – Vasama 1976).

Das eigenmächtige, wilde Herumkurven im Motorschlitten, das in den letzten Jahren unter den Urlaubern zu einer verbreiteten und populären Freizeitbeschäftigung geworden ist, hat die Rentierzucht und ganz Lappland vor große Probleme gestellt. Der Motorschlitten stört die Rentiere, die trächtigen Rentierkühe werden unruhig und können nicht kalben. Die zunehmende Popularität der Motorschlitten machte die Anlage weiterer Bahnen erforderlich, die teils mitten durch die wichtigen Frühjahrsweiden der Rentiergenossenschaften gezogen wurden, ohne zuvor mit den Betroffenen zu verhandeln.

Solche Vorfälle nähren die Kritik der Ortsbevölkerung an der Tourismusindustrie insgesamt, umso mehr, als die Ortsansässigen der Auffassung sind, das im vergangenen Sommer in Kraft getretene neue Gesetz über Geländefahrzeuge sei einzig und allein auf das Verkehrsverhalten der Touristen im Gelände zurückzuführen. Die nördliche Naturalwirtschaft hat ihr Fundament in der Nutznießung ausgedehnter Landstriche, und infolgedessen spielt die Mobilität eine wesentliche Rolle. Das Recht, mit dem Motorschlitten und dem im Sommer gebräuchlichen Geländefahrzeug mit vier breiten Rädern, dem sogenannten „mönkijä", auch auf fremdem Land zu fahren, war daher nach Ansicht der Lokalbevölkerung einem „althergebrachten Nutzrecht" vergleichbar. Der größte Landeigentümer in Lappland ist der Staat, dem auch in der untersuchten Region weite Teile der von den Rentiergenossenschaften benutzten Weiden und die wichtigsten Fischereigebiete gehören. Die explosionsartige Zunahme des Verkehrsaufkommens im Gelände zwang den Gesetzgeber, die Benutzung von Geländefahrzeugen genehmigungspflichtig zu machen. Für berufsmäßige Zwecke wird die Genehmigung erteilt, während in allen anderen Fällen die Benutzung des Motorschlittens nur auf eigenem Grund und Boden sowie auf speziellen Bahnen gestattet ist. Die örtliche Bevölkerung lehnt dieses bürokratische Verfahren jedoch ab. Im Zusammenhang mit dem Verkehr sei ferner daran erinnert, daß die häufigste Todesursache bei Rentieren ein Verkehrsunfall ist und daß gerade ortsfremde Reisende sich beim Zusammenstoß mit einem Rentier nicht richtig zu verhalten wissen.

Die Naturschutzgebiete in Lappland haben sich als wichtig für die Naturalwirtschaft erwiesen. Sie bildeten eine Barriere für den in den letzten Jahren stark expandierenden Baubetrieb der Tourismusbranche. Die Ausübung der traditionellen Erwerbszweige, wie etwa Rentierzucht und Fischfang, ist der ortsansässigen Bevölkerung in den Nationalparks gestattet. In letzter Zeit wird immer dringlicher gefordert, auch im Gebiet des Nationalparks Pallas-Ounastunturi touristische Bauten zuzulassen, damit auch die Nachbargemeinde Enontekiö ihr eigenes Skizentrum erhält. Die Frage des Skilifts hat die Ortsbevölkerung in zwei Lager gespalten. Gegen die Errichtung eines Skilifts haben sich u. a. die Rentierzüchter ausgesprochen, deren Erwerbszweig unter der Anlage leiden würde. Sie würde nämlich genau in dem Gebiet entstehen, das die Rentiere im Frühjahr aufsuchen, um zu kalben (Pallas-Ounastunturin kansallispuistotoimikunnan Komiteamietintö 1987). Hoteliers und Kaufleute befürworten das Projekt.

Für die Rentierzüchter ist der Tourismus eine heikle und schwierige Frage. Einerseits beeinträchtigt er ihren eigenen Erwerbszweig, anderseits hat ihnen der Fremdenverkehr indirekt über die Krise hinweggeholfen, die die Rentierzucht im Winter 1989/90 durchlebte. Das im Besitz der Züchter stehende Produktionsunternehmen, das den größten Teil des auf den Markt kommenden Rentierfleisches aufkaufte, ging nämlich damals in Konkurs, wodurch nahezu alle Rentierbesitzerfamilien einen beträchtlichen Teil ihrer Jahreseinkünfte verloren.

Was half den Rentierzüchtern über diese Krise hinweg? Es handelt sich um ein interessantes, besonders für Dörfer in der Nähe eines Fremdenverkehrszentrums typisches Phänomen. Der Tourismusbetrieb beschäftigt ausgebildete Mitarbeiter aus südlicheren Landesteilen, häufig junge Frauen. Die ortsansässigen jungen Mädchen sind auf der Suche nach Ausbildungs- und Arbeitsplätzen in den Süden des Landes gezogen, da am Ort früher Mangel an Arbeitsplätzen für Frauen herrschte. Die Männer fanden leichter Arbeit und blieben daher am Ort. Eine Ehefrau fanden sie in den Touristenzentren; so sind etwa in der Rentiergenossenschaft Kyrö, die in der untersuchten Region liegt, die meisten Rentierzüchter mit Frauen verheiratet, die aus Südfinnland stammen und im Fremdenverkehr beschäftigt waren. Indirekt hat der Tourismus also auch den Heiratsmarkt erweitert. Als die Rentierzucht in die Krise geriet, leisteten die im Fremdenverkehr tätigen Ehefrauen einen entscheidenden Beitrag zum Familieneinkommen. So wurde der Rentierzüchter abhängig vom Tourismus, den er neben der Umweltverschmutzung als schlimmste Bedrohung seines Erwerbszweiges empfindet (Ruotsala 1992).

Der jährliche Arbeitsrhythmus im Fremdenverkehr ließ sich bisher gut mit dem Arbeitsablauf in der Rentierzucht vereinbaren, denn in der

Hauptreisesaison im Spätwinter ist die Rentierzucht weniger arbeitsaufwendig. Die arbeitsreichste Zeit kommt für die Rentierzüchter im Herbst, wenn die Touristenzentren in der Regel geschlossen sind. Daher konnten sich die Ehepartner beispielsweise bei der Kinderbetreuung abwechseln. Auch den Rentierzüchtern bietet der Tourismus Gelegenheit zur Saisonarbeit, denn heutzutage verlangt der Urlauber ein Ferienprogramm. Anderseits führt eine zu enge Bindung an die Tourismusindustrie den Rentierbesitzer in einen Teufelskreis: um von der Rentierzucht leben zu können, muß man an den notwendigen Arbeitsgängen teilnehmen. Im Sommer, wenn im Fremdenverkehr Nachfrage nach Freizeitprogrammen herrscht, ist der Züchter vollauf damit beschäftigt, die Rentiere zusammenzutreiben und die Kälber zu markieren. Neuerdings werden diese für die Rentierzucht wichtigen Ereignisse, ebenso wie die im dunklen, kalten Winter stattfindende Rentierscheidung, auch touristisch vermarktet. Problematisch ist dabei jedoch, daß die Rentiere, anders als die Urlauber, keinen Zeitplan kennen. Die Markierung oder die Scheidung wird vorgenommen, wenn man genügend Rentiere zusammengetrieben hat, nicht an einem bestimmten Tag oder zu einer bestimmten Stunde.

Wenn die Erweiterung des Heiratsmarktes dazu führt, daß nahezu alle Mütter Auswärtige sind, wie es zur Zeit im Dorf Raattama der Fall ist, dann ist dies nicht unbedingt eine positive Entwicklung, denn die handwerkliche Tradition und die Eßkultur der Region gehen verloren, wenn sie nicht gepflegt werden. Die Zugezogenen wissen das Rentierfleisch, das traditionell die Grundlage der Speisenwirtschaft bildete, nicht so vielseitig zu verwerten wie die Ortsansässigen. In letzter Zeit werden vielerlei handwerkliche Kurse veranstaltet, in denen die Anfertigung traditioneller Handarbeiten, u. a. aus Rentierfell, gelehrt werden und die vor allem bei der von auswärts stammenden Bevölkerung Anklang finden.

Ungelenkter Tourismus beeinträchtigt die Naturalwirtschaft, während man geführte Touristengruppen in Zeiten, die für die Rentierzucht kritisch sind, auf andere Strecken dirigieren kann. Der freie Tourismus bringt auch den anderen Einwohnern der Region Nachteile, da der Fischfang und das Sammeln von Beeren und anderen Naturprodukten einen wesentlichen Beitrag zum Familieneinkommen liefern. Das Beerensammeln beruht auf dem sogenannten Jedermannsrecht, das auch ein kurzzeitiges Campieren auf fremdem Land gestattet. In der Beerenzeit erinnert die Umgebung der Sumpfgebiete, wo die Multbeeren wachsen, an Campingplätze. Ein dichtes Netz befahrbarer Waldwege machten diese Stellen, die bisher nur den Einheimischen bekannt waren, nun auch für die Urlauber zugänglich. Bei der Abwägung der negativen Folgen des Tourismus gegen die Einkünfte, die er der Region bringt, ist gerade der Umstand besonders problematisch, daß diejenigen, deren Einkommen durch den Tourismus beeinträchtigt wird, selbst keinen Verdienst aus dem Fremdenverkehr beziehen.

Ein extremes Beispiel für die Mißachtung der Fischrechte der ortsansässigen Bevölkerung bietet sich jenseits der östlichen Grenze Finnlands, auf der Halbinsel Kola, wo der Staatsbesitz zügig privatisiert wird. Die Fischrechte in einem für die dortigen Samen wichtigen Fluß wurden – ohne Anhörung der Betroffenen – für fünf Millionen Rubel an amerikanische Touristen verkauft. Dort wird nun nach der catch-and-release-Methode geangelt (wenn ein Fisch anbeißt, wird er fotografiert, gewogen und anschließend wieder in den Fluß geworfen); die örtliche Bevölkerung hat nur kurze Zeit, um für den Eigenbedarf zu fischen. In einer Region, in der Mangel an Nahrungsmitteln herrscht, weckt der Fischfang der Dollartouristen natürlich Verbitterung. Kola ist heutzutage ein richtiges Eldorado für den Tourismus. Die negativen Auswirkungen sind bereits erkennbar. Lu'javre, ein heiliger See der Samen wird zur Zeit für eine Touristenanlage erschlossen. Die alte Samenbevölkerung hat erzählt, daß sogar die Seita-Opfersteine und Gräber zu diesem Zweck zerstört worden seien.[1]

AUSWIRKUNGEN DES TOURISMUS AUF KOMMUNALEBENE

In den Gemeinden Nordfinnlands mit ihren hohen Arbeitslosenraten ist die Tourismusbranche direkt und indirekt ein wichtiger Arbeitgeber. Die großen Touristenzentren erfordern eine Fülle begleitender Arbeiten, und in den letzten Jahren sind auf diesem Dienstleistungssektor viele eigenständige, von Ortsansässigen gegründete Unternehmen entstanden. Es handelt sich um Veranstalter von Freizeitprogrammen, Wartungs- und Reinigungsdienste für Ferienhütten, Souvenirproduktion, Spezialgeschäfte usw. Anderseits erwartet die Tourismusindustrie von den Gemeinden, denen sie einen Bevölkerungszuwachs, neue Steuerzahler und zusätzliche Steuereinnahmen bringt, Bauinvestitionen. Die rasche Bautätigkeit der letzten Jahre kam für die Gemeinden überraschend; die Gemeindeplaner hatten das rasche Tempo der Entwicklung nicht vorhergesehen. Die Gemeinden sind für die Bebauungsplanung und die technische Infrastruktur in den Touristikgebieten verantwortlich, und die dank der Tourismusindustrie steigende Bevölkerungszahl macht zudem einen Ausbau der kommunalen Dienste erforderlich. Größere Schulen und neue Kindertagesstätten

---

[1] Eigene Interviews: Kola, 1991/1992.

mußten gebaut und andere Dienstleistungen erweitert werden. Es ist ein Verdienst des Tourismus, daß die kleine lappische Gemeinde Kittilä seit dem Ende der achtziger Jahre eine tägliche Flugverbindung zur Hauptstadt Helsinki hat. Der anfangs der achtziger Jahre gebaute Flughafen ist bereits einmal vergrößert worden. Er erwies sich jedoch unmittelbar darauf erneut als zu klein für die erwarteten Urlauberzahlen. Weitere Einrichtungen, die die Kommune infolge des steigenden Tourismus gegründet hat, sind ein Badezentrum mit Schwimmhalle und Sporthallen. Auch das Restaurantangebot hat sich in den letzten fünf Jahren vervielfacht, doch nach wie vor findet die ortsansässige Bevölkerung in der Frühjahrssaison häufig keinen Platz, da die zahlreichen Restaurants der Region von den zahlungskräftigen Touristen aus Südfinnland in Beschlag genommen werden.

ÖKOLOGISCHE AUSWIRKUNGEN DES TOURISMUS[2]

Die lappländische Natur und die damit verbundenen Aktivitäten sind die größte Attraktion des Lapplandtourismus. Die Bautätigkeit der letzten Jahre hat sich nahezu ausschließlich auf die Ansprüche der kurzen Frühjahrssaison konzentriert, die sich auf den Skisport, vor allem auf den Abfahrtslauf, zu einem gewissen Grad auch auf den Langlauf gründet. Man ging davon aus, daß der Frühjahrstourist neben Abfahrts- und Langlauf weitere Freizeitmöglichkeiten sucht, etwa Badezentren, Sporthallen und Erlebnisparks für die Kinder. Solche Einrichtungen entstanden auch in Kittilä. Im Eifer des konjunkturellen Aufschwungs wurden bei jedem Touristenzentrum die gleichen Einrichtungen geschaffen; daher findet man in Nordfinnland heute u. a. einen halbfertigen Golfplatz sowie mehrere in Konkurs gegangene Skilifte und Hotelrestaurants. Nachdem der erste Abfahrtshang angelegt worden war, schien man auf jedem Hügel einen Skilift errichten zu wollen; während des darauffolgenden Bade-Booms wollte jede Gemeinde ihr eigenes Badezentrum. Die gleiche Tendenz zeichnete sich auch im Hinblick auf die Golfplätze ab, doch hier kam glücklicherweise die Rezession dazwischen. Zur Zeit ist die Bautätigkeit völlig zum Erliegen gekommen.

Die Bauwut stieß u. a. bei den Sommertouristen auf Kritik, die an Lappland gerade die Natur und die Umweltfreundlichkeit schätzen. Sie lehnen es ab, daß jedes Fjell dem Abfahrtslauf geopfert wird – die Pisten sind

---

[2] Frau Mag. Anna-Liisa Sippola vom Arctic Centre, Rovaniemi danke ich vielmals für die Informationen über ökologische Auswirkungen des Tourismus.

nämlich in der Fjellandschaft als offene Wunden weithin sichtbar. Anlaß zur Kritik an der Bautätigkeit gaben auch die mangelhaften Abwasseranlagen einzelner Abfahrtszentren und die Wasserleitungssysteme für die Erzeugung künstlichen Schnees. Wegen dieser Leitungen wurde ein ganzer Fjell so „landschaftlich gestaltet", daß die Spuren der Maschinen im Fels auf Jahrzehnte hinaus sichtbar bleiben werden. Die Sommertouristen sind der Ansicht, daß die kurze, nur einige Monate dauernde Skisaison eine derartige Belastung der Natur nicht rechtfertigt. „Es mag vielleicht Geld einbringen, aber die Natur bekommt ihr nicht mehr zurück", lautet die Warnung, die Teilnehmer einer Umfrage zum Tourismus an die Kommunen richteten (Naalisvaara 1991). Das ist ein richtig lappländisches Dilemma gewesen. Mitternachtssonne, Kaamos (=die dunkle sonnenlose Jahreszeit), Nordlicht, das Genießen klaren Gebirgswassers und frischer Beeren sind einfache, aber auch eindrucksvolle Erlebnisse für diese Kategorie von Urlaubern.

Die künstliche Schnee-Erzeugung, mit deren Hilfe die Skisaison auf den schneelosen Frühherbst ausgedehnt werden soll, hat weitere nachteilige Auswirkungen auf die Natur. Der Wasserbedarf der Schneekanonen kann den Wasserhaushalt der Region aus dem Gleichgewicht bringen. Anderseits schmilzt der auf den Pisten festgestampfte künstliche Schnee erst sehr spät. Im letzten Winter wurden in der Nähe der Skizentren Landstriche entdeckt, deren Baumbestand vertrocknet war, was Vermutungen zufolge auf den Wasserbedarf der Schneekanonen zurückgeht. Der Grund für diesen Waldschaden ist nachträglich nicht mit letzter Sicherheit festzustellen.

Dem Außenstehenden erscheint es befremdlich, die Skisaison im Herbst, einer dunklen und kalten Jahreszeit, künstlich zu verlängern. Dagegen endet die Saison im Frühjahr vor der Zeit, denn die natürlichen Schneeverhältnisse erlauben im größten Teil Lapplands noch Mitte April Abfahrtsläufe, und Langlauf ist beispielsweise in der Region Kilpisjärvi (dem nördlichsten Teil Lapplands) bis weit in den Mai hinein möglich. Der Touristenstrom versiegt jedoch Anfang Mai, obwohl noch gute Skiverhältnisse herrschen.

Weitere ökologische Auswirkungen des Tourismus sind die Abfallbelastung beliebter Wandergebiete und die Störung der Tierwelt, wobei neben den Rentieren auch Vögel und andere Tiere betroffen sind. Die Abnutzung der beliebtesten Touristenzentren und Wanderwege hat in letzter Zeit erheblich zugenommen. Am schlimmsten betroffen sind die von einer dünnen Erdkrume bedeckten und steinigen Böden der Fjellwälder sowie die Feuchtgebiete. Vor allem in der Moorlandschaft bleiben im Sommer die Spuren des „mönkijä" lange sichtbar. Die Fahrt mit dem Motorschlitten und dem „mönkijä" ist heute per Gesetz auf feste Strecken begrenzt, aber Gesetzesverstöße, d. h. unerlaubtes Fahren, kommen immer wieder vor. Die neueste Mode ist das Mountainbike, das im empfindlichen Fjellwald seine Spuren hinterläßt und den Boden der Erosion aussetzt. In den beliebtesten Wandergebieten wird erwogen, auch die Wanderer auf bestimmte Wege zu weisen, um eine weitere Verbreiterung der Pfade zu vermeiden. Man versucht ferner, die von Erosion betroffenen Gebiete neu zu bepflanzen (Nenonen 1990; Sippola 1992).

Wo kann ich echte Samen sehen? –
Die kulturellen Auswirkungen des Tourismus

Der Tourismus läßt sich in verschiedene Kategorien gliedern, beispielsweise in sportlich, kongreß-, ethnisch, kulturell und historisch orientiertes Reisen. Der ethnische Tourismus lockt mit Kuriositäten, der Reisende kann Dörfer und Wohnstätten kennenlernen, traditionelle Tänze, performances (Zeremonien) und Handarbeiten sehen. Dies ermutigt die Bereisten zur Aufrechterhaltung ihrer Kultur, doch der Nutzen für die Lokalbevölkerung ist möglicherweise gering. Der Kulturtourist sucht nach pittoresker, örtlicher, häufig schon im Schwinden begriffener Tradition (Wahrlich 1985; Greverus 1978; Rossel 1988). Sowohl der ethnische als auch der kulturelle Tourismus versprechen dem Reisenden ein Bild von der fremden Kultur. Ist es ein richtiges Bild, vermittelt es gerade die Information, die der Gegenstand der Beobachtung geben will? Oder hat sich die betreffende Tradition im Fertigungsprozeß der Tourismusindustrie in Kitsch verwandelt? Katriina Petrisalo schreibt in ihrer Untersuchung über das Verhältnis von Tourismusindustrie und regionaler Kultur in Nordkarelien, daß die Überlieferung für die Tourismusbranche nur ein Produkt darstellt, das erfunden, geplant und verwirklicht, vermarktet und konsumiert wird. Wenn die Überlieferung diesen „Fertigungsprozeß" durchläuft, erhält man ein Produkt, das nach Ansicht von Petrisalo ebensoviel mit der Wirklichkeit zu tun hat wie der Weihnachtsmann. Beispiele für diesen von der Tourismusindustrie produzierten Kitsch gibt es in Lappland in Fülle und dieses Phänomen ist natürlich auch überall bekannt (Petrisalo 1988 und 1989).

Wie ich eingangs feststellte, hat die Tourismusindustrie die Ureinwohner Finnlands, die Samen, für ihre Zwecke eingespannt. Sowohl finnische als auch ausländische Touristen haben sich aufgrund von Broschüren und anderem Informationsmaterial eine bestimmte Vorstellung von Lappland, seiner Natur, seinen Einwohnern und seiner Kultur gebildet. Dieses Bild entspricht nicht der Realität, die ihnen bei der Ankunft in Lappland entgegentritt (Paltto 1986 und 1987; Aikio 1987). Die Touristen sehen einander gleichende Ortschaften, deren Bevölkerung ähnliche Kleidung trägt wie sie selbst – keine Spur von den bunten Lappentrachten der Reisebroschüren. „Wo sind die echten Samen?", fragt der Tourist zu Recht.

Die intensive Ausnutzung der Samen in der Reisewerbung führt dazu, daß sie es vermeiden, ihre Lappentracht anzulegen, denn „es ist nicht angenehm, sein Konterfei an jeder Tankstelle zum Verkauf auslegen zu sehen, nur weil man am Sonntag seine eigenen Kleider trägt. „Die Lappentracht ist zur Dienstkleidung der Reiseveranstalter geworden", wie eine junge Samin am Marientag in Enontekiö meint (TKU/A/90/54). Die seltenere Verwendung der Lappentracht hat wiederum zur Folge, daß die Samen, die an besonderen Feiertagen, etwa am Marientag, einem kirchlichen Feiertag der Samen, ihre Tracht anlegen, sich von einer Armee von Fotografen umgeben sehen. Vor zwei Jahren besuchten Samen in Enontekiö einen kurzen Fotokurs, weil sie der Ansicht waren, sie seien jetzt an der Reihe zu fotografieren, und zwar die Touristen. Den Touristen war dies sehr unangenehm.

Die von der Fremdenverkehrswirtschaft vermarkteten, häufig stereotypen Vorstellungen von der örtlichen Kultur entsprechen nicht der Realität. Im Extremfall verwendet die Tourismusindustrie erfundene Traditionen, so etwa die Lapplandtaufe, die ein, gelinde gesagt, merkwürdiges Bild von der samischen Kultur vermittelt. Bei dieser Zeremonie, durch die der Urlauber zum Lapplandreisenden erhoben wird, besteht die Uniform des Taufmeisters aus einer schmutzigen, rußverschmierten Lappentracht, sein Gesicht ist ebenfalls rußgeschwärzt (Karttunen & Outakoski 1988; Hobsbawn & Ranger 1983). Ernsthafte Entrüstung äußerten die Interessenverbände der Samen erst, als eine staatliche Organisation, der finnische Fremdenverkehrsverband, einen Veranstalter von Lapplandtaufen finanziell unterstützte, damit er bei einer ausländischen Tourismusmesse „die Kultur der Samen vorstelle". Auslöser der Entrüstung waren der Ärger über die alten, gegen die Samen gerichteten Ethnostereotype sowie die Auffassung, daß die Kultur der Samen durch Geringschätzung und Mangel an finanziellen Ressourcen dahinschwand, während die Tourismusbranche gleichzeitig auf Kosten der samischen Kultur große Gewinne machte (Paltto 1987; Aikio 1987). Es ist selbstverständlich, daß Fotografien der Hauptbevölkerung des Nordens in Alltagskleidung in keiner Weise den

Hunger nach Exotik stillen könnten, den der Tourismus weckt. In letzter Zeit haben auch die Samen selbst Unternehmen gegründet, die Urlauberprogramme anbieten; so wird das Bild von der Kultur der Samen, das der Tourist gewinnt, auch intrakulturell erweitert (Interview mit einem Besitzer der samischen Programmfirma in Inari; TKU/A/91/51).

Über alle Probleme sollten jedoch die positiven Folgen des Tourismus für die entlegenen Gebiete Lapplands nicht vergessen werden. Die ortsansässige Bevölkerung sollte stärker als bisher den Fremdenverkehr selbst in die Hand nehmen. Sowohl Bauernhöfe als auch Rentierzüchterfamilien könnten als Nebenerwerb oder Teilzeitbeschäftigung Ferien auf dem Land anbieten. Die Saisongebundenheit des Fremdenverkehrs, etwa des Skitourismus im Frühjahr, läßt sich durch andere Aktivitäten ausgleichen. Wenn die Tourismusbranche immer mehr Mitarbeiter hat, die die örtlichen Verhältnisse kennen, kann man z. B. durch ungezügelten Tourismus entstehende Schäden verhüten und die schlimmsten Patzer, die sich die Werbung geleistet hat, vermeiden. Der Tourismus braucht die Lokalbevölkerung und die Lokalbevölkerung braucht auch den Tourismus.

(Übersetzung: Gabriele Schrey-Vasara)

Literatur:

Aikio, Pekka: 1987. Suomen saamelaisalueen matkailusta ja matkailun suhteesta saamelaiskulttuuriin. Pohjoismaiden saamelaisneuvosto. Saamelaisten XIII konferenssi Åre 13.–15. 8. 1986. Raportti. Utsjoki, 22–42.

Del Bianco, Bettina: 1994. Tourismus in Schwedisch-Lappland/Sápmi (in diesem Band).

Greverus, Ina-Maria: 1978. Tourismus und interkulturelle Kommunikation. Hessische Blätter für Volks- und Kulturforschung, 101–118.

Helle, Timo & Vasama, Veikko: 1976. Suot porolaitumina. Suomen Luonto 2/1976, 256–259.

Hobsbawn, Eric & Terence Ranger (red.): The Invention of Tradition. Cambridge.

Jyvälä, Kaisa: 1988. Matkailijat ja matkailutulot Lapin läänissä 1985/1986. Rovaniemi.

Kaihua, Veli-Matti: 1990. Lapin matkailun työvoimatarve v. 2000. Matkailun koulutus- ja tutkimuskeskus. Lapin yksikkö. MKTK:n julkaisuja, sarja A:14.

Karttunen, Maarit & Outakoski, Raili: 1986. Lapinkaste matkailun ohjelmapalvelumuotona. Kulttuuriantropologian proseminaariesitelmä. Joensuun yliopisto (Manuskript).

Linkola, Martti: 1972. Enontekiön lappalaisten poronomadismi. Pro gradu-tutkielma. Jyväskylän yliopisto (Manuskript).

Naalismaa, Lassi: 1991. Kolarin matkailijatutkimus matkailukaudella 1980–90. Kolarin matkailuselvitys vuonna 1990. Nordia tiedonantoja Sarja B 2 1991. Pohjois-Soumen maantieteellinen seura ry, 11–70.

Nenonen, Suvi: 1990. Matkailu ja ympäristö: tutkimus Lapin matkailualueiden luonnonympäristön kulutuskestävyydestä. Lapin Seutukaavaliitto. Sarja A, n:o 108. Rovaniemi.

Pallas-Ounastunturin kansallispuistotoimikunnan komiteamietintö: 1987: 17. Helsinki.

Paltto, Kirsti: 1986. Joulumaan rinnalle Juhannusmaa. Kaleva 16. 11. 1986.

—: 1987. Saamenpuvun ryöstö on ennemmistövallan viimeisin näyttö. Kaleva 5. 11. 1987.

Petrisalo, Katriina: 1988. The tourist industry and local culture in the countryside. Tim Ingold (ed.): The social implications of agrarian change in northern and eastern Finland. Suomen Antropologisen Seuran Tutkimuksia 22. Mänttä.

—: 1989. Paneldiskussion kring folklore och turism. NIF:n 30 – vuotisjuhlaseminaari 7. 9. 1989 Turussa.

Rantakokko, Mika: 1991. Matkailun tuolo – ja työllisyysvaikutukset Kolarissa. Kolarin matkailuselvitys vuonna: 1990. Nordia tiedonantoja Sarja B 2 1991. Pohjois-Suomen maantieteellinen seura ry, 71–107.

Rossel, Pierre: 1988. Tourism and Cultural Minorities: Double Marginalisation and Survival Strategies. Pierre Rossel (ed.): Tourism: Manufacturing the Exotic. IWGIA Document 61, 1–20. Copenhagen.

Ruotsala, Helena: 1989. Elämäntavasta ammatiksi – poronhoito Kittilän, Kyrön paliskunnassa 1930–luvulta nykypäivään. Pro gradututkielma. TYKL 1763. Turun yliopisto (Manuskript).

—: 1992. Reindeer Management in the Grips of Change, with Reference to the Kyrö Reindeer Owners' Association in West Lapland. Ethnologia Fennica Vol 19/1990, 26–37.

Vaarala, Terttu & Vauhkonen, Kirsti: 1992. Kokiksi Ylläkselle. Pro gradututkielma. Rovaniemen yliopisto. Sosiaalipolitiikka (Manuskript).

Wahrlich, Heide: 1985. Tourismus – eine Herausforderung für Ethnologen. Problemdimensionen und Handlungsaspekte im touristischen Bezugsfeld. Berlin.

Interviews:
Sippola, Anna-Liisa: 1992. Telephongespräch.
Beilage von TYKL 1763; Interviews.
TKU/A/90/54–55; TKU/A/91/50–52.

Lidija Nikočević, Rijeka

„Zimmer frei" – Das Leben mit und ohne Touristen. Über die Beziehungscharakteristika des Gastgebers gegenüber dem Touristen

Als ich Mitte 1991 die Forschung über die Kommunikation zwischen Gastgebern und Touristen in Mošćenička Draga (Kroatien) geplant hatte, hatte ich vor, sowohl Gespräche mit den Gastgebern, vor allem mit den Zimmervermietern, wie auch mit den Touristen zu führen. Bei den Gastgebern wollte ich, daß alle Generationen und Gruppen vertreten sind. Damals konnte ich aber noch nicht vorhersehen, daß die drastische Folge des Krieges in Kroatien, für welchen wir optimistisch annahmen, daß er bald enden werde, das Wegbleiben der ausländischen Gäste sein würde. Was die Gastgeber betrifft, unterlag ein Teil der Männer, die jünger als fünfzig waren, während der Untersuchung schon verschiedenen Arten der Militärverpflichtung und war demnach für Gespräche unerreichbar. In diesem Referat werde ich anhand ausgewählter Aspekte hauptsächlich über die Charakteristika der Beziehung zwischen dem Gastgeber und dem Touristen sprechen.

Das Material für diese Untersuchung sammelte ich durch Interviews, Observationen und aufgrund der Berichte und Angaben des Touristenbüros der Ortsgemeinde Mošćenička Draga, jenes Ortes, den ich als Beispiel ausgewählt habe.[1] Dieser Ort erschien mir von allen Orten der östlichen Küste Istriens für diese Untersuchung am geeignetsten, vor allem wegen des großen Prozentsatzes an Menschen, welche in ihren Häusern Zimmer an Touristen vermieten. Dort beschäftigten sich damit gelegentlich oder ständig über 80 Prozent der dauernd ansässigen Familien. Gerade diese Familien sind in erster Linie der Gegenstand dieser Untersuchung.

Mošćenička Draga befindet sich 14 km vom Gemeindezentrum Opatija und 30 km von der nächst größeren Stadt, Rijeka, entfernt. Der Ort ist von

---

[1] Dieses Referat ist aufgrund langjähriger Beobachtung touristischer Phänomene entstanden. Außerhalb der Studienperioden habe ich in Opatija bzw. Kraj gelebt (15 km bzw. 2 km von Mošćenička Draga entfernt). Im Jahre 1992 habe ich in Mošćenička Draga Feldforschungen durchgeführt.

schwer bebaubarer und unzugänglicher Landschaft umgeben, ausgenommen einen schmalen Streifen flacher Küste. Der Ort entwickelte sich vor allem im 18. und 19. Jahrhundert aus einer kleinen Fischer- und Hafensiedlung, vor allem dank einer kleinen fruchtbaren Ebene und des Fischfangs. Neben den Grünlandwirtschafts- und Gartenkulturen war hier der Wein- und Olivenanbau bedeutend entwickelt. Einen wirklichen Entwicklungsaufschwung in neuester Zeit erlebte Draga erst Anfang des 20. Jahrhunderts durch den Tourismus. Ende des letzten Jahrhunderts nämlich entwickelte sich vor allem in Opatija und im benachbarten Lovran sehr schnell der Tourismus, anfangs bestimmt nur für einen kleineren aristokratischen Kreis aus Wien, später auch für eine breitere Bürgerschicht der Habsburgermonarchie, welcher diese Gegend damals angehörte. Während Opatija in diesem Sinne zum größten Teil urban neu konzipiert wurde (vor der Tourismusentwicklung bestand es gar nicht als einheitliche Siedlung), fügt sich in Lovran und Draga der Ausbau des Tourismus' in die schon vorhandene urbane bzw. protourbane Struktur.

Mošćenička Draga war anfangs Ziel des Ausflugstourismus. Schon im Jahr 1886 kamen die ersten Ausflügler mit Pferdegespannen aus Opatija und Lovran, und als 1900 ein Gasthof eröffnet wurde, blieben viele Gäste länger. Was schon damals die Aufmerksamkeit der Gäste anzog, sind zwei lange Kiesstrände, die zum Baden (später auch Sonnen) geeignet sind und die keine vergleichbaren an diesem Küstenteil haben. Unmittelbar vor dem ersten Weltkrieg hatte Mošćenička Draga ein kleines Hotel, zwei Pensionen, drei Restaurants, ein Buffet und 342 Betten in Privatunterkünften. Schon damals schrieben Zeitungen, daß das dortige Volk

> „ ... ziemlich verdient ... dadurch, daß Häuser und Boote in den Sommermonaten an Gäste vermietet werden, die jedes Jahr zahlreicher nach Draga angereist kommen. Schade, daß es nicht noch mehr solche Menschen gibt und bedauerlicherweise sind die Preise noch zu hoch, aber es bleibt dennoch die Hoffnung, daß auch dieses bald besser und schöner geregelt wird."

Eine andere patriotisch orientierte Zeitung war damals verärgert über das ungeziemende und unwürdige Benehmen der Kinder von Draga, welche den Gästen nachsprangen und mit den Worten „Bitte ein Kreuzer! Bitte ein Kreuzer!" um Geld für ein Sträußchen Veilchen oder andere Blumen bettelten.

Zwischen den zwei Weltkriegen, als dieser Ort Italien angehörte, war die Gesamtkapazität nicht größer als 450 Betten, und so blieb es bis Mitte der fünfziger Jahre. Anfang der sechziger Jahre entschlossen sich immer mehr Menschen, einen Teil ihres Wohnraumes im Sommer zu vermieten, man baute auch zwei Hotels. 1968 betrug die gesamte Bettenkapazität schon 2.228. Die Einwohnerzahl von Draga oszillierte in den letzten 150 Jahren zwischen 300 und 600. Heute hat Draga 463 Einwohner bzw. 163 Haushalte. Da Mitte der sechziger Jahre in der „Spitze" der Sommersaison auf einmal bis zu 3.500 Gäste in Draga weilten, war es offensichtlich, daß die Touristen manchmal zahlenmäßig mehrfach die einheimische Einwohnerzahl übertrafen.

Die Kapazitäten in Privatunterkünften wurden in den letzten 25 Jahren bedeutend vergrößert, und man paßte sie den modernen Standards an. Der letzte größere Touristenzustrom wurde im Jahr 1988 und 1989 notiert, als in Draga beispielsweise im August als dem bestbesuchten Monat um 15.000 Übernachtungen ausländischer Gäste verbucht wurden. Schon im Jahr 1990 ging die Zahl der Übernachtungen im August auf 8.321 zurück, und im gleichen Monat des Jahres 1991 auf nur 756 Übernachtungen ausländischer Gäste.

Die Tourismusbeschäftigung in Mošćenička Draga ist durch Saisoncharakter gekennzeichnet. Die sogenannte „Saison" beginnt um Ostern bzw. im April und Mai und dauert bis Anfang Oktober. Dennoch waren in den besten Jahren alle Kapazitäten nur etwa vierzig Tage während des Jahres besetzt, manchmal auch weniger. Draga ist in erster Linie ein Badeort, und deshalb verbucht man in den Sommermonaten die größte Besucherzahl. Touristen kamen in erster Linie, um sich zu erholen und zu entspannen, „um neue Kräfte zu sammeln" und das Baden und Sonnen zu genießen, um ein gesundes Aussehen zu bekommen, um zu kommunizieren. Draga bietet keine besonderen Unterhaltungseinrichtungen, kulturellen Sehenswürdigkeiten und keine intensive, organisierte Sport- und Hobbybetätigung. Es waren in erster Linie Touristen aus Deutschland, Italien, Österreich, einige aus den Niederlanden und anderen westeuropäischen Ländern und eine unbedeutende Zahl von Touristen aus dem eigenen Land. Es herrschte der sogenannte „Familientourismus" vor, Familien mit Kindern von 5 bis 15 Jahren bzw. ältere Ehepaare ohne Kinder. Zu einem gewissen Prozentsatz handelt es sich um Stammgäste, welche jedes Jahr wieder kommen; es gibt mehrere Fälle, daß Draga von jüngeren Familien besucht wurde, die mit ihren Großeltern nach Draga kamen. Die meisten Gäste aus Deutschland und teilweise aus Österreich pflegten während des Jahres, außerhalb der Ferien in Draga, in Europa und in der übrigen Welt zu reisen, mit dem Ziel, neue Gegenden kennenzulernen und zu besichtigen.

Der Tourismus in Draga entstand nicht als Resultat einer bestimmten durchdachten Entwicklungskonzeption: Dort ist ein attraktiver Strand, sauberes Meer, interessante Natur; dort gibt es Vermieter und zwei Hotels – und Mengen von ausländischen Touristen, jedes Jahr von neuem. Eine besondere Entwicklungspolitik erschien vielen sogar als überflüssig. Nun, obwohl der bedeutende Einbruch des Fremdenverkehrs die Folge des Krieges in Kroatien ist, hat man einen gewissen Rückgang schon nach dem Jahr 1986 bemerkt. Eine Krise des Badetourismus? Eine Krise des Tourismus der kroatischen Adriaküste? Folgen einer planlosen, nicht organisierten Tourismusentwicklung in Mošćenička Draga? Wahrscheinlich von allem etwas, aber eine Antwort auf diese Fragen kann nur eine genauere Untersuchung dieses Phänomens geben.

Bis jetzt war die Rede von einigen Einflußdeterminanten der gesellschaftlichen Beziehungen zwischen dem Hauswirt und dem Gast, wie sie von John Urry in seinem Werk „THE TOURIST GAZE" identifiziert wurden. Ich habe kurz die Zahl der Touristen erwähnt, die vorherrschenden Ziele des Interesses und teilweise die Organisation der Tourismustätigkeit; andere Determinanten dieser Beziehung, wie der soziale Unterschied zwischen dem Touristen und dem Wirt, Unterbringungs- und Servicestandards usw. werden im weiteren Text zur Sprache kommen.

Jetzt möchte ich drei Grundformen dieser Beziehung des Vermieters zum ausländischen Touristen aufstellen, welche mir als dominant in der Zeit des intensiven Erwerbs durch Tourismus erscheinen:

1. Die Beziehungen zu den ausländischen Touristen jener Vermieter, welche die Unterkunftskapazitäten geerbt haben, d. h. bei denjenigen, bei welchen die Vermietung schon ein Teil der Familientradition und eine Erfahrung durch Jahrzehnte ist.
2. Die Beziehungen zu den Gästen jener Vermieter, welche sich damit seit den sechziger und siebziger Jahren beschäftigen, seit der Zeit der intensivsten Tourismusentwicklung und der starken Vergrößerung der Unterkunftskapazitäten in Privathäusern.
3. Die Beziehungen zum Ausländer von seiten der Kinder (Enkelkinder) des Vermieters der zweiten Gruppe.

Die erste Gruppe ist zahlenmäßig sehr gering. An eine Geschäftsbeziehung mit den Besuchern gewöhnt, welche niemals in ihrem engeren Lebensraum wohnten, sondern in Zimmern, welche für Gäste bestimmt waren, haben diese Vermieter die distanzierteste Beziehung zu den Ausländern in ihren Häusern. Einige Indikatoren dieser Art sind die Tatsachen, daß den Gästen meistens der Zutritt zur Küche und zu anderen Privaträumen verwehrt wird und daß man sie selten mit Getränken und Speisen, welche man selbst zubereitet hat, bewirtet.

Am zahlreichsten sind aber jene Vermieter, welche mit diesem zusätzlichen Familienverdienst in den sechziger und siebziger Jahren begonnen haben. Es handelt sich dabei um eine heterogene Gruppe, aber da ich über sie am meisten sprechen werde, möchte ich an dieser Stelle nur betonen, daß es sich, obwohl sie selbst keine Erfahrung mit der Vermietung hatten, dennoch um Ortseinwohner handelt, welche an die Anwesenheit der ausländischen Besucher jahrzehntelang gewöhnt waren.

Die dritte Gruppe bilden die jungen Angehörigen der Vermieterfamilien der ersten Generation, welche die vielseitige Beziehung zu den Touristen genießen, weil sie nicht durch die kommerziellen Aspekte dieser Kommunikation belastet sind. Sie befinden sich dennoch im direkten Kontakt mit den Gästen. Diese Kategorie erfaßt auch die sexuellen Kontakte der jungen Männer aus Draga mit den Ausländerinnen.

In neuester Zeit beschäftigten sich mit der Vermietung hauptsächlich Frauen, welche nicht berufstätig sind. Ihre Ehemänner gehen regelmäßig einem Beruf nach, sodaß durch die Vermietung eine zusätzliche Verdienstquelle, größer als die des Mannes, geschaffen wurde. Auch weibliche Kinder wurden für die Gäste beschäftigt, vor allem da man der Meinung war, daß ein Haus, in dem Zimmer vermietet werden, nie ohne ein Haushaltsmitglied bleiben sollte. „Das ist eine Arbeit wie jede andere" – betonen auch heute noch die Vermieter, ohne Unterschied, wie lange sie schon vermieten. Die Männer werden bei größeren Besorgungen engagiert und werden bei den Gesellschaftskontakten mit den Gästen nachmittags und abends beschäftigt.

Die meisten Vermieter sprechen italienisch. Viele besuchten vor dem Krieg italienische Schulen, und sie lehrten auch ihre Kinder diese Sprache. Die deutsche Sprache wird wesentlich mühevoller bewältigt. Jene Vermieter, welche am längsten vermieten und darin die größte Erfahrung haben, haben oft etwas Deutsch durch das Spielen mit den Touristenkindern noch vor ca. 50 Jahren gelernt. Die anderen haben das Grundvokabular jahrelang zu bewältigen versucht, oft mit Hilfe beschrifteter Zettel (Abb. 1), in neuester Zeit benutzen jüngere Vermieter auch Wörterbücher.

Jene Vermieter, welche vor 30 Jahren begonnen haben, ihren eigenen Wohnraum in ihren alten Häusern zu vermieten, haben ein oder zwei Räume vermietet – meistens ihre eigenen Schlafräume. Die ganze Familie drängte sich auf dem Dachboden oder in einem Kellerraum zusammen.

Heute noch erinnern sich viele an das mühevolle Umsiedeln der Sachen aus den Schränken, das Schlafen auf Matratzen auf dem überhitzten Dachboden, die Peinlichkeit, einen Arzt zu dem Kranken zu rufen, welcher in solchen Umständen krank geworden war. Damals hatten viele Häuser noch nicht einmal fließendes Wasser. Das Geld, das auf diese Weise verdient wurde, sparte man meistens für die Adaptierung oder den Anbau von neuen Mietzimmern, sodaß in den meisten Fällen die Familien bald aufhörten, ihre eigenen Schlafzimmer zu vermieten. Einige haben dagegen ganz neue Häuser gebaut (Abb. 2), welche nach ihren baulichen Charakteristiken an die Zimmervermietung angepaßt sind. Da nach dem neusten Standard Appartements mit Bad favorisiert werden, haben manche Häuser sogar mehrere Adaptierungen und Umbauten erfahren (Abb. 3). Solche Erscheinungen waren Standardmaßstäbe einiger Familien.

In diesem Jahrhundert gab es fast keine Abneigung gegen ausländische Gäste. Im gewissen Sinne entwickelte sich Draga in diesem Jahrhundert dank dem Tourismus, und die Anwesenheit der Touristen verstand man die ganze Zeit als eine Verdienstmöglichkeit. Im großen und ganzen dachte man nicht darüber nach, ob Touristen stören oder nicht – in diesem Jahrhundert sind sie einfach Teil des Lebens von Mošćenička Draga. Zum Fehlen der Abneigung gegenüber den Ausländern trug auch die Tatsache bei, daß Draga in diesem Jahrhundert unter vier Staaten gelebt hat, in dieser Zeit wurde zwischen drei Amtssprachen gewechselt. In den sechziger Jahren riet aber dennoch so manche Großmutter ihrer Enkelin, allzu tiefe Gespräche mit den Ausländern zu vermeiden. Schließlich kommen diese und gehen wieder.

Der Lebensstandard der Einwohner von Draga, welche vermieten, stieg in den letzten drei Jahrzehnten in großem Maße und unterscheidet sich ziemlich von dem der Einwohner der benachbarten Ortschaften, in welchen man sich nicht mit dem Tourismus beschäftigt. Heute haben die meisten große, reich ausgestattete Häuser und verfügen über ein gestiegenes Selbstbewußtsein.[2] Wenn man sie über die ausländischen Gäste, die zu ihnen kamen, ausfragt, dann sagen die meisten, daß es sich dabei hauptsächlich um die Angehörigen der Arbeiterklasse handelt und daß früher „bessere" Gäste kamen. Ihr Selbstbewußtseinsniveau stieg ziemlich in den letzten drei Jahren. Unsere Hauswirte denken, daß langjährige Gäste manchmal sogar eifersüchtig sind, wenn sie jedes Jahr etwas Neues im Haus sehen, in welchem sie jahrelang abstiegen. Ohne Rücksicht auf

---

[2] Jeremy Boissevain beschrieb ähnliche Phänomene auf der Insel Malta (1989).

eine solche Interpretation ist offensichtlich, daß viele deutsche und österreichische Familien Gelegenheit hatten, einen schnellen und plötzlichen wirtschaftlichen Aufschwung einiger Familien von Draga zu verfolgen.

Ohne Rücksicht auf den realen Bedarf ist das Schenken bei der Anreise der Ausländer, welche schon einige Male im gleichen Haus gewohnt haben, eine unumgängliche Kommunikationsart. Anfang der sechziger Jahre wurden jene Artikel geschenkt, welche am einheimischen Markt nicht vorhanden waren, später waren es verschiedenste Geschenke. Darunter befanden sich oft Kaffee, Delikatessen und Bekleidung, nicht selten schon getragene. „Ich kaufe nichts, alles bekomme ich von den Ausländern", sagte eine Einwohnerin von Draga. Die Ausländer brachten auch Kataloge der großen Warenhäuser mit, sodaß die Einwohnerinnen von Draga Gelegenheit hatten, die gewünschten Waren zu bestellen. Die Häuser der Vermieter sind oft durch charakteristischen Wandschmuck fremden Ursprungs gekennzeichnet sowie durch Filterkaffeemaschinen, welche übrigens in dieser Gegend selten benutzt werden. Vor allem die Vermieterinnen liebten es, den anderen Frauen die mitgebrachten Geschenke zu zeigen.

Zitate wie „Mit den Gästen muß man schön, geduldig umgehen" oder „Mit ihnen muß man viel reden – man verliert dabei viel Zeit, aber ihnen bedeutet das viel", weisen auf die Tatsache hin, daß die Vermieter von Draga innigst zu dieser Kontaktart, welche von John Urry *emotional work* genannt wurde, beitragen mußten. Dies bezieht sich auf das Sprechen mit den Gästen, das Verbringen von gemeinsamen Abenden vor dem Haus, die gemeinsamen Ausflüge. Stammgäste hatten die Gewohnheit, ihre Hauswirte manchmal zum Abendessen einzuladen, diese bereiteten manchmal Fisch- und Fleischgerichte im Haus vor. Einige Stammgäste wünschten sich sehr, mit dem Hauswirt oft in Gesellschaft zu sein (Abb. 4). Es gab auch Fälle, daß sie den Wunsch geäußert hatten, daß der Hauswirt selbst Urlaub während ihres Aufenthaltes machen sollte, um zusammen so viel Zeit wie möglich zu verbringen. „Sie verstehen nicht, daß dies für uns Arbeit ist: Sie kümmern sich nicht um unsere Probleme, sie bezahlen ... ". Übrigens gehen die Hauswirte fast nie mit den Gästen gemeinsam baden. In erster Linie haben sie selten dazu Zeit, wenn dies dennoch geschieht, möchten sie doch mit ihrer eigenen Familie allein sein. Im großen und ganzen denken alle Hauswirte, daß sie gegenüber allen ihren Hausgästen ähnliche Beziehungen haben sollten. Wenn sie zum Beispiel den besonders lieben Gästen einen Kuchen backen, dann bieten sie diesen auch anderen Gästen an. Es passierte nämlich nicht selten, daß zwischen den Gästen Eifersucht aufkam hinsichtlich der Menge der Aufmerksamkeit, welche seitens des Hauswirtes gezeigt wird. In diesem Sinne gab es gegenseitige Lästerungen. Es passiert aber auch oft, daß Gäste, welche im gleichen Haus absteigen, mit den anderen Gästen Freundschaft schließen, gemeinsam zum Strand gehen, über ihre Hauswirte erzählen, die Preise kommentieren usw. Bekannt sind auch tiefere Freundschaften und sogar manche Ehen. Bei einigen Vermietern, welche große Terrassen und weiträumige Gärten haben, passierte es, daß sich dort eigene Gäste zusammen mit den Gästen anderer Vermieter versammelten. Besondere Anlässe waren Geburtstagsfeiern (Abb. 5) oder andere Jahrestage. Zu diesen Anlässen pflegten die Hauswirte entweder den Tisch zu decken oder irgendein Geschenk zu überreichen und selbstverständlich der Feier beizuwohnen.

Gäste, besonders Stammgäste oder „Einheimische" - wie sie von den Einwohnern von Draga genannt werden - sind auf ihre Bekanntschaften und Freundschaften mit den Hauswirten stolz. Indessen, die Hauswirte erleben sie nicht selten als schwierige Gäste, welche sich überall einmischen und alles wissen wollen. Die Geduld der Hauswirte fällt im Ganzen gegen Sommerende etwas ab. Da kann es passieren, daß einige Regentage nacheinander folgen, sodaß die Gäste hauptsächlich in den Häusern weilen und erneut das Zusammensein mit den Hauswirten suchen. Im August kommen in größerem Ausmaß Italiener, welche laut Meinung der Einwohner von Draga durchschnittlich besonders anspruchsvoll und schwierig sind. Das Maß der Erträglichkeit drückte ein Einwohner von Draga aus, als er sagte, daß es ihm leichter ist, zehn Gäste aus Deutschland als zwei italienische Gäste zu bewirten. Im Ganzen erlebt man sie als allzu neugierige, ständig nach Gesprächen suchende Gäste, oftmals mit besonderen Wünschen.

Die Kommunikation zwischen den Gästen und Hauswirten fand nicht nur in den Sommermonaten statt. Sie setzte sich durch Briefe und Telefonanrufe das ganze Jahr fort. Nach der Rückkehr in ihre Heimatländer schickten die Gäste Fotoaufnahmen vom Urlaub, besonders jene, auf welchen die Hauswirte zu sehen sind. Weihnachts- und Ostergrüße wurden ebenfalls ausgetauscht, seltener Briefe. Nicht selten sind auch Telefonanrufe. Dabei ist das schriftliche und mündliche Melden aus dem Ausland nach Draga häufiger als umgekehrt. Die Einwohner von Draga schreiben, senden Fotografien und telefonieren seltener ins Ausland, vor allem da die Zahl der Menschen, welche man durch das Vermieten kennengelernt hat, groß ist, aber auch wegen der schlechten Ausdrucksmöglichkeit in der fremden Sprache usw. Die Gäste melden sich auch von Ausflügen, Reisen, geben Todesfälle, Hochzeiten und Geburten in ihren Familien bekannt.

Manchmal senden die Einwohner von Draga bei solchen Gelegenheiten Glückwünsche oder manchmal sogar ein Hochzeitsgeschenk. Daß diese Kommunikation aber dennoch nicht von symmetrischer Natur war, belegt auch die Tatsache, daß trotz zahlreicher Einladungen die Vermieter im großen und ganzen ihre Gäste nicht besuchen. Dafür führen sie mehrere Gründe an. Der erste ist das Fehlen einer beständigen Reisetradition, der zweite der Wunsch und das Bedürfnis, das verdiente Geld auf andere Weise zu nutzen, und es scheint, daß auch sehr bedeutend dies ist, daß die Vermieter fürchten, diese Menschen könnten im nächsten Sommer umsonst zu ihnen kommen. Eine Vermieterin stieg lieber im Hotel ab, als sie privat ihre Tante in Rom besuchte, aus Furcht, die Tante könnte im Sommer zu ungünstigster Zeit zu Besuch kommen.

Die Tourismusarbeiter in den zwei Hotels von Draga, welche in dieser Untersuchung nur nebenbei betrachtet wurden, haben sicherlich keine so enge und intensive Beziehung zu den Gästen. Aber als einige Empfangschefs und Kellner (es handelt sich hauptsächlich um jüngere Männer) mit einigen langjährigen Gästen bessere Bekanntschaft geschlossen hatten, litten diese Tourismusarbeiter, so scheint es, nicht unter solchen Beschränkungen, wie jene bei den vielen Vermietern, weil hier die Gastfreundschaft vorrangig über Hotelinstitutionen reguliert wird. So ist die Zahl jener Tourismusarbeiter nicht gering, welche für einige Tage die Gäste in ihren österreichischen, deutschen und italienischen Heimen besucht haben.

Solche Möglichkeiten nutzten auch Kinder oder Enkelkinder der Vermieter aus. Obwohl sie nicht das primäre Subjekt in der Beziehung Vermieter – Gast waren, hatten sie dennoch die Möglichkeit, sich den Gästen zu nähern. So besuchten die jungen Leute während ihrer Reisen manchmal für einige Tage die Gäste, welche früher bei ihren Familien in Mošćenička Draga abgestiegen waren. Manchmal hatten sie mit ihrem Besuch auf Hochzeits- oder andere Einladungen geantwortet. Viele junge Mädchen von Draga führen eifrig Korrespondenz mit ihren ausländischen Bekannten und Freundinnen, in erster Linie in italienischer, deutscher und englischer Sprache. Die jungen Männer, im Gegensatz zu den Mädchen, neigen zu sexuellen Kontakten mit Ausländerinnen, und im Sommer pflegten sie im Durchschnitt einige solche Verbindungen zu realisieren, was ebenfalls ein Prestigemaßstab zwischen den Jungen von Draga ist. Es muß betont werden, daß auch einige Ehen zwischen den einheimischen Jungen und Ausländerinnen, hauptsächlich Deutschen, geschlossen wurden. Einige siedelten in die Orte ihrer Ehefrauen um, die Ehen jener, welche in Draga und Umgebung blieben, zeichnen sich nicht durch Dauerhaftigkeit aus. Im großen und ganzen sind junge Leute bis 30 Jahre der Meinung, daß sie dank dem Tourismus ihren Horizont erweitert haben, andere junge Menschen aus Europa und deren Sprachen kennengelernt haben und eventuell auch mehr gereist sind. Fragt man die erste Generation der Vermieter, was sie alles durch den Tourismus bekommen haben, antworten sie, daß sie dadurch vor allem die Möglichkeit eines guten Verdienstes haben, aber daß dieses eine Arbeit wie jede andere ist. Fast niemand von den Gefragten hat auf die Frage, ob Touristen im großen und ganzen in Draga stören und ob es manchmal zu viele waren, bejahend geantwortet. Manche haben gesagt, daß ihnen manchmal die Arbeit über den Kopf wächst, aber Touristen empfindet man in Draga als „normal", ohne sie wäre Draga nicht Draga.

Nach der Saison, in den Wintermonaten, versammeln sich einige Männer aus Mošćenička Draga in Ortsgaststätten, um dort Karten oder Schach zu spielen. Die Frauen bleiben auch heute noch meistens zu Hause und besuchen sich selten gegenseitig. Wenn man sie fragt, was sie darüber denken, wie die Einwohner von Draga miteinander kommunizieren, antworten die meisten, daß sich die Menschen untereinander ziemlich entfremdet haben, daß „jeder für sich" lebt, daß dieser Zustand schon jahrzehntelang andauert. Einige denken, daß der Tourismus daran schuld ist. Eine Vermieterin sagte: „Man erholt sich ein wenig von den Touristen und schon ist Weihnachten und Neujahr, dann erneuert man etwas, bereitet etwas für die Gäste vor, und schon im Frühjahr kommen die ersten Ausländer." Einige junge Frauen haben miteinander gemeinsame Besuche von Rekreationsübungen, Sauna- und Hallenbadbesuche in einem Hotel während der Wintermonate organisiert.

In den letzten Jahren haben sich verschiedene Elemente des gegenseitigen Wetteiferns zwischen den Vermietern ausgebreitet. Man liebte es, Dinge vorzuzeigen, welche ihnen die Gäste mitgebracht haben, sie prahlten mit der Zahl der Gäste und besonders mit neuen Adaptierungen des Hauses, mit dem Anbau von neuen Zimmern, mit Badezimmer-, Appartementausbau, mit Möbelbezug, mit neuen Tapeten für Mietzimmer oder für die Zimmer des eigenen engeren Lebensraumes. Solange Gäste in ihren Häusern weilen, bemühen sich die meisten Hausfrauen, für diese sorgfältig arrangiertes, reichhaltiges Frühstück vorzubereiten und fast jede bemühte sich, gerade diejenige zu sein, welche ihren Gästen eine attraktive Mahlzeit zubereitet hat. Deshalb gingen sie schon am frühen Morgen ins Geschäft, um frische Brötchen einzukaufen, und dabei wählten sie die schönsten unverformten Exemplare aus. Dabei war es eine besondere Prestigefrage, diese in einer umso größeren Zahl zu kaufen, weil dann allen Menschen, welche in der Reihe für's Brot standen, klar war, wieviele Gäste eine bestimmte Vermieterin hat. Der Kampf um die Gäste hatte bei einigen Menschen zur Folge, daß mit unloyalen Bemühungen die Gäste in die Häuser gelockt wurden. So gab es Menschen, welche oft ins Touristenbüro kamen, um den ersten interessierten Gast, welcher sich dort über freie Zimmer erkundigte, zu sich zu locken. Solches Benehmen ist in gewissem Maße auch noch jetzt in Draga vorhanden, in der Zeit, in welcher es in Draga nur wenige Gäste gibt.

Wenn heute die Vermieter gefragt werden, ob ihnen die Gäste fehlen, welche in der letzten Saison in einer wesentlich geringeren Zahl als früher gekommen sind, und auch dieses Jahr sind die Aussichten nicht vielversprechender, dann antworten sie: „Sie fehlen uns, sie sind unsere Gesellschaft", oder „Sie fehlen, weil sie zum Haus gehören", oder „Man gewöhnt sich an sie, alles ist ganz anders, wenn sie da sind ... ich lebe allein, sehen Sie, ich habe Freude daran, ... sie bringen uns auch Geld". Allerdings, obwohl sich in Draga im Moment (Juni 1992) nur dreißig Touristen befinden, fehlen sie doch nicht ganz. Jeder Vermieter wird monatlich einige Male aus dem Ausland angerufen, weil sich die Touristen für die Umstände in Kroatien und in Draga interessieren, man interessiert sich für die Kriegseinzelheiten oder ähnliches. Viele haben telefoniert oder geschrieben, um zu fragen, ob sie irgend etwas schicken sollen, ob sie auf eine andere Weise helfen können, einige haben auch Unterkünfte ihren Bekannten aus Draga angeboten, falls diese flüchten müssen. Einige Monate, von Oktober 1991 bis April 1992, waren in den Hotels von Draga einige hundert Flüchtlinge aus Ostslawonien untergebracht. Einige Familien, Stammgäste dieser Hotels, haben einige Male nach Sammelaktionen in Deutschland mit Fahrzeugen Hilfe verschiedenster Art für Flüchtlinge, aber auch für's Hotelpersonal geleistet.

Außer der Tatsache, daß letztes Jahr zum Strand jene gingen, welche jahrelang nicht gebadet hatten, konnten keine größeren Änderungen der Lebensart und überhaupt der Sozialkultur in Mošćenička Draga beobachtet werden. Im vergangenen Herbst und Winter konnte man auch keine andere Art der gegenseitigen Kommunikation der Einwohner von Draga beobachten, als sie auch sonst in den vergangenen Jahren üblich war. In diesem Moment kann man schwer entscheiden, welchen Einfluß darauf der Krieg in Kroatien hatte, vor allem, da es in Draga weder Kämpfe noch andere direkte Kriegsgefahren gab.

Die Einwohner von Draga leben eigentlich auch weiterhin in Erwartung der Gäste. Eine schlechte Saison genügte nicht, bei ihnen andere Denk- und Verhaltensmechanismen zu entwickeln. Im übrigen ist das Leben in Mošćenička Draga das Resultat eines fast hundertjährigen Zusammenlebens mit den Touristen. Deshalb erscheint dieser Wirtschaftszweig auch nicht als nachträglich aufgenötigt, sondern die touristische Art des Verdienens ist ein konstitutives Kulturelement.

Literatur:

Boissevain, Jeremy: Tourism as Anti-Structure. In: Kultur anthropologisch. Eine Festschrift für Ina-Maria Greverus (=Notizen, Nr. 30). Frankfurt a. M. 1989, S. 145–159.

Urry, John: The Tourist Gaze: leisure and travel in contemporary societies. London – Newbury Park – New Delhi 1990.

Touristische Statistiken für die Region Opatija.

Zeitung „Naša sloga", 1907.

HELMUT RIEDL, SALZBURG

Fremdenverkehrsgeographische Prozesse in Griechenland und ihre Beziehung zu Raumdisparitäten

1. FREMDENVERKEHRSGEOGRAPHISCHE LEITLINIEN

Griechenland folgt nur in großem Abstand den Hauptzielländern des Tourismus der Mittelmeerländer. Die Hauptzielländer sind Italien und Spanien sowie Frankreich, dessen internationaler Fremdenverkehr mit 40–50 % der Mittelmeerregion des Landes zuzurechnen ist (Renucci 1989: 7). Problematisch für Griechenland ist die Diskrepanz zwischen der Zahl der Ankünfte und dem Volumen der Einnahmen. In der Zeit 1979–1984 stagnierte der Fremdenverkehr bei einer jährlichen Besucherzahl von rund 5,5 Mill. Personen. 1988 besuchten das Land 8,231 Mill. ausländische Touristen, wobei der Anteil des inländischen Tourismus an den Fremdenübernachtungen nur 25 % betrug. Die Einnahmen aus dem Fremdenverkehr waren bis 1981 im Steigen begriffen. 1988 und 1989 verzeichneten die Einnahmen zwar einen Anstieg (2,3 Mill. US $, bzw. 2,4 Mill US $) und konnten 32 % des Handelsbilanzdefizites decken, wobei sie 5,8 % des Bruttosozialproduktes betrugen (NZZ, 18. 10. 89). Trotzdem ergibt sich keine Steigerung der Prokopfeinnahmen. Hiefür stellen mangelnde Qualität der Leistungen und fehlende Ausbildung des Personals nur ein Bündel von Ursachen dar. Andere wesentliche Ursachenkreise liegen in strukturell-geographischen Sachverhalten, nämlich in den disparaten Rauminanspruchnahmen des Tourismus und in den Ungleichgewichten der Infrastruktur, worin sich die räumlichen Ungleichgewichte der gesamten Landesentwicklung spiegeln. Hinzu kommt in jüngster Zeit, daß in Nordgriechenland, besonders im Bereiche der Fremdenverkehrsregion der Chalkidike, wegen des Golfkrieges und der Ereignisse im ehemaligen Jugoslawien der Tourismus empfindliche Rückschläge in Kauf nehmen mußte. Im Juli 1991 betrugen diese in Nordgriechenland nach Maßgabe landschaftlicher Differenzierungen 9–25 % (NZZ, 18. 9. 91). Bereits 1991 sind die Devisen aus dem Reiseverkehr auf demselben Niveau geblieben wie 1990 (NZZ, 10. 10. 91). Hingegen war in den ersten acht Monaten des Jahres 1990 im Vergleich mit dem entsprechenden Abschnitt des Jahres 1989 eine Zunahme der Einkünfte aus dem Tourismus um 30 % registriert worden.

Zu den strukturellen Schwächen des Fremdenverkehrs treten sohin bedeutende politisch-geographisch gesteuerte temporäre Schwankungen des Tourismus hinzu.

2. ZENTRALE UND PERIPHERE RÄUME GRIECHENLANDS

2.1. Zentrale Räume und Probleme des Tourismus

Die räumliche Disparität Griechenlands wird durch die beiden zentralen Agglomerationen Athen und Thessaloniki vergegenständlicht. In Athen (Sauerwein 1988: 10) leben 1981 31,3 % aller Einwohner des Landes, und 30,2 % aller Wohnungen befinden sich dort. Die Hypertrophie des *Athener Zentralraumes* in demographischer Hinsicht resultiert darin, daß die Einwohnerdichte 7090 E/km^2 bei einer Dichte von 73,8 für Gesamtgriechenland beträgt. Im Großraum Athen sind 54,9 % aller PKW, 49,5 % aller Motorräder, 44,3 % aller Busse und 20,9 % aller LKW zugelassen. Dies ist für die aktuelle Umweltproblematik genauso bedeutend wie die Tatsache, daß im Athener Zentralraum 36,7 % aller Industrie- und Gewerbebetriebe mit 42 % der Beschäftigten im sekundären Sektor situiert sind.

Für den Tourismus dieses zentralen Raumes ist wesentlich, daß 51,3 % aller Flugtouristen auf dem Flughafen Ellenikon landen und mehr als 1,2 Mill. Personen die Akropolis und fast 580.000 Personen das Nationalmuseum in Athen besuchen. Damit zählt der Raum Athen zu einem wesentlichen Zielgebiet des Besichtigungstourismus in Form individueller oder organisierter Rundreisen oder in Verbindung mit einem Badeaufenthalt. Der Fremdenverkehr des zentralen Athener Raumes leidet enorm unter dem Smog (Nefos) infolge der chaotischen Verkehrsverhältnisse und der Industrie. Der Smog, der naturräumlich durch die antizyklonische Hemmung des sommerlichen Luftaustausches noch verstärkt wird und dessen Obergrenze weit über die Gipfelflur des Hymmetos reicht, verursacht nicht nur, daß die Krankenstände (Lienau 1989: 240) in Athen weit über und die Lebenserwartung unter dem Landesdurchschnitt liegen, sondern daß auch die klassischen Bauwerke der sakralen Oberstadt durch Korrosion zerstört werden. Erechtheion und Parthenon sind eingerüstet, Choren und Fries müssen sukzessive restauriert werden genauso wie die anderen Bauteile. Das Durchschnittsalter der in Athen zugelassenen Autos stellt aus fiskalpolitischen Gründen innerhalb der EG einen Sonderfall dar. Die Zölle für kleinere Personenwagen bewegen sich in der Größenordnung des in der EG üblichen Kaufpreises. Damit kosten Neuwagen in Griechenland mindestens das Doppelte als in den großen Herstelländern Europas. Selbst für Gebrauchtwagen bleibt die Importbelastung sehr hoch. Die Importbelastung für größere Automobile kann bis zum Zehnfachen des Kaufpreises steigen. Diese Umstände erklären, daß niemand daran denkt, seinen Wagen zu ersetzen und sohin zwanzigjährige Motoren Schadstoffmengen emittieren, deren Ausmaße in anderen europäischen Hauptstädten schon lange nicht mehr toleriert werden. Auf die Fiskalzölle andererseits will die Regierung nicht verzichten. Darin besteht eine wesentliche Ursache des Smogproblems. Für Reisende besteht außerdem das Problem, daß infolge der Abgasbelastung der Autos Taxis mit geraden bzw. ungeraden Endzahlen wie alle übrigen Personenautos bis 21 Uhr abends nur an alternierenden Tagen die Innenstadt befahren dürfen. Da sich der größte Teil der Hotels in der Innenstadt befindet, sind von dieser radikalen Verkehrsmaßnahme vor allem die Nicht-Athener betroffen, die am Flughafen ankommen und enorme Wartezeiten hinnehmen müssen. Hinzu kommt, daß die attische Riviera zu den am gefährlichsten verschmutzten Küsten des Mittelmeeres zählt. Rohölentladehäfen und Raffinerien, die Eisen- und Stahlindustrie, chemische Industrie sowie Lederindustrie und die ungenügende Klärung kommunaler Abwässer führen immer wieder dazu, daß die Seebäder temporär gesperrt werden müssen. Das Baden im Saronischen Golf als Teil eines ariden Randmeeres, in dem eine Wassererneuerung etwa 80 Jahre dauert, wird zu einem schweren gesundheitlichen Problem. Dabei wirkt auch die Ausweitung der Agglomeration gegen das Meer hin mit. Im Bereiche der großen Bucht von Phaleron wurden in den letzten 15 Jahren große Aufschüttungsflächen auf Kosten des natürlichen Meeresstrandes geschaffen. Damit wurde der natürliche Sandfilter zerstört, sodaß die Redox Potentialdiskontinuität bei Veratmung allen Sauerstoffes an die Oberfläche des Meeresbodens wandert und der diffundierte Schwefelwasserstoff das Meeresleben vernichtete.

Die Folge der überragenden Zentralität des Athener Raumes sind regionale Entwicklungsdisparitäten. Mit Ausnahme einer sich herausbildenden Entwicklungsachse, die von Patras über Athen, Chalkis, Volos und Thessaloniki bis nach Kavala reicht und an die Nationalstraße und Eisenbahn gebunden ist, können alle anderen Landschaften der Peripherie zugerechnet werden. Für die peripheren Räume Griechenlands kann die traditionelle ländliche Abwanderung als charakteristisch erachtet werden. Von 1871–1971 hat Griechenland vor allem aus seinen marginalen Räumen 958.000 Einwohner durch transozeanische Emigration (Sauerwein 1988: 8) verloren, wobei seit den 60er Jahren unseres Jahrhunderts die temporär begrenzte Emigration als Gastarbeiter in die Industriereviere West- und Mitteleuropas hinzugetreten ist.

2.2. Periphere Räume und Probleme des Tourismus

Den urbanisierten Riesenagglomerationen von Athen und nachgeordnet von Thessaloniki stehen sohin die peripheren Räume Griechenlands gegenüber. Diese umfassen weitgehend den gesamten ägäischen und ionischen Archipel, die gesamte Peloponnes mit Ausnahme der Achse Korinth–Patras, ganz Westgriechenland, Thrakien, Ost- und Westmazedonien mit Ausnahme des Raumes von Thessaloniki, Mittelgriechenland mit Ausnahme des attischen und teilweise böotischen Raumes und Thessalien mit Ausnahme der Achse Larissa-Volos (Heller 1982: 194).

In der Volkszählungsdekade (1971–1981) zeichnet sich im Hinblick auf das generalisierte Bild der Tatsache, daß in der Zeit von 1951–1981 in 30 von 51 Bezirken die Bevölkerungszahl abgenommen hat und die Wanderungssalden in weitaus mehr Bezirken negativ waren, eine spezifische, räumlich segregierte Dynamik in den peripheren Räumen ab. Für ganz Griechenland (Sauerwein 1985: 130) ergibt sich im Zeitraum 1971–1981 eine in den planaren Beckenregionen und Küstenhöfen angesiedelte Zuwachsregion. Die planare und kolline eumediterrane Tiefenstufe Griechenlands erfuhr 1971–1981 jeweils eine Bevölkerungszunahme von 13–17,1 %, während die montane Höhenstufe einen Bevölkerungsverlust von 10,1 % erlitt.

Dieser hypsometrische Wandel des Bevölkerungsverhaltens zeichnet sich demnach in der weiterhin passivräumlichen Struktur der griechischen Gebirgsdörfer ab; hingegen erfahren die Küstenhöfe in den generalisierten peripheren Großräumen seit 1971 eine neue Inwertsetzung im Sinne partieller Aktivräume. Für diese aktuelle Inwertsetzung der Küstenhöfe innerhalb des eumediterranen Oleo-Ceratonion ist neben dem Tourismus die Intensivierung des Gartenbaues verantwortlich zu machen.

Selbst auf den peripherräumlichen Inseln Griechenlands zeigt sich diese neue hypsometrische Differenzierung in Aktiv- und Passivräume. Beispielsweise herrscht auf der Insel *Samos* (Riedl 1989: 229) im Zeitraum 1961–1971 in allen Gemeinden Bevölkerungsabnahme, zumeist im Ausmaße von 10 bis 30 %. Im Zeitraum 1971–1981 bietet sich bereits ein wesentlich differenzierteres Bild. Es zeigt sich als Leitlinie, daß die Gebirge Kerkis, Ampelos und Thios mit ihren Gebirgsranddörfern Bevölkerungsverluste bis maximal 30 % erlitten. Hingegen bilden sich erstmalig als Aktivräume der Küstenhof von Karlovasion samt dem Neogenhügelland von

Kontakeika, der in das Neogen eingelassene Küstenhof von Kokkarion und der große Küstenhof von Pithagoreion sowie die Inselhauptstadt Samos ab. In diesen zentralen Teilräumen herrschen relative Bevölkerungszunahmen bis maximal 15 %.

Betrachtet man die Neuinwertsetzung der Küstenhöfe und andauernde Außerwertsetzung der Gebirge, so bildet sich oft auf kleinstem Raum eine landschaftliche Disparität ab, wie sie vor 1971 nur generalisiert zwischen den urbanisierten Metropolen und den peripheren Räumen bestand.

In den Küstenhöfen bildet die Intensivierung des Gartenbaues die eine Grundlage für die Herausbildung neuer Aktivräume. Der Gartenbau vollzieht sich nur teilweise als Freilandbau, größtenteils jedoch als Iliokipienbau (Warmbeetbau). Bei noch kühlen Lufttemperaturen in Verbindung mit der subtropischen Strahlungslage gewähren mit Plastikfolien bespannte Gerüsthäuser den Gewinn eines Heizeffektes allein durch die Globalstrahlung. Schnelles Wachstum des Winter- und Frühjahrsgemüses, frühe Erntezeiten und gegenüber Freilandkulturen eine höhere Anzahl von Mehrfachernten stellen günstige marktwirtschaftliche Parameter dar. Die Gemüseproduktion Gesamtgriechenlands übersteigt bei weitem den eigenen Bedarf des Landes. Die Gemüseproduktion (Gurken, Paprika, Kartoffeln, Tomaten, Melonen etc.) zielt auf eine Steigerung der Exporte ab. Trotzdem haben die jungen Intensivierungsgebiete des Gemüseanbaus landwirtschaftliche Probleme. Die Einkommenssteigerungen durch die Stützungsmechanismen der EG führten zur Überschußbildung bestimmter Produkte, z. B. bei Tomaten, bzw. zur Stärkung der inflationären Tendenzen. Es treten also zu den bisher kaum bereinigten Strukturschwächen, wie sie in der Flurzersplitterung, im schwach entwickelten Genossenschaftswesen und im niedrigen Mechanisierungsgrad sowie in den unproduktiven Betriebsgrößen begründet sind, neue Probleme hinzu, denn jedes Jahr landen tausende Tonnen von Gemüse und Früchten auf den Abfallhalden, wobei die griechische Regierung mit Geldern aus Brüssel den Bauern „Entschädigungen" für die vernichteten Produkte zahlt, womit ein parasitäres Denken (NZZ, 16. 10. 90: 12) zum Vorschein kommt. So bleibt allerdings dahingestellt, ob in den neuen landwirtschaftlichen Aktivräumen eine längerfristige Basis für die Rationalisierung der Agrarwirtschaft geschaffen wurde. Anderseits besteht kein Zweifel, daß die Bevölkerungszunahmen in den Küstenhöfen teilweise auf die weitaus größere Arbeitsintensivität des Iliokipienbaues gegenüber dem Freilandgartenbau zurückzuführen ist. Wesentlich sind auch ökogeographische Aspekte des Iliokipienbaues. Im Zuge des modernen Wandels der Küstenhöfe fand eine Veränderung des Bewässerungssystems statt. Als Relikte der alten Freilandgartenbaulandschaft sieht man oft noch verfallene Göpelwerke. Das Wasser wurde dabei früher durch Schöpfkellen über einen schrägen Auslauf zu den Gärten in Form der Furchen- und Beckenbewässerung gebracht. Diese animalisch betriebenen Göpelwerke konnten nur eine sanfte, extensive Wasserhebung vollziehen, welche die Grundwasserverhältnisse nicht störten. Heute tritt an die Stelle der Göpelwerke überall das Heben des Grundwassers durch Motorpumpen. Große Betontanks und Plastikwasserleitungen prägen die Iliokipien-Bewässerungslandschaft. Das Problem, das mit der energischen Wasserhebung der Gegenwart in den modernen Aktivräumen verbunden ist, besteht zunächst in drastischen Veränderungen des Grundwasserspiegels. Die Insel *Syros* (Riedl 1981: 17) bietet hiefür ein Musterbeispiel. Eine Motorpumpe fördert in zwei Stunden doppelt soviel Wasser, als seinerzeit durch ein Maultier pro Tag möglich war. Die syrotische Bucht von Galissas weist in einer Entfernung von 300 m vom Meeresufer bereits Grundwasserspiegelhöhen von −4 m auf, womit der Einbruch des Meereswassers in Gang gesetzt wurde. Die Bodenversalzung anderseits nimmt zu. Besonders kritisch sind die Verhältnisse im Küstenhof von Vari, in dem bereits ein Anstieg der Grundwasserversalzung auf 2000 ppm Cl− zu verzeichnen ist und Bracheerscheinungen Platz greifen.

Die landwirtschaftlichen Intensivgebiete mit ihren Problemen verzahnen sich nun mit der Rauminanspruchnahme des Badetourismus. Zahlreiche Spekulationsbracheflächen gesellen sich durch Bodenversalzung bereits zu den Schwarzbracheflächen. Die Spekulationsbracheflächen ordnen sich unmittelbar in die Strandregion der Küstenhöfe ein und gruppieren sich inmitten locker gestreuter Appartements und Hotels. Die Bucht von Vari auf Syros, vor 15 Jahren noch weitgehend unverbaut, zeigte anfangs der 80er Jahre zahlreiche Hangflächen, die mit Drahtzäunen und den Makleranzeigetafeln umgeben waren; heute herrscht bereits vollkommene Verbauung durch Sommerhäuser, Diskos, Pensionen und Appartements, wobei auf Syros vor allem der Inländertourismus vorherrscht. Die weit höheren Bodenpreise für die Tourismusbebauung, die durch die erwähnte Bodenspekulation während weniger Jahre auch auf kleinen Inseln (besonders krass in Seriphos – Preissteigerung pro Stremma innerhalb von 5 Jahren um das 10fache) enorm aufgeheizt wurden, beginnen die Landwirtschaft aus den Küstenhöfen zu verdrängen. Die Konzentrationen des Tourismus auf die Küstenregionen stellen eine gewaltige raumplanerische Aufgabe für Griechenland dar, da die positiven wirtschaftlichen Effekte des Tourismus durch große Probleme gemindert werden. Seit dem Beitritt

Griechenlands zur EG konnten die großen regionalen Ungleichgewichte nicht wesentlich gemildert werden. Überblickt man die wirtschaftspolitischen Maßnahmen des vergangenen Jahrzehnts, so sieht man, daß insbesonders nicht von einer systematischen Landesplanung im Sinne der Entlastung überlasteter Verdichtungsgebiete und der Förderung vernachlässigter Regionen die Rede sein kann. So steht man auch derzeit dem enormen Flächenverbrauch durch den Tourismus in Meeresnähe hilflos gegenüber.

In Nordgriechenland bietet die Insel *Thasos* ein Musterbeispiel dafür, daß die Tourismusfunktion hauptsächlich von den Gastarbeiterremigranten getragen wird. Die Verzahnung der thasischen Siedlungen mit dem Tourismus sind typologisch vielfältig.

Kalivia Potos, ein lockeres Haufendorf am Rande des Küstenhofs von Potos, 800 m vom Meeresufer entfernt, entstand aus einer streusiedlungsförmigen Ansammlung von Exochae. Die schiefergedeckten Monospitia waren ursprünglich fensterlos und dienten als Unterkunft von Hirten. Kalivia Potos mit seinem Primärsiedlungsteil der Exochae wurde von dem Gebirgs-Machalidorf Theologos aus gegründet und unterscheidet sich bereits in der Primärphase von Siedlungen der Kalivienwirtschaft (Beuermann 1967: 92), denn die Exochae waren als Monospitia ortsfest und nicht bodenvage wie die Beuermannschen Kalivien mit deren Mandris. Die Hirten übten mit ihren Herden den Weidegang in dem großen Olivenhain des Küstenhofes von Potos aus, der im Großgrundbesitz des Fernhändlertums von *Theologos* stand. Der von der Filialsiedlung aus betriebene Weidegang war sohin zeitlich limitiert zwischen dem Termin der Olivenernte und vor dem Termin der Aussaat des Wintergetreides (traditionaler Trockenfeld-Stockwerksanbau). Wahrscheinlich fand darüber hinaus noch ein frühsommerlicher Weidegang auf Stoppelbrache statt. Auch diese zeitliche Limitierung unterscheidet den primären Siedlungstyp des vermutlich späten 19. Jahrhunderts von Kalivia Potos von den permanent-winterlichen Kalivien Südgriechenlands. Die weitere Entwicklung von Kalivia Potos liegt darin begründet, daß die Monospitia zu Doppelmonospitia erweitert wurden nach Maßgabe sippenbäuerlicher Strukturen und damit bereits kurz nach den Balkankriegen die permanente Seßhaftwerdung von Familien im Bereich der Exochae induziert wird. Das Wirtschaftssystem im Rahmen dieser Besiedlungsphase war rentenkapitalistischer Art, da mit den Grundpachtungen der Halbbauern im großen Olivenhain am Dipotamos die Ablieferung der Hälfte der Ernte an die Großgrundbesitzer von Theologos, bzw. die Zinsung in Käsen verbunden war.

In den 50er Jahren des 20. Jahrhunderts waren viele Bewohner von Kalivia Potos im Mangan- und Eisenerzbergbau im Hinterland von Limenaria beschäftigt, wobei täglich Arbeitertransporte in die Gruben organisiert waren. Mitte der 70er Jahre unseres Jahrhunderts setzte nach dem Arbeitsstop für Gastarbeiter in der ehemaligen BRD die Remigration von Gastarbeitern ein. Im Rahmen des Pasok-Programmes wurde den remigrierten und bald als Nebenerwerbslandwirte entgegentretenden Remigranten Subventionen gewährt, wenn sie mit dem Hausbau Einrichtungen für Zimmervermietungen an Touristen schufen. Die Gastarbeiterremigranten vermieten im Sommer, ohne in Fremdenverkehrsorganisationen eingegliedert zu sein, Zimmer an Inländer, hauptsächlich aber an Deutsche und Italiener mit kurzer Aufenthaltsdauer. Im Winterhalbjahr gehen die sowohl in der Landwirtschaft als auch im Tourismus tätigen Remigranten einer saisonalen Beschäftigung vorwiegend in der Industrie von Thessaloniki und Kavala nach. Nach Maßgabe der Distanz vom Meer entwickelte sich sohin in Kalivia Potos eine periphere und zugleich extensive Fremdenverkehrslandschaft vorwiegend auf der Basis von Privatzimmervermietungen, wobei die Beziehungen zur Landwirtschaft und zum saisonalen Berufstum in der Industrie kennzeichnend sind, zugleich wandelte sich das Gastarbeitertum im Auslande zum saisonalen innergriechischen Berufspendlertum.

Damit weist Thasos in der jungen Siedlungsdynamik große Ähnlichkeit zum festländischen Nordgriechenland auf, was die Rückwanderung der Arbeitsbevölkerung in periphere Passivräume anlangt. Wie im kleinen Maßstab die Gastarbeiter, die aus dem Bergdorf Theologos wegzogen, nach 1973 nicht mehr dorthin zogen, sondern sich im Bereich des planaren Küstenhofranddorfes der Filialsiedlung von Kalivia Potos niederließen, so zeichneten sich ähnliche Rückwanderpräferenzen auch großräumig ab. Im Bezirk *Drama* (Hermanns & Lienau 1979: 72) zeigt es sich, daß die Auswanderer aus den montanen Gebieten (Phalakron, Rhodopen) nur zu 26 % wieder in ihre Bergdörfer zurückkehrten, während in den Ebenengemeinden 65 % der Auswanderer dorthin remigrierten.

Die funktionale Siedlungsachse Theologos–Kalivia Potos setzt sich nach Skala Potos fort. *Skala Potos* stellt eine kleine Hafensiedlung für das Bergdorf Theologos dar und bestand aus ca. 10 Gebäuden, wovon noch 8 in Form von traditionalen Monospitia, Kiosken und Tschardaken erhalten sind (Potyka 1981: 187). Skala Potos war Ausgangspunkt für die Säumerei nach Theologos. In den ersten Nachkriegsjahren des 2. Weltkrieges wurden Maultierlastentransporte im Rahmen der Marshallplanhilfe nach

Theologos organisiert. Der Hafenort hat sich bereits in den späten 60er und besonders seit Mitte der 70er Jahre im Zuge der Gastarbeiterremigration stark erweitert. Mehrstöckige Flachdachhäuser in Beton-Ziegel-Mischbauweise und Umlaufbalkonen prägen die strandnahen Bereiche. Im Zuge der Bodenverknappung und gestiegener Baulandpreise wurde in den 70er und 80er Jahren der Bereich zwischen Skala Potos und Kalivia Potos bald verbaut. Der enorm erweiterte Hafenort zeigt eine außerordentliche Konzentration von Gaststätten um die neugegründete Plateia aber auch an den Ausfahrts- und Umfahrungsstraßen. Meist ist die Gaststättennutzung der Gebäude mit Privatzimmervermietung gekoppelt. Moped- und Fahrradverleih, Autovermietung und Supermarkets prägen das Ortsbild. Besonders konzentriert ist die Fremdenverkehrsfunktion nördlich der Umfahrungsstraße, wo entlang von Stichstraßen im ursprünglichen Agrarland mehrgeschoßige Gebäude entstanden, die ausschließlich der Fremdenverkehrsfunktion dienen (Appartements). Der große Olivenhain im Hintergrund der Skala wird zusehends gerodet und durch fremdenverkehrswirtschaftliche Bauten erschlossen; damit wird der wesentliche ökologische Ersatz für den mediterranen Wald, wie ihn anthropogene Ölbaumbestände repräsentieren, beseitigt, womit die Abflußverhältnisse im Bereiche des Küstenhofes beschleunigt werden und die Sedimentführung des Dipotamos-Torrent sich verstärken wird – von der Beseitigung der mikroklimatischen Gunstmomente ganz abgesehen.

Auch in *Kalivia* (bei *Limenaria*), dessen Kern am Fuß einer quartären Pedimentzone (Riedl & Weingartner 1992) am Übergang zum Küstenhof liegt und im funktionalen Bild des Ortsriedes durch die Dominanz traditioneller Läden für den täglichen Bedarf (Fleischer, Bäcker, zahlreiche Pantopoleia) noch nicht fremdenverkehrsbetont ist, beginnt im Sinne eines zentral-peripheren Formenwandels am Rande der südlichen Gemarkung, die durch Flurbereinigung der Jahre 1968–70 rasterartig parzelliert wurde, die Zerschlagung der landwirtschaftlichen Flächen, die durch tiefgründige und fruchtbare Auenlehme ausgezeichnet werden. Mehrere Baugruben, oft durch Ölbaumrodungen gewonnen, ziehen die Errichtung fremdenverkehrswirtschaftlicher Appartements und Pensionen nach sich. Träger dieses Umbruchs von der Landwirtschaft zum Fremdenverkehr stellen wie in Skala Potos hauptsächlich die Gastarbeiterremigranten dar, wobei in Kalivia (bei Limenaria) im Gegensatz zur Gemarkung im Ortsried der Anteil sozialgeographisch gewüsteter Wohngebiete bei 10% des Gesamthausbestandes liegt. Wie in Kalivia-Potos sind die ältesten Siedlungsbereiche von Wüstung betroffen, deren schiefergedeckte Lesesteinhäuser (Monospitia, Doppelhäuser) oft zum Verkauf angeboten werden, während an den Siedlungsrändern die potentiell wertvollsten landwirtschaftlichen Standorte zugunsten der Fremdenverkehrsfunktion systematisch aus dem primären Wirtschaftssektor ausgegliedert werden. Die vom Meer weiter entfernt liegenden Siedlungen ließen die Entwicklung im Bereiche der peripheren Teile der Gemarkungen allerdings schon längst vor dem sichtbaren Aushub der Baugruben und der Rodung ökologischer Ersatzgehölze erkennen durch die Phänomene wechselnder Extensivierung der landwirtschaftlichen Nutzung und durch die Spekulationsbrache, womit der sozialgeographische Umbruch latent vorbereitet wurde. Auch dieser sozialgeographische Umbruch hat Äquivalenzen zu Festlandgriechenland.

Mitte der 60er Jahre wurde das von H. Hermanns und C. Lienau (1981: 243) untersuchte *Neos Panteleimon* im Nomos Pieria neu an der Schnellstraße Thessaloniki–Athen angelegt. Zusammen mit dem neuen Straßenort bot die junge Küstensiedlung, die heute vollkommen vom Fremdenverkehr geprägt wird, günstige Bedingungen für die Gastarbeiterrückwanderer, deren Auslandserfahrungen der Einrichtung von Lokalen und Geschäften zugute kam, ein Vorgang, der in den überseeischen Auswanderungsgebieten Südgriechenlands nicht zur Geltung kommen kann. Sicherlich ist im Norden der noch dazu hauptsächlich auf Jugoslawien ausgerichtete Fremdenverkehr risikoreich, aber der Fremdenverkehrsort kann trotz des hohen Besatzes mit Läden und Gaststätten nicht als übersetzt wie in südgriechischen Fällen gelten, da die traditionelle Form der pseudourbanen Geldanlage der Rückwanderer in den Hausbau sich meistens mit zusätzlichen Investitionen im Tourismusgewerbe verbindet, vor allem im Fremdenzimmerausbau, und außerdem die Lage an der Fernstraße auch im Winter einen geringen Umsatz aus den von Fernfahrern besuchten Restaurants brachte. Der alte Gebirgsfußort Panteleimon (500 m Höhe), der verlassen wurde, wird jedoch in zunehmendem Maße von Belgiern und Deutschen aufgekauft und in Form von Sommerhäusern genutzt.

2.3. Die Hauptproblematik des räumlichen Umbewertungsprozesses

Betrachtet man insgesamt die Problematik, mit der die junge Aufwertung der Küstenzonen im Zuge des Tourismus verbunden ist, so ergibt sich aus der konkurrenzierenden Rauminanspruchnahme zunächst das veranschaulichte Kollisionsfeld mit den landwirtschaftlichen Standorten, wobei nicht nur hochqualitative Böden verbaut werden, die als Ergebnis quasinatürlicher Bodenabspülung von den Hängen der Küstenhöfe seit der beginnenden Bronzezeit in den „Muschelschalen" der Küstenhöfe aufgefangen wurden, sondern es wird die Konkurrenzierung Tourismus – Landwirtschaft auch im Hinblick auf den Wasserfaktor akut.

Besonders in den von den Gastarbeiterremigranten ohne Planung getätigten touristischen Strandverbauungen wird weder auf die Wasserversorgung der Betriebe noch auf die Abwasserentsorgung besonderes Augenmerk gelegt. Detergentienreiche Abwässer versickern oft unmittelbar in den Gemüseanbaugebieten und gefährden das Grundwasser der Küstenhöfe. Für die Wasserqualität der Küstengewässer der jungen Fremdenverkehrsgebiete ist verhängnisvoll, daß die ungeklärten kommunalen Abwässer mit zu kurzen Rohrstrecken eingeleitet werden und damit die Gefahr des Eintrags pathogener Mikroorganismen wächst. Nach einer Umfrage in der Reiseanalyse des Studienkreises für Tourismus (Kulinat 1991: 435) hatten 1985 nur 30 % der Mittelmeerreisenden Umweltprobleme bemerkt, 1988 waren es schon 60 %. In Griechenland waren es 61,2 %, wobei Griechenland an 5. Stelle in der Wahrnehmung der Umweltproblematik durch deutsche Reisende nach Spanien (67,8 %), Frankreich (67,6 %), Jugoslawien (62,6 %) und Italien (61,9 %) liegt.

Verhängnisvoll ist auch die Tatsache, daß die Europäer 89 % des Ausländerfremdenverkehrs Griechenlands ausmachen und hierin die Westeuropäer das größte Kontingent (Großbritannien 21 %, Deutschland 15 %, Frankreich 7 %) bilden. Damit liegen Herkunftsländer der Touristen vor, die den humiden Mittelbreiten angehören, die keine saisonalen Dürrezeiten kennen. Der mittlere Wasserverbrauch der ausländischen Touristen liegt daher enorm hoch aus der mentalen Prägung heraus, wie sie die Perzeption der heimatlichen Hydrographien zeitigt. Schwimmbäder, intensives Duschen und die Berieselung von Rasenflächen in den sommerlichen, alljährlichen Trockenzeiten des mediterranen Klimas führen aber zu Wasserengpässen. Der mittlere Verbrauch eines ausländischen Touristen in Marokko liegt bei 300 l Wasser pro Tag. Damit verbraucht dieser in 26 Tagen soviel wie ein Bewohner der Küstenstädte im ganzen Jahr (Berriane 1990: 99). Außerdem wurde bereits darauf hingewiesen, daß die Intensivierung des Gartenbaus selbst bereits zu bedrohlichen Absenkungen des Grundwasserspiegels führt; die Koinzidenz mit dem Tourismus muß besonders nach dem Abpumpen des Grundwasserspiegels während des Frühjahrs und nicht vorhandener Alimentierung während des Sommers in den südgriechischen Fremdenverkehrsgebieten in dieser Jahreszeit zu Wasserversorgungskatastrophen führen. Besonders krass sind die Verhältnisse auf den Kykladen wie auf *Mykonos*, wo durch Wassertankkähne die kommunalen Wasserbehälter der Chora immer wieder aufgefüllt werden müssen. Ein wesentliches Problem ergibt sich auch aus der Rodung der Ölbaumhaine, die in weiten Bereichen die ehemaligen Hartlaubwälder ersetzen und damit weitgehend die ökologische Wohlfahrtswirkung der natürlichen Wälder substituieren. Auch die tourismusbedingte Rodung der Garique ist häufig zu beobachten; sie vollzog sich bereits Mitte der 60er Jahre bei der Inwertsetzung der attischen Riviera in Form waldhufenartiger Streifen mit dem Effekt zunehmender Bodenerosion an den Küstenhängen, die noch dazu in Form anschließender Spekulationsbrache bei teilweiser Asphaltierung isohypsensenkrechter Stichstraßen intensiviert wurde. Vom siedlungsgeographischen Aspekt her stellt der enorme Flächenverbrauch der mit dem Tourismus gekoppelten Funktionen ein Problem dar. Diffuse Infiltrationen der Küstenhöfe in der Tiefe einiger Kilometer mit Aufrißtypen der Objekte, die in großem Gegensatz zur traditionalen Bauweise, beispielsweise zur traditionalen Kykladenarchitektur stehen, bestimmen das Siedlungsbild abseits der kaum mehr erkennbaren kleinen Fischerdorf- oder Hafenortkerne. Die Stahlbetonbauweise mit ihren messerscharfen Baukanten stellt eine große landschaftsästhetische Diskordanz zu den Monospitia der Kykladen dar, deren Flachdächer abgewalmte Kanten aufweisen und mehrschichtige, aus Naturmaterialien (Schilf, Erde, Tang) gefertigte Flachdächer besitzen. Die unorganische, planlose Siedlungsausweitung beeinflußt auch die Küstenmorphologie, insbesonders an Flachküsten, wo Strandwälle, beach rocks und Dünen mit ihren Vegetationseinheiten den Baggern weichen müssen.

2.4. Die menschenarme Montanregion Griechenlands und die ausgehöhlten inneren Archipellandschaften

Den jung aufgewerteten Küstenhöfen Festlandgriechenlands und der Inselwelt stehen nun disparat die Gebirge des Landes, bzw. das montane Innere der Inseln gegenüber, womit eine sehr junge aktiv-passivräumliche Raumdifferenzierung oft auf kleinsten Breiten des Landes sich einstellt. Die Bergdörfer und ihr montanes Umland werden vom Fremdenverkehr weitgehend ausgespart. Andauernde Bevölkerungsverluste sind kennzeichnend.

Im ostägäischen Archipel zeigt *Samos* Musterbeispiele für die andauernde demographische Aushöhlung der Bergregionen Griechenlands. *Pagondas* (260 m) hat Bevölkerungsverluste in der Zeit von 1971–1981 im Ausmaß von 8,8 % zu verzeichnen (hingegen wuchs der kleine Fischerort Ireon nahe dem Hera-Heiligtum der Antike um 51,4 %). *Spatharei* (600 m), das höchst gelegene Haufendorf der Insel, nahm von 1961–1971 um 20,9 % und von 1971–1981 um 27,1 % weiterhin ab hinsichtlich seiner Bevölkerungszahl. Insgesamt bewegen sich die Bevölkerungsabnahmen auf Samos in der Dekade 1971–81 innerhalb der Gebirgsregion im Ausmaß von 7,5–27,5 %. Vereinzelt treten insbesonders an der Südflanke der Gebirge Bevölkerungsabnahmen von 47,5–65 % ein. Die Kerne der montanen samischen Sammelsiedlungen (Riedl 1989: 196ff.) stellen Haufendorftypen mit Sackgassengrundriß dar, wobei sippenmäßige Viertelbildungen dominieren. Die kleinen Plateias der samischen Haufendörfer sind mit Quellstuben, Wäscherei- und Brunnenhäusern ausgestattet. In die unregelmäßigen Pflasterungen der oft gefällsstarken Straßenzüge aus Marmorblöcken oder Schieferplatten, deren unruhiges Fugenwerk sorgfältig gekalkt ist, sind von hochkant gestellten Steinen eingefaßte Rinnen eingelassen. Im Aufriß der Haufendörfer dominieren die Fachwerk-Erkerhäuser, die mit dem wirtschaftlichen Aufschwung und der Urbanisierung der 2. Hälfte des 19. Jh. zusammenhängen, wobei Einflüsse aus der Vorbildwirkung des Hausbaues im Osmanischen Weltreich maßgeblich waren. Das Fachwerk-Erkerhaus der Bergdörfer hat große Ähnlichkeit zu den Herrenhäusern Festlandgriechenlands, z. B. zu den Archontenhäusern *Thessaliens* (Riedl 1981: 133ff.) oder *Mazedoniens*. Die Gliederung besteht in einem Katoi, das aus Bruch- oder Lesesteinen gemauert ist, hingegen besteht das Anoi aus einer Holzkonstruktion (tsatmas), das mit dünnen Leisten verzimmert ist und außen verputzt entgegentritt. Das innere Fächerwerk wird mit Ziegelsteinbrocken, kleinen Schieferstücken und häckselreichem Lehm gefüllt. Ein wesentliches Kennzeichen bildet der Erker (sachnissi), der von hölzernen Auskragungen in Höhe der Zwischendecke getragen wird, sodaß der Erker gleichsam auf einer konkaven Kehle der Fassade aufzusitzen scheint. Fast immer verbindet sich das Fachwerk-Erkerhaus mit einem vierseitig geneigten Ziegeldach. Oft bestehen im Katoi-Niveau Durchgänge (Volta oder Diavatiko). In *Thessalien*, z. B. im Bereiche der ostthessalischen Gebirgsschwelle stand den drückenden, arbeitsextensiven rentenkapitalistischen Agrarverfassungen der Osmanenzeit in den Ebenen der freie arbeitsintensive Kleingrundbesitz des griechischen Bauerntums im Gebirge gegenüber, das sich selbst verwaltete und dem Zugriff des osmanischen Fiskus weitgehend entzogen war. Die meisten dieser Gebirgsdörfer dürften während des 15. und 16. Jh. ihr heutiges Bild erhalten haben. Das Rückgrat dieser Dörfer bildete oft ein spezialisiertes, exportorientiertes Gewerbe, zu dem die Landwirtschaft nur eine Zuerwerbsrolle spielen konnte. Heute ist dieses Gewerbe ähnlich den Bergdörfern Lakoniens auf der

Peloponnes weitgehend abgekommen, einhergehend mit der demographischen Aushöhlung der Gebirgsregion.

In vielen Bergdörfern Griechenlands sind die stattlichen Haustypen als Ergebnis siedlungshistorischer Entwicklung nur mehr in schlecht erhaltenem Zustand tradiert; sozialgeographische Wüstungen in den traditionalen Abwanderungsräumen der Gebirge sind häufig. Das gleiche gilt für die inneren Dörfer der *Kykladen*. So werden in *Oia* auf *Santorin* (Riedl 1983: 166) nur 28 % des Gesamthausbestandes ständig bewohnt. 37 % des Gesamthausbestandes entfallen auf Ruinen (Erdbeben und sozialgeographische Wüstung), 35 % des Hausbestandes gehört den nach Athen Abgewanderten, die ihre Häuser regelmäßig nur im Sommer nutzen, womit der Verfall dieser Siedlungen gebremst wird. Die Kykladen-Altsiedelkerne treten in Bergkuppenlage, mehrere 100 m über dem Meer mit stark lateinisch beeinflußter Bausubstanz und ihren Kastroanlagen als kompakte stadtartige Anlagen entgegen (Riedl 1986: 32), welche die periodisch sommerliche Zweithausnutzung durch die inländische Arbeitsbevölkerung der großen Metropolen genauso erkennen lassen. Die meisten griechischen Bergdörfer weisen eine schützenswerte tradierte Bausubstanz auf, die potentiell revitalisiert werden könnte; zum Teil geschieht dies auch durch die Inländer; Archontenhäuser werden zu Zweithäusern der Athener und der Einwohner von Saloniki umgebaut. Auch die entvölkerte *Mani* Halbinsel mit ihren sippenbäuerlichen Wehrtürmen kennt dieses Phänomen. In dem in 500 m Höhe gelegenen Kastron auf *Thasos* werden die Revitalisierungen der seit dem 2. Weltkrieg verlassenen aber ursprünglich zur Lateinerzeit zentralen Siedlung der Insel ausschließlich von Griechen getätigt, die hauptsächlich in den Küstenhofstädten von Thasos dauernd leben. Deswegen sind nur kapitalextensive Wiederinstandsetzungen der alten Bausubstanzen möglich. Die Schieferschindeln werden nicht wie im traditionalen Baustil auf hölzerne Dachstuhlverzimmerungen verankert, sondern über billigem Welleternit, sodaß die Schieferschindeln sehr bald abgleiten und der Welleternit als vollkommen fremdes Element die Dachlandschaft zu beherrschen beginnt. Bei Neubauten innerhalb dieser gewüsteten Siedlung werden über den traditionalen Bruchsteinmauern diese durch Hohlblockzementziegel weiter aufgeführt.

Von den inländischen Sommerhausnutzungen abgesehen, gibt es auch bereits Ansätze eines inländischen Gebirgssommerfrischenfremdenverkehrs, der ja in den Mittelmeerländern überhaupt die ursprüngliche Fremdenverkehrsart darstellte. Für die Zukunft müßte auch erwogen werden, ob nicht der Lebensraum der Gebirgsdörfer Griechenlands auf Grund seiner historisch gewachsenen Bausubstanz das Zielgebiet eines sanft dosierten ausländischen Tourismus abgeben könnte, der nicht mit den Vermassungsphänomenen der Küstenhöfe belastet ist. Für derartige Überlegungen spielt die spätmittelalterlich-frühneuzeitliche ökogeographische feine Anpassung der Standorte, insbesonders der festländischen Bergdörfer an die Obergrenze der eumediterranen Stufe am Übergang zur submediterranen Höhenstufe eine begünstigende Rolle. Gegenüber den smogreichen Metropolen von Athen und Thessaloniki sind beispielsweise die Bergdörfer der ostthessalischen Schwelle im langjährigen Julimonatsmittel um 4–6 °C kühler. Um 2.000 m Höhe gelegene Höhenlandschaften sind im Mittel sogar um 10–15 °C kühler als die griechischen Beckenebenen, bzw. Küstenhöfe und entsprechen thermisch den hochsommerlichen Verhältnissen in 1.000 m hoch gelegenen Talschaften der Zentralalpen. In Bergdörfern um 500 m Höhe können wir fernerhin mit einem Jahresniederschlag von 1.000 mm rechnen und einer Verkürzung der Dürreperiode. Hinzu kommt in der Steigerung des physischen Erholungswertes der Bergdörfer die hydrographische Gunst des Quellenreichtums und die des kühlen Mikroklimas unter mächtig entfalteten sommergrünen Baumkronen.

Die touristische Erschließung der peripheren Gebirgsregionen durch den ausländischen Sommerfrischefremdenverkehr würde eine wesentliche Entlastung der Küstenbereiche nach sich ziehen, vorausgesetzt, daß bei den europäischen Urlaubern eine Gesinnungsänderung von den ausschließlichen „Meer-Aktivitäten" zur mediterranen Gebirgssommerfrische hin erzielt werden kann (Hahn 1989).

Allerdings ist zu beachten, daß infolge der massiven andauernden Abwanderung und Bergflucht der Bevölkerung die Gemarkungen der Bergdörfer weitgehend extensiviert oder verbracht sind. Die Intensität der Verbrachung und des Verfalls der montanen Agrarlandschaft nimmt überall von den ortsriednahen Teilen der Gemarkungen zur Peripherie hin zu. Mit der Verbuschung der mediterranen Terrassenäcker ist der Verfall der Terrassenmauern verbunden, sodaß die Bodenabtragung im Brachland ständig zunimmt. Auf Hängen in Karbonatgesteinen der kykladischen Schieferhülle wurde bei 70 Jahre hindurch brachgefallenen Kulturterrassen auf *Siphnos* (Riedl & Kalss 1983: 196) beobachtet, daß die Kulturterrassenmauerkronen bis zu 20 cm über den vernarbten Terrassenflächen liegen. Auf den aus den Terrassen aufragenden Höckerkarren stellen sich bis zu 20 cm Höhe über den derzeitig denudierten Bodenoberflächen rote coatings ein, die eine um 20 cm höhere vorbrachezeitliche terra rossa-Bodenoberfläche beweisen. Auf den 20° geneigten Hängen herrschte demnach im Ausmaß von 20 cm durch 70 Jahre hindurch eine flächenhafte Bodenabtragung, wobei ursprünglich unter dem Boden gelegene Höckerkarren exhumiert wurden. Oft sind die Terrassenmauern völlig verfallen in von sekundärer Phrygana überzogenem Trockenfeldbaugebiet. Die Bodenabtragung führt hier zu murenartigen Kegelbildungen. Infolge der Extensivierung werden Gebiete des verfallenen Trockenfeldbaues als extensive Weide genutzt, wobei das Abbrennen des Buschwerks die Futterbasis für das Weidevieh durch das verstärkte Aufkommen der Annuellen vergrößern soll. Flächenhafte Erosionsfolgen stellen sich jedoch in diesem Fall rasch ein, wobei Schuttpakete der Vorzeit (Würmkaltzeit), die längst von Natur aus konsolidiert waren, wieder beweglich werden und zu einer regelrechten Verschuttung der Hänge führen. In den plutonitischen Gesteinsbereichen von *Tinos* führen die Buschbrände zur Rinnenerosion bereits ein Jahr nach dem Abbrennen der Phrygana. Da die Rinnenspülung den weichen, vorzeitlichen Zersatz der Granite und Granodiorite abträgt, wachsen die großen Wollsackblöcke aus dem Boden, wobei eine irreparable Störung für jede weitere Nutzung sich einstellt. Stark entwickelt ist auch die Erosion in den Weidegebieten auf Rumpfflächen mit nur 2–4° Neigung. Auf den Viehtrittwegen entwickeln sich im Grus der Plutonite Spülbänder, die den Rankerboden unter der Erikaheide lateral unterschneiden und zu flächenhaften Erosionen führen. Ein großes Ausmaß der quasinatürlichen Abtragung, mit dem sich ein eigenes Forschungsprojekt des Instituts für Geographie der Universität Salzburg (1991–1992) in Griechenland beschäftigt, wird im Bereiche alter Maultierwege erreicht. Die ständig durch linienhafte Erosion sich vertiefenden Wege können oft mehrere Meter tief eingeschnitten sein und wirken dann als lokaler Vorfluter für die flächenhafte Abtragung des lateralen, höher gelegenen Geländes außerhalb der eigentlichen Wegtrasse.

Insgesamt gesehen, liegen die Bergdörfer und höheren Siedlungen der Inseln abseits der Küstenhöfe in einer verfallenen alten Agrarlandschaft, die nicht nur durch die Rückeroberung der Gehölzpflanzen, sondern ganz wesentlich durch die fortschreitende Abtragung des Bodens und die Versteinung einem laufenden Degradationsprozeß unterliegt. Der durch Arbeitsextensivierung erfolgte Verfall der Kulturterrassen wirkt hiebei im entscheidenden Ausmaße steuernd.

Bei der Okkupation der Küstenhöfe durch die vermaßten Touristenströme aus den EG-Ländern besteht noch kaum das Bewußtsein, daß im Rücken ihrer Badestrände menschenarme und ökosystematisch schwer gestörte Hinterländer liegen. Trotzdem würde das Hinlenken eines sanften

Tourismus in die siedlungsphysiognomisch ansprechenden Höhensiedlungen auch durch Agglomerationseffekte die Möglichkeit zumindest partieller Inwertsetzungen des montanen Kulturlandes zeitigen. Gleichzeitig könnten die an Interessenkonflikten reichen Küstenlandschaften raumplanerisch entlastet werden und die räumliche Mesodisparität der ehemaligen generellen peripheren Räume des Landes gemindert werden. Die landesplanerischen Maßnahmen müßten allerdings mit einer Hebung des Umweltbewußtseins bei in- und ausländischen Touristen aber auch bei den politisch-geographischen Entscheidungsträgern einhergehen.

Literatur:

Berriane, A.: 1990. Fremdenverkehr im Maghreb. In: Geographische Rundschau 42, S. 94–99.

Beuermann, A.: 1967. Fernweidewirtschaft in Südosteuropa. Braunschweig.

Hahn, H.: 1989. 9,3 Mill. Urlauber registrierten 1988 Umweltprobleme. Die deutschen Mittelmeer-Reisenden: Höchst verschiedenartig und zunehmend kritischer. In: Fremdenverkehrswirtschaft International 27, Destination Report Mittelmeer.

Heller, W.: 1982. Griechenland, ein unterentwickeltes Land in der EG. In: Geographische Rundschau 34, S. 188–195.

Hermanns, H. & C. Lienau: 1979. Rückwanderung griechischer Gastarbeiter und Entwicklung ländlicher Räume in Griechenland. In: Münstersche Geographische Arbeiten 4, S. 53–86.

—: 1981. Siedlungsentwicklung in Peripherräumen Griechenlands. Außengesteuerte Wiederbelebung in Abhängigkeit von Tourismus und Arbeitsintegration. In: Marburger Geographische Schriften 84, S. 233–154.

Kulinat, K.: 1991. Fremdenverkehr in den Mittelmeerländern. In: Geographische Rundschau 43, S. 430–436.

Lienau, C.: 1989. Griechenland: Geographie eines Staates der europäischen Südperipherie (=Wiss. Länderkunden 32). Darmstadt.

Neue Zürcher Zeitung (NZZ) v. 18.10.1989: Schwächen des Tourismus in Griechenland – Fernausgabe Nr. 241, S. 18.

Neue Zürcher Zeitung (NZZ) v. 16.10.1990: Probleme der griechischen Landwirtschaft – Fernausgabe Nr. 239, S. 12.

Neue Zürcher Zeitung (NZZ) v. 18.9.1991: Strukturelle Schwächen in Nordgriechenland – Fernausgabe Nr. 215, S. 16.

Neue Zürcher Zeitung (NZZ) v. 10.10.1991: Vermindertes Zahlungsbilanzdefizit in Hellas – Fernausgabe Nr. 234, S. 14.

Potyka, H.: 1981. Die Stadt Sparta. Entwicklung, Aufriß, Funktionen. In: Beiträge zur Landeskunde von Griechenland II (=Arbeiten aus dem Institut für Geographie der Universität Salzburg 8), S. 161–223.

Renucci, J.: 1989. Le Tourisme International en Méditeraneé Occidentall depuis 1979. (=Les Cakiers du Tourismue, Série B. No. 55).

Riedl, H.: 1981. Landschaft und Formenschatz der Insel Syros. In: Geographische Studien auf Syros (=Salzburger Exkursionsberichte 7), S. 11–63.

—: 1981. Das Ossa-Bergland, eine landschaftskundliche Studie zur regionalen Geographie der ostthessalischen Gebirgsschwelle. In: Beiträge zur Landeskunde von Griechenland II. (=Arbeiten aus dem Institut für Geographie der Universität Salzburg 8), S. 79–159.

—: 1983. Griechenlands Strukturwandel im Zuge junger sozialgeographischer Prozesse. In: Arbeiten aus dem Institut für Geographie der Karl-Franzens-Universität Graz 25, S. 153–168.

—: 1986. Beiträge zur Beziehung Mythos – Geographie und zur historischen Geographie von Seriphos (Kykladen). In: Geographische Studien auf Seriphos (=Salzburger Exkursionsberichte 10), S. 5–50.

—: 1989. Beiträge zur Landschaftsstruktur und Morphogenese von Samos und Ikaria (Ostägäische Inseln). In: Beiträge zur Landeskunde von Griechenland III (=Salzburger Geographische Arbeiten 18), S. 143–243.

Riedl, H. & R. Kalss: 1983. Beiträge zur aktuellen Bodenerosion der Insel Siphnos. In: Geographische Studien auf Siphnos (=Salzburger Exkursionsberichte 9), S. 187–201.

Riedl. H. & H. Weingartner: 1992. Die junge siedlungsdynamische Aufwertung der Küstenzone von Südwest-Thasos und die aktuellen Strukturprobleme – Zwischenergebnisse eines Forschungsprojektes. Manuskript.

Sauerwein, F.: 1985. Ursachen, Formen und Folgen eines räumlichen Umwertungsprozesses in den Küstenregionen Griechenlands. In: Erlanger Geographische Arbeiten, Sonderbände 17, S. 125–147.

—: 1988. Zentralismus und Peripherie in Griechenland. In: Geographische Rundschau 40, S. 6–11.

REINHARD JOHLER, WIEN

Resistance through Rituals: Eine Lokalstudie zum Tourismus im Kleinen Walsertal/Vorarlberg

VORBEMERKUNGEN

Das Generalthema „Tourismus und Regionalkultur" macht im „Urlaubsland Österreich" unversehens aus Referenten Zeitzeugen und Gewährspersonen. Es sei daher zunächst eine persönliche Einleitung erlaubt. Ich komme aus einer Bregenzerwälder Gemeinde, die ab den 60er Jahren durch den Ausbau von Privatzimmern ein wenig am vorwiegend deutschen „Touristen-Kuchen" mitzunaschen begann. Die Gäste beschenkten wiederholt – ein Beitrag zur späteren Sachkulturforschung – die Gastgeber mit ausrangierten, aber doch funktionstüchtigen Kaffeemaschinen, Radios und Fernsehgeräten. Das deutsche Wirtschaftswunder begann damit auch bei uns Wurzeln zu schlagen. Für die Jugendlichen der Gemeinde hingegen standen durch die eigens für die Urlauber veranstalteten „Heimatabende" der erste freizügig gewährte Kuß, die ersten erhofften Sexualkontakte in Aussicht und wurden auch getätigt. Aus damaliger und aus heutiger Sicht war dies ein sinnmachender Beitrag zum „sanften Tourismus".[1]

Angesichts impliziter Probleme muß dieser deutsch-österreichische Kulturkontakt[2] aber auch anders gesehen werden. Denn der heimische Anteil war damals zumindest noch ausschließlich jener der Gastgeber-Kultur, auf der, gleich einer Einbahnstraße, alljährlich der deutsche Fremdenverkehr zu rollen begann. Der deutsche Gast wurde wegen seiner Schlagfertigkeit und Tüchtigkeit, wegen seiner städtischen Herkunft und der so nicht bekannten Verhaltensformen sowie wegen der von ihm mitgebrachten Insignien der Moderne, wie Autos und eben Fernsehgeräte, durchaus

---

[1] Ähnliche Erlebnisse sind für Tourismus-Regionen vielfach belegt, vgl. Claus Gatterer: Schöne Welt, böse Leut. Kindheit in Südtirol. Wien – Zürich 1989 (2. Aufl.), S. 263: „Wir ahnten damals noch nicht, daß der Tourismus als Wirtschaftsfaktor ersten Ranges zu gelten hat. Aus jenen Jahren des Übergangs zwischen dem goldenen Zeitalter der ‚Herrschaften' und dem bronzenen der ‚Fremden' ist er mir vor allem als Sittlichkeits- beziehungsweise als Unsittlichkeitsfaktor in Erinnerung."

[2] Ebenfalls biographisch: Norbert Gstrein: Einer. Erzählung. Frankfurt a. M. 1988, S. 53–58.

bewundert – einerseits. Andererseits brachte die Vermieter-Situation, neben dem eingenommenen Geld und Momenten schier unglaublicher Anpassung, auch Motive von Verachtung zum Vorschein. Aus dem „lieben Hausgast" konnte unvermittelt, vor allem aber hinter dessen Rücken, der „unsympathische Piefke" werden. Eingelagert in diese durch den Tourismus unterschiedlich verteilten Rollen von Gast und Gastgeber, verbirgt sich, zumindest auf österreichischer Seite, ein kulturelles, ein nationales Minderwertigkeitsgefühl,[3] das bis in die Gegenwart immer wieder Aktualität beansprucht: Man denke beispielhaft an die „Piefke-Saga" von Felix Mitterer[4] oder an einen Artikel von Peter Turrini im „Spiegel" 1986 unter dem Titel „Die touristische Bananenrepublik"[5]. Das Kurz-Resümee, von Turrini wortgewaltig und vielleicht auch treffend formuliert, lautet: „Die Geschichte des österreichischen Tourismus [...] ist die Geschichte einer Hurerei". Derartige Kritikpunkte im Zusammenhang von Fremdenverkehr und heimischer Angepaßtheit haben durchaus eine lange Tradition. Schon 1905 war davon die Rede, daß aus Tirol eine „Bedienten-Nation für Fremde" und damit ein „Volk von Knechten und Kriechern" werden könne.[6]

Damit ist ein erstes zu behandelndes Thema bereits angesprochen. Es fragt nach Identität bzw. nach durch den Tourismus verstärkten Feindbildern[7] entlang nationaler Trennlinien;[8] Stichwort erneut: deutsch-österreichischer Kulturkontakt.[9]

---

[3] Tourismus ist ein Dauerthema der österreichischen Nachkriegsliteratur, der sog. „Anti-Heimat-Literatur", vgl. in bezug auf die österreichische Identität: Robert Menasse: Das Land ohne Eigenschaften. Essay zum österreichischen Geist. Wien 1992, S. 94ff.

[4] Felix Mitterer: Die Piefke-Saga. Komödie einer vergeblichen Zuneigung. Drehbuch. Innsbruck 1991.

[5] In: Der Spiegel, 10.11.1986.

[6] Watin: Ist unser heimischer Dialekt vogelfrei? (Ein Mahnruf an die echten Tiroler.) In: Der Sammler. Beilage der „Neuen Tiroler Stimmen", Nr. 3, 1905, S. 29–31.

[7] Vgl. dazu den Bericht von Heide Gottas: Sind Feinde nicht auch Menschen? In: ibf spektrum, Nr. 535, 15.12.1987.

[8] Um nur ein Beispiel dafür zu geben, siehe Diego Leoni: „Italiani, visitate il Trentino". Beiträge zu einer Geschichte des „politischen Tourismus" von 1872 bis 1915. In: Distel, Nr. 42/43, 1990, S. 66–72.

[9] Vgl. die autobiographischen Schilderungen von Erich Kästner über Mayrhofen: Notabene 45. Ein Tagebuch. Wien 1961, S. 72: „Daß uns der Großteil der Einheimischen nicht eben gewogen ist, läßt sich mit Händen greifen, und die Aversion läßt sich verstehen. Wer vom Fremdenverkehr lebt, kann die Fremden nicht leiden, damit fängt

Ebenso erscheint es notwendig, eine weitere Bilanz zu ziehen, gilt es doch, jene originären Kompetenzfelder zu benennen, die sich die Volkskunde im neuen Aufgabenbereich Tourismus tatsächlich angeeignet hat. Wirklich erfolgreich und breitenwirksam waren die Fachvertreter lediglich beim Thema „Folklorismus". Allerdings ist dessen theoretische Schwäche mittlerweile schon fast zu einem Allgemeinproblem geworden. Denn folkloristisch[10] unterhalten zu werden, wollen heutzutage nicht einmal mehr die Gäste; die Einheimischen distanzieren sich sowieso, und auch Tourismus-Manager können ein Lied davon singen. Ein Beispiel für die eingetretene Verwirrung: Anfang der achtziger Jahre wurde als Werbeleitlinie das „Festland Österreich" mit volkskulturellem Hauptprogramm ausgerufen.[11] Die Aktion ging mehrfach begründet schief. So war bereits 1986 für Salzburg zu lesen, daß die „Urlauber" „satt vom Knödelessen"[12] seien, und 1988 wurde ein weiterer Schlußstrich gezogen: „Lederhosen Brauchtum" sei „out", „Clowns und Zauberer" dafür aber „gefragt"[13]. Ein Vorarlberger Fremdenverkehrsmanager ging noch einen Schritt weiter und rief zum „Kampf gegen den Heimatkitsch", namentlich gegen den „importierten Lederhosendodl" auf.[14] Dieser inhaltlichen Trendwende der Fremdenverkehrswerbung fielen naturgemäß die bislang auf dem Programm stehenden „Schuhplattler" zum Opfer, die sich dementsprechend heftig zur Wehr setzten.[15] Der Manager hatte allerdings noch einen weiteren Gedanken, der uns zum Stichwort Folklorismus zurückführt. Denn

es an. Sie benutzen seine Stuben, seine Höhenluft, seine Panoramen, seinen Sonnenschein, seine Toilette und seine Wiesenblumen, es muß ihn ärgern. Weil diese Tagediebe Eintrittsgeld, Pachtgebühr und Sporteln bezahlen, muß er seinen Widerwillen zu verbergen trachten, und das macht die Sache noch schlimmer. Wenn sie, statt selber zu erscheinen, die Gelder per Post überwiesen, wäre Eintracht möglich. Doch sie kommen, als Anhängsel ihrer Brieftaschen, persönlich, und das geht ein bißchen weit."

[10] Tatsächlich gelten Veranstaltungen, die ausschließlich für Gäste abgehalten werden, als „Folklore-Abende" oder „folkloristische Darbietungen". Vgl. etwa für das Kleine Walsertal: Der Walser, 15. 2. 1974 (Folklore verkauft sich besser).

[11] Siehe dazu: Helmut P. Fielhauer: Fest-Land Österreich? Kritische Anmerkungen zur Kultur des Tourismus. In: Kulturjahrbuch, 1, 1982, S. 316–321.

[12] Kurier, 6. 11. 1986.

[13] Die Presse, 7. 10. 1988.

[14] Vorarlberger Volksbote, 26. 9. 1986.

[15] Vgl. den Leserbrief des Obmannstellvertreters der Trachtengruppe Partenen, Hans Tschanhenz – Vorarlberger Nachrichten, 27. 12. 1986.

ab nun galt es, „reine", von den Pflege-Verbänden organisierte „Heimatabende" durchzuführen und diese als intelligenteres Produkt zu verkaufen.[16]

„Folklorismus" also als der einzige volkskundliche Beitrag? – Hier kann nicht näher darauf eingegangen werden, aber wenn vorhin von einem neuen Thema die Rede war, so bedarf dies doch einer Korrektur.

VOLKSKUNDE UND TOURISMUS

Die Etablierung der österreichischen Volkskunde ist von dem sich entwickelnden Fremdenverkehr nicht zu trennen. Denn zur Jahrhundertwende sah sie in den Touristen vor allem potentielle Volkskundler, die zur Erforschung gerade des alpinen Raumes aufgefordert wurden.[17] Auch Hermann Wopfners 1927 publizierte „Anleitung zu volkskundlichen Beobachtungen auf Bergfahrten"[18] verfolgte noch genau dieses Ziel: nämlich aus Touristen Volkskundler zu machen. Umgekehrt entdeckten die Touristen-Organisationen zur selben Zeit das Fach; erinnert sei an die volkskundlichen Sektionen im „Deutschen und Österreichischen Alpenverein"[19] bzw. im „Österreichischen Touristen-Club"[20]. Auch der „Heimatschutz" der zwanziger und dreißiger Jahre sah im Tourismus noch keinen Gegner,

---

[16] Die Presse, 7.10.1988. Folgender Vorschlag wurde dabei gemacht: „Ein ‚echter' Brauchtumsabend, zusammengestellt von den Konservatoren der Brauchtumspflege soll das Interesse am alemannischen Brauchtum auch beim Publikum wecken, das sonst eher Hotelhalle und Gemeindesaal frequentiert. An Hand eines Musterabends, der beim nächsten Fremdenverkehrstag präsentiert wird, soll den Gastgewerblern möglichst eindrücklich gezeigt werden, wie man den Ausverkauf des Brauchtums im Ländle stoppen könnte."

[17] Gustav Calliano: Zur Geschichte der Touristik in Niederösterreich. In: Der Nied.-öst. Landesfreund, 7. Jg., 1898, S. 1–14, hier S. 14: „Auch der in Wien 1894 gegründete Verein für österreichische Volkskunde gibt nach dem Gesagten einen beachtenswerten Hinweis, daß der Zukunftstouristik in Bälde noch ganz lohnende, in ihren ureigenen Wirkungskreis gehörige Fächer offen stehen, und daß deren allgemeine Mithilfe zu dem Ausbau der bisher schier gänzlich unbeachteten Wissenschaft unserer ‚jungen österreichischen Volkskunde' unbedingt nothwendig werden wird."

[18] Hermann Wopfner: Anleitung zu volkskundlichen Beobachtungen auf Bergfahrten (=Beiträge zur Jugend- und Heimatkunde, H. 4). Innsbruck 1927.

[19] L. Freytag: Proben aus der Bibliographie des alpinen Volksthums. In: Zeitschrift des Deutschen und Oesterreichischen Alpenvereins, Bd. 23, 1892, S. 408–426.

[20] Eine Section für Volkskunde im Österreichischen Touristen-Club. In: Zeitschrift für Österreichische Volkskunde, 1. Jg., 1895, S. 121f.

sondern einen Partner mit ähnlichen Vorgaben, der gleichfalls gegen die „lächerliche Großstadtnachahmung" und für die Beibehaltung des Landschaftstypischen ins Felde ziehen würde.[21]

Damit ist ein Spannungsfeld angedeutet, um das die volkskundliche Beurteilung von Tourismus kreist. Es ging dabei um die Erhaltung von „Regionalkulturen", die aber zunehmend nicht mehr als vom Tourismus gestärkt, sondern als von diesem bedroht gesehen wurden. Beide Annahmen behaupten einen – positiven oder negativen – Zusammenhang von Tourismus und einer bereits bestehenden bzw. ausformulierten Regionalkultur. Tatsächlich aber sind Regionalkulturen, wie auch Nationalkulturen, Konstrukte des 19. Jahrhunderts, an deren Findungsprozeß Volkskundler maßgeblich beteiligt waren.[22] Denselben Ansatz nützte die Ende des 19. Jahrhunderts einsetzende Fremdenverkehrswerbung, für die Regionalkulturen eine anzubietende Ressource darstellten.[23] Heutzutage mögen Zweifel aufkommen, aber lange Zeit hindurch stand fest, daß es (alpine) Natur überall gebe, daß der Gast aber besonders das „Originelle, das Bodenständige, das Typische" suchen würde.[24]

---

[21] Karl Giannoni: Fremdenverkehr und Heimatschutz. Wien – Mödling 1926, S. 5. Vgl. auch: Georg Opperer: Heimatkunde und Fremdenverkehr. In: Tiroler Heimatblätter, 2. Jg., 1924, S. 7–8, hier S. 7: „Wir begrüßen den Fremdenverkehr, ja Heimatschutz und Heimatkunde stehen sogar im Dienste des Fremdenverkehres."

[22] Ich habe dies in einem Referat mit dem Titel „Konstrukte: Volkskultur, Nationalismus und Regionalismen – Zum Beitrag der Volkskunde" beim Österreichischen Historikertag in Graz 1992 zu belegen versucht. Dieses befindet sich in Druck.

[23] Verwiesen sei etwa auf die Versuche, amerikanische Gäste in der Nachkriegszeit nach Österreich zu locken. Dabei sollte „Brauchtum" einen besonderen Anreiz bilden (Vorarlberger Nachrichten, 3.3.1949).

[24] Nachdem in Vorarlberg unmittelbar nach dem 2. Welkrieg der Fremdenverkehr als positiv betrachtet wurde (Vorarlberger Nachrichten, 2.2.1946: „Vorarlberg und der Fremdenverkehr. Eine grundsätzliche Betrachtung"), galt es, Werbestrategien zu entwickeln, die besonders das „arteigene, kulturelle Leben in den Tälern" hervorhoben: „Der Fremde sucht überall das Besondere, das Originelle, das Bodenständige, bei uns also das typisch Vorarlbergische. Berge und Seen gibt es in der Schweiz, in Tirol, Kärnten usw. und wahrscheinlich auch überall gute Betten und gutes Essen. Ueberall aber und das weiß der Fremde, singt man andere Lieder, gibt es Volkstänze, Trachten, besondere Bauernhäuser und das ist es, was den Fremden anzieht und fesselt. Daß wir davon dieses und jenes nicht pflegen, ist nicht nur eine Sünde gegen den Fremdenverkehr, sondern eine gegen uns selbst." (Vorarlberger Nachrichten, 9.2.1946).

Das Stichwort „Regionalkultur" braucht eine weitere Erläuterung. Wie vorhin angedeutet, klingt es im volkskundlichen Umfeld einigermaßen „altvaterisch", denn es war immer die Ausgangshypothese für weitere Forschungen. Verwiesen werden soll zumindest aber darauf, daß das Thema interdisziplinär ausgesprochen gefragt ist.[25] Die zweite Bemerkung bezieht sich auf die Kombination von „Tourismus und Regionalkultur", denn diese geht von der bei uns gebräuchlichen Form des Fremdenverkehrs aus. Je weiter allerdings Distanzen werden, desto geringer wird auch das Interesse für regionale Unterschiede, und desto mehr verlagert es sich auf nationale oder rassische Spielarten. Denn wer ist noch in Afrika für kleinräumige Unterschiede aufgeschlossen, wer will dort nicht einfach stereotypenhaft „schwarze Kultur" sehen? Und zudem schließen bestimmte Segmente des Tourismus, wie etwa der „Club Mediteranee", Regionalkulturen überhaupt aus ihrem Veranstaltungsprogramm aus.

„Tourismus und Regionalkultur" akzentuiert dementsprechend eine ganz spezifische Form von Tourismus, nämlich die bei uns bekannte, und es stellt einen hinlänglich akzeptierten Zusammenhang zur Diskussion. Gemeint ist gegenwärtig die Bedrohung von Regionalkulturen durch den Fremdenverkehr. Dies kann – vorsichtig ausgedrückt – für die Strecken bis zum Urlaubsziel gelten, und es mag auch im Bereich der Objektivationen[26] Gültigkeit haben. Bei den Subjektivationen, bei den Einstellungen, ist der Fall weit weniger klar. Die hier vertretene These zielt nahezu ins Gegenteil: Tourismus hat Regionalkulturen nicht zerstört, sondern, wenn auch nicht ursächlich begründet, so doch bewußtseinsmäßig wesentlich

---

[25] Zu den Begriffen siehe: Arnold Zingerle: Regionalkultur und Kulturlandschaft im Alpenraum. In: Wolfgang Lipp (Hg.): Industriegesellschaft und Regionalkultur. Untersuchungen für Europa (=Schriftenreihe der Hochschule für Politik München, Bd. 6). Köln u. a. 1984, S. 177–195. Lipp spricht darin von der „objektiven" und der „subjektiven Dimension" von Regionalkulturen.

[26] Allerdings zeigt etwa das Beispiel der Tracht gegenteiliges. Ihr Fortbestehen ist erst durch den Tourismus zu verstehen. So förderte schon im 19. Jahrhundert der „Tiroler Landesverband für Fremdenverkehr" mehrfach die „Volkstrachten". Dazu wurde sogar ein eigener Ausschuß ins Leben gerufen, dem etwa Ludwig von Hörmann angehörte (Meraner Zeitung, 14. 2. 1893). Trotzdem behauptete Hörmann, daß die Tracht durch den Fremdenverkehr bedroht sei; vgl. Der Niedergang der alpinen Volkstracht. In: Innsbrucker Nachrichten, 25. 7. 1908. Weiters sei auch auf das Volkslied verwiesen, siehe dazu die amüsante Erzählung von Mark Twain: Mark Twain bummelt durch Europa. Aus den Reiseberichten. München 1967, S. 128f.

verstärkt.[27] Dies wird noch aufzuzeigen sein. Vorab gilt es aber etwas anderes anzuführen.

Tourismus als Faktor kultureller Modernisierung

Schon die Wort-Metamorphose des im 19. Jahrhundert noch gebräuchlichen Ausdrucks „Fremdenindustrie" zum gegenwärtig verwendeten „Fremdenverkehr" markiert die eigentliche Problemverlagerung. Denn Fremdenverkehr heißt, beim Wort genommen, Anpassung der Landschaft an Verkehrsbedürfnisse. Fremdenindustrie hingegen signalisiert Anpassung von Menschen an Tourismus-Erfordernisse. Von einem modernisierungsgeschichtlichen Gesichtspunkt aus betrachtet, übersprangen viele Tourismusregionen einen Sektor, indem aus bäuerlichen Gesellschaften direkt Dienstleistungsgesellschaften wurden.[28] Die Folgen des „industrialisierten Menschen" blieben ihnen allerdings dadurch nicht erspart.

Die Geschichte des Tourismus ist daher auch als Prozeß der sozialen Disziplinierung zu sehen, dessen mentales Endprodukt mit Gastfreundschaft – und zwar nicht nur der unmittelbar Betroffenen (etwa der Bediensteten), sondern aller in einer Fremdenverkehrsregion Lebenden – umschreibbar ist. Dieser Prozeß, der heute – und dies zeigt den Erfolg an – nur noch eine Sozialisationsnotwendigkeit für Kinder ist, hatte viele Ziele, die hier nicht ausgeführt werden können. Das wichtigste aber war, aus Touristen und aus Gastgebern kapitalistische Käufer und Verkäufer zu machen, die, zwar ganz unterschiedlich realisiert, nach Marktgesetzen und nicht nach Willkür handeln. Was heutige Marokko-Reisende so eindringlich beklagen – Unzuverlässigkeit, Bezahlen-Müssen für nicht gewünschte Leistungen,

---

[27] Zur Genese bzw. zur Transformation von Regionalkulturen und zum Zusammenhang mit Folklorismus vgl. exemplarisch: Utz Jeggle – Gottfried Korff: Zur Entwicklung des Zillertaler Regionalcharakters. Ein Beitrag zur Kulturökonomie. In: Zeitschrift für Volkskunde, 70. Jg., 1974, S. 39–57; Gottfried Korff: Folklorismus und Regionalismus. Eine Skizze zum Problem der kulturellen Kompensation ökonomischer Rückständigkeit. In: Konrad Köstlin – Hermann Bausinger (Hg.): Heimat und Identität. Probleme regionaler Kultur. 22. Deutscher Volkskunde-Kongreß in Kiel vom 16.–21. 6. 1979 (=Studien zur Volkskunde und Kulturgeschichte Schleswig-Holsteins, Bd. 7). Kiel 1980, S. 39–49.

[28] Grundsätzlich dazu: Ernst Hanisch: Wirtschaftswachstum ohne Industrialisierung: Fremdenverkehr und sozialer Wandel in Salzburg 1918–1938. In: Mitteilungen der Gesellschaft für Salzburger Landeskunde, 125. Jg., 1985, S. 817–835.

ständiges Betteln und Übers-Ohr-gehauen-Werden –, war im 19. Jahrhundert auch bei uns gang und gäbe.[29]

Eine kurze erläuternde Zeitreise führt nach Südtirol[30]: Dort hatte sich im 19. Jahrhundert um Bozen und Meran ein respektabler bürgerlicher Tourismus etabliert. Zu Ende des Jahrhunderts kamen Klagen und Forderungen auf, die die angeführten Anpassungsleistungen dokumentieren. Landschaft sollte – für heutige Begriffe sanft – verändert werden, indem ein Abreißen der Weinbergmauern verlangt wurde, da diese den Blick der Spaziergänger einschränken würden. Weiters sollten Gerüche – vornehmlich der Misthaufen – aus dem Ortsbild ausgeräumt werden, und auch ein Kampf um die lokalen Geräuschkulissen – Wetterläuten und Frühmeßglocken – stand an.[31] Hier interessiert aber vor allem die mentale Seite der Anpassung, die, je nach Gesichtspunkt, entweder vollzogen, verweigert oder falsch praktiziert wurde. Kulturpessimistisch wurde etwa festgehalten, daß die Kinder in der Saison keinen Dialekt mehr sprechen würden.[32] Vor allem aber waren es Verhaltensweisen, deren „Abschaffung" man wegen Fremdenverkehrsschädigung nicht müde wurde zu verlangen: „Gassenbuben" würden am Bozner Bahnhof ohne Aufforderung den Ankommenden die Gepäcksstücke aus der Hand reißen und seien noch „frech" genug, dafür etwas zu verlangen.[33] Bauern zeigten während einer Prozession, wild gestikulierend, den oft protestantischen Touristen die Fäuste, als diese den Weg kreuzen wollten.[34] Und als letztes Beispiel: Beim gern besuchten Bozner Obstmarkt wurde von den Verkäuferinnen der Preis der Ware nach der Dicke des Reiseführers bemessen.[35]

---

[29] Weber, Bernhard: Steinhagel statt liebliche Alphornklänge. Vom aufdringlichen Anbetteln, Schröpfen und Belästigen der Fremden in der Schweiz. In: Die Weltwoche, 12. 12. 1991.

[30] Vgl. Wolfgang Meixner: „Tirols langer Marsch in die Gastronomie". Gastgewerbe als historischer Lernprozeß. In: Tiroler Heimat, Bd. 56, 1992, S. 143–153.

[31] Constitutionelle Bozner Zeitung, 21. u. 28. 8. 1888.

[32] Watin (wie Anm. 6), S. 30.

[33] Constitutionelle Bozner Zeitung, 13. 9. 1889.

[34] Constitutionelle Bozner Zeitung, 14. 2. 1901. Die Prozessions-Frage wurde im Zusammenhang mit dem Tourismus immer wieder gestellt, vgl. dazu Brauchtum und Fremdenverkehr. In: Tiroler Heimatblätter, 37. Jg., 1962, S. 121–122.

[35] Constitutionelle Bozner Zeitung, 17. 8. 1888.

Anlässe wie diese boten reichlich Stoff für zeitgenössische Ökonomen, die wiederholt ähnliches beobachtet hatten.[36] Die Preisfestsetzung war variabel und richtete sich nach dem Outfit der Käufer. Die angesprochenen Forscher sahen diese Verhaltensweise als vorläufiges Ergebnis des Tourismus. Es wurde dabei die Transformation einer bäuerlichen Eigenversorgungswirtschaft (Preis für Touristen: „Na, was 'halt moanen"[37]) – zu einer frühkapitalistischen Geldwirtschaft (Preis für Touristen: je nach Dicke des Reiseführers) – bis hin zu einer geordneten Marktwirtschaft (Preis für Touristen: fix) – vorweggenommen. Vorgezeichnet hatte diesen Weg auch der Reiseschriftsteller Gustav Rasch in seinem 1874 veröffentlichten Führer „Touristen-Lust und Leid in Tirol".[38] Rasch war merklich antiklerikal eingestellt und fand dafür in Tirol zahllose Motive. Das Buch kann daher einerseits als Vorurteils-Lexikon verwendet werden, und es listet andererseits auch eine Vielzahl von realen, den Tourismus behindernden Mängeln auf: Die Wegmarkierungen waren ihm zu schlecht, das Essen erschien ungenießbar, die Getränke verfälscht und die Leute als zu unfreundlich. Die Gegenwart zeigt: Es gelang in Tirol tatsächlich, diese Mängel „abzuschaffen".

Wenn Tourismusgeschichte daher als Diziplinierungsleistung gesehen wird, bleibt doch die Frage nach einer sich entgegenstellenden Unangepaßtheit, nach einem möglichen Widerstand offen. Wir sind es mittlerweile gewohnt, volkskulturellen Widerstand im 18. Jahrhundert als sicher anzunehmen, für das 19. als wahrscheinlich zu akzeptieren, aber für das 20. Jahrhundert zu verneinen. Hier soll, kurzgefaßt, ein sehr weiter Widerstandsbegriff verwendet werden, der von akzeptierendem Verhalten und zuweilen kurz gezeigter Opposition ausgeht. Genau darauf zielt auch der Titel „Resistance through Rituals", der von Tony Jefferson und Stuart Hall[39] entlehnt ist und jugendlichen Widerstand durch Rituale, durch

---

[36] Otto v. Zwiedineck-Südenhorst: Einige Betrachtungen über die Kosten der Turistik einst und jetzt. In: Zeitschrift des Deutschen und Österreichischen Alpenvereins, Bd. 41, 1910, S. 18–29.

[37] Zwiedineck-Südenhorst (wie Anm. 36), S. 28.

[38] Rasch, Gustav: Touristen-Lust und Leid in Tirol. Stutgart 1874. Rasch hatte sich mit diesem Buch in Tirol keine Freunde gemacht, vgl. dazu polemisch: Hans Hochenegg: Volkskundliches aus tirolischen Reiseberichten des vorigen Jahrhunderts. In: Tiroler Heimat, Bd. 33, 1969, S. 117–132, hier S. 129ff.

[39] Stuart Hall – Tony Jefferson (Hg.): Resistance through Rituals. Youth subcultures in post-war Britain. London u. a. 1976.

Volkskultur also, thematisiert. Damit sind Fragestellungen genannt, die anhand eines konkreten Anlasses für die Zeit vor und vor allem nach dem 2. Weltkrieg behandelt werden sollen.

DAS FALLBEISPIEL: „SPIELLÜT ONDER ÖNSCH"

Das Kleine Walsertal ist eine junge Tourismusregion. Nach bescheidenen Anfängen in den zwanziger Jahren nahm aber die Zahl der nahezu ausschließlich deutschen Urlaubsgäste sprunghaft zu. Das Tal wurde binnen kurzer Zeit zu *dem* Tourismuszentrum Vorarlbergs und verzeichnete respektable Übernachtungskapazitäten. Dort fand ab 1951 jährlich eine Faschingsveranstaltung statt – „Spiellüt onder önsch" –, zu der nur Einheimischen Zutritt gewährt wurde. Diese Exklusivität[40] erstaunt doch einigermaßen, auch wenn „Spiellüt onder önsch" an einem Sonntag nach Dreikönig abgehalten wurde und damit die Fremdenverkehr-Hochsaison bereits vorbei war. Als Begründung für den offen ausgesprochenen Ausschluß wurden deutlich die Folgen des Tourismus namhaft gemacht[41]: Es sei zu einer allgemeinen Hast gekommen, die Veranstaltungen hätten rapide zugenommen, die Walser Kultur sei von fremden Einflüssen überwuchert und dadurch von ihrem Ursprung getrennt worden. Damit einher gehen würde, so der Berichterstatter der lokalen Wochenzeitung „Der

---

[40] Gerade aber der Ausschluß von Touristen steigerte die Attraktivität der Veranstaltung in Reiseführern; vgl. Günther, Erich: Das Kleine Walsertal, von seiner Landschaft, von seinen Menschen. Riezlern 1971, S. 31: „Heute sind die kleinen Bräuche von damals zu bescheidenen Fasnachtsspielen zusammengeschrumpft, es ist alles untergegangen im modernen Fasching. Das einzige, was geblieben ist, ist ‚Spiellüt onder önsch', das ist die Fasnachtsveranstaltung für die Walser Bürgersleut." Siehe auch den DuMont Kunst-Reiseführer von Heinz Held: Vorarlberg und Liechtenstein. Landschaft, Geschichte und Kultur im „Ländle" und im Fürstentum. Köln 1988, S. 297: „Trotzdem bewahren die Alteingesessenen eine ausgeprägte ‚Schwizer' Mundart und bei Geburten, Kindstaufen, Hochzeiten und Begräbnissen ein ausgeprägt traditionelles Brauchtum. Es gibt sogar eine Fastnachtsveranstaltung ‚Spiellüt onder önsch', zu der nur eingeladene Einheimische erwünscht sind. Auf ihr tanzen sie nur nach volkstümlichen Melodien wie Walzer, Polka und Ländler von morgens bis tief in die Nacht. Fremden offenbart sich das Brauchtum vor allem bei festlichen Anlässen in den Trachten, besonders in den prächtigen und kostbaren der Frauen."

[41] Vielfach wurde in den regionalen Zeitungen das Gast-Gastgeber-Verhältnis („Unsere Gäste und wir", Der Walser, 31. 12. 1958) bzw. der Einfluß des Tourismus auf die Volkskultur („Mittelberg lebt vom Fremdenverkehr", Vorarlberger Nachrichten, 15. 1. 1972) thematisiert.

Walser", eine „fortschreitende Entfremdung unter der eigenen Volksgemeinschaft"[42]:

> „Die junge Generation steuerte gedankenlos und willensschwach in den Trubel moderner Zeiterscheinung hinein und die noch seßhafte Bevölkerung empfand mit bitteren Gefühlen, daß sie besonders zu Saisonzeiten bei gewissen Geschäftsleuten als unerwünscht immer mehr ‚An die Wand gedrückt werden'."[43]

Dem entgegenzusteuern, war das Ziel der „Spiellüt onder önsch". Einmal im Jahr sollte eine Faschingsveranstaltung, die „weder an geschäftliche Beziehungen, noch an Alters- und Standesunterschiede" gebunden war, die „alteingesessene Bevölkerung" zusammenführen und dieser, „frei von allen modernen Modalitäten", ein „ehrliches Vergnügen" bieten, das die „einheimische Bevölkerung als geschlossene Gemeinschaft"[44] zeigen wollte und die „Pflege einer engeren Stammesverbundenheit" bezweckte.[45]

Die verwendeten Begriffe – „Walser", „seßhafte Bevölkerung", „Einheimische", „Stammesverbundenheit" – sind zum Verständnis der „Spiellüt onder önsch" von besonderer Bedeutung. Denn obgleich der dezidierte Ausschluß von Fremdem und Fremden – und damit auch von auswärtigen Gästen – als zwar schwacher, auf einen Anlaß konzentrierter Widerstand gegen die Anmaßungen des Tourismus verstanden werden kann, scheint doch ein anderer Aspekt, der das Argument der Regionalkultur aufnimmt, wichtiger zu sein. Die Veranstaltung diente für eine bestimmte Bevölkerungsgruppe zur Formulierung einer spezifischen Eigenidentität. Daß dies notwendig erschien, war zweifellos durch den Tourismus mitverursacht. Allerdings mußte die lokale Gesellschaft auch unabhängig davon eine Antwort auf den kulturellen Wandel finden. In den fünfziger und sechziger Jahren wurden viele Festanlässe – und damit stellvertretend auch das ganze Tal – als „ohne Ordnung" dar- und den „Spiellüt onder önsch" gegenübergestellt. Diese Veranstaltung kenne eine traditionelle Reglementierung, „während heute ein Ball völlig ungeordnet, einem wogenden Jahrmarkt ähnlich abläuft"[46]. Das Aufgreifen von Tradition wurde für

---

[42] Der Walser, 13.1.1962.
[43] Der Walser, 2.2.1957.
[44] Der Walser, 16.1.1954.
[45] Der Walser, 9.2.1952.
[46] Der Walser, 4.2.1956.

die Schaffung und Behauptung einer lokalen Identität genutzt.[47] Dieser Versuch kannte allerdings unterschiedliche Wege. Einer davon war ab 1928 der an Gäste und Talbewohner gleichermaßen gerichtete „Walserabend"[48], ein anderer „Spiellüt onder önsch", zu dem aber nur Einheimische Zutritt hatten.

Der Ort des Geschehens, das Kleine Walsertal, besteht aus drei Ortschaften, die alle über 1.000 Meter Seehöhe liegen und die daher ursprünglich von bäuerlicher und Alpwirtschaft lebten.[49] 1951, also zur ersten Veranstaltung der „Spiellüt onder önsch" nach dem 2. Weltkrieg, war das Tal schon längst Zentrum eines rasch wachsenden Winter- und Sommerfremdenverkehrs. Man zählte bei 50.000 Gästen nahezu 550.000 Übernachtungen.[50] Das Tal wies dementsprechend die Struktur einer auf Tourismus ausgerichteten Dienstleistungsgesellschaft aus. Die Landwirtschaft verlor schnell an Bedeutung, der tertiäre Sektor hingegen wurde dominant.[51] Dies hatte eine doppelte Zuwanderung zur Folge: zum einen eine zahlenmäßig begrenzte durch Hoteliers, zumal den Einheimischen meist das

---

[47] Ich folge hier weitestgehend der Argumentation von Regina Bendix, auch wenn sie einen Anlaß untersucht hat, der bewußt für Touristen veranstaltet wurde; vgl. Regina Bendix: Tourism and Cultural Displays. Inventing Traditions for Whom? In: Journal of American Folklore, Bd. 102, 1989, S. 131–146; Regina Bendix: Backstage Domains. Playing „William Tell" in two Swiss Communities. Bern u. a. 1989.

[48] Das Ziel der „Walser Heimatabende" wurde folgendermaßen definiert: „Gutwalserische Heimatabende dienen doppelt: der einheimischen Bevölkerung zur Wahrung und Stärkung eines echten Heimatbewußtseins und der gesteigerten Trachtenpflege; auf der anderen Seite wird den zahllosen Kurgästen mit einer Auslese heimatkundlichen Brauchtums eine willkommene und abwechslungsreiche Unterhaltung geboten." (Der Walser, 20. 2. 1965).

[49] Heinrich Jäger: Der kulturgeographische Strukturwandel des Kleinen Walsertales (=Münchner Geographische Hefte, H. 1). Regensburg 1953.

[50] Zu den Gäste- und Übernachtungszahlen bzw. zur Struktur der Fremdenverkehrsbetriebe vgl. die Berichte von Ferdinand Ulmer in der „Vorarlberger Wirtschafts- und Sozialstatistik": 2. Jg., 1946, S. 43–92 (Die Statistik des Vorarlberger Fremdenverkehrs von 1925 bis 1937); 2. Jg., 1946, S. 663–692; 4. Jg., 1948, S. 677–702; 5. Jg., 1949, S. 627–674ff. Zusammenfassend siehe: Hermann Peter Höltl: Der Fremdenverkehr im Kleinen Walsertal (=Beiträge zur alpenländischen Wirtschafts- und Sozialforschung, F. 63). Innsbruck 1969.

[51] Von 1939 bis 1968 reduzierte sich etwa die Zahl der landwirtschaftlichen Betriebe von 220 auf 109, Höltl (wie Anm. 50), S. 48. Totzdem stieg die Bevölkerungszahl stark an (S. 112ff). Vgl. auch: Walther Fach: Bergdörfer im Zeichen des Fremdenverkehrs. In: Vorarlberg, 6. Jg., 1968, S. 32–39.

nötige Kapital fehlte[52], und zum anderen eine wesentlich stärkere durch Saisonarbeitskräfte. Dementsprechend hoch war der Ausländeranteil – fast ausschließlich Deutsche – an der Wohnbevölkerung: 1933 ein Drittel, 1968 mehr als die Hälfte der Talbewohner.

Daß Fremde von der Veranstaltung ausgeschlossen blieben, war 1951 noch ein Nebenaspekt, der erst mit der raschen Zunahme von Touristen in der Nachkriegszeit eine wirkliche Bedeutung erhielt. „Spiellüt onder önsch" sollte damit ein gesellschaftlich (durch die nur an Einheimische gerichtete Einladung) und ein kulturell (durch das Fernhalten fremder Unterhaltungsformen) „rein" gebliebenes „Walsertum" präsentieren. Zunächst aber war der Ausschluß „fremder" bzw. „moderner" Kulturelemente wie Ballkleidung, Jazz- und Schlagermusik zentraler. Diese Konzeption folgte sichtlich einem Vorbild. 1927 wurde in Riezlern ein „heimatlicha Trachtaball" abgehalten. Die Einladung erfolgte in Dialekt und die Teilnehmer wurden gebeten, in Tracht zu erscheinen.[53] Es kamen ausschließlich „Walser Volkstänze" zur Aufführung, während „Bubiköpfe" und „moderne Tänze" nicht gestattet wurden.[54] Diese Veranstaltung nahm einen lokalen Brauch – das „Spiellüt goh" – in das Programm auf, verlegte dessen Termin von Montag auf Sonntag und gab damit dem Anlaß einen neuen Sinn. In den dreißiger Jahren wurde dafür ein Name gefunden („Zünftige Spiellüt nach gutem Brauch") und erstmals durften auch nur mehr Einheimische teilhaben,[55] die sich dadurch „unter uns" fühlen konnten.[56]

Nur kurz zu diesem Brauch:[57] „Spiellüt" meint die unverheirateten Burschen und einen Anlaß. Die Burschen suchten sich ab Dreikönig Mädchen, mit denen sie eine fixe Abmachung trafen, als Paare zur einzigen Faschingsveranstaltung im Tale zu gehen. Diese war streng geregelt. Sie be-

---

[52] 1949 betrug der deutsche Eigentumsanteil im Kleinen Walsertal immerhin 49 %. 20 % der Hotels, 50 % der Pensionen, alle Kinderheime, die Hälfte aller Berg- und Skihütten hatten deutsche Eigentümer. Dieser Anteil erhöhte sich in der Folgezeit noch weiter.
[53] Gemeindeblatt für die politische Gemeinde Mittelberg, 8. 1. und 22. 1. 1927.
[54] Gemeindeblatt für die politische Gemeinde Mittelberg, 21. 1. 1928.
[55] Walser Heimatbote, 27. 1. 1934.
[56] Walser Heimatbote, 22. 1. 1937.
[57] Eugen Dobler: Das Jahresbrauchtum im Wandel der Zeit. Die Fasnacht. In: Walserheimat in Vorarlberg, H. 11, 1972, S. 43–55; Alfons Köberle: Walser Brauchtum. „Hängart und Stubati". In: Walserheimat Vorarlberg, H. 2, 1968, S. 9–16; Der Walser, 26. 2. 1949.

gann um 9 Uhr vormittags, beinhaltete u. a. unzählige Rundtänze[58] und endete um 1 Uhr in der Früh. Natürlich regulierte diese Veranstaltung damit den lokalen Heiratsmarkt.

„Spiellüt onder önsch" nahm den Unverheirateten diese Möglichkeit. Denn zum einen richtete sich die Veranstaltung nun auch an Verheiratete und zum anderen hatte sie symbolisch für das „Walserische" insgesamt zu stehen. Wenn anfänglich auch Touristen eingeladen wurden, erstaunt dies nur wenig: Ihre Zahl war noch gering, und es mußte ihnen zudem ein Bild ihrer Urlaubskultur[59] vorgeführt werden. Dies war als Unterhaltungsprogramm auch durchaus notwendig: Denn nach zögernden Anfängen – 1905 wurde ein „Verschönerungsverein" gegründet, 1920 eröffnete die Hütte der Sektion Schwaben des „Deutschen und Österreichischen Alpenvereins" – nahm der Tourismus, vor allem im Winter, sehr rasch zu. In diesem Zusammenhang sind auch mehrere walserische Vereinsgründungen zu sehen.[60] Dabei akzentuierte der Fremdenverkehr ein Problem, das seine Ursache aber schon weit früher hatte.

Das Kleine Walsertal wurde 1890, da keine natürlichen Verkehrverbindungen zu Vorarlberg bzw. zu Österreich bestanden, als Zollausschlußgebiet dem deutschen Wirtschaftsraum angeschlossen.[61] Bis heute gilt etwa deutsches Geld als Zahlungsmittel. Dies evozierte zwangsläufig die Frage nach Identität und Zugehörigkeit: Denn waren die Bewohner nun Deutsche, Österreicher oder Vorarlberger? Die Antwort war eine einfache, eine ethnische. Man nützte den im 19. Jahrhundert entstandenen Walser-Mythos[62] und bezog sich auf die Einwanderung 500 Jahre früher.

---

[58] Vgl. Karl Horak: Der Volkstanz im Kleinen Walsertal. In: Jahrbuch des Österreichischen Volksliedwerks, Bd. 3, 1954, S. 91–110.

[59] Danach bestand durchaus eine große Nachfrage, vgl. Walser Heimatbote, 30. 1. 1937.

[60] Zu den Walser-Vereinen vgl. Irmin Schwendinger: Der große Widderstein erzählt. Historisches, Glaubwürdiges und Merkwürdiges aus dem Kleinwalsertal. Kempten 1983, S. 251ff.

[61] Christoph Krebs: Der Anschluß der österreichischen Gemeinde Mittelberg an den deutschen Zollverband. Diss. Univ. Innsbruck o. J.

[62] Dieser ging auf die historische Forschung von Joseph Ritter von Bergmann zurück (Untersuchungen über die Freyen Walliser oder Walser in Graubünden und Vorarlberg. Wien 1844). Zur „Walserkunde" siehe weiter: Engelbert Keßler: Das kleine Walserthal (Thalgemeinde Mittelberg). Beitrag zur Kunde der Walser, geschöpft aus geschichtlichen Quellen und eigner Beobachtung. Wien 1887; Geschichte der Gründung, Entwicklung und Wirksamkeit des Ortsvereines Mittelberg. Zu seinem 25jährigen Jubiläum von seinem Mitgliede J. A. Schäfer, Pfarrer. Hirschegg 1896;

Das Tal, das vorher nach dem Hauptort Mittelberg benannt war, wurde schnell zum Kleinen Walsertal. Diese Entscheidung zeitigte zwei bedeutende Konsequenzen: Um eine Kontinuität zur mittelalterlichen Einwanderung behaupten zu können, mußte eine sehr bodenständige – eben eine „walserische" – Kultur vorausgesetzt werden. Dementsprechend früh setzten Bemühungen um eine historische Legitimation ein. Die Pflege[63] der „echten Walser Tracht" und des Dialektes wurde ebenso vorangetrieben wie eine Sammlung für ein Heimatmuseum[64]. Für eine solche Identitätsfindung mußte zunächst Fremdes und nicht Fremde – also u. a. auch Touristen – als bedrohend erscheinen. Andererseits brachte diese Eigendefinition als konkrete Abstammungsgemeinschaft Probleme mit sich, die längerfristig nicht lösbar waren. Denn die Bestimmung des „Einheimischen" ließ mehrere Fragen offen. Wurden dazu neben den Seßhaften auch die vor längerer Zeit Zugezogenen oder die Zugeheirateten gezählt? Eindeutig war hingegen, wer mit Sicherheit als nicht einheimisch galt: die Urlaubsgäste, das Saisonpersonal und die nicht im Tal Seßhaften, aber schon länger Anwesenden.

„Nur onder önsch"[65], also nur mit Einheimischen wurden in den fünfziger und sechziger Jahren die „Spiellüt" gefeiert. Aber wer gehörte in diesem Zeitraum zu dieser Gruppe? Nicht gemeint und auch nicht eingeladen waren „Liebhaber moderner Tänze (Rock-'n'-Roll-Jünglinge und Twist-Besessene), Wintergäste und Nichtansässige"[66]. Diese wurden ohne Umschweife auf andere Unterhaltungsmöglichkeiten verwiesen:

„Unsere Wintergäste und Nicht-Ortsansässige wollen Verständnis aufbringen, wenn der Bürgerball nur der einheimischen Bevölkerung zugänglich ist; für die Ersteren gibts in den nachfol-

---

J. Fink. – H. v. Klenze: Der Mittelberg. Geschichte, Landes- und Volkskunde des ehemaligen gleichnamigen Gerichtes. Mittelberg 1891. Vgl. weiters: Louis Carlen: Walserforschung 1870–1970. Eine Bibliographie (=Geschichte, Kultur und Wirtschaft, Bd. 2). Visp 1973; Thomas Antonietti – Marie Claude Morand (Red.): Valais d'emigration. Auswanderungsland Wallis. Sion 1991.

[63] Alfons Köberle: Von der Trachten- und Brauchtumspflege im Kleinen Walsertal. In: Montfort, 17. Jg., 1965, S. 441–440.

[64] Franz Metzler – Elmar Vonbank: Walser Museum. Gemeinde Mittelberg, Kleines Walsertal. Führer durch die Schausammlung. Riezlern 1969.

[65] Der Walser, 7.1.1956.

[66] Der Walser, 6.1.1962.

genden Tanzveranstaltungen noch reichlich moderne Tanzgelegenheit!"[67]

Von diesem Ausschluß waren nicht vorrangig Touristen betroffen. Denn die Veranstaltung wurde nicht öffentlich beworben und damit für Gäste angeboten. Und auch das Argument, daß die Walser „bei aller Rücksichtnahme auf den Fremdenverkehr" einmal im Jahr das „Anrecht" hätten, „unter sich zu bleiben"[68], zielte in eine andere Richtung: Es galt den oft zugezogenen Hoteliers. Diese hatten auch Kritik an den „Spiellüt onder önsch" geäußert,[69] die in der Folgezeit von den Veranstaltern dadurch abgeschwächt wurde, daß „Platzmangel" als offizieller Ausschließungsgrund genannt wurde.[70]

„Spiellüt onder önsch" erfüllte mehrere Bedürfnisse. Es sprach vorrangig verheiratete und ältere Walser an. Das Tragen der Walser-Tracht, der gesprochene Dialekt und die gekonnten Tänze bildeten Indizien für Dazugehörigkeit.[71] Wie bereits erwähnt, war es das Ziel der Veranstaltung, die „Stammesverbundenheit" und die „Talgemeinschaft" zu stärken. Sie bekam dafür einen ausgesprochen fixierten und geregelten Programmablauf.

Wer hatte an einem solchen Konzept Interesse bzw. wer waren, wie es hieß, „die unentwegten Treuhänder bodenständigen Volksgutes"?[72] Das Faschingsfest wurde lange Zeit von der „Trachtenvereinigung" organisiert. An deren Spitze standen Personen, wie vor allem Lehrer, die in keinem direkten Zusammenhang zum Tourismus standen. Es lag daher im Interesse dieses Umfeldes, eine Identität[73] zu etablieren, die vom Tourismus

---

[67] Der Walser, 18.1.1958.
[68] Vorarlberger Nachrichten, 14.1.1960.
[69] Der Walser, 2.2.1957.
[70] Vorarlberger Nachrichten, 18.1.1964.
[71] Nicht zufällig wurde daher das Verleihen von Trachten zu „Maskenzwecken" bekämpft; vgl. Der Walser, 27.2.1954.
[72] Der Walser, 2.2.1957.
[73] Dazu gehört vor allem die Gründung der „Vorarlberger Walservereinigung". Zu deren Geschichte, deren internationalen Verbindungen und Zeitschriften („Wir Walser", „Walserheimat in Vorarlberg) siehe: Wilhelm Fritz: Kleinwalsertal einst und jetzt. Heimatkundliche Betrachtungen. Riezlern 1988, S. 60ff.; Herbert Sauerwein: Internationale Walserverbindungen. In: Walserheimat in Vorarlberg, 1974, S. 128–132; Herbert Sauerwein: 25 Jahre Vorarlberger Walservereinigung. In: Walserheimat in Vorarlberg, 1992, S. 501–511.

unberührt erschien. Je stärker diese aber betont wurde, desto brüchiger wurde sie in Wirklichkeit. – „Spiellüt onder önsch" ist dafür ein guter Indikator.

Schon Anfang der sechziger Jahre hatten sich noch eher unbemerkt erste Auflösungserscheinungen gezeigt. Die Jugendlichen wollten nicht mehr in Tracht, dem Zeichen der „Heimatverbundenheit", erscheinen.[74] Und 1967 wurde vermerkt, daß der Kreis der Teilnehmer kleiner und damit das Interesse für die „Talgemeinschaft" geringer geworden sei.[75] Die Organisatoren waren deutlich in die Defensive geraten. Bei ihrer Veranstaltung, so stand merklich zurückhaltend zu lesen, herrsche eine ebenso gute Stimmung wie bei einer „modernen" Faschingsunterhaltung.[76] Der für die eingetretene Krise angegebene Grund, traf durchaus die Realität:

> „Genau betrachtet hat sich auch an dieser Veranstaltung etwas geändert. Nachdem unser Tal nun in all den Jahren der gewaltigen Entwicklung doch eine sehr gemischte Bevölkerung erhalten hat, kann man den Bürgerball nicht mehr als ‚Nur-Walser-Zusammenkunft' proklamieren, der Ausdruck Bürgerball ist aber auch heute noch standesgemäß und zuständig. Wer sich an dem Rhythmus dieser von den Musikanten dargebotenen alten Tanzweisen erfreuen kann und im Tal beheimatet ist, paßt sicherlich in diese Gesellschaft. [...] Pessimisten haben schon zu behaupten versucht, daß auch dieser Bürgerball früher oder später entfallen wird."[77]

Neben der Umbenennung von „Spiellüt onder önsch" in „Bürgerball" erfuhr auch das Programm eine deutliche Lockerung. Als Kriterium der Einladung galt nun eine „Vorliebe für den Rundtanz" und das „Gefühl der Zugehörigkeit" zum Tal. Dies erweiterte den Kreis der Angesprochenen deutlich. Denn nun zählten auch seßhafte Ausländer und Zugeheiratete dazu. Dies tangierte den Tourismus, der zu diesem Zeitpunkt bereits eine Million Übernachtungen im Jahr überschritten hatte, nur wenig, sondern reflektierte erneut hauptsächlich eine talinterne Situation.

Die Heiratskreise zeigen diesbezüglich ein klares Bild. War der ursprüngliche Brauchanlaß „Spiellüt goh" noch ein lokaler Regelmechanismus für

---

[74] Der Walser, 20.1.1962.
[75] Der Walser, 14.1.1967.
[76] Der Walser, 10.1.1969.
[77] Der Walser, 16.1.1970.

Heiratswillige, so wurden diese beim „Spiellüt onder önsch" gerade davon ausgeschlossen. Derart, weil an ältere und verheiratete Walser gerichtet, war eine solche Veranstaltung für Jugendliche nur wenig attraktiv. Und zudem nahmen in den sechziger und siebziger Jahren „echte Walserhochzeiten"[78] konstant ab. 1962 waren etwa bei vier Fünftel aller geschlossenen Ehen entweder beide oder ein Partner nicht aus dem Tal.[79]

In den siebziger Jahren häuften sich die Schwierigkeiten weiter. Nun galt es, die „Veranstaltung über alle Klippen der modernen Zeit hinweg zu retten"[80]. Die Organisatoren sowie die Festorte wechselten mehrfach, das Programm wurde modernisiert und der Termin auf einen Samstag verlegt. Der Besuch, obwohl für alle Walser und für alle im Tal Ansässigen zur „Ehrenpflicht" erhoben, nahm weiter ab: „Für den Ausdruck alle Walser sei hier noch vermerkt, daß dabei auch die längst ansässigen Einwohner eingeschlossen und herzlich willkommen sind."[81]

Trotz dieser Ausweitung, war der Niedergang unausweichlich.[82] Anfang der achtziger Jahre wollten nurmehr die letzten „Getreuen" am „Bürgerball" teilnehmen, obwohl dieser für „wirklich alle Bürger, jung und alt, ob hier geboren oder zugezogen" offenstand, und selbst die „lieben Hausgäste" wurden zum ersten Mal eingeladen.[83] Trotzdem war das Ende bereits vorgezeichnet. Zwar wurde als letzter Rettungsversuch erneut auf die Tradition rekurriert: Der „Bürgerball" firmierte wieder unter seiner alten Bezeichnung „Spiellüt onder önsch". Aber der Rückgriff war nur ein halber. Denn nun waren wirklich „alle" eingeladen und damit wurde auch das „einstige stille und ungeschriebene Gesetz (nur für Einheimische) ad acta gelegt"[84]. Aber nun wollten die Besucher nicht mehr. 1984 wurde die Ver-

---

[78] Die wenigen „echten" Walser-Ehen wurden dafür besonders stilisiert und finden sich in zahlreichen Büchern abgebildet: vgl. Ildefons Flatz: Die Hochzeitsbräuche im Kleinen Walsertal. In: Das Kleine Walsertal, 3. Jg., 1956, S. 12–14; Walserhochzeit bei Schneetreiben. In: Der Walser, 30. 1. 1976.

[79] Die demographischen Angaben wurden jährlich in Tageszeitungen veröffentlicht. Beispielsweise gab es 1962 vierzig Eheschließungen. Drei Paare waren beiderseits „einheimisch", bei 15 Ehen war die Braut, bei 11 der Bräutigam ein Ausländer. Ähnlich hoch war dementsprechend auch der Anteil ausländischer Kinder. – Vorarlberger Nachrichten 12. 1. 1963.

[80] Der Walser, 10. 1. 1969.

[81] Der Walser, 11. 1. 1974.

[82] 1979 wurde der erste „Nachruf für den Bürgerball" verfaßt (Der Walser, 26. 1. 1979).

[83] Der Walser, 15. 1. 1982.

[84] Der Walser, 3. 1. 1983.

anstaltung zu einem „Trauerspiel". Es hieß, sie sei dem „Wohlstand" zum Opfer gefallen, und dies sei ausschließlich „Schuld" der Walser Bürger.[85] Dieser Grund benannte mehr die Gekränktheit der Organisatoren denn die Realität. „Spiellüt onder önsch" entsprach einem strategischen Gebrauch einer bestimmten Gruppe. Es formulierte eine sehr konkrete Eigendefinition von Regionalkultur. Diese Konkretheit geriet in einen unauflösbaren Widerspruch zum eingetretenen sozialen Wandel und war wegen der fixen Vorgaben auch nicht wirklich anpassungsfähig. Die neue gesellschaftliche Situation erforderte wesentlich offenere und allgemeinere Identitätsangebote, die durchaus wieder um einen walserischen Kern entwickelt wurden. Dafür standen aber bereits andere Festanlässe zur Verfügung.[86] „Spiellüt onder önsch" wurde schlicht nicht mehr „gebraucht".

Manche der Jugendlichen, die schon in den siebziger Jahren kein Interesse mehr an der Teilnahme bei „Spiellüt onder önsch" gezeigt hatten,[87] wählten eine andere Form der Kritik: Sie entfernten von Urlauberautos die Reifen und rissen die Radioantennen weg.[88] Wiederum aber war es nicht primär Widerstand gegen Tourismus, und die Gäste waren auch nicht die tatsächlich gemeinten Adressaten. Den Jugendlichen ging es vorrangig um einen lokalen Zusammenhang, sie forderten ein eigenes Jugendhaus.[89] Mit

---

[85] Der Walser, 20. 1. 1984.

[86] Die Veranstaltungen reichten von „Heimatabenden" (Der Walser, 4. 3. 1983), „Kleinwalsertaler Folklore Shows" (Der Walser, 8. 2. 1974), „volkstümlichen Abenden" (Der Walser, 5. 2. 1971), Aufführungen der „Walsertaler Heimatbühne" (Der Walser, 24. 2. 1962) bis zu Faschingsunterhaltungen vom „Elferrat Kleinwalsertal" (Der Walser, 10. 3. 1962); vgl. auch: Vorarlberger Nachrichten, 28. 2. 1957.

[87] Wie wenig Jugendkultur verstanden wurde und wie sehr diese mit Feindbildern besetzt, den traditionellen Veranstaltungen entgegengesetzt wurde, zeigt die Beschreibung einer Diskothek: „Sie wurde von einem Wiener für verwöhnte Gäste eingerichtet, für junge Leute, die sich bei lautstarker Musik in hautengen Jeans und T-Shirts unter zuckendem Disco-Licht cool ihrem beat, rock oder pop hingeben. Einsam tanzen ‚er' und ‚sie' vor sich hin. Sie reden nicht miteinander, denn sie können sich nicht verstehen. Die Musik füllt jeden Raum aus. Nur ihre Bewegungen sprechen zueinander. Darum braucht es keine Worte mehr." – Schwendinger (wie Anm. 60), S. 320.

[88] Der Walser, 3. 1. 1975. Ähnliche Vorfälle hatte es bereits während des „Schnapsbettelns" beim Funkensonntag 1962 gegeben – Der Walser, 17. 3. 1962.

[89] Erst später wurde von der Gemeinde ein „Jugendforum" eingerichtet. Die Jugendlichen begründeten diesen Wunsch auch mit den Folgen des Tourismus, während die Gemeindeväter vor allem der Drogensucht vorbauen wollten. – Schwendinger (wie

den Gästen konnte allerdings auch am besten die lokale Elite getroffen werden.

Wenn bislang auch von Widerstand gegen den Tourismus die Rede war, dann soll in die Gegenwart übergeleitet werden, die Tourismusmanagern als wirkliche Bedrohung erscheinen muß. 1991 waren 19 Millionen Touristen in Österreich. Nach einer kürzlich publizierten Umfrage[90] sinkt die Akzeptanz des Fremdenverkehrs deutlich. Nur mehr 60% aller Österreicher wollen noch „bereist" werden. 40% hingegen, vor allem in den Transitländern Tirol und Vorarlberg, haben genug. Es macht sich „Tourimusmüdigkeit, Skepsis und Überforderung" breit. „Touristen-Leid" und „Touristen-Lust" scheinen sich bald die Waage zu halten. Eine im Ötztal ansässige Wirtin hat eine andere Antwort gefunden: „Man ist froh, wenn sie kommen, und man ist froh, wenn sie wieder gehen."

Anm. 60), S. 330.

[90] Zit. n.: Der Standard, 29. 5. 1992; vgl. auch Dieter Lenhardt: Von der Tourismus-Saga zur Apokalypse. In: Die Presse, 13. 8. 1992.

CHRISTIAN STADELMANN, WIEN

„Was gond mi d'Gäscht a?!"
Zum Zusammenhang von Tourismus und regionaler Identität
am Beispiel des Bregenzerwaldes[1]

Der Landesverband für Tourismus in Vorarlberg hat 1988 eine Broschüre herausgebracht, die den Titel „*Was gond mi d'Gäscht a?!*" trägt[2] – auf Hochdeutsch: „*Was gehen mich die Gäste an?!*".
Das Bemerkenswerte daran ist die Tatsache, daß es sich dabei um eine Werbeschrift handelt, die eigentlich nicht für Touristen gemacht worden ist, sondern sich – der in Mundart gehaltene Titel weist bereits darauf hin – in erster Linie an die einheimische Bevölkerung richtet und bei dieser um Verständnis für den Fremdenverkehr wirbt bzw. seine positiven Auswirkungen auf Wirtschaft, Infrastruktur und kulturelle Veranstaltungen des Landes hervorkehrt, die allen Vorarlbergern zugute kämen, so die Aussage. Auch in den Vorarlberger Tageszeitungen wird mit diesem Anliegen Reklame gemacht.
Damit ist eine neue Stoßrichtung der Fremdenverkehrswerbung angezeigt: Nicht mehr nur die Urlaubswilligen gilt es davon zu überzeugen, daß eine bestimmte Region den jeweiligen Bedürfnissen am ehesten gerecht wird, sondern auch die Einheimischen.[3] Einerseits weil deren Widerstand gegen tourismusbezogene Projekte und folgerichtig gegen den Tourismus allgemein immer massiver wird, andererseits ist ohnedies eine gewisse quantitative Sättigung erreicht, und eine entsprechende Akzeptanz bei der Bevölkerung, die qualitative Bedeutung hat, wird als wichtiger Faktor für den Wirtschaftszweig Fremdenverkehr erkannt. In der mittlerweile

---

[1] Das im folgenden abgedruckte Referat ist im Rahmen einer umfangreicheren Arbeit entstanden, die ich im Auftrag der Regionalplanungsgemeinschaft Bregenzerwald durchführe. Bei derselben bedanke ich mich für die finanzielle Unterstützung.

[2] Landesverband für Tourismus in Vorarlberg (Hg.): Was gond mi d'Gäscht a?! Einsichten und Ansichten zum Tourismus in Vorarlberg. Bregenz o. J. [²1991].

[3] In der Diskussion, die an dieses Referat anschloß, wies Wolfgang Meixner darauf hin, daß es etwa in Tirol schon sehr früh als notwendig erachtet worden war, bei den Einheimischen um Verständnis für den Tourismus zu werben. Dies war allerdings in einer anderen Form geschehen (vgl. sein Referat in diesem Band).

hundertjährigen Geschichte der Fremdenverkehrswerbung wurde die einheimische Bevölkerung bislang nur als passives Element miteinbezogen, deren Besonderheiten ebenso anzupreisen sind wie etwa die der Landschaft.

Für das Land Vorarlberg galten dabei in beiderlei Hinsicht von Anfang an die längst als alpines Fremdenverkehrszentrum par excellence ausgewiesene Schweiz und auch Tirol als Maßstab. Beide Länder boten alles, was Touristen in den Alpen suchten, und zudem verfügten sie über eine bereits besser ausgebaute Infrastruktur und eine jeweils spezifische Identität. Zwischen diesen übermächtigen Konkurrenten war es für Vorarlberg bzw. für den 1893 gegründeten Landesverband für Fremdenverkehr anfangs nicht leicht, das Land als Urlaubsgegend zu vermarkten.[4] Im Falle des Bregenzerwaldes, um den es im folgenden gehen soll, zeigen sich die Texte, die in dieser frühen Phase die Region vergleichend als Reiseziel anpreisen, dementsprechend nicht immer sehr selbstbewußt. So schreibt Karl Blodig in der Zeitschrift des Deutschen und Österreichischen Alpenvereins 1907 über seine Wanderungen in den Bergen des Bregenzerwaldes:

> „Am Ende meiner Schilderungen aus dem Bregenzerwald angekommen, habe ich noch etwas auf dem Herzen, mit dem ich die freundlichen Leser nicht verschonen zu sollen glaube. Gelegentlich einer Besprechung mit einem hochalpinen Mitgliede unserer großen Vereinigung teilte ich ihm vor Jahren schon meinen Plan mit, auch einmal den Bregenzerwald und seine Berge in der ‚Zeitschrift' zu behandeln. Ein kaum merkliches Zucken überflog seine markigen Züge, das, ins Gemeinverständliche übertragen, sagen wollte: Freund, du wirst alt, wenn du von den Walliser Bergen und den Riesen der Mont Blanc Gruppe zum Bregenzerwalde herabsteigst.
>
> Ich aber hoffe dennoch, in den vorausgehenden Zeilen den Beweis erbracht zu haben, daß auch ein noch mitten in seiner vollen Leistungsfähigkeit stehender Alpinist den Bregenzerwald mit hohem Genusse durchwandern kann."[5]

---

[4] Vgl. Rudolf Hämmerle: 75 Jahre Landesverband für Fremdenverkehr in Vorarlberg. Jubiläumsschrift mit Jahresbericht 1966/67. o. O. o. J.

[5] Karl Blodig: Das Bregenzerwaldgebirge. In: Zeitschrift des Deutschen und Österreichischen Alpenvereins, Bd. 38, 1907, S. 153–193, hier S. 193.

Auch ein „hausgemachter" Reiseführer sieht sich bemüßigt, den Vergleich mit hochalpinen Gegenden zu wagen, ohne allerdings sehr überzeugende Argumente für den Bregenzerwald zu finden:

> „Heute treibt [der Zug nach den Alpen] den Fremdenstrom nicht mehr bloß in Alpenländer wie etwa die Schweiz oder Tirol – auch die reichen Schönheiten des zwischen diesen beiden Gebieten eingelagerten Landes Vorarlberg haben ihre begeisterten Freunde gefunden. In besonders hohem Maße gilt dies von dem Schmuckkästchen Vorarlbergs, dem Bregenzerwalde. Er ist eine Landschaft, die keine leuchtenden Riesengletscher und keine großen, glitzernden Seen besitzt, sondern ein Alpenland, dessen Erhebungen im allgemeinen 2000 m nicht übersteigen und das nur in seinem innersten Gebietsteile Höhen von über 2500 m aufweist. Was der ganzen Landschaft des „Waldes" ihr kennzeichnendes Gepräge gibt, ist ihr ungewöhnlich großer Formenreichtum, ihr bunter, vielgestaltiger Wechsel, der so überaus anziehend wirkt."[6]

Der Reiseführer wurde vom Bregenzerwaldverein (heute: Verkehrsverein Bregenzerwald) herausgegeben, der 1905 mit dem Ziel gegründet worden war, „für die Hebung des Fremdenverkehrs Sorge zu tragen und dessen Interessen im Gebiete des Bregenzerwaldes zu wahren und zu fördern."[7] Diese Gründung fällt nicht zufällig in jene Zeit, in der sich der Bregenzerwald endgültig nach außen öffnete; vor allem durch den Bau der Bregenzerwaldbahn 1900–1902, die eine Zugverbindung mit Bregenz darstellte und einschneidende Veränderungen mit sich zu bringen versprach. Dementsprechend umstritten war der Bau,[8] wiewohl dieser nicht nur der Grund, sondern auch schon Folge einer Entwicklung war, die bereits Franz Michael Felder 1862 als eine beschrieb, während der die Bregenzerwälder

---

[6] Bregenzerwaldverein (Hg.): Der Bregenzerwald. Dornbirn o. J., S. 3.

[7] Aus den Satzungen des Bregenzerwaldvereines. Zit. n.: Ferdinand Abbrederis: 25 Jahre Bregenzerwaldverein. In: Feierabend. Wochenbeilage zum „Vorarlberger Tagblatt", 11. Jg., 43. Folge, 19.10.1929, S. 429–431, hier: S. 429.

[8] Vgl. Reinhard Johler: „Nit lugg lau." Ein Beitrag zur Sackgassen-Volkskunde. In: Olaf Bockhorn, Gertraud Liesenfeld (Hg.): Volkskunde in der Hanuschgasse. Forschung – Lehre – Praxis. 25 Jahre Institut für Volkskunde der Universität Wien (=Veröffentlichungen des Instituts für Volkskunde der Universität Wien, Bd. 13). Wien 1989, S. 109–135, bes. S. 114–119.

„nach einer beinahe tausendjährigen Abgeschlossenheit von der Welt in etwas lebhafteren Verkehr mit derselben kamen, indem die ärmeren Leute häufig auswanderten und dann mit fremdem Geld und fremden Sitten wieder in die Heimat zurückkehrten."[9]

Umgekehrt zu der hier angesprochenen Arbeitsmigration der sogenannten Schwabenkinder und der Handwerker war vor der besseren verkehrsmäßigen Erschließung der Region vor allem der Badetourismus des gehobenen Bürgertums in den Bregenzerwald von einer gewissen Bedeutung für den Kontakt mit Fremden. Die ersten Verkehrsvereine – sie hießen damals noch Verschönerungsvereine – wurden denn auch in jenen Gemeinden gegründet, in denen es Kurbäder gab: 1880 in Reuthe, 1884 in Schwarzenberg und 1889 in Mellau.[10] Die wirtschaftliche und kulturelle Bedeutung dieses Badetourismus für den Bregenzerwald wird meines Erachtens stark unterschätzt, zumal er im Gegensatz zu den Reiseschriftstellern, die vor allem in der zweiten Hälfte des 19. Jahrhunderts durch die Talschaft zogen, weniger schriftliche Spuren hinterlassen hat.[11] Die später geäußerte Ansicht, daß „die Reisenden, die in den Bregenzerwald eindrangen, sich wie Entdecker eines neuen Landes vorkamen"[12], ist sicher unzutreffend. Dieses Bild entsteht wohl gerade durch die Reiseliteratur, die den Eindruck des Entdeckens mehr oder weniger bewußt transportiert und als Stilmittel einsetzt.

---

[9] Franz Michael Felder: Vorrede zu: Nümmamüllers und das Schwarzokaspale. Ein Lebensbild aus dem Bregenzerwald (=Sämtliche Werke, Bd. 1). Bregenz 1978, S. 39.

[10] Emmerich Gmeiner: Grüße aus dem Bregenzerwald. Land und Leute auf alten Ansichtskarten. Bregenz 1989, S. 54.

[11] Folgende Zitate mögen dies unterstreichen: „1741 gab es in Hopfreben bereits vier Badestuben: eine für Personen von Stand und geistliche Herren, eine für gewöhnliche Mannsbilder, eine für vornehmere Frauen und eine für einfache Weibsbilder." (Gmeiner (wie Anm. 10), S. 81) und: „Nur ein einziges Beispiel aus dem Jahre 1834 möge dartun, welch starken Besuch die Badeorte des Bregenzerwaldes schon damals hatten. Das Oberbad in Egg-Großdorf beherbergte während des genannten Jahres 500 Gäste. Dabei handelt es sich nicht um eine ausgesprochene Höchstzahl eines einzigen Jahres. Die Bäder von Reuthe und Hopfreben und jedenfalls auch noch andere standen dem erwähnten Oberbad in der Zahl der Gäste keineswegs nach." (K[onrad] Blank – A[rtur] Schwarz: Führer durch den Bregenzerwald Vorarlberg/ Österreich. O. O. o. J. [1954], S. 44).

[12] Hans Nägele: Die Bregenzerwaldbahn. In: Feierabend (wie Anm. 7), S. 450–452, hier S. 450.

In die erste Zeit des 20. Jahrhunderts fielen jedenfalls neben der Eröffnung der Bregenzerwaldbahn Straßenbauten[13] und der Anschluß an das Telefonnetz[14], was ebenfalls einer weiteren touristischen Erschließung zugute kam.[15] Relativ spät, nämlich eigentlich erst zwischen den beiden Weltkriegen, wurde der Wintertourismus für den Bregenzerwald propagiert,[16] doch blieb der Sommerfremdenverkehr im Gegensatz zu anderen Regionen des Landes, wie dem Arlberg, dem Montafon oder dem Kleinen Walsertal bis heute bedeutender.[17] Der schon angesprochene Umstand, daß der Bregenzerwald nur im hintersten Teil hochalpinen Charakter hat, ist überhaupt der Grund dafür, daß der Fremdenverkehr, der ja insgesamt in den Alpen im Winter gegenüber dem Sommer wichtiger geworden ist, hier nie jene Ausmaße angenommen hat, wie etwa am Arlberg. Was in einem Führer aus den fünfziger Jahren möglicherweise noch nicht sehr überzeugend geklungen hat, ist heute tatsächlich ein nicht zu unterschätzendes Qualitätsmerkmal:

---

[13] Nachdem bereits die Achrainstraße von Dornbirn nach Alberschwende einen besseren Anschluß an das Rheintal gebracht hatte, wurde nun von Bezau, wo die Bregenzerwaldbahn endete, bis Schröcken die Straße verbessert bzw. überhaupt erst kraftfahrtauglich gemacht. Bis nach dem Ersten Weltkrieg war der private Autoverkehr auf den Zufahrtstraßen des Bregenzerwaldes verboten gewesen. Dessen Öffnung war der Entwicklung des Fremdenverkehrs ebenfalls zuträglich (Blank – Schwarz (wie Anm. 11), S. 45).

[14] Hämmerle (wie Anm. 4), S. 13.

[15] Etwas außerhalb dieser Entwicklung ist der Vordere Bregenzerwald geblieben, der sowohl von der Bregenzerwaldbahn links liegen gelassen als auch beim Straßenbau längere Zeit vernachlässigt worden war, was die Bedeutung der Verkehrswege für den Fremdenverkehr unterstreicht (vgl. Hämmerle (wie Anm. 4), S. 14).

[16] Noch zu Zeiten der Monarchie – das genaue Jahr ließ sich nicht eruieren – kam ein kleiner Winter-Führer heraus, der jedoch verhältnismäßig wenig Möglichkeiten zum Winter-Tourismus bereithält und noch keinerlei Liftanlagen ausweist: Bregenzerwaldverein (Hg.): Der Bregenzerwald im Winter. Au o. J.

[17] In der Wintersaison 1965/66 ist die Zahl der Nächtigungen im Kleinen Walsertal nahezu gleich denen der Sommersaison, im Bregenzerwald dagegen entfällt nur ein Viertel auf das Winterhalbjahr (Doris Klump: Das Straßenwesen im Bregenzerwald. Wirtschaftswiss. Diss., Innsbruck o. J. [1967], S. 136–138), im Winter 1990/91 ist das Verhältnis im Bregenzerwald etwa zwei Drittel im Sommer- und ein Drittel im Winterhalbjahr. Im Montafon und vor allem am Arlberg sind im Winter deutlich mehr Nächtigungen zu verzeichnen als im Sommer (Fremdenverkehrsstatistik Winter 1990/91 bzw. Sommer 1991 der Abteilung Statistik der Vorarlberger Landesregierung).

„[Der Bregenzerwald verfügt] über eine große Zahl modern eingerichteter Gaststätten, hat aber seine alte Tradition, die keine Palasthotels oder ähnliche Großbetriebe vorsieht, bewahrt und seine gemütvolle Note weiterhin behalten, die dem immer gern gesehenen Gast auch heute neben den zeitgegebenen Bedürfnissen Ruhe und Erholung gewährleistet."[18]

In einem Artikel in einer deutschen Illustrierten aus dem Jahre 1969 wird der Bregenzerwald gar als „ruhiges Eckchen" beschrieben, das „abgeschieden und fast vergessen [...] wirkliche Erholung" garantiert.[19] Der Autor witzelt über die „City" der fast 1500 m hoch gelegenen Gemeinde Damüls[20], stellt fest, daß die „Wildbachbar" in Au um „einen Hauch von Nachtleben [...] rührend bemüht" ist[21] und gibt für Schoppernau einen „ganz besondere[n] Tip": „Beim Bäckermeister Felder und auch im Verkehrsamt erfahren Sie, wo Sie noch eine alte Kupferschüssel, ein Spinnrad oder gar eine alte Truhe erstehen können!"[22]

Das Bild, das hier vom Bregenzerwald gezeichnet wird, mag zwar Praline-Leser animiert haben, einmal einen besonders erholsamen Urlaub zu verbringen, was denn auch dem Fremdenverkehr zugute gekommen sein mochte, ich kann mir aber nur schwer vorstellen, daß die ansässige Bevölkerung, die solcherart der Rückständigkeit bezichtigt wurde, dies ebenso aufgenommen hat, zumal nicht nur die Leser dieses Artikels mit einer entsprechenden Vorstellung in den Bregenzerwald gekommen sein dürften.[23]

---

[18] Blank – Schwarz, (wie Anm. 11), S. 46.
[19] Hartmut Hölling: Stiller Winter im Bregenzer Wald. In: Praline, Jg. 1969, H. 3, S. 12–15, hier S. 12.
[20] Ebd.
[21] Ebd., S. 14.
[22] Ebd.
[23] Schon aus dem Jahre 1846 gibt es für den Bregenzerwald einen interessanten Beleg, mit welcher Präpotenz die Reisenden den Einheimischen entgegengetreten sind: Karl Wilhelm Vogt berichtet von einer Reise durch den Bregenzerwald, während der er in Mellau mit einem Führer beisammen saß, der ihn in die Berge bringen sollte. Es war Sonntag und der Bergführer hatte noch sein Sonntagsgewand an, das er für die Tour abzulegen gedachte. Vogt berichtet: „Ein Fußreisender nahere sich, machte meinem stattlich gekleideten Bedienten seinen ‚gehorsamen Diener' und unterhielt sich mit selbem, den er für etwas Vornehmes halten mochte, augenscheinlich gut, ohne meine unscheinbare Persönlichkeit in dem einfachen stark gebrauchten Reiserocke eines Blickes zu würdigen. Aus seinen Mienen war deutlich die Enttäuschung

Mit dieser Stigmatisierung durch die Urlauber ständig konfrontiert, sind die Einheimischen entweder gezwungen, sich der Lebensweise der Touristen anzunähern und somit deren Werte zu übernehmen, was vor allem der jeweils jüngeren Generation leichter fällt, oder dieser anderen Lebensweise sind eigene Werte entgegenzusetzen. Diese eigenen Werte sind Moral, Gemeinschaftsgeist, Fleiß und Genügsamkeit, die als klassisch zu bezeichnenden ruralen Attribute also, die den aus den Städten kommenden Fremden fehlen.[24] Dies umso mehr, als das Bild, das Touristen vermitteln, ein zweifach entfremdetes ist. Einmal durch den genannten Unterschied zwischen ruraler und urbaner Lebensweise und dann durch die spezielle Urlaubssituation, die mit der eigentlichen Lebenssituation, in der die Touristen normalerweise stehen, verhältnismäßig wenig zu tun hat. Insbesondere die mittlere und die ältere Generation sieht in den ruralen Werten die eigene Identität manifestiert. Es geht dabei weniger darum, die als Wirtschaftsfaktor und zum Teil auch als Individuen durchaus anerkannten Touristen zurückzuweisen, als die eigenen Werte entsprechend zu präsentieren. Dabei kommt es durchaus häufig vor, daß diese Werte stark von außen mitgefestigt werden, etwa durch die genannte Reiseliteratur, in der die Stereotype wie voneinander abgeschrieben scheinen und es teilweise nachweislich sind.[25] Das Präsentierte hat notwendigerweise zum einen

---

und Reue über die an den Unrechten verschwendeten Komplimente zu lesen, als ich mich endlich erhob, mein Bedienter mir respektvollst Mütze und Stock reichte und meinen Schritten in bescheidener Entfernung folgte." (Karl Wilhelm Vogt: Belvedere der Hochlande von dem Bodensee und den Lechquellen bis zur Isar, von dem Oetzthalerferner bis zum Würmsee. Lindau ²1846, S. 34f.). Für andere Alpentäler lassen sich unschwer ähnliche Beispiele finden.

[24] Vgl. Arnold Niederer: Sitten, Bräuche und Traditionen als Faktoren der regionalen Identität. In: Ernst A. Brugger u. a. (Hg.): Umbruch im Berggebiet. Die Entwicklung des schweizerischen Berggebietes zwischen Eigenständigkeit und Abhängigkeit aus ökonomischer und ökologischer Sicht. Bern 1984, S. 797–808, hier S. 800. Auch Gottfried Korff hat – speziell am Beispiel des Folklorismus – ähnliches herausgearbeitet: Folklorismus und Regionalismus. Eine Skizze zum Problem der kulturellen Kompensation ökonomischer Rückständigkeit. In: Konrad Köstlin – Hermann Bausinger (Hg.): Heimat und Identität. Probleme regionaler Kultur. 22. Deutscher Volkskunde-Kongreß in Kiel vom 16. bis 21. Juni 1979 (=Studien zur Volkskunde und Kulturgeschichte Schleswig-Holsteins, Bd. 7). Neumünster 1980, S. 39–52.

[25] Vgl. Markus Barnay: Die Erfindung des Vorarlbergers. Ethnizitätsbildung und Landesbewußtsein im 19. und 20. Jahrhundert (=Studien zur Geschichte und Gesellschaft Vorarlbergs, Bd. 3). Bregenz 1988, etwa S. 109–130, 237–241 und 300–309.

historische Tiefe und zum anderen nach Möglichkeit Regionalspezifik. Das sind prinzipiell notwendige Voraussetzungen für die zu vermittelnde regionale Identität. Damit sind die verwendeten Symbole einer Region häufig zwar vom Inhalt her unterschiedlich, ihr Charakter aber ist sehr ähnlich. Das von außen entgegengebrachte Interesse – durch Touristen und Medien also – trägt zur Erhaltung und Weiterführung der Werte bzw. der diese symbolisierenden Präsentationsträger bei.[26]

Im folgenden möchte ich nun ein paar der wichtigsten Bregenzerwald-Symbole vorstellen und ihre je spezifische Funktion beleuchten.[27]

1. DIE ABGESCHLOSSENHEIT DES BREGENZERWALDES – BAUERNREPUBLIK UND ALEMANNISCHES WESEN

Der Innere oder Hintere Bregenzerwald hatte lange Zeit eine teilweise autonome Verwaltung und Rechtssprechung. Diese wurde durch Reformen beendet, nachdem Tirol und Vorarlberg während der Napoleonischen Kriege 1806 für gut acht Jahre an Bayern gefallen waren. Bis dahin hatten die Bregenzerwälder eine sogenannte freie Landgemeinde gebildet, die von einem gewählten Landammann geführt worden war. Eigene Ratsherren hatten relativ autonom Gesetze beschlossen und exekutiert. Die bayerische Herrschaft, aber auch der österreichische Absolutismus vor und nach dieser, in Verbindung mit einer Verbesserung der Verkehrswege, beschnitten diese Autonomien. Die Bedeutung für das Selbstverständnis des Hinteren Bregenzerwaldes blieb jedoch bestehen.[28] Die Tatsache der Unabhängigkeit und Selbstbestimmtheit wird dabei nur sekundär den geographischen Verhältnissen zugeschrieben. Wichtiger sind die damit korrelierenden Eigenschaften, die den Bregenzerwäldern nachgesagt werden. Es handle sich um einen „besonders freiheitlichen Menschenschlag", der mit einem „starken Gemeinschaftsgefühl"[29] ausgestattet sei. Diese Attribute

---

[26] Vgl. Niederer (wie Anm. 24), S. 798.

[27] Die ersten beiden Beispiele habe ich aus zeitlichen Gründen nicht vorgetragen.

[28] In einem Artikel aus dem Jahre 1936 wird das auf einem Bergrücken gelegene Gebäude, in dem die Ratsherren tagten, stolz als das erste „Bauernparlament der Welt" bezeichnet. Dies wohl einfach nur deswegen, weil im Bregenzerwald schon 1366 ein Landammann ausgemacht werden kann, während die antihabsburgische Bewegung der Schweizer auf das ausgehende 15. Jahrhundert zu datieren ist (Die Bezegg, das erste Bauernparlament der Welt. In: Feierabend. Wochenbeilage zum „Vorarlberger Tagblatt", 18. Jg., 1936, 35. Folge, S. 382.)

[29] Karl Ilg: Der Volkscharakter. In: Ders. [Hg.]: Landes- und Volkskunde, Geschichte,

wurden insbesondere in der Literatur vor 1945 – und dies ist der häufig hergestellte Zusammenhang zum Topos der Bauernrepublik – dem alemannischen Volksstamm zugeschrieben, der sich nach übereinstimmenden Anschauungen im Bregenzerwald am reinsten erhalten hat.[30] Noch heute sei die „Zuwanderung Fremder, das heißt von Nichtwäldern [...] nicht nur selten, sondern auch schwierig"[31].

Interessant ist in diesem Zusammenhang, daß der Vordere Bregenzerwald einerseits schon früher regere Beziehungen zum Allgäu und den Gemeinden im nördlichen Vorarlberg hatte, andererseits von den im 19. und Anfang des 20. Jahrhunderts gebauten Verkehrswegen in den Hinteren Bregenzerwald ausgespart blieb.[32] Somit war er von der Abgeschlossenheit des Hinteren Bregenzerwaldes eher ausgeschlossen, was zu merkbaren Schwierigkeiten mit dem Begriff „Bregenzerwald" führte. Diese werden allgemein entweder dadurch gelöst, daß die äußere Region stillschweigend miteinbezogen wird, oder es wird bewußt auf die Unterschiede eingegangen, indem zwar der selbe Volksstamm angenommen wird, aber charakterliche Unterschiede ins Treffen geführt werden.[33] Sehr elegant gelöst wird dieses Problem in einem insgesamt eher nüchtern gehaltenen und informativen Reiseführer durch den Bregenzerwald aus den 50er Jahren des 20. Jahrhunderts, in dem zahlreiche Unterschiede der Vorderen und Hinteren Bregenzerwälder zuerst einmal durch die Tatsache erklärt werden, daß etwa „das Wachstum des Körpers in umgekehrtem Verhältnis zur Höhe der Berge steh[e]. Auf dem Flachlande trifft man die großen Menschen, die kleineren im Gebirge."[34]

Wirtschaft und Kunst Vorarlbergs, Bd. 4: Die Kunst. Innsbruck – München 1967, S. 359–405, hier S. 403.

[30] Vgl. vor allem Alois Hildebrand Berchtold: Das Volkstum in Vorarlberg. In: Alemania, 5. Jg., 1931, H. 2, S. 57–63, hier S. 59 oder Franz Xaver Moosmann: Leitfaden der Geschichte Vorarlberg's für die Volksschulen. Innsbruck – Bregenz – Feldkirch 1872, zit. n. Barnay (wie Anm. 25), S. 234.

[31] Ilg (wie Anm. 29), S. 404.

[32] Auch der freien Landgemeinde gehörten die Ortschaften des Vorderen Bregenzerwaldes nicht an.

[33] So bei Hermann Sander: Volksleben in Vorarlberg. In: Die Österreich-ungarische Monarchie in Wort und Bild. Tirol und Vorarlberg [Bd.7]. Wien 1893, S. 356, Ludwig von Hörmann: Wanderungen in Vorarlberg. Bregenz 1895, S. 23 und Ilg (wie Anm. 29), S. 403. Auf diese Diskrepanzen hat auch Barnay (wie Anm. 25), S. 309 hingewiesen.

[34] Blank – Schwarz (wie Anm. 11), S. 24.

In einem Reisebericht des Jahres 1931 befindet Alois Hildebrand Berchtold überhaupt, daß der Vordere Bregenzerwald nicht zum Bregenzerwald gehört:

> „Dem Bregenzerwald angeschlossen ist der Vorderwald, bestehend aus fünf Gemeinden. Er ist völkisch und rassisch ganz anders geartet als der Hinterwald. Das Volk ist lebhaft und laut, südländisch bewegt. Bekanntlich sind solche plötzliche Stufungen im Volkstum keine Seltenheit in den Alpen und beruhen auf alten und uralten Siedlungsverschiedenheiten, die sich dann unvermischt durch die Jahrhunderte herauf erhalten haben."[35]

Es handelt sich hierbei zwar um ein Zitat, das in seiner Krassheit kaum Vergleiche findet, doch läßt es erahnen, daß sich der Vordere Bregenzerwald in diesem Punkt schwer tut, mit dem Hinteren Bregenzerwald eine gemeinsame Symbolik zu finden.

2. Die Nachtstubat

Ein bedeutendes Symbol aus dem Bereich der Bräuche ist die Bregenzerwälder Nachtstubat. Es wird damit die Art und Weise bezeichnet, wie die Bregenzerwälder früher vor allem ihre Herbst- und Winterabende verbracht haben. Aufgrund der speziellen bäuerlichen Wirtschaftsweise, bei der das Vieh im Frühjahr und im Herbst vor und nach der Sömmerung auf den Hochalpen jeweils für einige Wochen in sogenannten Vorsäßen gehalten wird, die zwischen Heimstall und Alpe gelegen sind und wo sich mehrere Familien mit dem jeweils eigenen Vieh während dieser Zeit aufhalten, sind diese Vorsäße insbesondere früher bis Weihnachten oder Neujahr bewohnt gewesen. Dadurch kam ihnen eine große Bedeutung für das Leben der Bauern zu. Zur Nachtstubat kamen vor allem die Jugendlichen eines Vorsäßes in einem der Häuser zusammen und verbrachten gemeinsam den Abend. Die Mädchen stickten und daneben wurde geplaudert, gespielt, gesungen, teilweise auch getanzt.[36] Für die Kommunikation zwischen den Geschlechtern waren diese Abende von großer Bedeutung, und insgesamt stehen sie heute für gemeinschaftliches Leben und Unterhaltung abseits von Fernsehen, Massenveranstaltungen und Alkoholkonsum. Sie repräsentieren also auf's beste die oben angeführten Werte. Dazu kommt, daß es

---

[35] Berchtold (wie Anm. 30), S. 60.
[36] Eine ausführliche Beschreibung einer solchen Nachtstubat gibt Franz Michael Felder in Nümmamüllers und das Schwarzokaspale (wie Anm. 9), S. 45–61.

„Was gond mi d'Gäscht a?!"

sich aufgrund der besonderen Wirtschaftsweise um etwas dem Bregenzerwald Eigenes handelt, das keine unmittelbare Entsprechung in anderen Regionen findet.

Nachdem nun die meisten dieser Vorsäße durch Straßen erschlossen bzw. Fahrzeuge verfügbar sind, die auch schlechte Wege mühelos und schnell bewältigen können, ist auch für Vollerwerbsbauern, die die Vorsäße nach wie vor nutzen, die Notwendigkeit verloren gegangen, während der ganzen Zeit der Bewirtschaftung auch dort zu wohnen. Die Milch wird täglich ins Tal gebracht und erst dort verarbeitet. Die Kinder und Jugendlichen müssen ohnedies gerade zu den in Frage kommenden Zeiten in die Schule gehen, und teilweise sind die Vorsäße oder zumindest deren Wohnhäuser an Touristen vermietet. Damit ist der Brauch, zur Nachtstubat zu gehen, obsolet geworden. Für die kollektive Identität hat die Nachtstubat aus den genannten Gründen aber nach wie vor große Bedeutung. Das Resultat ist die Verwendung des historischen Brauches als bloßes Symbol, das seine ursprünglichen Funktionen verloren hat und als primäre neue Funktion die Wahrung der regionalen Identität erfüllt. Darstellungen über den Bregenzerwald lassen lange Zeit nicht los von der Vorstellung, daß die Nachtstubat noch funktioniere.[37] Nachdem doch akzeptiert wird, daß es sie nicht mehr gibt, erfährt der Brauch seine Auferstehung in veränderter, darstellender Form: Er wird auf einem Wagen bei Umzügen gezeigt[38], für eine Fernsehproduktion nachgespielt[39] und, versehen mit festem Termin und Programm, für „Volksmusikfreunde aus dem Bregenzerwald und Allgäu" auf einer Alpe inszeniert[40], die nicht in einem typischen Vorsäßgebiet und darüber hinaus jenseits der Grenze im Allgäu liegt.[41] Ich möchte noch einmal darauf hinweisen: Die Funktion, die der Brauch erfüllt, ist eine völlig andere als dies ursprünglich der Fall war, aber in einem anderen Zusammenhang ist der Brauch nach wie vor von Bedeutung – er bietet die Möglichkeit zur Orientierung.

---

[37] Vgl. Blank – Schwarz (wie Anm. 11), S. 27 oder Ilg (wie Anm. 29), S. 404.

[38] Einen solchen Wagen habe ich beim Umzug anläßlich des 21. Wälder Bezirksmusikfestes am 21. Juli 1991 in Schoppernau gesehen.

[39] Film des ORF, Landesstudio Vorarlberg, ausgestrahlt am 30.12.1989 auf FS 2.

[40] Nohburostubat auf der Alpe Hochwies. In: Bregenzerwald-Heft, 10. Jg., 1991, S. 148.

[41] Für die Nachtstubat gilt prinzipiell dasselbe wie für die Bauernrepublik: der Vordere Bregenzerwald hat eine andere Agrarstruktur als der Hintere Bregenzerwald, die Vorsäß-Wirtschaft ist hier nicht üblich, da es keine entsprechend hoch gelegenen Regionen gibt, die eine Wirtschaftsweise auf drei Ebenen möglich bzw. nötig machen.

3. Die Bregenzerwälder Tracht

Das wohl unumgänglichste Sujet einer jeden Darstellung des Bregenzerwaldes ist, seit die ersten Reisenden die Region beschrieben haben, seine Frauentracht. Abgesehen von ästhetischen und erotischen Komponenten, die dabei sicherlich eine Rolle spielen, liegt in der Tracht wohl vor allem anderen die Möglichkeit, regionale Besonderheit zur Schau zu stellen. Es ist hier nicht der Platz, den Symbolgehalt der Tracht genauer zu analysieren, dies ist nicht nur für den Bregenzerwald von anderer Seite geschehen.[42] Trotzdem möchte ich wenigstens kurz im Zusammenhang mit dem Eröffnungsfest der Bregenzerwaldbahn 1902 darauf eingehen: Der Bau derselben war 30 Jahre lang umstritten gewesen, und nachdem er doch durchgeführt worden war, wurde in Egg ein groß angelegtes Volksfest gefeiert, dessen Anlaß zwar die Eisenbahn war, das aber inszeniert war als Trachtenfest. Der Schweizer Autor Jakob Christoph Heer, der sich zu diesem Zeitpunkt im Bregenzerwald aufhielt und das Fest in einem Roman beschrieb, berichtete etwa, daß er in Egg „ein entzückendes Fest zu Ehren der alten Tracht"[43] gesehen habe; die Bregenzerwaldbahn ist nur in Klammern erwähnt. Und auch Adolf Helbok erklärt, daß das Volksfest „in hohem Grade den Charakter eines Trachtenfestes" hatte.[44] Durch diesen Kunstgriff der Veranstalter wurde versucht, die Eisenbahn in das traditionelle Umfeld einzupassen und somit ihres fortschrittlichen Charakters, der mit einer ungewissen Zukunft einherging, zu berauben. Diese Rechnung ist denn auch aufgegangen.[45] Die Tracht fungierte als bestens geeignetes historisierendes Symbol. Bernhard Tschofen hat gezeigt, daß sie diesen Status trotz unterschiedlicher Vorzeichen nie verloren hat.[46] Heute steht sie zugleich als unverkennbarer Ausdruck Bregenzerwälder Identität wie auch – damit korrespondierend – als zugkräftiges Mittel der Fremdenverkehrswerbung da. Der Verkehrsverband Bregenzerwald befin-

---

[42] Bernhard Tschofen: „Trotz aller Ungunst der Zeit". Anmerkung zu einer zweiten Geschichte der Tracht in Vorarlberg. In: Österreichische Zeitschrift f. Volkskunde, NS Bd. 45, GS Bd. 94, 1991, S. 1–46 oder auch Johler (wie Anm. 8), S. 115–117.

[43] J.C. Heer: Ein Volksfest im Bregenzerwalde [Auszug aus dem Buch: Blaue Tage. Wanderfahrten von J.C. Heer]. In: Feierabend. Wochenbeilage zum „Vorarlberger Tagblatt", 7. Jg., 34. Folge, 31.08.1925, S. 189–191, hier S. 189.

[44] Adolf Helbok: Die Bregenzerwälder Heimatmuseen. In: Heimat. Volkstümliche Beiträge zur Kultur und Naturkunde Vorarlbergs, 5. Jg., 1924, S. 140–145, hier S. 142.

[45] Johler (wie Anm. 8), S. 117.

[46] Wie Anm. 42.

det, daß die Bregenzerwälder Tracht „in ihrem Erscheinungsbilde wohl der wesensgemäßeste Ausdruck des Landes Vorarlberg" ist[47], und der Bezauer Bürgermeister läßt im Gemeindeblatt einen Appell an die Mädchen und Frauen veröffentlichen, sie mögen doch an Festtagen die Bregenzerwälder Tracht tragen, „weniger der Folklore wegen, als vielmehr deswegen, weil die Juppe ein bedeutsames Stück Wälder Kultur verkörpert."[48]

Die hier Angesprochenen mögen wohl einen mehr spielerischen Umgang mit der Tracht haben[49], und ich glaube auch, daß gerade ältere Frauen die Tracht zu wichtigen kirchlichen Anlässen mit der gleichen Selbstverständlichkeit tragen wie Männer ihren Anzug zu wichtigen weltlichen Anlässen. Der regionale Charakter und das allerorts beobachtbare Erfordernis, das Tragen der Tracht zu unterstreichen und zu fördern, geben ihr aber eine Publizität und Bedeutung, die weit jenseits des Selbstverständlichen liegt.

4. Das Bregenzerwälder Bauernhaus

Dem Vernehmen nach haben sich zahlreiche Vorarlberger, nicht nur Bregenzerwälder, nach dem Erscheinen des neuen Einhundert-Schilling-Scheines wenigstens ein Exemplar des alten zurückbehalten. Dies deswegen, weil auf der einen Seite die Malerin Angelika Kauffmann abgebildet ist, deren Vater aus Schwarzenberg im Bregenzerwald kommt und auf der anderen Seite ein Bregenzerwälder Bauernhaus.

Tatsächlich hat dieser Haustyp auf die Landschaft insgesamt einen stark prägenden Einfluß. Im vorderen Teil der Talschaft, wo die Siedlungsweise offener und das Gelände hügelig ist, sind die einzelnen großen Häuser locker über die Landschaft verteilt, während im Hinteren Bregenzerwald besonders die Ortskerne einzelner Gemeinden durch die in die Straßen hereindrückenden Gebäude bestimmt sind.

Doch war es nicht erst die Einhundert-Schilling-Note, die dem Bregenzerwälder Haus in den 1970er und 80er Jahren zu österreichweiter Bekanntheit verhalf. Schon 1873 bekam es eine etwas sachbezogenere Öffentlichkeit. Auf der Weltausstellung in Wien sollten „Bauernhäuser der

---

[47] Verkehrsverband Bregenzerwald (Hg.): Bregenzerwald. Kultur und Geschichte. Egg o. J., S. 4.

[48] Gemeindeblatt für die Landeshauptstadt Bregenz sowie die Gemeinden des Bezirkes Bregenz, 17.05.1991, zit. n. Kultur. Zeitschrift für Kultur und Gesellschaft, Jg. 6, 1991, Nr. 6, S. 49.

[49] Tschofen (wie Anm. 42), S. 45.

verschiedenen Völker der Erde" vorgestellt werden.[50] Diese Konzeption erwies sich letztlich als etwas zu großartig, immerhin aber wurden neun Bauernhäuser aufgestellt, sieben aus der österreich-ungarischen Monarchie, ein russisches und ein elsässisches.[51] Unter diesen neun Gebäuden befand sich auch ein „Vorarlberger Bauernhaus", das statt mit Wirtschaftsgeräten mit lebenden Requisiten in Gestalt zweier Mädchen in Bregenzerwälder bzw. Montafoner Tracht ausgestattet war.[52] Bei diesem Vorarlberger Bauernhaus handelte es sich um ein Kunstprodukt ohne Stall, dafür aber mit ausschmückenden Zubauten versehen, das insgesamt aber stark an das Bregenzerwälder Haus angelehnt war.[53]

Auch dieses Beispiel mag verdeutlichen, wie sehr das Bauernhaus aus dem Bregenzerwald zu einem Markenzeichen der Region geworden ist. Folgerichtig mußten Anfang dieses Jahrhunderts zur Unterbringung der ersten Heimatmuseen unbedingt echte Bregenzerwälder Häuser zur Verfügung gestellt werden. Adolf Helbok verlangt gar, daß das in Bezau vorgesehene Gebäude „seinen Schindelpanzer auszieht, den es alter Wälderart untreu werdend anzog, als diese Allgäuer Sitte aufkam [...]."[54] Zum Vergleich: Beinahe 100 Jahre vorher hatte Karl Wilhelm Vogt festgehalten, daß die Wände der Häuser „nach Landessitte mit niedlichen Schindeln von Holz, mit Oelfarbe und Firniß übertüncht, bedeckt sind [...]."[55]

Bei der Erläuterung der Bauernhäuser in Darstellungen des Bregenzerwaldes fehlt fast nie der Hinweis auf die Sauberkeit und Ordnung, die in

---

[50] K[arl] J[ulius] Schröer: Das Bauernhaus mit seiner Entwicklung und seinem Geräthe. (Gruppe 20.). In: Generaldirektion der Weltausstellung 1873 (Hg.): Officieller Ausstellungs-Bericht. Wien 1874, S. 1.

[51] Ebd., S. 3.

[52] Karl Ziak: Wie vor 100 Jahren oder Rausch und Katzenjammer. Wien 1973, S. 265; vgl. auch Leopold Höhl: Wanderungen durch Vorarlberg. Würzburg o. J. [1880], S. 100f.

[53] Karl Julius Schröer fiel prompt darauf herein und beschrieb dieses Vorarlberger Bauernhaus vergleichend mit den anderen Bauernhäusern als landschaftstypisch (wie Anm. 50, S. 33f.), Leopold Höhl (wie Anm. 52, S. 101) spricht überhaupt von einem „Wäldlerhause".

[54] Helbok (wie Anm. 44), S. 142.

[55] Vogt (wie Anm. 23), S. 3. Das Zitat bezieht sich eigentlich auf die im Rheintal befindliche Ortschaft Schwarzach, doch weist Vogt weiter hinten, S. 24, für den Bregenzerwald explizit noch einmal darauf hin: „Das Äußere dieser Häuser zeigt an jenen Stellen, wo sie nicht mit der bereits erwähnten niedlichen Schindelbekleidung bedeckt sind, gewöhnlich einen ächt religiösen Sinn verratende Sprüche [...]."

ihrem Inneren herrscht.[56] In einem Gebiet, in dem der Anteil an privaten Ferienzimmern relativ groß ist, läßt sich damit vorzüglich Fremdenverkehrswerbung machen.

5. Das Volkslied im Bregenzerwald

Als letztes Symbol möchte ich noch das Volkslied nennen. Im Gegensatz zu den bisher behandelten bildet es insofern eine Ausnahme, als es im Bregenzerwald nicht wirklich von Bedeutung ist. Ludwig Steub befindet 1846, daß „überhaupt nicht viel gesungen [wird], und dann immer nur nach hochdeutschen Texten."[57] Der ebenso wandernde Leopold Höhl weiß:

> „Daß bei solch arbeitsamer, sparsamer und stets aufs Praktische gerichteter Lebensweise poetischer Sinn, Liebe und Lust zum Gesange sehr spärlich sich findet, ist erklärlich. So anstellig und talentvoll sonst der Wäldler, überhaupt der Vorarlberger ist, hierin steht er seinem Tiroler Nachbarn weit nach, der bei jeder Gelegenheit seine schneidigen Schnadahüpfln und Trutzliedln losläßt und meist selbst erfindet. Hierzuland ist von Volkslied und Volksgesang keine Rede; was man vereinzelt hört, ist von Außen importiert und trägt mehr den schwäbischen Charakter an sich."[58]

Karl von Seyffertitz schließlich findet am Bregenzerwald rundum Gefallen,

> „[n]ur zwei Dinge wirst Du vergebens im ‚Walde' suchen: Ackerland oder umgebrochenen Boden [...] und Sang und Lied: – heitere Sangeslust, scheint es, verträgt sich nicht mit dem ernsten Grüblersinn der Männer und dem sittigen Anstande der ‚Schmelgen' (Mädchen)."[59]

---

[56] Franz Josef Weizenegger, der die erste Vorarlberger Landeskunde verfaßt hatte, dürfte den „Startschuß" zur Verwendung dieses Stereotyps gegeben haben: Vorarlberg. Aus dem Nachlaß bearbeitet und herausgegeben von Meinrad Merkle. Innsbruck 1839, unveränderter Nachdruck 1989, S. 53f. In der Folge finden wir es in zahlreichen Publikationen, etwa: Ludwig Steub: Streifzüge durch Vorarlberg [Nachdruck des Vorarlberg-Teiles von: Drei Sommer in Tirol. München 1846]. Hgg. und kommentiert von Hans Nägele. München 1908, S. 173 oder Ilg (wie Anm. 29), S. 405.

[57] Steub (wie Anm. 56), S. 33.

[58] Höhl (wie Anm. 52), S. 124f.

[59] Karl von Seyffertitz: Vorarlberg. In: Ludwig von Hörmann u. a.: Wanderungen durch

Derartige Befunde aber vertragen sich nicht mit dem Gemeinschaftsbewußtsein, zumal ein bekanntes Sprichwort Leute, die nicht singen in keinem guten Lichte erscheinen läßt. In einem Bregenzerwaldführer, vom Bregenzerwaldverein zu Anfang dieses Jahrhunderts herausgegeben, heißt es dann – wohl wider besseres Wissen –, daß „[d]er leidliche Wohlstand [...] den dem Gebirgler eigenen, kernigen Humor, die Freude an Gesang, Musik und Tanz immer wieder zutage treten [läßt]."[60] Und auch Karl Ilg schreibt: „Der ‚Wälder' liebt seine Wälderheimat innig. In ihr ruht sein Glück. Davon zeugen auch viele seiner Lieder. Er singt gern und ist heiterer Natur [...]."[61]

Zwar hatte man tatsächlich zu Beginn des 20. Jahrhunderts angefangen, Gedichte zu vertonen und dem Bregenzerwald eigene Lieder zu singen, und 1957 kam ein Buch mit Bregenzerwälder Liedern und Jodlern heraus, das kürzlich in stark erweiterter Fassung eine Neuauflage erfahren hat.[62] Doch wird gerade dadurch verdeutlicht, daß es diesbezüglich keine große Tradition gibt. Nach wie vor wird beklagt, „daß Jodlervereine wohl im benachbarten Allgäu, nicht aber im Bregenzerwald anzutreffen seien", daß es das Alphornblasen im Bregenzerwald nicht gäbe, daß statt landesfremdes Schuhplatteln zu zeigen, besser gejodelt werden solle und „daß die Kinder heute nicht mehr singen können, weil das Singen in der Volksschule nicht mehr gelehrt werde."[63]

Der eigenen Volksmusik einen größeren Stellenwert zu geben, ist deswegen ein Anliegen, weil man damit versucht, „die Identifikation mit der engeren Heimat musikalisch zu fördern und ein kulturelles Selbstverständnis der Wälder anzustreben."[64]

Das Volkslied ist ein Beispiel dafür, daß über einen an sich – andere Regionen zeigen dies – sehr geeigneten Symbolträger keine übermäßige regionale Identifikation erreicht werden konnte. Dies wahrscheinlich deshalb, weil auf der einen Seite das Aktiv-Werden vieler dazu notwendig

---

Tirol und Vorarlberg. Stuttgart o. J. [1877, ²1889]. Nachdruck der 2. Aufl., München 1977, S. 249–284, hier S. 253.

[60] Bregenzerwaldverein (wie Anm. 6), S. 4.

[61] Ilg (wie Anm. 29), S. 404.

[62] Heimatpflegeverein Bregenzerwald (Hg.): Bregenzerwälder Lieder und Jodler. Damüls 1991.

[63] Bregenzerwald-Heft (wie Anm. 40), S. 144.

[64] Walter Deutsch: Rezension von: Heimatpflegeverein (wie Anm. 62). In: Bregenzerwald-Heft, 10. Jg., 1991, S. 124f., hier S. 124.

wäre und nicht nur der Wunsch verhältnismäßig weniger Propagatoren und auf der anderen Seite – was, wie die anderen Beispiele zeigen, genügen würde –, weil die historische Tiefe nicht gegeben ist.

Wenn man sich das Repertoire an identitätsstiftenden Symbolen, die der Bregenzerwald bereithält, insgesamt anschaut, so kann man feststellen, daß ein sehr reichhaltiges Angebot vorliegt. Das gilt zumindest für den Inneren oder Hinteren Bregenzerwald. Daß hier tatsächlich eine vergleichsweise große regionale Identität gegeben ist, bestätigt eine in Vorarlberg durchgeführte IFES-Umfrage aus dem Sommer 1981. Bei dieser wurden mögliche Identifikationsgrößen angeboten und danach gefragt, zu welchen eine wichtige Beziehung besteht.[65] Abgesehen von den Bezugsgrößen „Vorarlberg" und „Österreich" weist einzig der Bregenzerwald mit 6,1 Prozent der Vorarlberg-weiten Nennungen einen beachtenswerten Anteil auf. Vor allem die auf vergleichbare Regionen bezogenen Angebote „Montafoner", „Walser", „Arlberger", „Oberländer", „Unterländer" aber auch Bezugsgrößen wie „Alemanne", „Deutscher", „Europäer" und „Weltenbürger" erhielten kaum meßbare Zuordnungen.

Die starke Identifikation mit der Region erfolgt aber nicht nur durch die Bregenzerwälder selbst. Die entsprechenden Zuschreibungen, etwa auf die Frage: „Was fällt Dir ein, wenn Du an den Bregenzerwald denkst?", sind von außen besehen dieselben. Dabei hat der „fremde Blick" diese Identifikationsangebote erst ermöglicht, die nun in einer permanenten Wechselwirkung von innen und außen erhalten werden. Vor allem anderen fällt dabei dem Fremdenverkehr in seinen verschiedenen Erscheinungsformen die wichtigste Rolle zu, dieses Wechselspiel voranzutreiben. Utz Jeggle und Gottfried Korff haben im Falle der Zillertaler gemeint, diese hätten, nachdem sie früher gezwungen waren, außerhalb des Tales Waren und auch Lieder zu verkaufen, die Klischees, die sie dabei als Verkaufsstrategie produziert hatten, auch im eigenen Tal aufrecht erhalten, und die an sie herangetragenen Rollenerwartungen auch hier erfüllen müssen.[66] Das gilt so für den Bregenzerwald sicherlich nicht. Dazu haben die Bregen-

---

[65] Die im folgenden angeführten Ergebnisse habe ich aufgrund einer telefonischen Auskunft von Hermann Denz von der Vorarlberger Studiengesellschaft am 23.06.1992, der Volkszählung 1981, Hauptergebnisse 1, Vorarlberg (=Beiträge zur österreichischen Statistik, H. 630/9) und Barnay (wie Anm. 25), S. 481 zusammengestellt.

[66] Utz Jeggle – Gottfried Korff: Zur Entwicklung des Zillertaler Regionalcharakters. Ein Beitrag zur Kulturökonomie. In: Zeitschrift f. Volkskunde, 70. Jg., 1974, S. 39–57, hier S. 47.

zerwälder selbsttätig zu wenig Klischees nach außen getragen.[67] In dem Maße aber, in dem sich der Bregenzerwald nach außen hin – hier also dem Tourismus – öffnet und den Fremden die Besonderheiten – also Eigenheiten – zeigt, müssen diese Besonderheiten, die die regionale Identität bestimmen, hervorgekehrt und überzeichnet werden, umso mehr, als sie durch Bilder der Lebensweise der hereinkommenden Fremden gestört und in ihrer Reinheit gefährdet scheinen.

---

[67] Reinhard Johler meinte in der Diskussion, daß auch im Falle des Bregenzerwaldes sehr stark Klischees aus dem Tal getragen worden waren. Er verwies auf Gallus Moosbrugger, der sich in Mailand in Tracht hatte fotografieren lassen. Trotzdem glaube ich, daß dies nicht in solch großem Stil geschehen ist, wie es für das Zillertal beschrieben wird.

Kurt Conrad, Salzburg

Tourismus und alpine Baukultur.
Zur Auswirkung des Fremdenverkehrs auf das Bau- und Wohnverhalten in den Salzburger Landgemeinden

Eine Volkskundetagung, die dem Thema „Tourismus und Regionalkultur" gewidmet ist, kann sich der Frage, wie sich der Tourismus auf das regionale Baugeschehen auswirkt, nicht entziehen. Dem Volkskundler geht es dabei nicht um den finanziellen Gewinn, den die Bauwirtschaft dem Tourismus verdankt, sondern um Gestalt und Antlitz der dem Fremdenverkehr dienenden Bauten, die – wenn sie gehäuft auftreten – das Kulturbild der Landschaft entscheidend prägen. Bauten sind ja „primäre Elemente" der Kulturlandschaft, weil sie immer vorhanden und immer sichtbar sind, während andere Kulturerscheinungen, wie etwa der zur Touristenattraktion gewordene Großbrauch des Perchtenlaufes, als „sekundäre Elemente" nur zu bestimmten Terminen erlebbar sind.[1] Im folgenden soll daher aufgezeigt werden, wie sich der Tourismus im baulichen Erscheinungsbild der Salzburger Landgemeinden auswirkt, wobei der anhand von Lichtbildern vorbereitete Rundgang zugleich als Einführung in die den Abschluß der Tagung bildende Exkursion gedacht war. Da dieser Rundgang im Tagungsband auf Bildmaterial weitgehend verzichten muß, kann er hier mehr oder weniger nur die grundsätzlichen Überlegungen enthalten, die ich im Vortrag den Lichtbildern voranstellte. Daß diese Überlegungen nicht von einem zünftigen Architekten, sondern von einem an der Hausforschung interessierten Volkskundler vorgetragen werden, mag insofern berechtigt sein, als ich in dem Jahrzehnt von 1960 bis 1970, in dem der Sommer- und Wintertourismus im Lande Salzburg eine ungeahnte Steigerung erfuhr,[2] als Naturschutzsachbearbeiter im Amt der Salzburger Landesregierung insbesondere mit Bauvorhaben in Landschaftsschutzgebieten konfrontiert war. Nach dem Salzburger Naturschutzgesetz 1957 konnten Gebiete, die

---

[1] Kurt Conrad: Die Landschaft als Spiegelbild der Volkskultur. In: Volkskultur, Mensch und Sachwelt (=Festschrift für Franz C. Lipp, Sonderschriften des Vereins für Volkskunde, Bd. 3). Wien 1978, S. 57.
[2] Allein im salzburgischen Lungau stiegen die gewerblichen Nächtigungen in diesem Jahrzehnt um 182%.

sich durch besondere landschaftliche Schönheit auszeichnen oder die für die Erholung der Bevölkerung oder für den Fremdenverkehr von Bedeutung sind, zu Landschaftsschutzgebieten erklärt werden.[3] In diesen Gebieten war vor der Einholung der (in den Zuständigkeitsbereich des Bürgermeisters fallenden) Baubewilligung eine Zustimmung der Landesregierung vom Standpunkt des Naturschutzes zu erwirken. Diese Zustimmung wurde nur dann erteilt, wenn sich das Bauvorhaben in die bildhafte Gesamterscheinung der Landschaft mehr oder weniger störungsfrei einfügen ließ. Damit waren natürlich Zielkonflikte gewissermaßen schon vorprogrammiert, da der Naturschutzbeauftragte auf die Erhaltung des überlieferten Landschaftsbildes, der Bauwerber auf die private oder öffentliche Nutzung dieses Bildes zum Zwecke des Fremdenverkehrs Wert legte. Es ging – und geht auch heute noch – um die Fragen

1. welche Bauaufgaben hat der Tourismus als Wirtschaftszweig im Interesse der Touristen zu erfüllen,
2. wie sehen die überlieferten, regionaltypischen Bauformen der Landschaft aus, deren Schönheit und Erholungswert der Tourismus konsumieren will,
3. lassen sich die Bauaufgaben des Tourismus mit den herkömmlichen, landschaftsgebundenen Formen bewältigen oder können (bzw. müssen) neue (Kontrast-)Formen gefunden bzw. geduldet werden?

Bevor wir uns diesen Fragen zuwenden, bedürfen die Begriffe „Tourismus" und „Fremdenverkehr" einer Klarstellung. Der Große Brockhaus sieht im Tourismus den Fremdenverkehr unter seinen verschiedenen Aspekten, insbesondere aber in seinen organisierten Formen und als Wirtschaftszweig,[4] im Fremdenverkehr den Reiseverkehr mit vorübergehenden Aufenthalten an fremden Orten zum Zwecke der Erholung, der Bildung, des Vergnügens, aber auch zum Zwecke beruflicher Betätigung oder aus Anlaß besonderer Ereignisse (Festspiele, Ausstellungen).[5] Der „Fremdenverkehr" ist daher die Gesamtheit aller Beziehungen und Erscheinungen, die sich aus der Reise und dem Aufenthalt von Personen ergeben, für die der Aufenthaltsort weder Arbeits- noch Wohnort ist. Wenn wir nun alle Bauten bzw. Baumaßnahmen auflisten, die erforderlich sind, um die Reise und den Aufenthalt ortsfremder Personen zu ermöglichen, so zeigt sich, daß wir

---

[3] Salzburger Landesgesetzblatt Nr. 72/1957, §28.
[4] Der Große Brockhaus. 18. Aufl., Bd. 11, S. 438.
[5] Der Große Brockhaus. 18. Aufl., Bd. 4, S. 249f.

Tourismus und alpine Baukultur 279

es keineswegs nur mit Anlagen des Hochbaues zu tun haben. Auch der Tiefbau ist vertreten, denn zur Reise bedarf es der Eisenbahnen, der Autobahnen, der Straßen aller Kategorien bis zu den Güter- und Seilwegen, der Brücken, Parkplätze und seit der enormen Steigerung des Flugverkehrs der Flugplätze. Dazu kommen die vielen Transportanlagen, die nicht dem Aufsuchen von Unterkünften, sondern dem Sport, dem Vergnügen oder dem reinen Naturgenuß dienen. In unserem Bundesland sind dies 43 Kabinenseilbahnen, 17 Einsessel-, 66 Doppelsessel-, 11 Dreisessel-, 15 Viersessellifte und 571 Schlepplifte.[6] Die Tal- und Bergstationen dieser Seilbahnen sind natürlich Hochbauanlagen, für deren Gestaltung viele Kriterien gelten, die in erster Linie die Errichtung ortsfester Unterkünfte betreffen. Unter den Hochbauanlagen des Tourismus stehen natürlich die Beherbergungsbetriebe, also die Gasthöfe, Hotels und Pensionen mit insgesamt 4.300 Objekten an erster Stelle.[7] Dazu kommen die vielen nur bestimmten Interessentengruppen zugänglichen Appartmenthäuser, ferner die als Zweitwohnsitze genutzten privaten Ferienhäuser und schließlich die vielen Häuser der ortsansässigen Bevölkerung, in denen Privatzimmer als Gästeunterkunft angeboten werden. An dieser Zimmervermietung beteiligen sich auch 3.059 Bauernhäuser.[8] Im Zusammenhang mit dem „Urlaub auf dem Bauernhof" sei der Vollständigkeit halber auch auf die sogenannten „Erholungsdörfer" hingewiesen, die in Österreich seit 1962 propagiert werden und deren ländliche Abgeschiedenheit (damals) ein Höchstmaß an Erholung versprach. Nun braucht der Tourist – insbesondere der im Kraftwagen reisende Straßenbenützer – zusätzlich zu den Verkehrszeichen noch eine Fülle weiterer Informationen: Hinweise auf Nächtigungsquartiere, auf Aussichtspunkte und andere touristische Ziele, auf Sport- und Unterhaltungsanlagen. Zu diesen Hinweisen, die das Orts- und Landschaftsbild oft erheblich belasten, sind in den letzten Jahren die eigenartigen Begrüßungs- und Abschiedsschilder getreten, mit denen Gemeinde und Verkehrsverein den (motorisierten) Gast am Ortseingang willkommen heißen und am Ortsausgang verabschieden (Abb. 1). Der freundliche Gruß an Haustür und Gartenzaun bleibt nur noch dem Fußwanderer vorbehalten.

Alle diese nun kurz aufgezählten Bauanlagen, die dem Tourismus dienen, treffen in unseren Landgemeinden auf einen überlieferten, mehr oder

---

[6] Die Angaben stammen von der Sektion Fremdenverkehr in der Kammer der gewerblichen Wirtschaft Salzburg.
[7] Wie Anm. 6.
[8] Wie Anm. 6.

weniger intakten Bestand an bodenständiger, aus ehemals gleichartiger Wirtschafts- und Sozialstruktur gewachsener Baukultur, deren Erscheinungsformen wir in dem Begriff „Hauslandschaft" zusammenzufassen gewohnt sind. Das Bild dieser Hauslandschaft ist für den vorwiegend aus Städtern zusammengesetzen Touristenstrom eine ganz wesentliche Teilansicht der Kulturlandschaft und damit der Regionalkultur, deren Erlebnis er sucht. Die heutige alpine Landschaft stellt ein Kulturgut dar, dessen ökologische Stabilität durch Maßnahmen der Naturerhaltung ebenso gesichert werden muß wie durch Anpassungsleistungen an ihren überlieferten Kulturhaushalt.[9] Man kann es daher weder den Pionieren des Fremdenverkehrs noch den Bausachverständigen verargen, wenn sie bestrebt sind, die Bauaufgaben des Tourismus unter Zuhilfenahme bodenständiger Vorbilder zu lösen. Die abwertende Bezeichnung „Lederhosenstil" für derartige Versuche ist fehl am Platze, solange sie im Ausmaß bescheiden bleiben und das bodenständige Vorbild in der Gesamtgestaltung nicht sprengen, ganz abgesehen davon, daß eine Lederhose ja ein recht praktisches, zeitloses und nahezu unverwüstliches Kleidungsstück ist. Die alten „Tauernhäuser", die dem im Mittelalter so lebhaften Saumhandel über die Hohen Tauern als Unterkunft dienten,[10] waren einfache Bauernhäuser, wie das heute noch bestehende Rauriser Tauernhaus (Abb. 2) oder das Tauernhaus „Spital" im Felbertal, dessen Hausname noch an seine einstige Funktion erinnert. Wenn das einst bescheidene Ausmaß dieser alten Herbergen verlassen wird, wenn aus Bauernhäusern drei-, vier- und mehrgeschossige Beherbergungsbetriebe entstehen, die man glaubt mit einem alpinen Flachdach in die Hauslandschaft einbinden zu können, ist die Bezeichnung „Jodlerburg" freilich gerechtfertigt. Es verwundert in diesem Zusammenhang immer wieder, daß sich die Architektenschaft der Nachkriegszeit – von wenigen Ausnahmen abgesehen – kaum jemals an den im Lande ja durchaus auch vorhandenen unbäuerlichen Vorbildern orientiert hat, wie sie z. B. in den alten Hospizen „Wiesenegg" (Abb. 3) und „Schaidberg" an der für den frühneuzeitlichen Verkehr nach Venedig so wichtigen Straße über den Radstädter Tauern bereit standen. Auch manche Salzburger Landschlösser, wie etwa das Weitmoserschlössl in Bad Hofgastein (Abb. 4), hätten sich als Vorbilder für neue Beherbergungsbetriebe geeig-

---

[9] Dazu Paul Messerli: Mensch und Natur im alpinen Lebensraum. Risken, Chancen, Perspektiven. Bern – Stuttgart 1989.

[10] Herbert Klein, Der Saumhandel über die Tauern. In: Mitteilungen der Gesellschaft für Salzburger Landeskunde, Bd. 90 (1950), S. 37ff. und 50.

net. Clemens Holzmeister, der schon 1926 mit dem Hotel „Drei Zinnen" in Sexten/Moos ein großartiges Beispiel einer bodenständigen alpinen Hotelherberge geliefert hat,[11] fand in Salzburg keine Nachfolge. Der Weltkurort Badgastein an der Steilstufe der Gasteiner Ache ist ein Sonderfall. Er verdankt seine bauliche Faszination den im 19. Jahrhundert aus der Großstadt übernommenen vielgeschossigen Hotelanlagen (Abb. 5). Saalbach, der Austragungsort der Alpinen Schiweltmeisterschaft 1991, war bis zum Zweiten Weltkrieg ein Bauerndorf und erlebte seine Aufbauphase erst nach dem Krieg, als die Träger des Wirtschaftswunders in ihrer Sehnsucht nach einer vermeintlich heilen bäuerlichen Welt auch ihre alpinen Hotelquartiere bäuerlich überformt sehen wollten (Abb. 6). Daß zu dieser Überformung auch so manche Bauzeitschriften beitrugen,[12] die z. B. das Tiroler Haus mit dem alpenländischen Flachdach auch in reine Steildachlandschaften verpflanzten, kann nur mit Bedauern vermerkt werden.

Als in den sechziger Jahren unseres Jahrhunderts die Gesellschaftsreisen in Autobussen üblich wurden, reichten die alten Gaststuben zur Aufnahme und raschen Abspeisung der Autobusgäste nicht mehr aus. Es kam die Zeit der Saalanbauten, die seither so viele alte Wirtshäuser verunzieren (Abb. 7), es kam die Zeit der gebrochenen Giebelfassaden, an die man als Aussichts- und Sonnenterrasse heiß begehrte Balkone anlaufen ließ (Abb. 8). Erst in den letzten Jahren zeigt sich hier eine gewisse Trendumkehr. Der gebildete Gast will die Landschaft nicht mehr nur vom Balkon aus betrachten, sondern er will den Gasthof selbst als Teil der Landschaft erleben und seine Fassaden und Dächer ausgewogen und historischen Vorbildern getreu gestaltet wissen. Die Romantik-Hotels, die diesen Wünschen Rechnung tragen, erfreuen sich wachsender Beliebtheit (Abb. 9).

Daß man in den alpinen Feriendörfern auf die Traditionsgestalt der „Almhütte" zurückgriff, wie etwa im Almdorf Königsleiten in der Gemeinde Wald im Pinzgau (Abb. 10), ist selbstverständlich, glaubte man doch, damit auch die ersehnte Almhüttenromantik heraufbeschwören zu können. Daß die Winterung des homo sapiens auf den verschneiten Almwiesen ein Mehrfaches dessen einbringt, was dem Almbauern früher die

---

[11] Herbert Muck – Georg Mladek – Wolfgang Greisenegger: Architekt in der Zeitenwende: Clemens Holzmeister. Sakralbau, Profanbau, Theater. Salzburg – Stuttgart – Zürich 1976, S. 141 und 145.

[12] Z. B. rb-illustrierte: bauen und wohnen im Alpenraum, Presseverlag Roswitha Rejda, Innsbruck.

Sömmerung des Rindviehs einbrachte, bedarf keiner weiteren Erörterung. In allen Wintersportgebieten, wie etwa in Saalbach, ist der Ertrag der winterlichen „Weißlandnutzung" in der Regel höher als der Ertrag der sommerlichen „Grünlandnutzung".[13] Daß die Gestalt der Almhütte auch für die Tal- und Bergstationen von Seilbahnen und mechanischen Aufstiegshilfen herhalten muß, ist durchaus begreiflich. Immer und überall ist der Versuch spürbar, sich bei der Bewältigung neuer touristischer Bauaufgaben der in der Landschaft überlieferten Formensprache zu bedienen. Das Urteil, ob dies immer lobenswert ist, überläßt man – vielleicht zu Recht – den Touristen.

Ich komme zum Schluß und weise nur noch kurz auf Änderungen hin, die im bäuerlichen Wohnverhalten durch die Bereitstellung von Räumen für Sommer- und Wintergäste entstehen.[14] In erster Linie ist hievon die Stube betroffen, der bäuerliche Gemeinschaftsraum, der nun seine Funktion als Versammlungsraum der Familie einbüßt, weil er als Frühstücks- und Aufenthaltsraum für die Urlaubsgäste gebraucht wird. Der Rückzug der bäuerlichen Familie aus der Stube in die Küche wird dadurch erleichtert, daß es kaum noch irgendwo Knechte und Mägde gibt, so daß die Küche – als Wohnküche – zur Aufnahme der gesamten Familie ausreicht. Die am Beginn der Aktion „Urlaub auf dem Bauernhof" vor gut 30 Jahren den Gästen versprochene Integration in die bäuerliche Familie fällt damit freilich aus. Sie fällt aber auch insofern aus, als das Verlangen der Gäste immer mehr zu „Komfortzimmern" mit Bad oder Dusche und WC geht, so daß der Bauernhof mit Gästezimmern immer mehr zu einer Frühstückspension wird. Beim Neu- oder Umbau von Bauernhäusern wird von vornherein auf eine Trennung des Familienbereiches vom Gästebereich Bedacht genommen. Dies gilt auch für Einfamilienhäuser und Eigenheime mit Gästezimmern, die übrigens stets einen Balkon besitzen, dessen kistenartige Vollholzbrüstung in keiner Weise den landschaftsüblichen Hausgängen entspricht. Hier wirkt der Fremdenverkehr in der Baugestaltung wirklich „verfremdend".

---

[13] Kurt Conrad: Die Hauslandschaft von Saalbach-Hinterglemm im Spiegel des Eibinghofes. In: Erinnerungen an den Eibinghof (=Salzb. Beiträge zur Volkskunde, Sonderband 1). Salzburg (1989), S. 29.

[14] Elisabeth Tomasi: Sozio-ökonomische Veränderungen im bäuerlichen Betrieb und Haushalt durch den Fremdenverkehr am Beispiel dreier Gemeinden im Oberpinzgau. In: Geographischer Jahresbericht aus Österreich, XXXVI. Bd. (1975/76), S. 50ff.

Die Touristenbranche hat inzwischen erkannt, daß bei den Touristen bodenständiges, landschaftsgebundenes Bauen wieder gefragt ist. Sie hat auch erkannt, daß die Wachstumsgrenzen des Fremdenverkehrs bereits erreicht sind, wenn nicht das wertvollste Erholungsgut, die Landschaft selbst, zerstört werden soll. Im Marketingkonzept der Salzburger Land Tourismus GmbH wird nicht mehr die Gewinnung neuer Gästeschichten angestrebt, sondern die Verbesserung der Qualität des Angebotes und die Erhaltung einer intakten und lebenswerten Umwelt.[15] Nicht neue Tourismusbetriebe sind erwünscht, sondern ihre gleichmäßige Auslastung durch gezielte Steuerung der Nachfrage auf die Vor- und Nachsaison soll gefördert werden.

Ich habe versucht, den Einfluß des Tourismus auf die regionale Baukultur, aber auch ihre in den Tourismusbauten überall sichtbare Prägekraft aufzuzeigen. Ich habe auch versucht, auf die Grenzen hinzuweisen, die der regionalen Bauüberlieferung im Bewegungsfeld des Tourismus gezogen sind. Dem Volkskundler, soweit er sich als Hausforscher mit den primären Elementen der Kulturlandschaft beschäftigt, wird dabei deutlich geworden sein, wieviele offene Fragen sich aus dieser Beschäftigung ergeben. Sie zu beantworten, wird nicht nur Aufgabe der Ethnologia Europaea, sondern auch der Architekten und Kulturgeographen sein.

---

[15] Martin Uitz: Umweltorientiertes Tourismus-Marketing: Der Salzburger Weg. Vortrag anläßlich der DER-Akademie am 22. und 27. 11. 1991 in Salzburg.

VERA MAYER, WIEN

Tourismus und regionale Architektur im Burgenland

Im Burgenland unterscheidet man vier Fremdenverkehrsregionen: den nördlichen Teil um den Neusiedler See, das Rosalia-Gebiet, das Mittelburgenland und das Südliche Burgenland.
Ich möchte mich in diesem Beitrag vor allem auf die Region um den Neusiedler See konzentrieren, wo sich der Fremdenverkehr in den letzten 40 Jahren am intensivsten entwickeln konnte.[1]
Der Tourismus hat im Burgenland aufgrund historischer, geographischer und sozioökonomischer Gegebenheiten keine lange und intensive Tradition. In der Zwischenkriegszeit waren es lediglich die Wiener und Niederösterreicher, die vor allem in die Weinorte um Eisenstadt und den Neusiedler See auf Ausflugsfahrten oder auf Sommerfrische kamen; sie waren meist bei den Bauern in den „schönen Stuben" untergebracht. Die wenigen Beherbergungsbetriebe waren damals nicht besonders komfortabel. Karl Ziak erinnert sich etwa an seine Burgenlandreise im Jahr 1926, als er in Parndorf nächtigte: „Auf deutsch, kroatisch und ungarisch wies man uns drei Betten in einem Gasthof, wo für uns drei Betten in einem Tanzsaal aufgestellt wurden. Als wir ein Fenster öffnen wollten, fielen die Scheiben aus dem Rahmen".[2] Diejenigen, die schon in der Zwischenkriegszeit in den Fremdenverkehr investierten, wurden von den Einheimischen meist ausgelacht, wie etwa der „Seewirt" in Podersdorf, Balthasar Karner, der am Seeufer im Jahr 1924 ein einfaches Gasthaus baute und 1927 hier eine Pension mit 15 Betten errichtete.[3] Heute gehören der Familie Karner zwei der größten Hotels im Ort. Auch in den ersten Jahrzehnten

---

[1] Im Jahr 1991 wurden von den insgesamt 2,240.132 Nächtigungen 1,568.845 in der Region Neusiedler See gezählt – siehe Heinrich Wedral (Red.): Fremdenverkehr im Jahre 1991. Hg. vom Amt der Bgld. Landesregierung, LAD-Statistik (=Burgenländische Statistiken, Neue Folge, H. 38) Eisenstadt 1992, S. 5, 9.

[2] Karl Ziak: Wie war das nur vor fünzig Jahren im Burgenland. Erinnerungen an eine Entdeckungsreise durch ein unterentwickeltes Gebiet. In: Pannonia, VI, 1978, Nr. 3/4, S. 24–25.

[3] Jakob Perschy: Seewirt im Wandel der Zeit. In: Volk und Heimat, 10, 1972/73, S. 4–5.

nach dem Krieg war das nördliche Burgenland vor allem ein Ausflugsziel der Tagestouristen aus Wien. Beliebt war damals der bereits nach dem Ersten Weltkrieg anstelle eines ehemaligen Klosters errichtete Ausflugsgasthof „Am Spitz" in Purbach, wo man den Gästen Backhendl bot. Im Jahr 1969 errichtete die Familie Hölzl-Schwarz ein kleines Hotel mit 16 Zimmern. Heute gehören das Restaurant und das Hotel zu den meistbesuchten im Land. Solche traditionelle Familienbetriebe gab es aber nur vereinzelt.

Erst in den 60er und 70er Jahren wurde intensiver in die Errichtung von gewerblichen Beherbergungsbetrieben und Privatquartieren investiert. Die Bettenanzahl stieg bei diesen zwei Unterkunftsarten in der Region Neusiedler See zwischen 1970 und 1979 von 6.062 auf 13.017, die Übernachtungen von 351.175 auf 808.098.[4] Dennoch war der Tourismus noch in den 70er Jahren kein innenpolitisches Thema, im Jahr 1970 erwirtschafteten die Beherbergungs- und Gastronomiebetriebe 2,4 % und im Jahr 1977 3,1 % des Brutto-Inlandsproduktes.[5] Das Burgenland galt und gilt immer noch als ein Billigtourismusland mit einfachen Privatquartieren zu günstigen Preisen. Laut Statistik vom August 1991 ergibt sich in den gewerblichen Betrieben des Burgenlandes die Anzahl von 12.906 Gästebetten, davon sind 7.752 mit 1–2 Sternen, 3.024 mit 3 Sternen und nur 2.130 mit 4 Sternen qualifiziert.[6] Auch im größten Fremdenverkehrsort des Burgenlandes, Podersdorf, hatten im Jahr 1991 die meisten Gästebetten, 2.027, nur 1–2 Sterne.[7] Es gibt also zu viele Gästebetten mit 1–2 Sternen und zu viele einfache Privatquartiere, die heutzutage nicht mehr gefragt sind.[8] Viele Private haben deswegen mittlerweile mit der Zimmervermietung aufgehört.

---

[4] Siehe Adalbert Vukovits (Red.): Fremdenverkehr im Burgenland 1970 bis 1979. Hg. vom Amt der Burgenländischen Landesregierung, Abteilung IV-Statistik, S. 59.

[5] Ebd., S. 34; Burgenland ist das kleinste „touristische" Bundesland Österreichs; es werden hier zirka 1,7 % der Gesamtnächtigungen gezählt – siehe Jakob Edinger: Basisrichtlinien für die zukünftige Tourismusentwicklung und Förderung des Landes Burgenland 1990–2010. Schwerpunkte. Standorte. Hg. vom Amt der Bgld. Landesregierung, Innsbruck 1990, S. 20.

[6] Statistisches Zentralamt Wien.

[7] Ebd.

[8] Es wird angenommen, daß zirka 60 % der Betten in den privaten Gästezimmern keine vollsanitäre Ausstattung aufweisen können – siehe Edinger (wie Anm. 5), S. 10.

Das wesentliche Problem sind die fehlenden Investitionen, sowohl bei den Gemeinden als auch bei den Privaten. In der Struktur der Fremdenverkehrsbetriebe fehlen vor allem die mittelgroßen gewerblichen Familienbetriebe, da der Fremdenverkehr von den kleinen Haupt- oder Nebenerwerbsbauern nur als ein Zusatzverdienst verstanden wurde. Ein weiteres Problem ist das Tourismusangebot. Im Burgenland überwiegt der Sommertourismus, die Saison dauert nur 6 Monate (von Mai bis Oktober), mit einer durchschnittlichen Bettenauslastung von 77 Nächtigungen im Jahr.[9] Dem Gastronomiebereich kommt im Burgenland eine größere Bedeutung zu, über die Qualität läßt sich aber auch hier streiten. Die starke Ausrichtung auf den Massen-, Wochenend- und Tagestourismus hat in der Gastronomie zu Überkapazitäten geführt, da sich hier viele Familienbetriebe ein leichteres Geschäft erhofft haben.[10]

I. Tourismus und Landschaft

Auch bei einigen Großprojekten der 70er und 80er Jahre, die auf den Massentourismus zielten, ergeben sich heute viele Probleme, die die Wirtschaftlichkeit, Infrastruktur und vor allem die ökologische Belastung der Natur und die Zersiedelung der Landschaft betreffen. Im Seewinkel wurden z. B. dem 1973 errichteten Feriendorf Pamhagen 193 ha der ehemaligen Hutweide geopfert. Und um 5.095,- ÖS pro Woche für einen Bungalow mit vier Betten in der Hochsaison kann man sich den einmaligen Luxus leisten, Ferien im sogenannten „Vogelparadies Apetlon" an einem Privatsee, mitten im Weltnaturschutzgebiet, zu verbringen. Vor 15 Jahren hat hier die Firma Blaguss noch mit dem Weltnaturschutzgebiet geworben, heute gibt sie sich bescheidener und verspricht Ferien im Landschaftsschutzgebiet.[11] Die Ferienanlagen am Seeufer und im Schilfgürtel sowie der Yachttourismus stören das ökologische Gleichgewicht des Neusiedler Sees.[12] In den Häfen von Neusiedl, Podersdorf und Rust befinden sich rund

---

[9] Gewerbliche Betriebe weisen 80 Vollbelegstage, Privatquartiere 56 Vollbelegstage aus (Stand 1989) – siehe Edinger (wie Anm. 5), S. 17.

[10] Edinger (wie Anm. 5), S. 2.

[11] Siehe Werbekataloge „Burgenland 1976" und „Burgenland 92" der Firma Blaguss Reisen.

[12] Siehe dazu: Leopold Lukschanderl: „Den Neusiedler See kann man vergessen". In: Kosmos, 1981, H. 4, S. 58–66; N. N.: Nationalpark Neusiedlersee. In: Volk und Heimat, 1989, H. 2, S. 20–22; Karl Lind: Und dann kommen die Grünen ... In: Monatszeitung, September 1989, S. 33–36; Peter Sitar: Sofortprogramm für Neu-

5.000 Boote, nach Pius Strobl mindestens um die Hälfte zu viel.[13] Der Campingplatz-Ausbau wurde ebenfalls stark gefördert, wobei die Gemeinden durch die heftige Entwicklung des Camping- und Mobilheimwesens überrollt wurden. Zwischen 1970 und 1979 stieg in der Region Neusiedler See die Anzahl der Übernachtungen von 127.510 auf 345.459 pro Jahr.[14] Von finanziellen Gewinnen für die Gemeinden kann nicht immer die Rede sein, wenn man die Kosten für die Errichtung von sanitären Einrichtungen und Kläranlagen, für die Müllbeseitigung usw. berücksichtigt. Der 1975 errichtete Campingplatz in Purbach wurde bereits an eine Privatperson verkauft. Nach den neuen Tourismusentwicklungs-Richtlinien aus dem Jahr 1990 ist der Bau neuer Badehütten, Campingplätze und Mobilheime im Seebereich rigoros verboten, da sonst die Gefahr besteht, daß die Wasserqualität des Neusiedler Sees langfristig nicht gesichert werden kann.[15] Doch muß gesagt werden, daß die Wasserqualität und die Natur um den See nicht nur durch den Fremdenverkehr, sondern auch durch die Landwirtschaft und die Unsitte mancher Gemeinden, im Schilfbereich Müllablagerungsplätze anzulegen (z. B. in Purbach), beeinträchtigt wird.[16]

II. TOURISMUS UND ORTSBILD

Viele Gäste, die schon seit 25–30 Jahren ins Burgenland, z. B. in die größte Fremdenverkehrsgemeinde des Landes, Podersdorf, kommen, aber auch die älteren Menschen aus dem Ort beklagen sich oft:

> „ ... Früher war es schöner, wie noch die schilfgedeckten Häuser waren, wie am See noch die Gänse waren und wie der Viehwirt durch's Dorf getrieben hat. Da war die ganze Seestraße keine Asphaltstraße, also die war eine richtige ‚Kotlacke'. Damals war

---

siedler See beschlossen: Harte Maßnahmen. Großeinsatz gegen Algenpest. In: Kurier, 30. 8. 1989, S. 17; für die Unterlagen bedanke ich mich bei den Mitarbeitern „Der Grünen Alternative" in Eisenstadt.

[13] Lind (wie Anm. 12), S. 33.

[14] Vukovits (wie Anm. 4), S. 59. Nach der leichten Abnahme der Nächtigungen in den 80er Jahren zeichnet sich seit 1990, aufgrund der stärkeren Entwicklung des Mobilheimwesens wieder eine ansteigende Tendenz ab. Im Jahr 1991 waren es insgesamt 324.897 Nächtigungen, den größten Anteil weist hier die Gemeinde Podersdorf am See mit 183.445 Übernachtungen auf. – Siehe Wedral (wie Anm. 1), S. 5, 45.

[15] Edinger (wie Anm. 5), S. 34.

[16] Nationalpark Neusiedlersee (wie Anm. 12).

Tourismus und regionale Architektur im Burgenland 289

> das so richtig schön, die ganze Neusiedlerstraße, da waren Birnbäume und Akazienbäume, da waren die Häuser und dann waren so zwei Meter Gehsteige, also nicht asphaltiert, sondern natur, dann waren so Sträucher, wir sagen ‚Gogaluri', so eine Ligusterart ist das, die haben gelb geblüht, dann einen weißen Flieder und einen blauen Flieder, das war schön, das war alles so richtig natürlich."[17]

Doch während der Tourist durch die romantischen Klischee-Bilder angelockt wurde – Ziehbrunnen, staubige Straßen mit Viehherden, Schildbündel und kleine romantische „hübsche Bauernhäuser" mit Strohdächern, die „echte Pußtaromantik" zaubern – waren es ironischerweise gerade diese Bilder, die auch wegen des Tourismus aus dem Dorf verschwinden mußten. Dazu der achtzigjährige ehemalige Gemeindediener aus Podersdorf:

> „Mitte der 50er hat der Fremdenverkehr angefangen, dann sind die Viehherden eingestellt worden. 1958 war die Camping-Eröffnung. Wo der Camping jetzt ist, dort war der Viehtrieb. Dort sind die Viecher auf die Weide getrieben worden in Richtung Öde und jetzt mußte das eingestellt werden, weil dort schon Fremde gewesen sind, jetzt hat man nicht mehr vorbei können. Wenn die Kuh um drei in der Früh zu muhen angefangen hat, dann ist der Fremde ja davongelaufen. Genauso haben sie müssen mit der Schweinezucht aufhören, mit die Hühner, mit die Gänse und Enten haben sie aufgehört. Das ganze hat sich umstrukturiert und das ist alles auf Fremdenverkehr aufgestellt worden ... Zu meiner Jugendzeit waren noch 5.000, 6.000 Gänse. Da waren Zigeuner da und die haben die Gänse zusammengesammelt und zum See hinuntergetrieben und (sind) am Abend wieder mit ihnen z'haus gegangen. Da war der Gänsehalter, der Schweinehalter, der Kuhhalter und der Ochsenhalter. Die sind gegangen einer nach dem anderen, in der Früh fort und auf der Nacht z'haus. Und das Jungvieh ist auf der sogenannten Heide von Mitte April bis Oktober die ganze Zeit draußen geblieben. Der Schweinehirt war am See. Da waren die Sommergäste damals die Schweine. Wenn's im Sommer recht warm war, dann sind die im Wasser drinnen gelegen. Und im Sand haben sie Mulden ausgegraben

---

[17] Frau Josefa Leiner, Podersdorf, Winklergasse 2, Interview/Archiv Institut für Gegenwartsvolkskunde (IGV), Band 34.

und da sind sie drinnen gelegen. Und am Nordstrand oben, wo jetzt die Bootsvermittlung oben ist, und in der Bucht drinnen, das war die alte Schweinebucht. Und gleich am Hügel oben, da sind jetzt Weingärten, also am Ortsende, wenn's hinausgehen ist links der Nordstrand und rechts sind Weingärten, dort war ein Stand. Zu Mittag ist das Vieh da zusammengetrieben worden, und dort ist es dann gelegen bis um 2, 3 Uhr Nachmittag."[18]

Es ist Tatsache, daß das Verschwinden der alten Bausubstanz auch der Entwicklung des Fremdenverkehrs, d. h. der Errichtung neuer Pensionen und Privatquartiere zu verdanken ist. In Podersdorf etwa bildeten die im Zeitraum zwischen 1971 und 1985 errichteten Neubauten um 1987 insgesamt 45,6 % des gesamten Baubestandes, während der Anteil an alten Gebäuden (vor 1919) auf 1,7 % geschrumpft ist; im Jahr 1965 waren es noch 31,7 %.[19] Mit seinen 14 Hotel-Restaurants, 71 Frühstückspensionen, 56 Privatunterkünften mit Frühstück und 3 ohne Frühstück, 7 Appartementhäusern und 44 Ferienhäusern und Wohnungen ist Podersdorf aufgrund der jährlichen Nächtigungszahl zum größten Fremdenverkehrsort des Burgenlandes geworden.[20]

Auf die Fragen der Baugestaltung, von der billigen funktionalistischen Bauweise der 60er und 70er Jahre bis zu dem postmodernen Folklorismus, der sich zum Leid der Architekten und Fachkundigen in Gestalt des sogenannten „Burgenlandhauses" wie eine „Seuche" über das Land ausbreitet, will ich hier nicht näher eingehen.[21] Doch

es ist zu erwähnen, daß gerade die Besitzer von Fremdenverkehrseinrichtungen, Gasthäusern und Heurigenlokalen unter den ersten waren, die – nachdem sie die alten Häuser abgerissen hatten – die postmoderne Formensprache in der Gestalt von Arkaden, barocken Giebeln und Strohdächern bewußt als Werbemittel einsetzten. So wird das „folkloristische Haus" eines Weinbauern und Heurigenbesitzers in Podersdorf zur Attraktion, bei der die deutschen Touristen stehen bleiben, um ein Photo zu machen.

---

[18] Georg Wohlfahrt, Podersdorf, Interview/Archiv IGV, Band Nr. 19–20.

[19] N. N.: Regionalstatistische Kurzinformation, o. J., S. 3.

[20] Es gibt hier noch einen Campingplatz mit über 700 Stellplätzen und einen Mobilheimplatz mit 300 Plätzen – siehe dazu Prospekt „Podersdorf – Gästezimmerliste 1986"; siehe auch Anm. 14.

[21] Dazu siehe Vera Mayer: Burgenland. Bau- und Wohnkultur im Wandel. Wien 1993, S. 173–178.

"Der hat noch so richtig gebaut, die Fenster, der hat das noch richtig im alten Stil. Das ist vielleicht 15 Jahre her, daß er das gebaut hat. Das hat ihm halt mehr gekostet das Dach, als wenn er es mit Eternit gedeckt hätte, das ist nicht billig gewesen, aber es ist sehr schön, mir gefällt es sehr gut. Das paßt richtig in unsere Gegend, denn die ganze Bauweise, die jetzt bei uns ist, die ganzen Stockhäuser und das ganze, das paßt ja gar nicht mehr ins Burgenland."[22]

Diese Aussage einer Podersdorferin zeigt das Dilemma der burgenländischen anonymen Architektur deutlich: Die moderne Architektur der Nachkriegszeit hat hier keine qualitätsvolle Leistung hervorgebracht, man flüchtet sich zu der alten traditionellen Formensprache, die oft wie eine Theaterkulisse zu einem dörflichen Laienschauspiel aussieht.

III. TOURISMUS, DENKMALPFLEGE UND REVITALISIERUNG

Die Umwidmung alter Bausubstanz in Fremdenappartements, Sommerhäuser oder Zweitwohnungen ist eine gute Möglichkeit, sie vor dem Abreißen zu bewahren. Warum das im Burgenland der 60er und 70er Jahre nicht so geschah, hat unter anderem mit der Entwicklung des Tourismus, mit den Fragen der Wirtschaftlichkeit und mit der damaligen Baugesinnung zu tun. Hier verweise ich auf meine Veröffentlichung zur Baugesinnung im Burgenland, deswegen nur einige Anmerkungen.[23] Ausschlaggebend war neben dem schlechten Bauzustand vieler Häuser vor allem die geringe Einschätzung der historischen Bausubstanz seitens der Einheimischen. Für die meisten war der Streckhof nicht mehr Ausdruck der neuen sozialen Wirklichkeit: Im Gegenteil, er wurde zum Symbol der Rückständigkeit. Nach Friedrich Berg sind ungestörte historische Ensembles im Burgenland nur dort anzutreffen, wo, wie etwa in der Freistadt Rust, ein traditionsbewußtes Ackerbürgertum aus Stolz und mit innerer Überzeugung am hergebrachten Baugut festhält.[24] Vereinzelt gilt das auch für manche Bauwerke in den Ackerbürgerstädten um den Neusiedler See, etwa in Purbach, Donnerskirchen, Breitenbrunn, Neusiedl am See usw. Voraussetzung ist, daß die Bau- und Raumstruktur ausreichend ist, um sie den

---

[22] Wie Anm. 17.
[23] Mayer (wie Anm. 21).
[24] Friedrich Berg: Dörfliche Bauten im Burgenland und ihre Erhaltung. In: Österreichische Zeitschrift für Kunst und Denkmalpflege 30, 1976, S. 96.

neuen Wohn- und Wirtschaftsbedürfnissen ohne große bauliche Eingriffe anzupassen. So ist etwa das wegen der Türkenfigur bekannte Haus in Purbach, Schulgasse 9, ein schönes Beispiel eines typischen Weinhauerhauses mit einem zweigeschossigen Wohntrakt, wobei der Kern aus dem 16. Jahrhundert und die Hofarkaden aus dem 17. Jahrhundert stammen. Die qualitätsvolle Bausubstanz und die Tatsache, daß der Besitz nicht zersplittert wurde, ermöglichten es, das frühere landwirtschaftliche Anwesen ohne störende bauliche Veränderungen in ein Heurigenlokal umzuwandeln. Der für das nördliche Burgenland typische erdgeschossige Streckhof schien hingegen früher weniger für eine Umfunktionierung dieser einfachen Baustruktur in eine moderne Wohn- und Wirtschaftseinheit geeignet zu sein. Die Bemühungen der Architekten beschränkten sich meist auf Entwürfe ohne Vorbildwirkung. Erst in den 80er Jahren, infolge veränderter Baugesinnung und auch der Einführung moderner Baustoffe und -techniken (etwa bei der Isolierung, Trockenlegung usw.) sieht man immer mehr auch von den Einheimischen renovierte Häuser; es handelt sich hier aber zumeist um Wohnstätten.

In den 60er und 70er Jahren gab es nur wenige Bauern, die sich die hohen Kosten für die Revitalisierung eines Gehöftes leisten konnten. Denn vom wirtschaftlichen Aspekt her gesehen können sich die Renovierungskosten – bei der Auslastung eines solchen Urlaubsdomiziles durch individuelle Urlauber nur in der Sommersaison – nicht so schnell amortisieren und Gewinn bringen. Seitens der Wohnbauförderung wurde der Neubau bevorzugt.[25] Sowohl für die Privaten als auch für die Großunternehmer war es günstiger, neue Hotels und Pensionen mit billigen Materialien zu bauen, statt die alten Bauernhäuser aufwendig zu renovieren.

Im Burgenland der 60er und 70er Jahre war es meist nur eine kleine Gruppe von Künstlern, Architekten und Intellektuellen, die sich um eine stilgerechte Sanierung eines Bauernhofes bemühten. Inzwischen stieg bereits der Anteil an den als Zweitwohnsitz benützten, alten, nicht mehr bewirtschafteten Gehöften vor allem im mittleren und südlichen Landesteil. Man verspricht sich von dieser Entwicklung vor allem im südlichen Burgenland eine gewisse Wiederbelebung der von den Einheimischen verlassenen Ortschaften.[26]

---

[25] Zur Wohnbauförderung siehe Mayer (wie Anm. 21), S. 139–142.
[26] Zu der Problematik der Zweitwohnungen im Burgenland siehe: Georg Schreiber: Feriensiedlungen und Zweitwohnungen im Burgenland (Grundsatzreferat). In: Hans Schulz, Peter Wald: Zweitwohnungen. Fachseminar der Planungsgemeinschaft Ost.

Es bleibt unbestritten, daß viele denkmalpflegerische Bemühungen den geschäftstüchtigen Gastwirten, Hoteliers und Weinbauern zu verdanken sind, die die Denkmäler der anonymen Architektur auch als Werbemittel einsetzten. Ohne den Fremdenverkehr, der die Illmitzer auf die Idee brachte, aus der letzten Schilfscheune einen Heurigen zu machen, wäre dieser Bau wahrscheinlich schon längst verschwunden. Bereits in den 70er Jahren stellte Friedrich Berg fest:

> „Tradition wird heute im Dorf nur noch in Form fremdenverkehrsfördernder Folklore gepflegt und geschätzt. Die Entwicklung zu stoppen, eine ‚Trendumkehr' anstreben zu wollen, ist sinnloser Illusionismus".[27]

Aber auch heute, wo die Dorferneuerung in aller Munde ist, ist es nicht einfach, die Einheimischen über die Sinnhaftigkeit denkmalpflegerischer Bemühungen, die keinen direkten Profit bringen, zu überzeugen. Dies zeigt etwa die Renovierung der Stadelreihe in Purbach. Hier bemühten sich die Denkmalpfleger schon seit Landeskonservator Alfred Schmeller, die Bauern von der Notwendigkeit der Renovierung zu überzeugen, aber ohne Erfolg. Bei einer Ortsbegehung des Gemeinderates mit dem gegenwärtigen Landeskonservator Franz Bunzl wurde dem Bürgermeister neuerlich die Renovierung der Stadelreihe vorgeschlagen. „Da läßt sich mit unseren Bauern nichts machen", war die Antwort des Bürgermeisters. Der Erfolg dieser Aktion ist nur einem Mitglied des Purbacher Gemeinderates, Herrn Opitz, zu verdanken, der es verstanden hat, die Besitzer von der Sinnhaftigkeit der Renovierung zu überzeugen. Es war aber auch für ihn nicht einfach. Er hat dafür mehrere Jahre gebraucht. Dieses Beispiel zeigt wiederum, daß die bewußte Dorferneuerung nicht von außen, sondern nur durch aktive Miteinbeziehung der Dorfbewohner Erfolg bringen kann. Man ist sich bewußt, daß die Dorferneuerung nicht nur im gestalterischen, sondern auch im geistigen Sinne erfolgen muß. Doch angesichts der Tatsache, daß für die umfassende Dorferneuerung im Amt der Burgenländischen Landesregierung nur ein Referent zuständig ist, sind hier die Anstrengungen von Franz Artner, der als „Vordermann" mit den Betroffenen (Gemeinden und Bürgern) zusammenarbeitet, mit einer Sisyphusarbeit vergleichbar. Als ein Instrumentarium wurde im Burgenland der Verein „Unser Dorf" gegründet, der bereits einen gewissen Einfluß auf

---

Hg. von der Planungsgemeinschaft Ost, Wien 1983, S. 21–23.

[27] Berg (wie Anm. 24), S. 97.

die Baugestaltung ausüben kann. Eine der Aufgaben dieses Vereines ist es, die Kommunikation zwischen Land, Gemeinde und Bürgern zu fördern und konkrete Projekte im Rahmen der umfassenden Dorferneuerung durchzuführen.[28]

IV. FALLBEISPIELE

Abschließend möchte ich anhand einiger konkreter Beispiele die Auswirkungen neuer Lebensbedingungen und veränderter sozioökonomischer Strukturen auf die Baustruktur aufzeigen.

1. Mörbisch: Abbruch des alten Gehöftes und Entstehung eines neuen Hotel- und Restaurantgebäudes

Der sozioökonomische Wandel vom Landwirt zum Hotel- und Restaurantbesitzer mit eigenem Weinanbau läßt sich am Beispiel des Hauses in Mörbisch, Hauptstraße 71, gut rekonstruieren. Mörbisch war noch in der Zwischenkriegszeit eine Agrargemeinde. Es wurden Getreide und Futterrüben angebaut, daneben betrieb man Schweine- und Rinderzucht und Milchwirtschaft. Der Anteil des Weinbaues in Mörbisch war in der Zwischenkriegszeit nicht groß, er bildete zirka 30 % der gesamten Wirtschaft, den Hauptanteil machte der Ackerbau aus. Von den insgesamt 547 Weingartenbesitzern in Mörbisch hatten 337 nur bis zu 0,5 ha, 119 zwischen 0,5 und 1 ha, 72 zwischen 1 und 2 ha, 14 zwischen 2 und 3 ha, 3 zwischen 3 und 4 ha und 2 zwischen 4 und 5 ha, über 5 ha Weingärten hatte kein Besitzer.[29] Noch im Jahr 1956 standen den insgesamt 621 landwirtschaftlichen Betrieben 401,26 ha Ackerland und 378,84 ha Weingärten zur Verfügung.[30]

Bei dem alten, 1854 erbauten Haus handelt es sich um den für Mörbisch früher typischen Anbauhof mit mehreren Wohneinheiten und dazugehörenden Wirtschaftsräumen. Die erste Wohneinheit, Stube – Küche – Speis und Stube – Kammer, gehörte dem Hausbesitzer, danach folgte die zweite Wohneinheit, bestehend aus der Stube, die kurz an einen Inwohner vermietet und später als Sommerküche der Besitzerfamilie verwendet wurde; die danach folgenden Räumlichkeiten Küche – Stube und Kammer

---

[28] Siehe dazu die Zeitschrift „Unser Dorf", hg. vom Verein „Unser Dorf", Eisenstadt, ab Nov. 1991.
[29] Allgemeine Landestopographie des Burgenlandes II/2. Eisenstadt 1963, S. 736–737.
[30] Ebd., S. 737.

wurden an weitere Inwohner vermietet.³¹ Der Inwohner war ein Zimmermann und wohnte hier bis 1957/58. Die dritte Wohneinheit war kleiner, sie bestand nur aus einer schmalen Stube und Küche. Der Inwohner war ein Fischer, er wohnte hier bis zum Jahre 1952, danach folgten noch weitere Mieter. Zwischen der zweiten und dritten Wohneinheit befanden sich die Futterkammer und Waschküche für die Inwohner und eine Waschküche für den Hausbesitzer. Im Anschluß an die dritte Wohnung folgten die Futterkammer und der Rinderstall des Hausbesitzers (man besaß 7–8 Rinder). Getrennt vom Haus befanden sich anschließend der Schweinestall und zwei Scheunen.

Im Jahr 1965 entschied sich Herr Schmidt, ein Landwirt, eine Pension zu bauen. Der hintere Wirtschaftsteil des alten Hauses wurde abgerissen. Im Jahr 1968 wich der vordere Teil des Hauses, wo Schmidt bis dahin mit seiner Frau wohnte, einer Gaststätte. Die Familie Schmidt bezog ein anderes Haus, und die ursprüngliche Wohn- und Arbeitsstätte des Landwirtes wurde zu einem rein gastgewerblichen Fremdenverkehrsbetrieb. Im Jahr 1980 wurde die alte Pension abgerissen und statt dessen ein neues großräumiges Hotel gebaut. Nachdem die Besitzerin des Nachbarhauses Nr. 25/26 gestorben war und ihre Kinder sich ein neues Haus außerhalb des Ortskernes gebaut hatten, erwarb Schmidt auch dieses Haus, das er 1986 abreißen ließ, um hier eine Grünfläche zu errichten.

Heute bilden in Mörbisch Weinbau und Fremdenverkehr die wichtigsten Erwerbsquellen. Auch Herr Schmidt besitzt eigenen Weinanbau.³² Gab es in Mörbisch vor und kurz nach dem Krieg nur ein einziges Hotel, Steiner mit zirka 15–20 Betten, den Gasthof Lang und das Gemeindegasthaus, so befinden sich dort heute bereits drei 4-Stern-Hotels, eines davon ist das hier erwähnte, weiters 21 Pensionen und mehrere Privatquartiere, insgesamt 1.762 Gästebetten.³³

---

³¹ Grundriß siehe in: Arthur Haberlandt: Volkskunde des Burgenlandes. Hauskultur und Volkskunst (=Österreichische Kunsttopographie, Bd. 26). Baden b. Wien 1935, S. 92, Abb. 96a.

³² Im Bezirk Eisenstadt stieg die Weingartenfläche zwischen 1930 und 1970 um beträchtliche 120,79 % - siehe N. N.: Landwirtschaft im Burgenland 1921–1971, hg. v. Amt der Burgenländischen Landesregierung. Eisenstadt o. J., S. 70.

³³ Wie Anm. 6.

2. Podersdorf: Abbruch des alten Gehöftes und Errichtung eines Wohnhauses mit einer Pension.

Der Wandel des Hauses in Podersdorf, Neusiedlerstraße Nr. 52/53, vom landwirtschaftlichen Gehöft zum Haus eines Nebenerwerbsbauern, der sich neben der Landwirtschaft (Weinbau) auf die Zimmervermittlung spezialisiert, dokumentiert eine für Podersdorf und viele Weinbau- und Fremdenverkehrsgemeinden des Burgenlandes typische Umstrukturierung der Wirtschaft nach dem II. Weltkrieg.[34] Charakteristisch für diese Entwicklung ist, daß die Struktur- und Funktionsveränderungen der Bausubstanz nicht schlagartig ihren Ausdruck fanden, sondern den Veränderungen des sozioökonomischen Status des Bauherren entsprechend, in mehreren Bauphasen erfolgten.

Die wirtschaftliche Grundlage bildeten in Podersdorf bis zu den 50er Jahren wie in den meisten Gemeinden des Nordburgenlandes Ackerbau (Getreide- und Gemüseanbau), Weinbau und Viehwirtschaft. In den Gemeinden am Neusiedler See spielte auch die Fischerei eine wichtige Rolle. Trotz der rasanten Entwicklung des Fremdenverkehrs war Podersdorf noch 1971 eine der ausgeprägtesten Agrargemeinden mit 62 % der wohnhaften Berufstätigen in der Landwirtschaft, im Jahre 1981 waren es immer noch 39,4 %, wobei die Anzahl der landwirtschaftlichen Betriebe seit 1971 nur um 15 gesunken ist. Im Jahr 1980 gab es in Podersdorf 271 land- und forstwirtschaftliche Betriebe mit 2 und mehr ha, die sich meist auf Weinbau spezialisierten.[35]

Beim alten, wahrscheinlich in der 2. Hälfte des 19. Jahrhunderts errichteten Haus handelte es sich um einen Streckhof mit einem straßenseitig angebauten Kitting. Das Anwesen wurde in den 30er Jahren von zwei Familien bewohnt. Nach dem Wohnteil und dem Schüttkasten des Besitzers Matthias Lentsch, kam die Wohnung des anderen Besitzers, Wachtler, dann folgten der Stall des Besitzers Wachtler und Stall, Schupfen, Futterkammer und Schweinestall des Besitzers Matthias Lentsch, anschließend daran ein WC und die Mistgrube. Zum Haus Nr. 52 gehörte noch ein Teil der dreiteiligen Schilfscheune, die nicht direkt im hinteren Teil des Hofes oder im Garten lag, sondern am Ende der Parzelle des Hauses Neusiedlerstraße Nr. 24, in der heutigen Quergasse Nr. 9, situiert war und

---

[34] Abbildung und Grundriß des alten Hauses siehe in: Haberlandt (wie Anm. 31), S. 89, Abb. 101, 102.

[35] Siehe N. N.: Regionalstatistische Kurzinformation. Gemeinde Podersdorf. Stand August 1985. Hg. vom Österreichischen statistischen Zentralamt, Wien.

von mehreren Familien benützt wurde. Die Wirtschaft des Söllners Matthias Lentsch war um 1930 nicht allzu groß; er besaß 1 Perd, 2–3 Kühe, Schweine, Hühner, zirka 9 Joch Acker und zirka 1 ha Weingarten.

Ende der 40er Jahre vererbte Matthias Lentsch das Haus Nr. 52 seiner Tochter, die seit ihrer Heirat 1934 in Wien wohnte, sodaß sie ihren Teil des Hauses an den Nachbarn Johann Wachtler verkaufte. Damit gelangte Johann Wachtler in den Besitz der ganzen Hofeinheit. 1948 baute Johann Wachtler anstelle des neu erworbenen Teiles ein neues Wohnhaus mit Zimmer, Küche, Einfahrt und Keller. Anstelle des Schüttbodens wurde eine Küche eingebaut und das bisherige Holztor durch eine überdachte Einfahrt ersetzt. Die zwei Wohnräume wurden unterkellert. 1956 baute Johann Wachtler das Haus neuerlich um. Aus der breiten, überdachten Einfahrt entstanden nun ein Gang und eine Speisekammer, in der Längsrichtung wurden noch ein Zimmer, Abstellraum und Vorraum mit Veranda dazugebaut. Das straßenseitige Zimmer und die Küche bekamen anstatt zweier kleiner nur ein großes Fenster. 1960 baute Johann Wachtler eine neue, quergestellte Scheune am Hofende mit eingebautem Hühner- und Schweinestall. Im Jahr 1962 errichtete er ein neues Wohn- und Wirtschaftsgebäude im Hof. Es entstand eine Wohneinheit (Nutzfläche 44 m^2) mit Zimmer, Kabinett, Küche mit Speis, Boden- und Kelleraufgang, wie auch ein Wirtschaftsteil mit Futterkammer und Rinderstall. Die Wohneinheit und die Futterkammer wurden unterkellert. 1965 wurde anstelle der Scheune ein Landmaschinen-Einstellraum errichtet.

Im Jahr 1970 beabsichtigte Familie Wachtler, Fremdenzimmer zu errichten. Es erfolgten daher der Umbau und die Aufstockung des Straßentraktes. Im Erdgeschoß entstand anstelle der Veranda ein geräumiger Vorraum, statt der Abstellkammer wurden Bad und WC eingebaut. Im ersten Stock standen dann den Gästen vier Zimmer (2 Einbett- und 2 Zweibettzimmer) und ein Gemeinschafts-Bad und -WC zur Verfügung. Im Jahr 1982 plante die Familie den hofseitigen Trakt neu zu bauen. Anstelle der nicht mehr benützten Wirtschaftsräume ist eine neue Wohneinheit, bestehend aus Vorraum, Bad und WC, Wohnküche, Schlaf-, Wohn-, Kinder- und Gästezimmer, mit einer nutzbaren Fläche von 118,20 m^2 entstanden, die von dem Besitzer Johann Wachtler bezogen wurde, während seine Mutter weiterhin die Räume des vorderen Teiles des Hauses bewohnt. In weiterer Folge hat er sich zum Ausbau des hofseitigen Traktes entschlossen, um dem wachsenden Bedarf an qualitätsvollen Fremdenzimmern gerecht zu werden. Im Obergeschoß sind daraufhin insgesamt 6 Gästezimmer, alle mit WC und Dusche, errichtet worden. Im Gästezimmerverzeichnis von 1986 findet sich dann seine Fremdenverkehrseinrichtung nicht mehr in der Spalte „Privatunterkunft mit Frühstück", sondern unter der Bezeichnung „Frühstückspension". Betrachtet man in Podersdorf die Fremdenverkehrseinrichtungen im Ortskern, wird hier die Errichtung der Fremdenzimmer durch den Ausbau des hofseitigen Traktes nahezu zur Regel. Symbolisch für den Wandel einer Agrargemeinde zum Fremdenverkehrsort ist auch der Umstand, daß sich anstelle der ehemaligen Schilfscheune in der Quergasse Nr. 9 heute eine Frühstückspension „Gerlinde" befindet.

3. Purbach. Beispiel einer Revitalisierung. Umbau eines Weinhauerhauses zur Pension.

Herr May, ein Wiener, hat das desolate Objekt im Jahr 1974 von einer Weinbauerfamilie gekauft, in der Absicht, es für den Fremdenverkehr auszubauen. Damals wurde er von den Einheimischen ungläubig angeschaut:

> „Die haben geglaubt, so ein Anwesen reißt man nieder ... denn es rentiert sich nicht, das Geld ins alte Haus hineinzustecken. Die haben mit Begeisterung alles Alte zerstört. Erst wenn sie gesehen haben, daß etwas daraus wird, haben sie zum Denken angefangen, und heute sieht man das mit anderen Augen, mit vernünftigen."

Der ganze Umbau erfolgte in Eigenregie mit der Hilfe von Bekannten und Freunden. Links von der überdachten Einfahrt befand sich die Stube mit einem Kreuzgewölbe; heute ist es das repräsentative Wohnzimmer des Besitzers. Danach folgte die Küche – jetzt ebenfalls die Küche des Ehepaares, aus der Kammer wurde ein Schlafzimmer. Anschließend befindet sich der in die Erde eingetiefte Weinkeller; der wird als Heurigenstüberl, Gesellschaftsstüberl ausgebaut. Rechts von der Einfahrt wurde anstelle des Schüttkastens ein Gästezimmer samt dem Badezimmer errichtet. Das Preßhaus wurde saniert und zum Partystüberl gemacht, anstelle eines kleinen Stalls ist jetzt eine Wirtschaftsküche zu finden. Der Dachboden wurde zu Gästezimmern ausgebaut; insgesamt befinden sich hier 4 Ferienwohnungen, 2 Zweibettzimmer und 1 Einbettzimmer.

Bei der Gestaltung spüren wir die dem postmodernen Geist entsprechenden historisierenden, romantischen Tendenzen. „Ich habe mir ein Schlößchen daraus gemacht. Die Kinder sind fasziniert, sie fühlen sich in einer anderen Welt, es hat alles mit Märchen zu tun, sie spielen Prinzessin". Die Inspiration für den Arkadengang im Obergeschoß um den Turm fand Herr May bei alten Häusern, Burgen und Schlössern. Viele Bauelemente stammen aus Wien, von alten Häusern in der Webgasse, den Jubiläumshäusern in Ottakring, Rosetten und Dachbodenfenster stammen vom Rudolfsspital. Ein Beispiel eines kleineren, qualitätsvollen Fremdenverkehrsbetriebes, in dem sich der Gast sicherlich wohl fühlt.

4. Purbach. Revitalisierung alter Bausubstanz und Entstehung eines Gastronomiebetriebes im gehobenen Stil.

Die Geschichte der Nikolauszeche in Purbach reicht bis in das 16. Jahrhundert zurück. Ursprünglich als Verwaltungsstöckl oder Bethaus errichtet, wurde das Haus in unserem Jahrhundert von mehreren Landwirt- und Taglöhnerfamilien bewohnt; 1962 wohnte hier der Gemeindehirte mit 6 Kindern. 1963 stand das Haus völlig leer, und der Abbruch stand zur Diskussion, bis er durch die Bemühungen seitens der Denkmalpfleger verhindert werden konnte. Schließlich wurde der Besitz von einem Techniker und Ingenieur erworben, 1963–1964 revitalisiert und zum Restaurant umgebaut.[36] Der Architekt war Ernst Hiesmayr. Nach Achleitner war die Revitalisierung und Adaptierung der Nikolauszeche die erste spektakuläre Maßnahme zur Rettung eines scheinbar „wertlosen" Objektes im Burgenland.[37] Im Jahr 1982 kaufte das Haus ein bekannter Gastronom aus Wien. Er führt hier seitdem ein Restaurant im gehobenen Stil. Ausschlaggebend für den Kauf war für den Gastronomen das Haus – für ihn der schönste Renaissance-Bau im Burgenland. Der Umgang mit dem Objekt war beispielhaft. Der Besitzer hat z. B. wegen einer wunderschönen Dachlinie, die er nicht zerstören wollte, auf einen Dachausbau verzichtet. Vorbildlich ist auch die Neugestaltung der Räumlichkeiten mit erlesenen Einrichtungsgegenständen und Dekorationselementen.

Dieses für das Burgenland mehr oder weniger untypische Beispiel habe ich nicht nur wegen der beispielhaften Renovierung ausgewählt. Aufgrund der negativen Erfahrungen mit dem Massentourismus müssen im Burgenland Aktivitäten in Richtung Qualitätstourismus verstärkt werden, um vom Image eines billigen Urlaubslandes wegzukommen. Früher hat man im Burgenland mit dem See und dem Wein, der Ruhe und unberührten

---

[36] Siehe dazu Ernst Hiesmayr: Revitalisierung einfacher Wohn- und Zweckbauten als Beitrag zur Erhaltung und Erneuerung des Ortsbildes. (Dargestellt an zwei Beispielen). Techn. Diss., Wien 1967, S. 16–22.

[37] Friedrich Achleitner: Österreichische Architektur im 20. Jahrhundert. Ein Führer in drei Bänden. Band II: Kärnten, Steiermark, Burgenland. Salzburg – Wien 1983, S. 484.

Natur geworben, für den Wohlstandstouristen der 90er Jahre ist das zu wenig. Nicht alle Gäste geben sich heutzutage mit billigem Quartier und billigem Wein beim Heurigen zufrieden. Das Freizeitverhalten hat sich verändert, die Touristen wollen beschäftigt werden und Natur und Kultur des Landes aktiv erleben. Neue Werbestrategien wurden entwickelt; Kultur (Haydn, Liszt), Küche, Freizeitangebot (Radtourismus – Radwege rund um den See wurden angelegt –, Tennis, Golf). Dazu gehört auch ein ausgewogeneres Angebot an verschiedensten Fremdenverkehrseinrichtungen und Gastronomiebetrieben. Burgenland braucht mehr qualifizierte private Unternehmer, die bereit sind, nicht in den Massentourismus, sondern in den qualitätsvollen Individualtourismus zu investieren. Als Alternative zu den großräumigen Feriendörfern, Freizeitanlagen und Großhotels bieten sich alte Baustrukturen für den Individualtourismus (Ferienwohnungen, Restaurants) im Ortszentrum an.

Wie der Verfasser der Studie „Basisrichtlinien für die zukünftige Tourismusentwicklung im Burgenland" meint, stellt die

„Rückbesinnung auf die Originalität und Ursprünglichkeit des Burgenlandes in der Ortsstruktur, im Siedlungsbild, in den Bau- und Ausstattungsmerkmalen sowie deren Erhaltung, bzw. Erneuerung einen zentralen Bereich in der gesamten Entwicklung dar".[38]

Ohne genaue Definition der Begriffe Originalität und Ursprünglichkeit können aber diese Bereiche nicht langfristig herausgearbeitet werden.[39] Wie bekannt, ist die Originalität des burgenländischen Ortsbildes und Baustils vielfach verlorengegangen. Gewiß wieder einmal eine Herausforderung auch an die volkskundliche Hausforschung, gemeinsam mit den Architekten, Raumplanern, Geographen, Denkmalpflegern usw. so einen „Originalitätskatalog" mit aktuellen Bestandsaufnahmen auszuarbeiten und sich aktiver als bisher mit den Fragen der Dorferneuerung auseinanderzusetzen.

---

[38] Edinger (wie Anm. 5), S. 75.
[39] Ebd., S. 48.

Olaf und Petra Bockhorn, Wien

„Volkskultur" und Tourismus im „Nationalpark Hohe Tauern in Tirol" aus der Sicht lokaler Berichterstattung

1. Von den vornehmen* Aufgaben eines Nationalparks

Begonnen sei mit zwei Zitaten:

> „Alpenländischen Kulturen droht der Verfall durch Überfremdung. Die planlose Entwicklung des Alpenraumes in den letzten zwei Jahrzehnten hat neben der Störung oder Zerstörung des jahrhundertealten, gewachsenen Gemeinschaftslebens und herkömmlicher Traditionen – besonders in den Bergdörfern und in den verkehrsnahen Alpentälern mit Massentourismus – auch zu einem drohenden Verfall überkommener Kulturen oder zu deren Verfälschung durch das Fremdenverkehrsgewerbe geführt. Auch angebliche Gegenströmungen – z. B. Trachtenerhaltung, Vereine, Unterhaltungskapellen, Dorfbühnen, Kunsthandwerk – haben diese unerfreuliche Entwicklung eher begünstigt. Der Überfremdung wurde durch kitschige ‚Folklore' und vermeintliche ‚Volkstümlichkeit' und gar durch farblose ‚Internationalität' Vorschub geleistet. Dem muß ebenso sachkundig wie entschlossen entgegengetreten werden, wenn nicht auf lange Sicht auch noch der Bildungs- und Erholungswert der reichen alpenländischen Kulturen in ihren vielgestaltigen Erscheinungsformen verloren gehen soll"[1].

---

*Wir gestehen freimütig: das Wörtchen ‚vornehm' stammt aus einer Nationalparkbroschüre, wird dort im Superlativ gebraucht und bezieht sich auf: Brauchtum, Volkskultur, Tradition. – Für Zitatauswahl, Formulierung und Inhalt des Beitrages zeichnen wir gemeinsam verantwortlich, die vorherige Sichtung der Zeitungen sowie der einschlägigen Literatur hat P. B. vorgenommen.

[1] Alpenschutz-Programm der Naturfreunde, Bundesgruppe Deutschland, Verband für Touristik und Kultur, 1982, Pkt. 7: Alpenländische Kulturpflege. Zitiert in: Pöllinger Briefe. Mitteilungen der Arge Region Kultur, Nr. 13/1986, S. 10–12, hier S. 10.

Das zweite:

> „Nachdem sich der westliche Mensch nahezu alle materiellen Wünsche erfüllen kann, macht er sich auf der Suche nach dem eigenen Ich, [sic!] auf die Erforschung seines Inneren, auf die Erfüllung geistiger Werte, auf Urlaub für Seele und Geist. Die Erforschung von Kulturen, die Auseinandersetzung mit den Bräuchen des besuchten Landes – kurz, Kulturtourismus gewinnt enorm an Bedeutung.
> Osttirol mit seinen eigenwilligen Bräuchen, mit seiner Verschiedenheit in allen Tälern, mit seiner lebendigen Volkskultur ist geradezu ein ideales Forschungsgebiet. Der Tourismusverband Matrei hat das schon früh erkannt und versucht, kulturelle Akzente auch im Veranstaltungsprogramm zu setzen"[2].

Das erste Textbeispiel stammt nun nicht, wie man allenfalls annehmen könnte, aus dem Nachlaß kulturpessimistischer Heimat- und Volksforscher, sondern aus dem ‚Alpenschutz-Programm' der Deutschen Naturfreunde, veröffentlicht im Jahre 1982. Die zweite Leseprobe, inhaltlich zumindest verwandt, verkehrt jedoch die Grundaussage der vorangegangenen in ihr Gegenteil: aus dem negativen Fremdenverkehr wird in der Berichterstattung des ‚Osttiroler Boten' der positive Kulturtourismus.

Die vier Eckpfeiler unseres Referates sind somit einmal angesprochen. Das erwähnte Matrei liegt im ‚Nationalpark Hohe Tauern in Tirol'[3], gemeinsam mit neun weiteren Gemeinden des Bezirkes Lienz/Osttirol, in jenem Nationalpark, dessen Tiroler Anteil erst zwanzig Jahre nach der zwischen Kärnten, Salzburg und Tirol getroffenen Vereinbarung von Heiligenblut 1971 verwirklicht wurde (Kärnten hat diesen Schritt mit einer ersten Verordnung bereits 1981, Salzburg 1983 gesetzt).

Unter den Zielen dieser Einrichtung finden sich die Erhaltung der Natur- und Kulturlandschaft „in ihrer Vielfalt, Eigenart, Schönheit und Ursprünglichkeit" sowie die Vermittlung eines erholsamen und eindrucksvollen Naturerlebnisses für Besucher[4] – damit sind im einschlägigen Salzbur-

---

[2] Osttiroler Bote (=OB), Nr. 29 v. 18. Juli 1991, S. 10.

[3] So die offizielle Bezeichnung im Landesgesetzblatt für Tirol, Jg. 1991, 37. Stück vom 23. Dezember 1991, Nr. 103: Gesetz vom 9. Oktober 1991 über die Errichtung des Nationalparks Hohe Tauern in Tirol (Tiroler Nationalparkgesetz Hohe Tauern).

[4] Wie Anm. 3, S. 331, §2.

ger Landesgesetz ein „möglichst großer Kreis von Menschen" (vielleicht Touristen?, Anm. d. Verf.) gemeint[5].

Da der Nationalpark Hohe Tauern nicht isoliert, sondern nur unter Einbeziehung der gesamten Region als Lebens- und Wirtschaftsraum der Bewohner betrachtet werden darf, sollte dem eindrucksvollen Natur- ein ebensolches Kulturerlebnis zur Seite gestellt werden. Schon 1981 vetrat Gerhard Baumann die Meinung, daß charakteristische kulturelle Merkmale (in diesem Fall des Kärntner Anteils) am ehesten im „volkskulturellen Bereich" anzutreffen wären.

„Hier – im Bereich der Volkskultur – müßte die Vorstellung von einem ‚kulturellen Nationalpark Hohe Tauern' besonders hervorgehoben werden, um unersetzliche, für das Gebiet typische Werte zu erhalten. Diese Aufgabe wird angesichts des wirtschaftlich für den Raum immer bedeutungsvoller werdenden Fremdenverkehrs nicht einfach sein, zumindest so lange, als ein falsch verstandener Fremdenverkehr nach möglichst großer (auch kultureller) Anpassung an den Gast strebt ... "[6].

Ähnlich argumentiert Michael Becker für das Salzburger Gebiet:

„In einem Nationalpark, in dem die Harmonie zwischen Landschaft und Bewohnern, zwischen Natur und Kultur größten Schutz und größte Pflege erhalten soll, ist zu erwarten, daß auch die Besucher einen unverfälschten Einblick in das Leben der Menschen dieser Gegend erhalten"[7].

Den „unverfälschten Einblick" bieten in Salzburg offensichtlich Brauchtum, Tracht und Volksmusik, kunstvolles Handwerk und Gewerbe, Sagen,

---

[5] Landesgesetzblatt für das Land Salzburg, Jg. 1983, 20. Stück vom 29. Dezember 1983, Nr. 106: Gesetz über die Errichtung des Nationalparkes Hohe Tauern im Land Salzburg, S. 135, §2.

[6] Gerhard Baumann: Die kulturelle Bedeutung der Region des Nationalparks Hohe Tauern. In: Amt der Kärntner Landesregierung – Verfassungsdienst (Hg.): Nationalpark Hohe Tauern in Kärnten (=Raumordnung in Kärnten, Bd. 14), Klagenfurt 1981, S. 61–80, hier S. 69.

[7] Michael Becker: Brauchtum im Jahreslauf. In: Roland Floimair (Hg.): Salzburger Nationalpark Report (=Schriftenreihe des Landespressebüros, Serie „Salzburg Informationen", Nr. 69), Salzburg 1989, S. 90–94, hier S. 90.

Märchen und Mystik sowie Haus und Hof, eingebettet in Tradition, bewahrt durch Pflege[8].

Baumann erweitert diesen volkskulturellen Kanon um Mundart, Bauernkost, regionale Heiligenverehrung und Volkstanz. Die Autoren scheinen also jener ‚Definition' verpflichtet, welche sich 1986 auch in einer Veröffentlichung des Unterrichtsministeriums findet und die letztlich in einer bloßen Aufzählung besteht, welche als ‚Wegweiser in die Volkskultur' dienen soll[9].

Man braucht an dieser Stelle nicht zu betonen, daß eine so verstandene ‚Volkskultur' geprägt ist durch einen überkommenen Kulturbegriff, der von einer zeitgemäßen wissenschaftlichen Volkskunde längst ad absurdum geführt wurde, und daß an denen, die immer noch mit ihm operieren, die letzten drei Jahrzehnte kulturwissenschaftlicher Diskussion unbemerkt vorübergegangen sein dürften.

Aber gerade weil sich, wie Reinhard Johler bemerkt hat, ein derartig konservativer Volkskulturbegriff sowohl in der Alltagssprache als auch in der Kulturpolitik hartnäckig hält[10] – und daher auch die Förderungsrichtlinien des Nationalparks Hohe Tauern von ihm ausgehen[11] –, haben wir versucht, eben diese ‚reduzierte' Volkskultur in den Artikeln des ‚Osttiroler Boten' aufzuspüren.

Diese Wochenzeitschrift, herausgegeben von der Lienzer Bezirkslandwirtschaftskammer, weltanschaulich durchaus repräsentativ für die Mehrheit der Bevölkerung in diesem Landesteil, beschränkt sich in der Berichterstattung ausschließlich auf Lokalereignisse und ist daher als für die Leser meinungsbildende Quelle auch für ‚volkskulturelle' Belange in Osttirol bzw. in den Nationalparkgemeinden bestens geeignet.

Für unsere Zwecke wurden alle Hefte des Jahrganges 1991 und sämtliche 1992 erschienenen durchgesehen. In der Folge sollen die wichtigsten Er-

---

[8] Außer auf M. Becker greifen wir bei dieser Aufzählung auf zwei weitere Aufsätze im zitierten Nationalpark Report (vgl. Anm. 7) zurück: Ernestine Hutter: Wetterzauber, Hexenritt und Teufelsranggler (S. 85–89); Kurt Conrad: Haus, Hof und Handwerk (S. 95–98).

[9] Bundesministerium für Unterricht, Kunst und Sport, Abt. V/7 (Hg.): Wegweiser in die Volkskultur. Graz 1986.

[10] Reinhard Johler: Volkskunde und Volkskultur. In: Niederösterreichische EB-Informationen, Heft 3/1990, S. 2–7.

[11] Förderungsrichtlinien, erstellt vom Bundesministerium für Umwelt, Jugend und Familie im Juni 1991, S. 7.

gebnisse dieser gegenwartsbezogenen Bestandsaufnahme thesenartig vorgestellt, mit Zitaten aus dem Osttiroler Boten untermauert, kritisch hinterfragt und allenfalls widerlegt werden (um allfällige Mißverständnisse zu vermeiden: die Thesen geben nicht in allen Fällen die Meinung der Verfasser wieder).

2. Vier Thesen zur Volkskultur und was daraus werden kann

These 1: Volkskultur ist immer alt, echt, gut, harmonisch, rein und richtig. Den Volksmenschen leiten Herz, Gefühl und ererbter Väterbrauch.

„Alpenländische Volksmusik ist ein ererbtes und somit zu schätzendes und pflegendes Volksgut, gleich der Volkskunst, der Volkstracht und der diversen Volksbräuchen" [sic!][12].

„Osttirol, wie es singt und klingt, wurde den zahlreichen Besuchern in bester Manier vorgeführt. Musik voller Harmonie, ohne grelle, aggressive Töne, aus dem Herzen des Volkes, eben rechte Volksmusik"[13].

Im Gegensatz dazu steht die moderne Massenkultur, gekennzeichnet durch Medien und Verstädterung, Fortschritt und Verstand. Sie ist fremdartig, gefährlich, nivellierend, mitunter satanisch:

„Vieles, das alt und morsch war, sei weggefallen. ‚Aber die echten, tiefen Werte des Landes und Volkes von Tirol müssen auch in unserer heutigen Zeit Gültigkeit haben', betonte Doblander [ehemaliger Bezirkshauptmann, Ehrenmitglied aller Osttiroler Schützenkompanien, Anm. d. Verf.]. Und er kritisierte Auswüchse des heutigen Zeitgeistes"[14].

„Politiker, Geschäftsleute, Bankleute, Journalisten ..., warum unterstützt ihr Rockgruppen, die eindeutig unter satanischem Einfluß stehen? 80 Prozent der Satanisten-Clubs kommen aus der Rockszene. Es ist völlig eindeutig klar, daß hier ein Zerstörungswerk an unserer Jugend im Gange ist!"[15].

---

[12] OB, Nr. 23 v. 6. Juni 1991, S. 11.
[13] OB, Nr. 15 v. 9. April 1992, S. 14.
[14] OB, Nr. 35 v. 29. August 1991, S. 31.
[15] OB, Nr. 24 v. 13. Juni 1991, S. 23. – Korrekterweise sei hinzugefügt, daß dieses Zitat nicht aus einem redaktionellen Beitrag, sondern aus einem Leserbrief stammt.

Es fiele uns nun leicht, für diese Vorurteile Einschlägiges aus der reaktionären volkskundlichen Literatur beizubringen; genauso leicht, aber umso notwendiger ist es, eben jene Vorurteile und Fehlschlüsse aufzudecken, die eine Trennung von Volks- und wie auch immer bezeichneten anderen Kulturen implizieren. Konrad Köstlin meint dazu:

> „Volkskultur wird wie eine fremde Kultur beschrieben, die als exotische Stammesgesellschaft nach anderen Gesetzen auf dem Territorium einer Hochkultur besteht. Dabei werden die Besonderheiten dieser Kultur als Kontrastprogramm betont, die Gemeinsamkeiten vernachlässigt"[16].

Es ist schlichtweg absurd, sich des Telephons, des Autos, aller technischen Errungenschaften unserer Zeit zu bedienen und sie gleichzeitig als Gefahr für die ‚echte' Volkskultur zu bezeichnen. Das Auseinanderhalten einer guten und einer bösen Kultur ist vor dem Hintergrund eines zeitgemäßen (Volks-)Kulturbegriffes, der von einer Gesamtkultur ausgeht, untragbar; Helmut Paul Fielhauer hat das so ausgedrückt:

> „‚Brauchtum', ‚Volkskultur', letztlich ‚Tradition', diese Begriffe gehören noch immer zu den großen Ideologien der Gegenwart; sie täuschen Geborgenheit, Sauberkeit, Ordnung, eine ‚heile Welt' vor"[17].

These 2: Volkskultur ist mit verbindlichen Werten, wie Heimatliebe, Tradition und Gemeinschaft, befrachtet.

> „Er [Bundesbildungsoffizier Karl Pertl, Anm. d. Verf.] erinnerte die Schützen an ihre Grundsätze wie Treue zu Gott, Schutz von Heimat und Vaterland, Erbe der Väter, geistige und kulturelle Einheit des ganzen Landes, Freiheit und Würde des Menschen und Pflege des Tiroler Schützenbrauches"[18].

Schützenbrauch? Hier ist er:

> „‚Wir Schützen haben die Tradition dieser Wehrhaftigkeit übernommen', betonte Doblander, ‚wir bekennen uns in aller Öffentlichkeit dazu und wollen auch mit den Gewehren in der Hand zu

---

[16] Konrad Köstlin: Die Wiederkehr der Volkskultur. Der neue Umgang mit einem alten Begriff. In: Ethnologia Europaea, Vol. XIV/1, 1984, S. 25–31, hier S. 26.

[17] Helmut Paul Fielhauer: Fest-Land Österreich? Kritische Anmerkungen zur Kultur des Tourismus. In: Kulturjahrbuch 1 82/83, Wien 1982, S. 316–321, hier S. 317.

[18] OB, Nr. 16 v. 16. April 1992, S. 37.

allen diesen Festen antreten'. Man lasse es sich von niemandem verbieten, die Gewehre zu tragen, ‚weil sie ein äußeres Symbol der Wehrhaftigkeit, der Tradition dieses Landes sind'"[19].

Doch nicht nur die Schützen bedienen sich oberwähnter Schlagworte:

„ ... die Sinnhaftigkeit lebendiger Brauchtumspflege ist gerade in unserer oftmals so beziehungsarmen Zeit wohl unbestritten. Erfreulich, daß in den Volkstanzgruppen viele junge Menschen dieses Ziel verfolgen und daneben eine nette Gemeinschaft pflegen"[20].

Die Gegensätze dazu, selten angesprochen, wären wohl Heimathaß und -verrat, Traditionsverlust und anonyme Gesellschaft:

„Wenn es nicht gelingt, die historisch gewachsenen Formen der Volkskunst, der Musik, des Liedgutes, des Volkstanzes, des Laienspiels, des Brauchtums und der Mundart lebendig zu erhalten und in schöpferischer Weiterentwicklung in das Leben unserer Zeit einzuordnen, besteht die Gefahr, daß die Gefühls- und Gemütsbildung des Menschen unabsehbaren Schaden erleidet, daß die Voraussetzungen zu einem tieferen Verständnis der kulturellen Leistungen schwinden und daß die affektiven Bindungen an die Heimat verloren gehen. Dadurch würde eine seelische Verarmung der Menschen und eine folgenschwere Verkürzung unserer Erlebnisfähigkeit eintreten. Außerdem würde damit eine substantielle Verarmung der Kultur verbunden sein und das Entstehen einer nivellierenden Einheitskultur nur gefördert werden"[21].

Diese „nivellierende Einheitskultur" wird keineswegs vom ‚Osttiroler Boten', sondern bereits 1969 in der Zeitschrift ‚Neue Volksbildung' als Teufel an die Wand des organisch gewachsenen Hauses ‚Volkskultur' gemalt. Daß es dort auch dunkle Töne gab und gibt, daß Heimatliebe und -treue, Tradition und Gemeinschaft gerade im Zeitalter von Faschismus und Nationalsozialismus so positiv hervorgehoben wurden, daß diese Begriffe der Chronik laufender Kriegsereignisse auf der Balkanhalbinsel entnommen sein könnten, daß sie letztlich – völlig unkritisch – der Legitimation einer

---

[19] OB, Nr. 35 v. 29. August 1991, S. 30f.
[20] OB, Nr. 34 v. 22. August 1991, S. 4.
[21] Hans Kriegl: Österreichische Volksbildung in zeitgemäßer Sicht. In: Neue Volksbildung 20/8, Wien 1969, S. 329f.

scheinbar selbständigen Volkskultur dienen, wird geflissentlich verschleiert. Dazu Hermann Bausinger:

> „Darin steckt die besondere Problematik der zu kritisierenden volkskundlichen Grundbegriffe: daß sie auf immer noch diskutable Werte zielen, daß sie diese aber gleichzeitig an reaktionäre Vorstellungen binden. Wer die Werte ernst nimmt, wird die Begriffe aufgeben müssen"[22].

These 3: Volkskultur ist römisch-katholisch und fast ziemlich unpolitisch – jedenfalls in Tirol.

> „Ein wichtiger Inhalt der Schützentradition ist der Glaube. ‚Habt Mut zum Gebet', sagte Hofmann [Schützenkurat, Anm. d. Verf.], ‚helft mit, daß unsere Gottesdienste Gemeinschaftsfeiern werden, wo das glaubende Volk Gottes dem Herrn Lob und Dank sagt.' Er verwies darauf, daß Osttirol bereits von Sekten als zukunftsträchtiges Zielgebiet gesehen und stark umworben wird. Er bat die Schützen, nicht nur mitzuhelfen, daß in unserer Zeit das Brauchtum, sondern auch der Glaube gepflegt wird"[23].

> „Die Bundesleitung ist der Meinung, daß sich die Tiroler Schützen von keiner politischen Partei vereinnahmen lassen dürfen"[24].

Der Bildungsoffizier des Bundes der Tiroler Schützenkompanien, aus dessen Mund diese Worte stammen, nimmt offensichtlich selten an Veranstaltungen seiner Truppen sowie an ähnlichen Festivitäten musizierender, tanzender und sonstiger Trachtenträger teil: dort wäre ihm wohl aufgefallen, daß sich die Liste der Ehrengäste ausnimmt wie das Who is Who der Lokal- und Landespolitiker.

Aber natürlich hat mit Politik nichts zu tun, daß der Landesrat a. D. Fridolin Zanon Landesoberschützenmeister ist, vom noch viel unpolitischeren Landeshauptmann von Tirol ganz abgesehen:

> „Anschließend überbrachte Landeshauptmann Partl als neuer Ehrenlandeskommandant die Grüße des Landes Tirol. Er bezeichnete die Tiroler Schützen als eine unschätzbare Kraft, die

---

[22] Hermann Bausinger: Volkskunde. Von der Altertumsforschung zur Kulturanalyse. Berlin – Darmstadt – Wien o. J. (1971), S. 105.

[23] OB, Nr. 35 v. 29. August 1991, S. 30.

[24] OB, Nr. 26 v. 27. Juni 1991, S. 34.

als mutige Menschen den geraden Weg gehen. Er dankte den Schützen dafür, daß sie in unserer Zeit mithelfen, die Zukunft positiv zu formen"[25].

Die hohe und niedere Geistlichkeit braucht weiter nicht erwähnt zu werden: sie ist bei öffentlichen Anlässen immer parat.

„‚Es stimmt traurig, wenn nur noch ein Viertel der Leute beim Pfarrgottesdienst ist', klagte Pfarrer Josef Taxer, ‚oder wenn nur noch ganz wenige Kinder zur Schülermesse kommen'"[26].

Bemerkenswert ist nicht der Inhalt der Klage, sondern der Anlaß: sie erfolgte im Rahmen von Bildungsabenden zur Dorferneuerung. Es geht hier beileibe nicht darum, Probleme der römisch-katholischen Kirche zu erörtern – zu zeigen ist die als ‚unpolitisch' angesehene Omnipräsenz von Kirche und Politik, auch und speziell bei ‚volkskulturellen' Veranstaltungen: gerade das, was als ‚regionale Kultur der Vielen' einst auch als Gegenstrategie zu den Herrschenden gemeint war[27], ist heute zu einem Gutteil zur aufgesetzten ‚Volkskultur' der Herrschenden geworden, die hier ein offenes Feld für politische und kirchliche Agitation gefunden haben.

„Die Volkskultur von gestern wird zur geblasenen und geschlagenen Leerformel von heute und verhindert damit, zum Nutzen der Herrschenden, die Auseinandersetzung mit dem Morgen"[28].

Dieses Zitat ist nicht dem Osttiroler Boten, sondern einem Aufsatz von Peter Turrini entnommen. Ähnlich Helmut Paul Fielhauer:

„Man kann hiebei aber doch einige Gewissensfragen nicht umgehen; ob nicht etwa gerade die Förderung von ‚Volkskultur' entgegen dem vorausgesetzten Willen zur Demokratisierung von Kultur erst recht Gegensätze verlängert, die Möglichkeit des Rückfließens konservativer Ideologien in die Erziehung junger Menschen fördert und jenen, die aus der Geschichte der letzten hun-

---

[25] OB, Nr. 16 v. 16. April 1992, S. 37.
[26] OB, Nr. 8 v. 21. Feber 1991, S. 33.
[27] Vgl. dazu Köstlin (wie Anm. 16), S. 28.
[28] Peter Turrini: Die alte und die neue Volkskultur. In: Dr. Karl-Renner-Institut (Hg.): Volkskultur – Kultur des Volkes? „Kulturkontakte '79" (=Zeitdokumente 22), Wien o. J., S. 30f.

dert Jahre nichts lernen wollten, scheinbar eine posthume Rechtfertigung bietet"[29].

These 4: Volkskultur und Tourismus sind untrennbar verwoben.

Kaum ein Bericht im ‚Osttiroler Boten' verweist nicht auf Gäste, Touristen, Fremde, denen man ein unverfälschtes Bild der Heimat und ihrer ‚echten' Kultur präsentieren will:

> „Der Geschäftsführer des Tourismusverbandes, Andreas Brugger, verwies darauf, daß das Schützenwesen in ganz Tirol ein wesentlicher Faktor des Kulturlebens sei. Und neben Natur und Mensch ein wesentliches Standbein für den Fremdenverkehr darstelle"[30].

Sie, die Fremden, haben daher ihr Scherflein zur Pflege der Volkskultur beizutragen:

> „Größere Ausgaben fallen alljährlich an: für Noten, Trachten, Reparaturen aller Art, Heizung, Proberaum und auch für Kameradschaftspflege. Die Einnahmen kommen von der Gemeinde, dem Fremdenverkehrsverband, Marketenderinnen, Sponsoren und Veranstaltungen"[31].

Veranstaltungen für wen? Schnaps nur für heimische kameradschaftspflegende Alkoholiker? Musikinstrumente, Tracht aus eigener Tasche, aus innerem Anstoß bezahlt, um sie dann bei werbewirksamen Auftritten im In- und Ausland zu präsentieren?

> „Mit dem Bau des Felbertauerntunnels erschlossen sich der Kapelle neue Auftrittsorte, Deutschland, Holland, Belgien – ja, später sogar Amerika – waren nun die großen Ziele. Immer aber blieben die sechs Musikanten fröhliche und bescheidene Menschen und ihre Lieder einfache, sangbare Melodien mit verständlichen Texten über Heimat, Freundschaft und Liebe – Dinge eben, die die Menschen seit Jahrhunderten bewegen"[32].

---

[29] Helmut Paul Fielhauer: Kultur oder Volkstumsideologie? In: Volkskultur – Kultur des Volkes (wie Anm. 28), S. 3–11, hier S. 4.

[30] OB, Nr. 15 v. 11. April 1991, S. 18.

[31] OB, Nr. 6 v. 7. Feber 1991, S. 56.

[32] OB, Nr. 26 v. 27. Juni 1991, S. 12.

Die Hauptbewegungen aber finden im Geldbörsel statt, nicht anderswo. Vor diesem Hintergrund ist klar, daß das, was da als ‚Volkskultur' ausgegeben wird, ‚Tourismuskultur' ist[33]. Liebevoll in Dirndlstoff und Lederhose verpackt, wird diese Kultur als Handelsprodukt schon lange kommerziell verwertet und vermarktet, wie Hans Haid schreibt[34].

Da mag man nun entgegenhalten, daß es graduelle Unterschiede gebe, Auswüchse, „Entartungen", wie Rudolf Kriss vor mehr als zwanzig Jahren im Zusammenhang mit Berchtesgadener Heimatabenden schrieb[35]. Diese ändern aber nichts an der vielfach belegbaren Grundaussage einer zur Tourismuskultur mutierten und als ‚Verkaufsschmäh' dienenden Volkskultur.[36]

Nur in diesem Zusammenhang stellt sich überhaupt die Frage von Echtheit und Alter: beide erhöhen den Wert des solchermaßen etikettierten Produkts. Interessant ist, daß das Problem von ‚echt' und ‚unecht', wie H. Bausinger ausführt, nahezu ausschließlich eines der örtlichen Pfleger („dilettierende Volkskundler der Gegend") ist: die Einheimischen „könnten im Grunde kaum so trennen, da ihr Engagement oft gerade auch dem Neuen gilt ... ", die Fremden wiederum können und wollen gar nicht differenzieren, weil sie sich mit einem ungeordneten und gleichberechtigten Angebot von Veranstaltungen konfrontiert sehen[37].

Der These 4 („Volkskultur und Tourismus sind untrennbar verwoben") können wir somit wenig entgegenhalten – die angeblich historische und auch in der Gegenwart noch praktizierte ‚Volkskultur' mancher Gebiete besitzt für die Bevölkerung einen einzigen Alltagsbezug: den Tourismus, der beide am Leben erhält. Den Pflegern kann somit ins Stammbuch geschrieben werden, daß es wenig Sinn macht, im Herbst abgefallene Blätter im Frühjahr wieder an die Äste zu kleben. Wenn die ohnehin sprießen-

---

[33] Olaf Bockhorn: „Volkskultur und Tourismus". In: „Bis an die Wurzeln". Sondernummer der „Pöllinger Briefe" 1988, S. 10–19, hier S. 18f.

[34] Hans Haid: Allgemeine Anmerkungen zur Veränderung der Volkskultur durch den Massentourismus. In: Pöllinger Briefe (wie Anm. 1), Nr. 13/1986, S. 5–8.

[35] Rudolf Kriss: Brauchtum, Folklorismus und Fremdenverkehr im Berchtesgadener Land. In: Dieter Harmening u. a. (Hg.): Volkskultur und Geschichte. Festgabe f. Josef Dünninger zum 65. Geburtstag, Berlin 1970, S. 200–209, hier S. 206.

[36] Nicht eigens betont zu werden braucht, daß natürlich auch Tourismuskultur Teil der Gesamtkultur ist.

[37] Bausinger (wie Anm. 22), S. 173f.

den als ‚unecht' erscheinen, so sei eine Schulung empfohlen, welche die gesellschaftliche und ökonomische Realität zum Inhalt hat.

3. REGIONALKULTUR: WIDERSTAND STATT QUARGELSTURZ

Vom Lokalen sind wir längst zum Allgemeinen gekommen, zum Unbehagen an einem unreflektiert gebrauchten, bewußt oder unbewußt mißbrauchten Volkskulturbegriff. Weniger der Begriff, die Ge- und Mißbraucher rufen dieses Unbehagen hervor. Arnold Niederer formuliert:

> „Nichts von dem, was die Bergbevölkerung heute vordringlich beschäftigt (Existenzprobleme, Abwanderung der Jugend), erscheint in solcher in der Vergangenheit verankerter Folklore, die ihren Trägern bestenfalls eine historische Identität vermittelt, nicht aber eine solche mit Bezug auf die Gegenwart oder gar die Zukunft. Damit soll nicht gesagt sein, dass den fremden Gästen bei festlichen Anlässen vor allem die Probleme der Bergbevölkerung vor Augen geführt werden sollen; wir haben aber gelungene Dorffeste gesehen, die in witziger und manchmal ironischer Form das aktuelle Leben und Schaffen ihres Dorfes darstellten, nicht ohne humoristische Anspielungen auf die fremden Folklore- und Antiquitätennarren. Solche Feste finden aber meistens ausserhalb der Fremdensaison statt, wenn die Einheimischen unter sich sind"[38].

Hier klingt etwas an, was als ‚neue Volkskultur' bezeichnet wird, vergleichbar dem sprießenden Grün, das die Farbenblinden nicht erkennen wollen: Volkskultur als Widerstand, als kritische Auseinandersetzung mit ‚denen da oben', mit der eigenen Region, gestern, heute und morgen[39].

Diese ‚neue' entspricht eigentlich auch der ‚alten', verschütteten Volkskultur – der von Arbeit und Freizeit, von Sorgen, Nöten und Freuden regional geprägten Alltagskultur. Sie ist zwar nicht tourismusunabhängig, dient jedoch keinesfalls als Animationsprogramm für den Fremdenverkehr. Die Gäste werden einerseits die Probleme der Einheimischen deutlicher

---

[38] Arnold Niederer: Sitten, Bräuche und Traditionen als Faktoren der regionalen Identität. In: Ernst A. Brugger u. a. (Hg.): Umbruch im Berggebiet. Bern – Stuttgart 1984, S. 798–808, hier S. 807.

[39] Zur „neuen Volkskultur" vgl. u. a. Konrad Köstlin: Der Begriff Volkskultur und seine vielfältige Verwendung. In: Gertraud Krötz u. a. (Red.): Münchner Streitgespräche zur Volkskultur. München 1990, S. 13–15.

erkennen lernen, andererseits werden die Bewohner der Region sich nicht scheuen, diese – die Probleme – offen zu artikulieren, was durchaus auch in unterhaltsamer Form geschehen kann. Wenn sich 1992 der nur geringe ‚Tradition' aufweisende Matreier Faschingszug aktuellen Gemeindeproblemen annahm[40], wenn ein „Tiroler Abend einmal anders" Dichterlesungen aus zeitgenössischen Werken Tiroler Autoren (wie Hans Haid oder Felix Mitterer) beinhaltet und bei Einheimischen wie Gästen viel Applaus erntet[41], wenn ein ‚Widerständigkeiten' verheißendes und von Hans Haid zusammengestelltes Programm einen Veranstaltungssaal im ‚Nationalparkhaus für Kultur und Begegnung' in Matrei/Osttirol füllt[42], so sind jene Anfänge gesetzt, deren Förderung zu den „vornehmsten Aufgaben eines Nationalparks"[43] zählen müßte.

Ganz sicher kann und darf es – weder im ‚Nationalpark Hohe Tauern' noch anderswo – nicht um die pflegerische Bewahrung als alt ausgegebener Kulturformen gehen, um eine Musealisierung von Landschaft und Bewohnern, konserviert unter einem Quargelsturz, in dem sich vor allem der üble Geruch hält, um ein Reservat almabtreibender, jodelnder, schuhplattelnder und volkskunstschnitzender ÄplerInnen.

Wir schließen mit der Schilderung eines „begeisternden Alt-Kalser-Abends" im ‚Osttiroler Boten' in der Hoffnung, daß der Neu-Kalser-, ja der Neu-Nationalpark-Abend, anders aussehen, regions-, alltags-, gegenwarts- und zukunftsbezogen sein wird:

„Treffend das Motto ‚Besseres kann kein Land vererben als ererbten Väterbrauch ... ' (Ottokar Kernstock) und geradezu begeisternd-mitreißend das Programm. [...] Vor der gemalten Kulisse des Großglockners zeigten sich markige Bauernsleute in farbenfreudigem Trachtenbunt. [...] Gstandene Mander plattelten ‚wie einst im Mai' und verheiratete Frauen hatten die Figuren der Volkstänze nicht vergessen. [...] Der Abend sollte neben Unterhaltung auch ein besinnliches Erinnern daran sein, wieviel in einer Dorfgemeinschaft an Kulturgut lebt"[44].

---

[40] OB, Nr. 10 v. 5. März 1992, S. 8.
[41] OB, Nr. 33 v. 15. August 1991, S. 57.
[42] OB, Nr. 33 v. 15. August 1991, S. 33ff.
[43] Becker (wie Anm. 7, S. 94) sieht als „vornehmste Aufgabe" allerdings die Pflege von Brauchtum und Volkskultur. Wir bedienen uns somit nur seines Wortpaares, distanzieren uns aber von seinen Vorstellungen.
[44] OB, Nr. 7 v. 14. Feber 1991, S. 54.

HEIKE HEINZEL, DARMSTADT

Sekundäre Folgen des Talsperrenbaus im Biggetal – Tourismus als Dauerproblem

Mit meinem Vortrag möchte ich einen Einblick geben in die Geschichte der Tourismusentwicklung im Biggetalsperrengebiet. Die Biggetalsperre liegt südlich des Ruhrgebiets in einer Mittelgebirgsregion, die den Namen „Sauerland" trägt.

Im Vergleich zu Regionen und Orten, die mit den Problemen des Massentourismus konfrontiert sind, nimmt sich der Tourismus im Biggetal auf den ersten Blick vergleichsweise bescheiden aus. Trotzdem sind – wie ich darlegen möchte – die Probleme, die sich für die einheimische Bevölkerung durch ihn ergeben, nicht minder gravierend.

Die primäre Folge des Talsperrenbaus war die Umsiedlung von circa 2.500 Menschen aus ihren Dörfern im Tal in neue, höhergelegene und am Reißbrett geplante Ortschaften, die heute am Ufer des Biggesees liegen (Abb. 1).

Die Umsiedlung erfolgte Anfang der 1960er Jahre; mit dem Einstau der Talsperre wurde 1965 begonnen. Als sekundäre Folge des Talsperrenbaus kann die Tourismusentwicklung betrachtet werden, die als problematisch erscheinen muß, da eine langsame Gewöhnung der Bevölkerung nicht stattfinden konnte und man auch nicht auf Verhaltensmuster im Umgang mit Touristen zurückgreifen konnte.

Die hier referierten Ergebnisse basieren im wesentlichen auf narrativen Interviews, die ich im Sommer 1988 mit ehemaligen Umsiedlern der Ortschaft Sondern, deren Kindern und Enkeln führte.[1]

Vorab jedoch einige Hintergrundinformationen, die mir für das Verständnis der dortigen Situation unabdingbar erscheinen. Bis in die 30er Jahre unseres Jahrhunderts lebte ein Großteil der Bevölkerung des Biggetales mehr schlecht als recht von der Arbeit in kleinen eisenverarbeitenden Betrieben, die mit subsistenzsichernder Nebenerwerbslandwirtschaft gekoppelt war.

---

[1] Vgl. Heike Heinzel: Heimat im Biggetal. Erinnerungen an die Umsiedlung eines Dorfes (=Mainzer Kleine Schriften zur Volkskultur, 1). Mainz 1990.

Erste Bestrebungen zum Talsperrenbau gab es schon zu Beginn der 1930er Jahre, da die Wasserversorgung des Industrivereviers an Rhein und Ruhr so langfristig gesichert werden sollte. Diese ersten Planungen hatten zur Folge, daß im Biggetal ein Baustopp verhängt wurde und mehr und mehr Menschen und Betreiber kleinerer Betriebe aus Existenzangst abwanderten.

Öffentliche Gebäude, Straßen und Plätze verfielen zusehends. Wohnhäuser wurden von den weiterhin im Tal Wohnenden nur noch notdürftig repariert; Neubauten entstanden erst gar nicht (Abb. 2).

Nach Jahrzehnten der Ungewißheit wurde – wie bereits erwähnt – in den 1960er Jahren mit dem Talsperrenbau begonnen. Massiver Widerstand seitens der Bevölkerung, wie er heutzutage zu erwarten wäre, regte sich nicht; – man war froh, daß endlich ein Beschluß gefaßt worden war und neue Perspektiven eröffnet wurden. Zu diesen Perspektiven gehörte es auch, den zu erwartenden Fremdenverkehr als wirtschaftliches „Allheilmittel" für eine Region zu propagieren, deren Strukturschwäche schon lange offenkundig war. Besonders die Vertreter der Landesplanungsbehörde und des Ruhrtalsperrenvereins, des Bauherrn, priesen daher die Vorzüge des Fremdenverkehrs als Kompensationsmechanismus für einen zu erwartenden gewerblichen und landwirtschaftlichen Rückgang.[2] Die Lokalpresse unterstützte diese Ideologie besonders in der kritischen Phase der Umsiedlung ganzer Ortschaften mit entsprechend euphorischen Schlagzeilen und Artikeln.

---

[2] So äußerte sich der Direktor des Ruhrtalsperrenvereins Essen optimistisch: „Ist der See erst einmal angestaut, so wird die Talsperre wegen ihrer günstigen Verkehrslage zu Rhein und Ruhr eine erhebliche Anziehungskraft auf den Wochenend- und Erholungsverkehr ausüben. Der Zustrom wird nach den Erfahrungen an anderen Sperren (Möhne, Sorpe) nicht nur den neu anzusiedelnden Anlagen ... zugute kommen, sondern auf die nähere und weitere Umgebung ausstrahlen und seinerseits einen ganz erheblichen unmittelbaren Beitrag zum Ausgleich und letztlich zur wirtschaftlichen Stärkung des Kreises Olpe leisten." (Max Prüss: Der Bau der Biggetalsperre. In: Heimatstimmen aus dem Kreise Olpe, 17, 1954, S. 953). Fast zehn Jahre später, am 24. Oktober 1963, betonte Landesbauminister Franken anläßlich einer Pressefahrt zur Biggetalsperre: „Vor allem schafft eine Talsperre dieser Grössenordnung (sic!) die Möglichkeit für die Belebung des Fremdenverkehrs, der für den strukturell schwachen und daher von der Landesregierung als förderungsbedürftig anerkannten Kreis Olpe eine besondere wirtschaftliche Bedeutung hat." (Dorfchronik Sondern. Masch.geschr. Manuskript, Kopie Nr. 76).

Vom „Ferienstrand der Zukunft"[3] war da die Rede, es wurde „Erholung für den Großstädter"[4] angekündigt und gemutmaßt, daß „das Seeufer auf seine Wellen warte"[5] ... Ja, selbst der Vergleich zu überregional bekannten Urlaubszielen wurde nicht gescheut: „Der Vierwaldstätter See im Sauerland"[6] lautete eine Überschrift – die Biggetalsperre als Pendant sozusagen ...

Doch schon in den ersten Monaten nach der erfolgten Umsiedlung der Talbewohner und dem Einstau der Biggetalsperre zeigte sich, daß die Realität jene kurzsichtigen Statements eingeholt hatte.

Durch Presse, Rundfunk und Fernsehen neugierig gemacht, folgten zunächst „Sensationstouristen" den Spuren der Reporter und baten um Quartier in den modernen aber uniform wirkenden Ortschaften (Neu-)Sondern und Neu-Listernohl. Doch Hotels oder Pensionen gab es nicht – sie waren nicht geplant und also nicht gebaut worden. Kurzerhand räumten geschäftstüchtige Umsiedler die Kinderzimmer ihrer neuen Wohnhäuser und entsprachen so der Nachfrage bei einem Preis von 6,50 DM pro Übernachtung und Frühstück.

Auch Jugendliche entdeckten in dieser Zeit den Biggesee als wildes Campingparadies und zogen sich durch halbstarkes Gebaren den Unmut der älteren Sonderner Bevölkerung zu. Die Sonderner Jugend genoß hingegen diese Zeit und den Kontakt zu Gleichaltrigen, wie in vielen Interviews deutlich wurde.[7]

Erst in den 70er Jahren entstanden und etablierten sich Einrichtungen einer touristischen Infrastruktur aufgrund unterschiedlicher Initiativen. Die Sonderner selbst richteten vermehrt Fremdenzimmer für die Gäste aus dem nahen Ruhrgebiet und den Niederlanden ein, Häuser wurden um- und ausgebaut. Ein Tretbootverleih und der Campingplatz sind ebenfalls auf die Initiative Sonderner Bürger zurückzuführen. Gaststätten, von denen es heute sechs an der Zahl gibt, und größere Pensionen wurden hingegen meist von auswärtigen Geldgebern aufgebaut. Auch die Gründung der einflußreichen GmbH der Biggeseeschiffahrt, die in vier große Ausflugsschiffe investierte, läßt sich auf die Initiative eines Kölner Geschäftsmannes zurückführen (Abb. 4).

---

[3] Rheinische Post vom 11.9.1962.
[4] Rheinische Post vom 26.11.1963.
[5] Vgl. Frankfurter Allgemeine Zeitung vom 29.4.1964.
[6] Welt am Sonntag vom 5.11.1966.
[7] Vgl. Heinzel (wie Anm. 1), S. 94.

Heute kann man in Sondern sogar den Führerschein im Urlaub machen. Der Ruhrtalsperrenverein, der als Bauherr immer wieder die Vorzüge des Fremdenverkehrs betont hatte, unternahm zur Förderung desselben wenig: Parkplätze am Seeufer und auch Strände oder Badeplätze wurden nur zaghaft subventioniert.

Das Ufer des Biggesees ist steinig und fällt steil ab. Zum Rasten und Sonnen war und ist es wenig geeignet. Trotzdem besuchten in dieser Phase Sommerurlauber – vorwiegend Familien – den Ort Sondern und die Einkünfte stellten für einige ehemalige Umsiedler einen – wenn auch bescheidenen – Nebenverdienst dar.[8]

Wie allgemein bekannt, änderte sich das Freizeit- und Reiseverhalten der Bundesbürger in den 80er Jahren grundlegend. Auch sogenannte „einkommensschwächere Familien" konnten nun dem Alltag mit Hilfe von Auto, Bus, Bahn und Flugzeug in südliche Gefilde entfliehen. Auch wurden Reisen in den sonnigen Süden immer stärker zum Prestigeobjekt einer auf Konsum basierenden Gesellschaft. Das Sauerland und somit auch das Biggetalsperrengebiet – in Meteorologenkreisen bekannt wegen langanhaltender heftiger Niederschläge und feuchtkalter Sommer – stellte für Langzeiturlauber zunehmend die 2. oder 3. Wahl dar.[9] Die Vermietung

---

[8] Zur Herkunft der Urlauber schreibt H. Kiemstedt: „Z. B. ergibt sich aus einer Zählung der Campinggäste der Biggesee-GmbH, daß 1971 über 60 % der Campingplatzbesucher aus Nordrhein-Westfalen kamen und nach der Feriengäste-Verkehrszählung im Kreis Meschede aus dem Jahre 1968 war der überwiegende Teil der Urlauber in den großen Städten Nordrhein-Westfalens zu Hause. Ein wichtiger Grund ist sicher die gute Erreichbarkeit des Sauerlandes, d. h. kurze Anfahrtszeiten und relativ niedrige Reisekosten als wesentliche Bedingungen besonders für Familien mit Kindern." (Hans Kiemstedt u. a.: Landschaftsbewertung für Erholung im Sauerland. Entwicklung eines komplexen Bewertungsmodells zur Auswahl geeigneter Räume für die Erholung. Teil I: Textband. Dortmund 1975 (=Schriftenreihe Landes- und Stadtentwicklungsforschung des Landes NRW, 1.008/I), S. 17f). Als typische Urlauber nennt Kiemstedt Angestellte und Arbeiter mit niedrigen und mittleren Einkommen aus den Ballungsgebieten an Rhein und Ruhr.

[9] Für den deutschen Fremdenverkehr allgemein wurde diese Entwicklung schon 1974 von B. Meier prognostiziert: „Jüngste Untersuchungen des Deutschen Fremdenverkehrs haben ergeben, daß folgende Angebotstypen im deutschen Fremdenverkehr am stärksten gefragt sind: Naherholung, Kurz- und Zweiturlaub, Winterurlaub, Campingtourismus. ... Für den Fremdenverkehr Südwestfalens werden neben dem Haupturlaubsverkehr die Naherholung sowie der Kurz- und Zweiturlaub zunehmend an Bedeutung gewinnen." (Bernd Meier: Fremdenverkehr im Sauerland. In: Das Sauerland. Fredeburg 1974, S. 82).

Sekundäre Folgen des Talsperrenbaus im Biggetal 319

von Privatzimmern ist inzwischen deutlich zurückgegangen und viele Sonderner pendeln täglich zwischen Wohnort und den Betrieben der nahegelegenen Kreisstadt. Ansätze eines verträglichen – wenngleich oder gerade weil „unprofessionellen" Tourismus – mutierten zu einer Tourismusindustrie, von der heute in Sondern nur einige wenige profitieren, wie z. B. die genannte Gesellschaft der „Biggeseeschiffahrt". Dergleichen ist den meisten Bewohnern zur Last geworden, was ich an einigen Beispielen belegen möchte.

Heute wird Sondern – wie der Biggesee überhaupt – vorwiegend an den wenigen sonnigen Sommerwochenenden von Tagestouristen aus den nahen Ballungsgebieten aufgesucht. Was sich dann dort zuträgt verdeutlichen am besten Zitate meiner Interviewpartner:

> „Na ja, wenn man spazieren geht hier oben an Sommertagen, sonntags, dann muß man eben warten bis sechs, sieben Uhr, dann sind sie weg (gemeint sind die Touristen). Und wenn sie unten ans Wasser gehen ... Sonntagnachmittags, ist das wie 'ne Prozession ... Da schieben sie sich wirklich scharenweise ... längs den See entlang."[10]

Für eine achtzigjährige Frau ist der Wochenendtourismus nicht nur lästig, manchmal hindert der Autoverkehr sie sogar an sonntäglichen Spaziergängen. Sie klagt:

> „Sonntags kann man es nicht aushalten! Sonntags nicht ... Die Autos! Wenn ich hier über die Straße gehe und will hinten nach meiner Freundin –. Wenn sie nicht anhalten und lassen mich vorbei, dann komm' ich nicht dadurch!"[11]

Viele Sonderner fliehen deshalb an Wochenenden zu Bekannten und Verwandten in andere Ortschaften oder gehen in den nahen Wäldern spazieren.

Die Verweildauer der Ausflügler im Ort ist gering. Viele Besucher kommen nur der Schiffsanlegestelle wegen, um von dort aus die Biggeseerundfahrt anzutreten.

Eine Befragte erzählt:

> „Die meisten gehen alle auf's Schiff. Jeden Tag, den ganzen Sommer, kommen so viele Busse ... Die gehen auf et Schiff, fahren

---

[10] Heinzel (wie Anm. 1), S. 93.
[11] Ebd.

'ne Runde, trinken da Kaffee, dann sind se satt und dann steigen se wieder in den Bus und dann wieder zurück, nicht?"[12]

Im Herbst ist Sondern bevorzugtes Ziel von Vereinen, wie ein Sonderner berichtet:

„Und jetzt im Herbst, da kommen die Vereinsfahrten. Kann man richtig sehen ... Jetzt, so ab September, dann rollen die Busse an, kommen die Vereine dann."[13]

Die Auswirkungen dieses Tagestourismus – vermehrter Lärm und Gestank durch Autos, Busse und Motorräder – sind offenkundig, doch gibt es darüber hinaus weitere als negativ empfundene Einflüsse auf das alltägliche Leben der Bevölkerung.

Als Folgen des Tourismus werden auch Formen von Vandalismus betrachtet, wie die Zerstörung des sogenannten „Muttergotteshäuschens", eines Bildstocks, der besonders von älteren Sondernern zur privaten Andacht besucht wurde. Der Bildstock ist zudem ein Symbol Alt-Sonderns, eines der wenigen Erinnerungsstücke, die den Talsperrenbau halbwegs unversehrt überstanden haben, wenngleich man ihn nur bei Niedrigwasser trockenen Fußes erreichen kann ... (Abb. 3).

Inzwischen hat man es aufgegeben, eine Marienstatue einzustellen, da die Schutzscheibe immer wieder zerschlagen, die Statue zerstört und das Innere des Bildstocks mit Unrat vollgestopft wurde. Nach Meinung der Sonderner werden diese Taten von Fremden begangen, welche sich über die Gewohnheiten der Einheimischen mutwillig hinwegsetzen.

Als subtil und nachhaltig wirkend erweisen sich auch jene Äußerungen meiner Interviewpartner, die für Außenstehende schwerer nachvollziehbar sind und das subjektive Empfinden einzelner Bewohner des Ortes widerspiegeln.

Dazu gehört, daß man die „Tür nicht mehr offenstehen läßt", wie dies im alten Dorf der Fall war, und daß man mangelnde Intimität und den Verlust der Dorfgemeinschaft beklagt.[14] Als Ursachen hierfür werden auch die Ergebnisse architektonischer Fehlplanungen aufgeführt, wie der Bau von Kirche und Festhalle. Diese öffentlichen Einrichtungen, die in erster Linie der örtlichen Bevölkerung zugute kommen sollten, wurden in Er-

---

[12] Heinzel (wie Anm. 1), S. 96.
[13] Ebd., S. 97.
[14] Vgl. ebd., bes. Kapitel 5.6. „Nachbarschaft".

Sekundäre Folgen des Talsperrenbaus im Biggetal

wartung der Touristenströme überdimensioniert. In einer Festschrift der Pfarrgemeinde von 1971 wird die neue Kirche wie folgt beschrieben:

„Ein fünfflächiges Polygondach überspannt den aus Stahlbeton und Klinkern hergestellten sakralen Raum. Die Talsperrenkirche wurde in den Räumlichkeiten denkbar großzügig ... eingerichtet. Im Innern stehen 345 Sitzplätze zur Verfügung. Das vorgelagerte Atrium ermöglicht bei geöffneten Kirchentüren rund 200 weiteren Personen die Teilnahme am Gottesdienst."[15]

Zum Vergleich sei angemerkt, daß die Einwohnerzahl des Ortes heute bei etwa 400 Personen liegt.

Bei Veranstaltungen wie dem Schützenfest, dem Hauptfest des Jahres, verliert sich die Bevölkerung in der großen Festhalle, die auf Betreiben eines ortsansässigen Gastronomen viel zu geräumig ausfiel. Sein Bestreben war und ist es, möglichst viele Reisegesellschaften bewirten zu können. Die Atmosphäre des Festes hat – so meinen viele Sonderner – unter der Größe der Halle gelitten und ein Befragter beschreibt treffend:

„Unsere Halle ist für unsere Bereiche einfach zu mammuthaft. Und damit das denn nicht so aussieht und nicht so leer wirkt, werden die Stühle weit auseinandergerückt ... Da können sie also mit 'nem Rollstuhl bequem durchfahren. Und das können sie sich natürlich auch vorstellen: wenn sich zwei nicht riechen, nicht sehen können ... macht man 'nen Bogen drum. Früher mußten sie an dem vorbei ... Wenn wir jetzt einen zu großen Raum haben, kommt keine Stimmung auf."[16]

Seine Frau gerät bei der Erinnerung an die Schützenfeste in Alt-Sondern ins Schwärmen:

„Das war in dem Zelt unten ... Da hatte jeder mit jedem Tuchfühlung; das war viel schöner, selbst wenn da mal einer hinterher von der Bank runter viel ... Also, das war viel schöner als diese kühle Atmosphäre."[17]

---

[15] 350 Jahre St.-Cyriakus-Pfarrgemeinde Rhode 1621–1971. (Festschrift). Hg. vom Pfarrgemeinderat und Kirchenvorstand Rhode. Olpe 1971, S. 38.
[16] Heinzel (wie Anm. 1), S. 90.
[17] Ebd., S. 91.

Durch den Tourismus haben sich „Dorfkneipen" in „Restaurants" verwandelt oder sind direkt als Gaststätten für Besucher gebaut worden, was sich auch im Verhalten der Gastwirte gegenüber den Ortsansässigen zeigt. „Sonntagsmorgens", so erzählt ein älterer Mann, „Sonntagsmorgens kann doch keiner in die Wirtschaft gehen", und auf meine Frage, warum das denn nicht möglich sei, antwortet er: „Ja, mittags kommen die Leute zum Essen, da müssen wir raus ... Dann kommen sie (gemeint sind die Wirte) mit der weißen Decke und sagen: ‚Wir müssen aber den Tisch haben'".[18]

In den Wintermonaten hingegen sind die Gaststätten geschlossen. Der Ort wirkt dann wie ausgestorben.

Ein weiterer Aspekt muß angesprochen werden: Sondern, als Touristenort in zahlreichen Prospekten des Sauerlandes genannt, ist durch seinen inzwischen hohen Bekanntheitsgrad auch für Immobilienhändler interessant geworden, was – wie man sich denken kann – schnell zur Verteuerung der Grundstückspreise geführt hat. Die Situation wird sich in den kommenden Jahren wohl noch verschärfen, da nur noch wenig Bauland zur Verfügung steht und einer weiteren Ausdehnung des Ortes durch den Biggesee auf der einen und die den Ort umschließende Landesstraße auf der anderen Seite Grenzen gesetzt sind. Von dieser Entwicklung besonders beunruhigt ist die jüngere Generation. Die meisten der Befragten würden – trotz aller Widrigkeiten – gerne im Ort ansässig bleiben und bauen, befürchten aber, daß die Grundstückspreise weiter in die Höhe getrieben werden. Eine Abwanderung der Jungen aber würde das soziale Gefüge der Ortschaft vollends aus dem Gleichgewicht bringen.

Analysiert man die Geschichte der Tourismusentwicklung im Biggetal, so wird deutlich, daß von seiten der Planungsbehörden und des Ruhrtalsperrenvereins völlig konzeptionslos verfahren wurde. Wie gezeigt entstanden Einrichtungen einer touristischen Infrastruktur erst unter dem Druck einer zunächst stetig wachsenden Nachfrage der Erholungssuchenden oder durch Eigeninitiative von Privatpersonen und geschäftstüchtigen Unternehmern.

Der als „Allheilmittel" gepriesene Tourismus hat sich – zumindest für die Sonderner Bevölkerung – als Psychopharmakon erwiesen; als bloßes politisches Schlagwort zur Beruhigung in einer Zeit des Umbruchs.

Durchgreifende positive Veränderungen von außen sind nicht zu erwarten und auch die Sonderner selbst unternehmen wenig: wie schon zu Zeiten

---

[18] Heinzel (wie Anm. 1), S. 97f.

der Umsiedlung ist der Unmut über die derzeitige Situation innerhalb der Bevölkerung zwar allenthalben wahrzunehmen, doch gibt es keine ernsthaften Bestrebungen, Widerstand – welcher Art auch immer – zu leisten. Man fühlt sich einmal mehr betrogen, überrollt und machtlos.

Die geschilderte Situation mag – angesichts des größeren Bekanntheitsgrades und massiver Probleme „berühmter" Touristenorte – allzu drastisch und übertrieben wirken. Das wesentliche Kriterium zur Bewertung der Situation vor Ort sollte aber, meiner Meinung nach, immer das subjektive Empfinden der Bereisten sein, gleichgültig, ob die Auswirkungen des Tourismus von Ihnen als positiv oder negativ – wie im Falle Sondern – erlebt werden. Wir als Volkskundler und Außenstehende können zwar eine Situationsbeschreibung, eine Momentaufnahme der Situation vor Ort leisten, doch haben wir kein Recht, über das Ausmaß individueller Betroffenheit zu urteilen (Abb. 5).

DOROTHEA JO. PETER, NEULENGBACH

Entwicklung einer Ferienhüttenkolonie[1] – Probleme und Chancen im Rahmen individueller Freizeitbewältigungsstrategien

Beim nachfolgenden Beitrag handelt es sich um eine Lokalstudie, die thematisch zwischen Schrebergärten und Sommerfrische angesiedelt ist und daher in bezug auf die hier behandelte spezifische Form des Tourismus ein wenig aus dem Rahmen dieser Tagung fällt. Es soll auf die Wechselwirkung zwischen Erholungsregion und Erholungssuchenden eingegangen werden, allerdings vor allem aus der Sicht der letzteren. Ich will anhand eines Fallbeispieles zeigen, was es für Menschen bedeuten kann, wenn sie in ihrer Freizeit[2] endlich das erleben können, wovon so viele träumen:

---

[1] Im folgenden werden die Worte Freizeit-, Ferien- und Wochenendhütten(kolonie) synonym verwendet werden, was mir in diesem Fall berechtigt erscheint, weil die Nutzung der Hütten im Untersuchungsgebiet nicht klar festgelegt ist. Die am ehesten offizielle Bezeichnung (laut Flächenwidmungsplänen) wäre wohl „Wochenendhütten", doch trifft sie m. E. nicht eindeutig zu.

[2] Im Bewußtsein um die Problematik des Freizeitbegriffes und die vielfältigen Freizeitdefinitionen möchte ich mich in diesem speziellen Fall jenem Freizeitbegriff anschließen, der diese im Gegensatz zur Erwerbsarbeitszeit definiert. Zwar ist auch dies keine befriedigende Entscheidung, da aus einer solchen Definition Personengruppen wie Schulpflichtige, „Nur"-Hausfrauen und Pensionist/inn/en herausfallen, denen somit gleichsam unterstellt wird, sie hätten gar keine andere Zeit als Freizeit, was natürlich nicht stimmt. Eine Anlehnung an genannte Freizeitdefinition erscheint mir aber insofern vertretbar, als die Zeiten, in denen die von mir untersuchte Erholungsregion durchwegs aufgesucht wird, mit Urlaub, Ferien, Wochenenden sowie gelegentlich Feierabend zusammenfallen und somit über die Arbeitszeit bestimmt werden. Ausnahme sind hier wieder Pensionist/inn/en, die aber ebenfalls über ihre (ehemalige) Berufstätigkeit definiert sind. Vgl. zur Freizeitproblematik u. a.: Georg Assmann u. a. (Hg.): Wörterbuch der Marxistisch-Leninistischen Soziologie. Berlin 1977, S. 193ff; Werner Fuchs u. a. (Hg.): Lexikon zur Soziologie. Opladen 1973, S. 212f; Gerhard Huck (Hg.): Sozialgeschichte der Freizeit. Untersuchungen zum Wandel der Alltagskultur in Deutschland. Wuppertal 1980, S. 8ff; Meyers Enzyklopädisches Lexikon, 9. neu bearb. Aufl., Bd. 9, Mannheim – Wien – Zürich 1973, S. 406.

nämlich die (beinah) totale Abwendung von der Zivilisation und völlige Hinkehr zu (fast) unberührter Natur ...

Dennoch sind „Tourismus" und „Regionalkultur" (das Motto dieser Tagung) große Worte, angesichts des kleinen Einzugsbereiches und der geringen Ausdehnung jenes Raumes, den ich hier vorstellen möchte. Handelt es sich doch beim Bergmahd – so heißt das Gebiet[3] – um keine Fremdenverkehrsregion, sondern um ein kleines Naherholungsgebiet, genauer: eine Freizeithüttenkolonie, die – bis auf zwei Ausnahmen – von Bewohnern und Bewohnerinnen der unmittelbaren Umgebung frequentiert wird. Demgemäß versteht sich der von mir benützte Tourismusbegriff auch nicht – einer lexikalen Definitionen zufolge[4] – als „Reiseverkehr mit vorübergehendem Aufenthalt an fremden Orten", schon gar nicht mit „besonderer Bedeutung für die Zahlungsbilanz", sondern als „Naherholungstourismus"[5] in einer infrastrukturell nur wenig erschlossenen Gegend.

Zu meinen Arbeitsergebnissen gelangte ich vor allem durch die Methode der Feldforschung, in deren Verlauf ich mit einem Großteil der Besitzer und Besitzerinnen der Hütten im Bergmahd z. T. sehr ausführliche Interviews geführt habe[6].

Das Bergmahd liegt in Vorarlberg im Einzugsgebiet der Dornbirner Ache auf 1000 m Seehöhe. Es ist ein in sich relativ abgeschlossenes, von Wald umgebenes Wiesenstück, ca. 1 km lang und bis zu 300 m breit. Heute stehen in dem vorrangig zu Erholungszwecken genutzten Gebiet mehr als 30 private Freizeithütten. Bis in die 20er Jahre dieses Jahrhunderts diente

---

[3] Der Name der Region wurde für diesen Beitrag geändert.

[4] dtv Lexikon in 20 Bänden, 1990, Bd. 18, S. 254 und Bd. 6, S. 121. Vgl. auch: United Nations Conference of International Travel and Tourism: Definition von „Besucher" und „Tourist" für den Gebrauch in internationalen Statistiken. In: Hans-Werner Prahl – Albrecht Steinecke (Hg.): Tourismus. Arbeitstexte für den Unterricht. Stuttgart 1985, S. 15 und Walter Hunziker: Fremdenverkehr. In: Ebd., S. 14.

[5] Er unterscheidet sich vom oben genannten Tourismus hauptsächlich durch seine geringere Distanz vom Hauptwohnort der Urlauber/innen. Das bedeutet neben der kürzeren Anreisezeit (unter Umständen auch mit „alternativen" Fortbewegungsarten wie Fahrrad- und Mopedfahren oder Wandern), daß das Urlaubsziel nicht unbekannt ist und daß die benötigte Verpflegung hauptsächlich von daheim mitgenommen wird. Daher sind die Ausgaben nicht höher, möglicherweise sogar geringer als im normalen Alltag, das heißt, die Wirtschaft zieht aus dieser Form des Urlaubens keinen merklichen Gewinn.

[6] Ich habe Interviews im Ausmaß von einer halben bis ca. dreieinhalb Stunden mit Besitzer/inne/n (und deren Angehörigen) von 22 Hütten durchgeführt.

Entwicklung einer Ferienhüttenkolonie

es allerdings dem kleinbäuerlich strukturierten Dornbirner Bergdorf Kehlegg als Bergmahd,[7] und die einzigen dort befindlichen Bauobjekte waren einige Heustadel und sieben sogenannte Kochhütten[8].[9]

Die frühere landwirtschaftliche Nutzung des Bergmahd beschränkte sich auf eine jährliche Mahd, nach der das Heu in den Stadeln gelagert und erst im Winter auf Schlitten in das 200 m tiefer gelegene, 1 bis 1,5 Gehstunden entfernte Kehlegg geführt wurde. Die Heuernte begann in der Regel im August nach dem Kehlegger Kirchweihfest, und dauerte im Schnitt 14 Tage, während derer die Familien im Bergmahd lebten. Geschlafen wurde im Heu, da die kleinen Kochhütten gerade genug Platz für einen Herd und eine Eckbank boten. Natürlich war es auch während der Heuernte notwendig, sich daheim um Hof und Stall zu kümmern; zudem war im Bergmahd ein regelmäßiger Essensnachschub zu gewährleisten. Daher mußte allabendlich je ein Familienmitglied – meistens die Frau – nach Kehlegg zurückgehen, dort am Abend und am nächsten Morgen melken, füttern, Stallarbeit machen und anschließend mit einem Rucksack voll von Vorräten ins Bergmahd zurück gehen. Trotz dieser Beschwernisse wurde die im Bergmahd verbrachte Zeit nach Auskunft meiner Gewährsleute, die damals noch Kinder waren, wie ein Urlaub empfunden.

Nicht unbedeutend für die weitere Entwicklung des Bergmahd hin zu einem Erholungsgebiet sind folgende makrostrukturelle Bedingungen:

1. Es liegt in einem Realteilungsgebiet, das heißt, die einzelnen Besitzungen sind stark zersplittert, sodaß viele Familien mehrere unzusammenhängende Grundstücke besitzen.

---

[7] Wobei das Gebiet des Bergmahd schon damals parzelliert und im Eigentum einzelner Kehlegger Landwirte war. Auch heute ist es durchwegs in Privatbesitz, allerdings sind die Grundstücke noch stärker aufgesplittert als um die Jahrhundertwende.

[8] „Kochhütte" ist die lokale Bezeichnung für kleine Baulichkeiten, meist im Ständerbau gefertigt, mit Grundflächen von etwa 4 Quadratmetern, einige auch ein wenig größer. In ihnen befanden sich meist ein kleiner Herd und ein Tisch, der aber nur bei Schlechtwetter benützt wurde, sonst aß man im Freien. Die Kochherde hatten einen nach draußen leitenden Rauchabzug, an den bei „Bezug" der Hütte von außen erst ein Ofenrohr angesteckt werden mußte, um sie betriebsbereit zu machen. Erst mit zunehmender freizeitmäßiger Nutzung des Bergmahd begann man, die Kochhütten teilweise ein wenig zu vergrößern, sodaß man entweder im hinteren Teil oder in der Dachschräge ein paar Matratzen unterbringen konnte, um darauf zu schlafen.

[9] Diese Angabe bezieht sich auf die Aussagen meiner Gewährsleute und ist vermutlich nicht absolut zu setzen. Auch ist heute nicht mehr feststellbar, inwieweit die Anzahl der Kochhütten im Lauf der Zeit variierte.

2. Die verhältnismäßig schlechte Erreichbarkeit der Mähder bei gleichzeitig geringem Ertrag, der sich aus den kleinen Grundstücksgrößen bei nur einer jährlichen Mahd erklärt, veranlaßte vor allem solche Bauern zum Verkauf von Bergmahd-Parzellen, die auch bessere Böden in günstigerer Lage besaßen.
3. Durch die zunehmende Umwandlung von Kehlegger Höfen in Nebenerwerbsbetriebe bringen die nunmehr zusätzlich als Arbeiter oder Angestellte tätigen Bauern immer seltener die Zeit und Energie auf, in langwieriger Handarbeit ihre Bergmähder zu heuen.[10]

Trotz dieser verkaufsbegünstigenden Faktoren bedurfte es immer noch eines konkreten Anlasses, bevor man sich von einer Parzelle trennte, wobei die Geschäftsanbahnung durchwegs von den Käufern ausging. Solche Gründe konnten sein:

1. Die (hartnäckigen) Bitten von Bekannten oder Arbeitskollegen, ihnen doch ein Bauplätzchen zu überlassen.
2. Die Bauersleute benötigen das Geld – etwa für den Kauf landwirtschaftlicher Maschinen oder um eine Erbschaft auszuzahlen und dergleichen.

Die „Entdeckung" des Bergmahd als Ferienregion begann in den 1920er Jahren. Anfangs verpachteten einzelne Bauern ihre Kochhütten – zumeist an Leute aus dem Vorarlberger Rheintal. Diese hielten die Hütten instand, in denen sie einen Großteil ihrer freien Zeit verbrachten und von wo aus sie zumeist Wander- und Schitouren unternahmen. Allerdings endeten die Pachtverträge meist mit dem Tod der Altbauern. Die Erben hatten selten Interesse an einer Verlängerung der Pacht, die ihnen umständlich und wenig lukrativ schien. Auch wollten sie die Hütten lieber zur eigenen Verfügung haben.

Im Jahr 1928 wurde mit der Errichtung der ersten reinen Ferienhütte im Bergmahd die Hüttenkolonie begründet, wobei zu erwähnen ist, daß die ersten Objekte durchwegs „wild", das heißt ohne behördliche Baubewilligung, errichtet wurden und erst in nachträglichen Verfahren genehmigt werden mußten.

---

[10] Auf diesem Gebiet vollzieht sich derzeit wieder ein Wandel in Richtung vermehrter Landschaftspflege, da es nun aufgrund der mittlerweile verbesserten Zufahrtswege ins Bergmahd und einer finanziellen Förderung der Bewirtschaftung der Bergmahder Magerwiesen durch die öffentliche Hand für einige Landwirte wieder rentabel wird, ihre Wiesen zu mähen.

Fast alle Hütten sind einfache Ständerbauten, die oft nach eigenen Plänen und in Eigenregie unter Mithilfe von Familienmitgliedern und Freunden errichtet worden sind. Der Bau der Hütten erwies sich als arbeitsintensiv, nicht zuletzt wegen der schlechten Erreichbarkeit des Bergmahd generell und der einzelnen Bauplätze im besonderen[11]: Die Zufahrtsstraßen waren holprig und der Boden im Bergmahd zum Teil sumpfig. Erst später haben die Wochenendhäusler sukzessive Entwässerungsgräben geöffnet und einen trockenen Weg angelegt.

Der Höhepunkt des Baubooms im Bergmahd erfolgte in Übereinstimmung mit allgemeinen Trends zwischen 1960 und der Mitte der 70er Jahre[12]. Dann bescherten ihm das neue Raumordnungs- und das Flächenwidmungsgesetz von 1973 bzw. 1982 ein Ende, in denen das Bergmahd als Landwirtschaftsgebiet ausgewiesen und die Neuerrichtung nicht-landwirtschaftlicher Objekte untersagt wird. Und trotz zum Teil recht großzügiger Handhabe dieser Vorschriften sowie der rechtlich gedeckten Möglichkeit, bereits bestehende Hütten zu vergrößern, kann die bauliche Ausdehnung der Freizeithüttenkolonie im Bergmahd mit diesen Gesetzesbeschlüssen im großen und ganzen als beendet betrachtet werden.

---

[11] Vor allem zu Beginn der freizeitmäßigen Erschließung.

[12] Vgl. auch Herbert Trautsamwieser: Strandpyjama und Busserlzug. Die Kamptaler Sommerfrischen Schönberg, Stiefern und Plank. In: Werner Galler: Loatwagen und Busserlzug. Das Kamptal um Schönberg als Landschaft für Winzer und Wiener. Ausstellung der volkskundlichen Sammlung des Niederösterreichischen Landesmuseums. 19. März bis 31. Mai 1982. Wien 1982, S. 39–49, besonders S. 41 und: Joachim Bischoff – Karlheinz Maldaner (Hg.): Kulturindustrie und Ideologie, Teil 2, Hamburg 1982, S. 120. Der Vergleich des Entwicklungs-Trendes im Bergmahd mit der Entwicklung auf dem Freizeitwohnsitzsektor, wie sie in der oben genannten Literatur dargestellt wird, ist freilich nicht ganz unproblematisch. So behandelt Trautsamwieser Zweitwohnsitzgründungen in der Sommerfrische im Kamptal/Niederösterreich; die zweitgenannte Untersuchung bezieht sich auf die BRD, und zwar auf „Wochenendhäuser und Mobilheime". Nun sind die Hütten im Bergmahd weder das eine noch das andere; allerdings erachte ich sie insofern als vergleichbar, als sie sich in ihrer Nutzung durchaus ähneln und weil zum Teil auch die Sozialstruktur der Besitzer/innen übereinstimmt. Gegenläufig ist im genannten Zeitraum allerdings die Entwicklung der Kleingärten in der BRD, was allerdings „1. [auf d]ie Verringerung der wirtschaftlichen Notwendigkeit der Gärten und 2. die Kündigung von Pachtland zu Bauzwecken unterschiedlichster Art" zurückgeführt wird. (Vgl. Bischoff – Maldaner, S. 77). Dennoch läßt ein Vergleich mit jenen Formen von Freizeitwohnsitzen m. E. auf eine gewisse Bedürfnislage für diese Art des Urlaubs schließen, sodaß mir ein Vergleich in der Entwicklung zulässig erscheint.

Heute befindet sich das Bergmahd in Besitz von:

1. Kehleggern und -innen, die die Mähder geerbt haben, aber nur zum Teil auch Hüttenbesitzer/innen sind.
2. Angehörige der Dornbirner Mittelschicht, also Arbeiter/innen, Facharbeiter/innen, Angestellte und kleinere Gewerbetreibende[13].
3. Zwei deutsche Familien, die ebenfalls der Mittelschicht zuzurechnen sind.[14]

Im folgenden sollen noch einige Worte zur Erreichbarkeit des Bergmahd gesagt werden, da diese für seine Entwicklung von wesentlicher Bedeutung ist: Sie erfolgt ab Dornbirn hauptsächlich von zwei Seiten: erstens über Kehlegg, zweitens entlang der Dornbirner Ache. Letzterer Zugang ist der neuere: eine Foststraße, die als Zubringer zu einem Steinbruch und als Alpweg laufend verbessert wird und heute schon teilweise asphaltiert bzw. „staubfrei" gemacht worden ist. Im Gegensatz dazu ist die Kehlegger Straße nur geschottert und wird durch ständige Hangrutschungen regelmäßig in Mitleidenschaft gezogen. Zwar wird auch sie immer wieder instandgesetzt, doch offenbar mit geringerem finanziellem Aufwand. Allerdings wurde dort im Frühjahr 1992 nach langen Verhandlungen das letzte Wegstück, das direkt ins Bergmahd führt und jahrzehntelang nur noch als Fußweg benützbar war, so weit ausgebaut, daß die Mähder nun auch mit landwirtschaftlichen Maschinen erreichbar sind. Das nützt vor allem jenen Kehlegger Landwirten, die heute noch im Bergmahd Heu ernten und nunmehr hinsichtlich ihres Zeitbudgets sowie arbeitsmäßig stark entlastet werden. Gerade sie haben ein besonders großes Interesse an dieser Zufahrt, einmal, weil sie die weitaus kürzeste Verbindung zwischen Kehlegg und dem Bergmahd darstellt und zum zweiten, weil die Kehlegger nur von dieser Seite das Wegrecht ins Bergmahd besitzen. Obgenannte bisher

---

[13] Zwei oder drei Familien wohnen zwar außerhalb von Dornbirn, aber immer noch im Nahbereich der Stadt, weshalb ich sie hier der Einfachheit halber als Dornbirner/innen rechne.

[14] Demnach entspricht das Bergmahd im großen und ganzen jenem Kriterium, nach dem „[im] allgemeinen zu[trifft], daß für die nähere Nachbarschaft eine homogene Bevölkerungszusammensetzung von den Betroffenen gewünscht wird", was insofern Verhaltenssicherheit vermittelt, als man das Verhalten der anderen von den „eigenen Verhaltensweisen her kennt, [da] deren Rollenverhalten etwa dem eigenen entspricht". (Wolfgang Auer: Sozialpsychologische Befunde zur Stadtplanung, zur Nachbarschaft und zum Wohnen. Ein Überblick (=Dissertationen der Universität Salzburg, Bd. 9). Wien 1978, S. 141.)

letzte Neuerung im Wegebau eröffnet nun interessante Perspektiven für die zukünftige Entwicklung des Bergmahd[15].

Trotz der steten wegebaulichen Verbesserungsmaßnahmen ist das Bergmahd verglichen mit ähnlichen Freizeitregionen nach wie vor eher schlecht erreichbar. Mit dieser verhältnismäßigen Abgeschiedenheit eng verbunden ist auch seine geringe infrastrukturelle Erschlossenheit: Die nächste Einkaufsmöglichkeit ist Dornbirn oder das genausoweit entfernte Dorf Ebnit. Die Umgebung bietet keinerlei Freizeiteinrichtungen; und ein Projekt, die Gegend für Schifahrer zu erschließen, wurde schon vor etlichen Jahren aufgegeben, womit zugleich die Aussicht auf Anschluß an das öffentliche Stromnetz verloren ging. Auch Gas-, Kanal- und Wasseranschluß fehlen.

Außer Wanderungen ins umliegende Bergland oder an besonders heißen Tagen ein kurzes Eintauchen in den nahen aber eiskalten Wildbach, bieten sich daher eigentlich kaum Beschäftigungsmöglichkeiten an. Wäre nun das Bergmahd eine reine Wochenendsiedlung, so wäre dieser Umstand nicht weiter bedeutsam. Da sich aber die meisten Familien auch während der Semester- und Sommerschulferien und über Silvester dort aufhalten und manche Pensionist/inn/en alles in allem sogar mehrere Monate im Jahr dort verbringen, stellt sich doch die Frage nach der Freizeitbeschäftigung. Denn streng genommen hat das Bergmahd außer Ruhe, viel umliegender Natur und guter Luft wenig zu bieten, das heutigen Urlaubsansprüchen gerecht würde[16].

Geht man nun davon aus, daß sich moderner Urlaub vor allem dadurch auszeichnet, „Distanz zur gewohnten Umgebung zu gewinnen"[17], und daß

---

[15] Es ist anzunehmen, daß die verbesserte Erreichbarkeit auch Auswirkungen auf die Ausstattung der Hütten haben wird – vielleicht auch auf die Nutzungsintensität.

[16] Vgl. dazu Auer (wie Anm. 14), S. 147f: „Das Kontrasterlebnis des Städters mit der Natur, die Erfahrung von Einsamkeit, Stille und nicht organisiertem Dasein, kann als ein für das psychische Gleichgewicht wesentlicher Faktor bezeichnet werden. Der Wechsel zwischen Stadtumwelt und Naturumwelt wird durch die Größe der Städte und durch die fortschreitende Eliminierung der Natur zunehmend schwieriger und damit das ‚Naturerlebnis als Kontrapunkt der Zivilisation' seltener. Die Reaktion des Menschen auf beide Umwelten ist sehr unterschiedlich. [...] Konnten die Reaktionen auf das technische Milieu eher in die Erregungs- und Angstsphäre eingeordnet werden, verursachen die natürlichen Gegebenheiten vorwiegend beruhigende, positiv stimulierende Eindrücke. Die Ausgleichfunktion natürlicher Umwelt wird damit klar belegt."

[17] Erwin K. Scheuch: Soziologie der Freizeit. In: René König (Hg.): Handbuch der empirischen Sozialforschung, Bd. 2: Freizeit-Konsum. 2. neubearb. Aufl. Stuttgart

immer weniger Menschen ihren Urlaub alljährlich am gleichen Ort verbringen wollen[18], so wird das Bergmahd auch diesen Ansprüchen nicht gerecht.

An dieser Stelle möchte ich meine These formulieren: Das Bergmahd ist, so wie es sich heute darstellt, gemessen an den gesellschaftlichen Änderungen, die sich seit seiner freizeitmäßigen Erschließung ergeben haben, als Ferienregion überholt[19]. Dieser Mangel muß demzufolge von den Hüttenbesitzer/inne/n mittels individueller Strategien ausgeglichen werden. Und zwar einerseits in Form von Rechtfertigung wie dem Herausstreichen der Besonderheiten des Bergmahd im Vergleich zu anderen Feriengebieten; andererseits durch konkrete Handlungen im Rahmen der individuellen Freizeitbeschäftigungen, die letztlich – wenngleich zum Teil unbewußt – darauf abzielen, die spezifischen Nachteile des Bergmahd wettzumachen.

Der rasche gesellschaftliche Wandel hinsichtlich Freizeitzuwachs, gesteigertem Einkommen und den zahlreichen Reise- und Urlaubsmöglichkeiten, war zum Zeitpunkt des Erwerbs der Grundstücke und des Baubeginns der Hütten im Bergmahd nicht abzusehen. Dementsprechend lag die erste Generation der Wochenendhäusler noch durchaus im Trend ihrer Zeit – für sie ist die Rechnung im großen und ganzen aufgegangen. Etwas schwieriger stellt sich die Situation für deren Erben beziehungsweise für jene dar, die erst gegen Ende des Baubooms ihre Hütten errichteten: Sie haben zwar nach wie vor den Vorteil eines nahegelegenen und relativ kostengünstigen Urlaubsdomizils, dafür aber auch den Nachteil, an einen Besitz gebunden zu sein, der ihnen ständige finanzielle und vor allem physische Investitionen abfordert. Dies ist besonders angesichts des oft geringen Interesses ihrer Kinder aber auch hinsichtlich der eigenen gestiegenen oder gewandelten Urlaubsansprüche oder zumindest -wünsche ein Problem, das gewisser Rechtfertigungen bedarf. Solche Rechtfertigungen stellen die erste Ebene dessen dar, was mit dem Wort „Freizeitbewältigungsstrategien"[20] im Titel des Referates gemeint ist. Dazu werden die jeweils gewählten Strategien

---

1977, S. 145.

[18] Ebd., S. 139.

[19] Vgl. ebd.

[20] Strategie sei hier verstanden als „Entscheidungsregel [...] für eine Ordnung aller Handlungsmöglichkeiten eines Akteurs, die für das betrachtete Problem relevant sind, nach einem oder mehreren Kriterien, so daß für jede mögliche Situation festliegt, welche Handlung zu wählen ist." (Fuchs u. a. (wie Anm. 2), S. 661.)

verständlicherweise an die individuellen Verhältnisse angepaßt und äußern sich entsprechend unterschiedlich.[21]

Dazu einige Beispiele:

1. Immer wieder werden die Ruhe und Abgeschiedenheit des Bergmahd angepriesen. Dies geschieht einerseits durchaus zu Recht: es ist wirklich eine stille Gegend. Andererseits verfügt schon fast jede Hütte über ein Dieselaggregat zur Stromerzeugung und viele besitzen einen Rasenmäher, zumindest aber eine Motorsäge, sodaß gerade zu den Zeiten, da mehrere Familien in ihren Hütten Erholung suchen, täglich Motorenlärm zu hören ist. Ebenso wird der Abgeschiedenheit des Bergmahd zunehmend durch einen Trend zum Kauf von Geländewagen und die Forcierung einer Verbesserung der Zufahrtsstraßen entgegengesteuert.

2. In Zusammenhang mit der schlechten Erschlossenheit des Bergmahd wird gerne und nicht ohne Stolz betont, das Bergmahd sei eben kein Bödele – so heißt das bekannteste Dornbirner Schigebiet, auf dem auch zahlreiche Ferienhütten stehen. Dabei vergißt man, daß das Bergmahd einer vergleichbaren Entwicklung ohne zutun der Wochenendler nur knapp entgangen ist und daß auch heute noch die meisten Befragten einer besseren Erschließung durchaus positiv gegenüberstünden, so dies für sie mit keinen Kosten verbunden wäre.[22]

---

[21] Hinzu kommt, daß die Wohnbedürfnisse eines Menschen nicht statisch sind, sondern sich während des Lebenslaufes verändern. (Vgl. Antje Flade unter der Mitarbeit von Walter Roth: Wohnen psychologisch betrachtet. Mit einem Vorwort von Hans Spada. Bern – Stuttgart – Toronto 1987, S. 25.) Diese Feststellung trifft bestimmt auch auf die Bedürfnisse des Wohnens in der Freizeit zu. Das bedeutet, daß die Hütten in der Form, wie sie errichtet wurden, selbst für ihre Erbauer nur für eine gewisse Zeit den an sie gestellten Anforderungen gerecht werden können. Noch stärker äußert sich die Diskrepanz zwischen Wohnbedürfnis und tatsächlichem Aussehen der Hütte im Falle einer Übergabe an die Erben oder mögliche Käufer. Hier muß dann entweder einiges an Zeit und Geld investiert werden, um das Objekt den Wünschen möglichst anzugleichen, oder die individuellen Bedürfnisse müssen an die Gegebenheiten angepaßt werden, was wiederum eigener Rechtfertigungsstrategien bedarf.

[22] Man könnte also böswillig unterstellen, daß sich die Leute nach dem „Die-Trauben-sind-mir-viel-zu-sauer"-Prinzip mit ihrer Situation anfreunden, oder, mit einer These Marianne Gronemeyers formuliert: „Bedürfnisse sind Ergebnisse einer Vorabresignation. Insofern ist ihre Reichweite begrenzt durch das Kalkül der Möglichkeiten

3. Als besonders subtiles Problem erweist sich der Umstand, daß die Kinder der heutigen Hüttenbesitzer und -innen oftmals kein oder nur wenig Interesse am Bergmahd zeigen. Hier trösten sich die Eltern gerne mit der Hoffnung, daß es sich nur um eine vorübergehende Phase andersgelagerter Interessen handle und die Kinder das Bergmahd künftig ähnlich schätzen lernen werden wie sie selbst, die sie es unter Mühen und finanziellen Entbehrungen aufgebaut haben[23]. Ist ein entsprechender Gesinnungswandel der Kinder unwahrscheinlich, so finden sie doch noch einen gewissen Trost darin, daß Grundstück und Hütte zumindest eine Kapitalanlage für die Erben darstellen.

Die zweite Ebene der oben angesprochenen Strategien bezieht sich unmittelbar auf die Verwendung der freien Zeit im Bergmahd. Auch hier wirkt sich die allgemeine gesellschaftliche Änderung spürbar aus. Durch die Gewöhnung an vielfältige Betätigungsfelder im Alltag droht bei längerem Aufenthalt im Bergmahd nach einer ersten Erholungsphase von Streß und Trubel bald die Langeweile. Zur „Bekämpfung" derselben müssen ebenfalls Strategien entwickelt werden. Hier liegt es nahe, bei Geselligkeiten mit den Nachbarn Zerstreuung zu suchen. Das geschieht auch ausgiebig: Vor allem dort, wo die Hütten enger beieinander stehen, bilden sich Gruppen heraus, die sich häufig zu Frühschoppen und kleinen Festen treffen, wobei der Alkohol eine nicht unbedeutende Rolle spielt. Doch obwohl die meisten Bergmahder und -innen gut oder zumindest konfliktfrei miteinander auskommen, gehören nicht alle einer solchen geselligen Runde an. Gerade die Älteren tun sich hier schwer: sie vermissen frühere Freunde und Freundinnen und bedauern, daß ihre Generation langsam ausstirbt. Denn während sie früher noch *alle* im Bergmahd gekannt hätten, seien

---

ihrer Befriedigung." (Marianne Gronemeyer: Denn sie wissen nicht, was sie wollen ... In: Reimer Gronemeyer – Hans-Eckehard Bahr (Hg.): Nachbarschaft im Neubaublock. Empirische Untersuchungen zur Gemeinwesenarbeit, theoretische Studien zur Wohnsituation. Weinheim – Basel 1977, S. 189–203, hier S. 190.) Das bedeutet in diesem speziellen Fall, daß etwa das Bedürfnis nach einem Anschluß an das öffentliche Stromnetz im Bergmahd erst gar nicht wirklich aufkommt, da es absolut unwahrscheinlich ist, daß ein entsprechender Wunsch in absehbarer Zeit realisierbar wäre. Hinzu kommt hier natürlich auch noch, daß all jene, denen Holzöfen und Kerzenlicht zu wenig sind, mittlerweile ohnehin schon andere Energielieferanten in ihren Hütten installiert haben.

[23] Die starke persönliche Beziehung, die viele Bergmahder/innen zu der von ihnen selbst erbauten Hütte haben, wurde im Zuge der Gespräche immer wieder herausgestrichen.

jetzt schon zu viele Neue nachgekommen, um den Überblick zu wahren. Auch teile man mit den Jungen zu wenig gemeinsame Interessen, um mit ihnen gesellige Kontakte zu pflegen (beziehungsweise pflegen zu wollen). Aus diesem Grund sind die Älteren, die überdies meist zu den schwächer frequentierten Zeiten ins Bergmahd gehen, schnell der Langeweile ausgesetzt. Hier schaffen sich viele Abhilfe, indem sie einen Fernsehapparat ins Bergmahd mitnehmen. Neben der Geselligkeit, die im Bergmahd zweifellos einen hohen Stellenwert genießt, von der aber doch manche ausgeschlossen sind, bieten auch Wanderungen ins umliegende Firstgebiet Zerstreuung. Hier sind aber nicht nur jene meist älteren Personen benachteiligt, die sich beim Gehen schwertun, sondern auch die jungen Mütter.

Es ist auffallend, daß Frauen viel weniger gern ins Bergmahd gehen als ihre Männer. Der Grund dafür liegt auf der Hand: während die Männer dort vor allem einen Ausgleich zu ihrem Beruf finden, setzt sich für die Frauen in erster Linie der Familienalltag fort – mit dem Unterschied, daß die Arbeitsbedingungen erschwert sind: Oft muß das Wasser von der Quelle geholt werden, es gibt keine Waschmaschine, keine elektrischen Haushaltsgeräte und dergleichen, die Familie hingegen erwartet nach wie vor einen geregelten Tagesablauf mit pünktlich bereiteten Mahlzeiten[24]. So wird die eigentlich frei verfügbare Zeit der Frauen geringer als daheim[25]. Hier tun sich wiederum die älteren Bergmahder/innen leichter, die keine Kinder versorgen müssen; auch können sie sich eher an die einfachere Lebensweise anpassen, ohne große Entbehrungen zu verspüren. Anders die

---

[24] Vgl. auch: Erica Wimbush – Margaret Talbod (Hg.): Relative Freedoms. Women and Leisure. Philadelphia 1988, S. XIX: „For women, holidays and outings away from home are only a relative freedom from the workaday surroundings and routines of daily life since much of women's work is compounded by the preparation and planning of holidays. For those taking families with them, caring and cleaning rolls are continued on holiday, often under less convenient and more stressful conditions."

[25] Daß einem Urlaub unter solchen Bedingungen freilich dennoch positive Seiten abzugewinnen sind, erklären unter anderem auch verschiedene Verhaltensfreiräume, die im Bergmahd gegeben sind. So muß man es dort etwa – was in den Gesprächen von einigen Frauen als sehr angenehm herausgestrichen wurde – mit der Reinlichkeit nicht ganz so genau nehmen, kann das Geschirr vom Abend auch einmal bis zum nächsten Morgen stehen lassen, „weil das die anderen auch so machen". Vgl. auch hierzu Wimbush (wie Anm. 24), S. XV: „In researching leisure in women's lives, it has become clear, that one response from women to their subordination within patriarchal relations is to value highly those rare moments, those hard won spaces, where they can experience and enjoy a greater sense of autonomy and control."

Jungen: Für sie bedeuten elektrisches Licht, Gasherd und Wasser bei einer Hütte, in der jeder Sommerurlaub verbracht wird, keinen Luxus sondern Standard. Und um nun einerseits diesen Standard zu erreichen und somit auch die Untererschlossenheit des Bergmahd ein wenig wettzumachen, andererseits die Freizeit im Bergmahd sinnvoll zu verbringen, wird ständig an den Hütten herumgewerkt, wobei man sich auch gegenseitig beeinflußt und inspiriert.

In Anknüpfung an diese gegenseitige Inspiration sollen auch die Chancen dargestellt werden, die das Bergmahd als im Grunde benachteiligte Freizeitregion bietet:

1. schöpferische Entfaltungs- und Gestaltungsmöglichkeiten, wenn auch im kleinen Rahmen, so doch mit großer subjektiver Wirkung, zum Beispiel wenn man sich auf einmal die Bequemlichkeit einer Wasserleitung bis in die Hütte selbst geschaffen hat[26].
2. Im Zuge der Bestrebungen, die infrastrukturell nachteilige Lage des Gebietes auszugleichen, bietet sich die Chance für ökologische Experimente: Sei es nun die Anlage eines Badeteiches[27], Biotopes[28] oder die Installation von Solaranlagen, die derzeit neuester Schrei im Bergmahd sind und teilweise die lauten Aggregate ersetzen können.

Solche Neuerungen und die immer komfortablere Ausgestaltung der Hütten – zum Teil mit Spannteppichen, Ölöfen, Kühlschränken etc. – werden durch die stets verbesserte Erreichbarkeit des Bergmahd zusätzlich begünstigt.

Die laufenden Verbesserungen der Hütten als Mittel gegen die Langeweile stehen aber auch in einem gewissen Gegensatz zu der Hüttenromantik, die ebenfalls im Bergmahd gesucht wird. Und während jeder Mangel an Standard mit dem Hinweis, daß es sich schließlich um eine Hütte handle, die man gar nicht anders wolle, gerechtfertigt wird, gelangten die Besitzer der besser ausgestatteten Hütten im Zuge der Gespräche oft zu der plötzlichen Erkenntnis, daß ihre Hütte dieser Modellvorstellung mittlerweile

---

[26] Gerade Wasser bei einer Hütte wird – verständlicherweise – sehr hoch gewertet. Vgl. auch: Winfried Bruckner (Hg.): Nach der Arbeit. Bilder und Texte zur Freizeit 1870–1950. Wien 1987, S. 8.

[27] Der einzige (allerdings private) Badeteich im Bergmahd war zugleich mit der ersten Hütte angelegt worden, wurde aber im letzten Jahr gründlich saniert und wird nun auch von der Nachbarschaft (speziell den Kindern) häufig und gerne frequentiert.

[28] Die Anlage von Feuchtbiotopen erfährt im Bergmahd derzeit einen kleinen Boom.

gar nicht mehr entspricht – eine Feststellung, die jedoch ohne Bedauern getroffen und damit erklärt wurde, daß es sich bei ihnen schließlich um jene Hüttenbesitzer handele, die von allen die meiste Zeit im Bergmahd verbringen und sich daher nicht mit Holzherden und Petroleumlampen abplagen wollen.

Zusammenfassung

Die Entwicklung der heutigen Freizeithüttenkolonie Bergmahd bei Dornbirn/Vorarlberg ist in verschiedener Hinsicht beachtenswert. So etwa:

1. Ihr „Werdegang" von einer rein landwirtschaftlich genutzen, entlegenen Heuwiese hin zu einem Freizeitdomizil der beruflichen Mittelschicht und die nunmehrige „Rückwidmung" in landwirtschaftliches Gebiet mit daraus resultierendem Baustopp für Wochenendhütten.
2. Die relativ schlechte infrastrukturelle Erschlossenheit des Gebietes bei gleichzeitiger Nähe zur Stadt Dornbirn, aus der sich die Besitzerschaft der Grundstücke im Bergmahd hauptsächlich rekrutiert.
3. Die spezielle Nutzung des Bergmahd durch seine Besitzer/innen, die sich aus der spezifischen Lage wie auch der Entstehung des Bergmahd ergibt.

Meine These ist, daß das Bergmahd gemessen an heutigen Urlaubsstandards von „Normalverdienern" eine nicht mehr ganz zeitgemäße Urlaubsform darstellt. In meinen Ausführungen habe ich die Strategien aufgezeigt, mittels derer die Besitzer/innen der Hütten mit diesem Umstand umgehen, wie sie gleichsam manche Nachteile des Bergmahd als Besonderheiten rechtfertigen oder ins Positive umkehren beziehungsweise ihre Bedürfnisse den Gegebenheiten anzugleichen versuchen. Die daraus erwachsenden Widersprüche etwa zwischen Erholung und Langeweile, aber auch zwischen verhältnismäßig anspruchsvollen Wohnwünschen und Hüttenromantik sollten ebenso aufgezeigt werden wie die Vor- und Nachteile, die eine Freizeitregion wie das Bergmahd bietet.

Die Untersuchung zeigt am Beispiel der Naherholung, wie Tourismus auch im kleinen Rahmen die Kultur einer Region in einem stets dynamischen Prozeß verändern kann.

Ronald Lutz, Erfurt

Bildungs- und Kulturtourismus: Zur Reformulierung der Region

Prolog

Gesellschaften transformieren Natur in eine „symbolische Ordnung", verleihen ihr eine Bedeutung, die sie außerhalb nicht hat. Es entsteht eine „Menschengeschichte der Natur" (Moscovici 1982), die in der europäischen Moderne zur Naturgeschichte einer Gesellschaft gerinnt, die auf einer Kultur gründet, in der ein produktivistischer Umgang mit der Natur prämiert wird.

Eine jede Gesellschaft erzeugt aus sich heraus ihre Gegengesellschaft: „Das, was eine Gesellschaft als das ihr Eigentümliche, was sie als ihre Errungenschaft und als ihren Fortschritt definiert, das wird in derselben Gesellschaft zugleich in Frage gestellt." (Eder 1988: 256)

Moderne Gegenbewegungen, wie die ökologische in Mitteleuropa und ihr sanfttouristischer Ableger, zielen so auf „eine andere Moderne", die sich allerdings im Schatten der herrschenden befindet (Eder 1988: 227). Mit der Thematisierung des Verhältnisses von Natur und Kultur richten sie ihr Augenmerk auf ein Grundproblem menschlicher Vergesellschaftung. Darin aber entsteht, wieder einmal, das bereits verloren geglaubte Paradies reiner Natur sowie herrschaftsfreier Begegnungen glücklicher Menschen auf dem Niveau programmatischer Verlautbarungen neu.

In diesem Zusammenhang erhält die Gegenüberstellung von „hartem" und „sanftem" Tourismus, wie sie erstmals von Robert Jungk, dem geistigen Mitbegründer der Ökologiebewegung, in der Zeitschrift GEO 1980 formuliert wurde (Jungk 1980), eine völlig andere Gewichtung. Hierzu aber bedarf es einer ausholenden Schleife durch die Entfaltungsgeschichte des zentralen Topos der paradiesischen Natur.

Das verlorene Paradies

In der griechisch-römischen Tradition wurde bereits der „Idealzustand einer ‚natürlichen' Lebensweise gepriesen (...), die keinen äußeren Zwängen unterliegt"; das sorgenfreie, glückliche und langlebige Dasein dieser

Wesen wurde in den entlegensten Regionen der bekannten Welt lokalisiert (Gewecke 1992: 64).

Insbesondere der griechische Reiseschriftsteller Hesiod, der nach Klaus E. Müllers „Geschichte der antiken Ethnographie und ethnologischen Theoriebildung" als einer der ersten Völkerkundler bezeichnet werden kann, entwarf in Anlehnung an die biblische Genesis „das lichtübergossene Bild eines seligen, wahrhaft paradiesischen Urzustandes: Der Gunst der Götter teilhaftig, lebten die Menschen glücklich und ohne Mühsal dahin" (Müller 1972: 61).

Als die Menschen dieses Paradies auf Grund eines selbst verschuldeten Fehlverhaltens verlassen mußten und so in das „Silberne Zeitalter" eintraten, begann der Zerfallsprozeß; Respektlosigkeit gegenüber den Göttern läutete schließlich die sittliche Entartung und vor allem die Ausbeutung der Natur ein. Es blieb aber die Erinnerung an das Paradies und die seligen Zeiten darin. In der Christianisierung dieses antiken Mythos einer „Insel der Seligen" verschwamm die Aussicht, diese real erreichen zu können; „gemäß der christlichen Lehre war der Zugang zum Paradies, in dem allein die Bedingungen des Goldenen Zeitalters gegeben waren, dem Menschen in seiner diesseitigen Existenz verwehrt" (Gewecke 1992: 67).

Dennoch aber blieb über Jahrhunderte die Suche nach seinem geographischen Standort, regte die Phantasie der Menschen zu manchen Spekulationen an und verleitete Reisende zu gefahrvollen Abenteuern. Die nahe des Paradieses liegenden Regionen nämlich „mußten hinsichtlich des Klimas, der Landschaft und der Bodenbeschaffenheit Bedingungen aufweisen, die denen des Paradieses vergleichbar waren" (Gewecke 1992: 68). Auch, so war zu vermuten, mußten die Menschen nahe dem Paradies in jenem Zustand leben, der von Unschuld und Glückseligkeit geprägt war. Der Mythos von der „reinen Natur" und ihrer reinigenden Wirkung, sowie der Metapher vom sorgenfreien und lustvollen Leben des „Edlen Wilden", die von der modernen Tourismusindustrie so gewinnträchtig vermarktet werden, haben hier einen ihrer Ursprünge.

Besondere Anziehungskraft besaß und besitzt das Ideal freiheitlicher, natürlicher, der Tugend und dem Glück förderlicher Lebensweisen immer dann, wenn in der eigenen Gesellschaft die faktische Wertorientierung mit der Idealnorm nicht mehr kongruent war und ist, sowie die Verwirklichung angestrebter Ziele durch Restriktionen nicht mehr möglich schien bzw. scheint. So ist der Topos vom „Goldenen Zeitalter", das verloren ging, Ausdruck eines kulturellen Pessimismus, der in der Gegenwart Verachtung und Demütigung, Herrschaft und Gewalt entdeckt und deshalb auf die Suche nach dem anderen geht. Die Sehnsucht nach dem Paradies meint aber auch das Erschrecken vor der Zivilisation, die eine radikale Vergesellschaftung der Natur, einen produktivistischen Umgang mit ihr einläutet und dabei vor den Menschen nicht Halt macht.

Es gibt eine abendländische Tradition, die von dem Paradiesmythos geprägt auf die Suche nach einer einfachen, naturnahen und glückseligen Lebensweise geht, die die Zwangsmechanismen der eigenen Gesellschaft transzendieren möge. Diese Lebensweise wird entweder in fremde Kulturen am Rande der Peripherie oder in vergangene bzw. in zukünftige Zeiten verlagert. Sie ist auch Bestandteil des modernen Tourismus, der den Menschen jenseits vom Alltag Erholung in paradiesischer Natur und in der distanzlosen und dennoch gefahrlosen Nähe einfacher Lebensweisen offeriert.

Darüberhinaus wird dieser Topos schließlich im sanfttouristischen Diskurs, der dem Massentourismus kritisch gegenübersteht und Alternativen entwirft, von essentieller Bedeutung: man will den Menschen nicht entfremdete Begegnungen mit intakter Natur und autochthoner Kultur in Augenhöhe vermitteln, die nicht zerstören, sondern im Bewahren des Fremden das Eigene reflektieren. Entscheidend dabei scheint mir, daß die reine Natur und der glückliche Mensch das Produkt bzw. die Bilder einer Gesellschaft sind, die darin ihre Antithese als andere Moderne mit dem einzigen Zweck schafft, sich mit den eigenen Widersprüchen aufs neue zu versöhnen.

Eine andere Moderne

Die Geschichte der modernen Gesellschaft ist auch eine ihrer Gegenbewegungen, die über Selbstkritik hinausgehen und neue Konzepte erproben, von der Landkommune bis zum sanften Tourismus (Raschke 1985). Woher aber gewinnen diese Gegenbewegungen ihre Kraft?

Die einen behaupten, Gegenbewegungen seien ein Restbestand traditioneller Kultur, der im Modernisierungsprozeß nicht aufgelöst wurde. In Übergangskrisen der Moderne läge es nahe, auf das ehemals Vertraute ohne Krisen und Sinnprobleme zurückzugreifen, um die Gegenwart zu retten. Gegenbewegungen sind dann als traditionalistische und irrationale Reaktion auf die Moderne zu sehen. Die anderen verorten Gegenbewegungen nicht im Verhältnis Moderne und Traditionalismus, sondern sehen einen Widerstreit zwischen der dominanten und der unterdrückten Moderne. So wird es möglich, Gegenbewegungen ihre eigene Rationalität, beispielsweise ökologische Vernunft, zuzusprechen.

Gegenbewegungen in dieser Denktradition, der ich mich selber verpflichtet fühle, werden nicht als rückwärts gewandte Reaktionen auf die Modernisierung begriffen, sondern gleichfalls als Träger des „Projektes Moderne"; sie stellen Versuche dar, eine andere Moderne, eine „unvertraute Moderne" (Schäfer 1985) zu realisieren.

Moderne Gegenbewegungen, wie etwa die ökologische, stehen kaum noch für die Werte von Freiheit, Gerechtigkeit oder Emanzipation, wie viele ihrer historischen Vorläufer, auf die sie sich berufen, ihnen geht es nicht um Macht, sie fordern schlicht eine „andere Moderne", in der die Integrität der Körper und die Unversehrtheit der Welt das Thema sind; kurz: sie wollen ein anderes Verhältnis von Kultur und Natur.

Genau darin aber, und das ist das Dilemma, ist beispielsweise die ökologische Bewegung, aus der ja der sanfte Tourismus entsprang, äußerst widersprüchlich. In sich verkörpert sie Moderne und Gegenmoderne zugleich: Einerseits stellt sie eine vernunftorientierte und ökonomisch rationalisierende Bewegung dar, die einen ökonomisch motivierten Umweltschutz im Schatten der Moderne fordert; andererseits aber propagiert sie die Renaissance eines Naturbezuges, den die Menschen schon immer gewollt hätten, wenn es ihnen unter den gegebenen Umständen möglich gewesen wäre.

Die ökologische Bewegung entkommt so aber nicht der Kultur der Moderne, „die das Verhältnis zur Natur zu einer primär technischen Frage macht" (Eder 1988: 228). Grundlegend anders wäre es, wenn ein bisher nur unterirdisch vorhandener Aspekt der Vergesellschaftung dominant würde: die Utopie von der mit der Natur versöhnten Gesellschaft. Doch das ist nicht in Sicht!

Die modernen Gegenbewegungen, die sich der ökologischen Vernunft verpflichtet fühlen, propagieren lediglich einen anderen Umgang mit der Natur, sie fordern eine andere kulturelle Produktion der Vergesellschaftung von Natur. Sie gründen allerdings auf Vorstellungen, in denen Natur kein Gegenstand ist, den man unterwirft, sondern ein Gegenüber, das man fürchtet oder liebt, das man ehrt und achtet.

Moderne Gegenbewegungen sind notwendigerweise ambivalent: in sich tragen sie die „vertraute" und die „unvertraute" Seite der Moderne, dabei aber wird die unvertraute an die vertraute adaptiert, um so die quälenden Krisen der Moderne zu überwinden; die andere Moderne wird in ihrer Bilderkraft zu einem Reservoir, das Möglichkeiten zur Versöhnung bereitstellt.

Darin wird die „Lust an der Natur" erneut belebt, eine Lust, die auf den Aspekt des „Gegenübers" zielt. Diese Metapher aber ist zugleich Reflex der Doppeldeutigkeit des modernen Verhältnisses zur Natur, einer Doppeldeutigkeit, die sich bereits im 17. Jahrhundert in Europa herausbildete, als die rationale Vernunft, die prägende Kraft der Moderne, ihren Siegeszug begann:

> „Natur wird einmal zum Gegenstand wissenschaftlicher Erkenntnis; sie wird ausgehorcht; ihre grundlegenden Gesetze werden erforscht. Natur wird zugleich zum Gegenstand touristischer Erbauung; wie wird zum Medium der Erholung in der ‚freien' Natur. Die Entstehung der theoretischen Neugierde der Neuzeit geht seit dem 17. Jahrhundert parallel mit der Erfindung der Lust an der Natur." (Eder 1988: 232)

Die „Lust an der Natur" zivilisiert dabei den nichttechnischen Umgang mit der Natur: „Die Ästhetisierung der Natur ist das Medium dieses sympathetischen oder ‚kommunikativen' Umgangs mit der Natur" (Eder 1988: 233). Ästhetisierung aber meint eine kulturelle Formulierung im Zeichen der Wiederverzauberung, meint eine Transformation des Gegenübers in einen Gegenstand, ohne die Metapher des Gegenübers tatsächlich aufzugeben. Das Gegenüber wird somit aber zum Instrument der herrschenden Ideologie und der besänftigenden Bilder, die sie entwirft. Das Natürliche entwirft sich zwar zum Gegenbegriff gegen das Städtische, doch dies Natürliche ist eine gesellschaftliche Produktion von Natur (Böhme & Böhme 1983: 34ff.). Dem kultivierten Land der städtischen Kultur wird zwar die Wildnis als Ort der Kontemplation, der Muße und der Ruhe gegenübergestellt, doch diese Wildnis muß entschärft werden, damit sie nicht Ausdruck des Gefahrvollen und Bösen ist, des Unvernünftigen und Irrationalen.

Die Natur wird zu einer „touristischen Natur", sie wird zu einem Ausdruck des modernen Lebens ausstaffiert, so wird der Park möglich, die gegen Unbilden abgesicherte Natur:

> „Der Tourist, der diese wohlausgestattete Natur betritt, kann die Natur als angenehm und komfortabel empfinden. Der Besucher dieser Natur kann, wenn sie entsprechend arrangiert ist, in ihr Ruhe und Frieden finden (...). Diese von Menschen gemachte Natur hat das Gefährliche und Bedrohende vom Schönen, Bequemen und Friedlichen getrennt." (Eder 1988: 236f.)

In der Weiterentwicklung der „touristischen Natur" wurden hieraus beispielsweise der Südsee-Mythos, der Mythos der Bergeinsamkeit und schließlich der Massentourismus und der Drittwelttourismus mit ihrer radikalen Produktion verwertbarer Natur. Schließlich entstanden in neuester Zeit jene Abenteuerreisen, vom Trekking im Himalaya bis zur Bootsreise auf dem Amazonas, die alle die wilde Natur offerieren, diese aber in ihrer Bedrohlichkeit vom Touristen fern halten. Natur wird darin zum zivilisierten Ort des jeweils gewünschten Umgangs mit ihr, des Abenteuers, der Kontemplation und der Entspannung.

Der moderne Tourismus ist mit seiner „Lust an der Natur" und seiner kulturellen Produktion und Vermarktung von Naturreservaten, in denen sich der erholungssuchende moderne Mensch an Natur erfreuen kann, ein essentieller Bestandteil der vertrauten Moderne. Als solcher aber trägt er zugleich seine Gegenbewegung in sich.

Kritik begleitet den Tourismus seit seiner massenhaften Ausbreitung. Der sanfte Tourismus, der seit 1980 als Begriff eine furiose Karriere machte, gründet sich auf Gegenbewegungen der Arbeiterkultur und der bürgerlichen Jugendkultur zu Ende des letzten Jahrhunderts (Kramer 1983; Ille & Köhler 1987). Ein anderer Umgang mit Land und Leuten, der den Aspekt des Gegenübers betonte und den des Gegenstands verdammte, wurde bereits von den Naturfreunden und den Wandervögeln um die Jahrhundertwende zumindest in ihren theoretischen Schriften formuliert. Auf dieser unvertrauten Moderne gründet der sanfte Tourismus, der sich auch als Bildungs- und Kulturtourismus versteht. Er kritisiert den radikalen Verbrauch von Natur und autochthoner Kultur durch den modernen Tourismus, hält diesem einen Spiegel vor und fordert einen anderen Umgang. Dabei versteht er sich als Aspekt der ökologischen Gegenbewegungen, die eine andere Moderne wollen. Doch damit trägt er aber sowohl jene unvertraute Moderne in sich, die einen anderen ökologischen und ökonomischen Umgang fordert, als auch jene unvertraute Moderne, die Versöhnung mit der Natur will.

Meine These ist nun, daß sich wesentlich die ökologische Vernunft durchsetzt bzw. nur durchsetzen kann; so wäre der sanfte Tourismus lediglich ökonomisch motivierter Umwelt- und Sozialschutz der betreffenden Regionen, was allerdings angesichts der fatalen Zerstörungen schon ein riesiger Vorteil wäre. Sanfter Tourismus als ökologische Vernunft muß logischerweise auf das Konzept der Region setzen bzw. die Region in ihrem Selbstbild und in ihrem Selbstverständnis neu beleben. Wer nämlich erkennt, daß die seitherige touristische Praxis die touristischen Ressourcen - Land, Leute und das kulturelle Spezifikum der Region – in einer typisch systematischen Rückkoppelung zerstört, der muß zwangsläufig einen anderen

Zur Reformulierung der Region 345

ökologischen und somit auch ökonomischen Umgang fordern, um die Potentiale der Region nicht veröden zu lassen. Dies geschieht zunächst unter dem Aspekt eines anderen Naturbezuges, verkürzt sich aber bald auf eine Modifikation des konkreten Umgangs mit ihr. Eine Wiederbelebung der Region im derzeitigen Bildungs- und Kulturtourismus stärkt so einerseits die Widerstandskräfte gegen die ökonomische Ausbeutung, produziert andererseits aber auch ein anderes Bild der Region, reformuliert diese vor dem Hintergrund einer von ökologischer Vernunft getragenen anderen Nutzung. So entsteht ein Bild, das kulturell produziert die Eigenschaften der Region einbezieht, diese aber zu einem zweckorientierten Bild von Natur, Menschen und der Region verdichtet.

EIN STREIFZUG DURCH DIE SANFTTOURISTISCHE LANDSCHAFT

Als eine kleine Gemeinde in Kärnten neue Konzepte zur Fremdenverkehrsförderung suchte, befand sie sich im Zwiespalt (Seibold 1991). Sie praktizierte seit Jahren einen Tourismus, den man getrost als sanften bezeichnen konnte: naturbelassene Umgebung, keine wirtschaftliche Abhängigkeit vom Tourismus und ein friedfertiges Nebeneinander von Landwirtschaft und Fremdenverkehr. Doch die Skeptiker mahnten an, daß dies bisher noch nicht zum Geldverdienen gereicht habe. Es kam zu mehreren Diskussionen mit Fachleuten aus Deutschland; deren Ergebnis war eindeutig: „Sollten in Hochrindl die Weichen zugunsten eines harten Tourismus gestellt werden, würde die Region für viele Urlauber ihre Attraktivität verlieren" (Seibold 1991). Fortan wollte man unter Mithilfe des Starnberger Studienkreises für Tourismus und einer österreichischen Regionalberatungsfirma (ÖAR) ein touristisches Leitbild entwickeln, das die Vorzüge der Region für eine sanfttouristische Vermarktung herausarbeite.

Seitdem 1987 der Donauradweg fertiggestellt wurde, prosperiert der Fremdenverkehr entlang des Flusses. Einige Bürgermeister und Tourismusobleute im strukturschwachen Strudengau fragten sich, wie man die Donauradler zu einem Abstecher in das schöne Hinterland bewegen könne, um abseits des großen Stroms die Schönheiten der Natur zu genießen. So entwickelten 15 Gemeinden ein „innovatives Tourismusangebot"; es entstanden Radwanderwege und ein Plan „Rad-Wandererlebnis". Man will damit diejenigen ansprechen, „für die das Rad ein Vehikel ist, um Erfahrungen zu machen und eine Region zu erkunden" (Ermlich 1991). Der Strudengauer Tourismus wird als Chance zur Entwicklung der Region begriffen:

"Eigenständige Regionalentwicklung bedeutet, macht Bürgermeister Sigl klar, daß der Tourismus ausschließlich von den Leuten aus der Region bestimmt werden muß: die Dorfgemeinschaften müssen erhalten bleiben, die Bevölkerung darf nicht wie in Tirol zum Bedienungspersonal degenerieren; die Mühlvierteler Volksfeste bleiben Feste des Volkes und sind keine inszenierten Touristenspektakel" (Ermlich 1991).

Der Tourismus wird hierin als Möglichkeit gesehen, die Region in ihrer Eigenständigkeit und Besonderheit zu erhalten und neu zu beleben, man will, so in einer Darstellung des Konzeptes, die Menschen zu den „Schätzen der Region" führen, damit sie „viel von der Region und ihrem Werdegang" erfahren, eben Geschichten aus der Geschichte. Das aber hat eine doppelte Funktion: einerseits bleibt man attraktiv für diejenigen Touristen, die man ansprechen will und von denen man erwartet, daß sie genau dies regionalspezifische Ambiente suchen; andererseits wird hiermit aber auch ein neuer Bezug zum regionalen, zu dessen natürlichen und kulturellen Ressourcen hergestellt.

Das Pitztal ist noch ein stilles Tal. Dort war die Not immer etwas größer, und dort spürt man, daß die touristische Entwicklung vorbeiging. So ist das Pitztal etwas für Leute, die Natur und bäuerliche Kultur genießen wollen, um sich zu erholen. Die Pitztaler sind sich ihrer Stärken bewußt. Der Trend geht zum sanften Tourismus, das haben die Fremdenverkehrsverantwortlichen längst begriffen. So verstärkt man die Pflege des Brauchtums und den schonenden Umgang mit der Natur, mit der nicht unbegründeten Hoffnung, so vermehrt zahlungskräftige und zugleich unauffällige, weil sanfte Touristen ins Tal zu holen (Darmstädter Echo vom 16.6.90).

Als man sich in einigen Gebieten Italiens davon überzeugt hatte, daß sich hinter dem „Gespenst" sanfter Tourismus keine Rucksackreisenden verbargen, sondern durchaus potente Touristen, begann man sich mit den darin transportierten Gedanken anzufreunden (Raith 1990): Der Fremdenverkehrsdirektor der Provinz Latina erwartet sich beispielsweise davon, daß „endlich der unverkraftbare August-Boom zugunsten einer ganz, ganz langen Vor- und Nachsaison abgebaut wird". Sein Kollege aus Rimini begrüßt die neuen Ideen, weil „damit endlich das Interesse unserer Kunden weg vom Meer und hin zum herrlichen Hinterland gelenkt werden könnte". Völlig unverblümt sieht es ein Taxiunternehmer: Wenn die Fremden ihre Autos zu Hause lassen, kommen für ihn bessere Zeiten, da er die Besucher besser und ortskundiger fahre.

Die Gemeinde Spiekeroog hatte den Tourismus-Boom der Nordsee-Inseln verschlafen und dümpelte jahrelang mit äußerst geringen Besucherzahlen herum. Diese Selbstbeschränkung wurde ihr aber in den letzten Jahren zum großen Vorteil. Spiekeroog ist zu einem Geheimtip in der sanfttouristischen Szene geworden; hier gibt es noch Nordseeinsel pur. Das hat allerdings zwei Folgen: die Insel ist auf der einen Seite völlig und auf Dauer ausgebucht und für Einheimische fast zu teuer zum Leben. Auf der anderen Seite wird das „Modell Spiekeroog" zum Vorzeigeobjekt:

> „Seit Tourismusmanager erkannt haben, daß der große Reiseboom der 70er, 80er Jahre stagniert, daß immer mehr Kunden immer unzufriedener heimkehren aus ihren industriellen Feriendepots und daß Touristen im Grunde nichts mehr verachten als Touristen, seither schwadronieren alle vom ‚Spiekeroog-Konzept', von ‚Selbstbeschränkung', ‚Schutz der Urlaubsheimat' und ‚Soziologie des Dorfes'." (Höfer & Kohlbecker 1992: 54)

Der Zufall half Spiekeroog auf die Sprünge: Was hier in der Entwicklungsphase des Massentourismus nicht zerstört wurde, nämlich Natur und regionalspezifisches Insel-Ambiente, man könnte tatsächlich von einer noch intakten „Soziologie des Dorfes" sprechen, das wird nun zum großen Standort-Vorteil. Die Aufwertung der Region Spiekeroog im Kontext des sanften Tourismus lebt davon, daß Spiekeroog noch als eigenständige Region mit intakter Natur erkennbar bleibt, allerdings auch konserviert wird, damit die Touristen auch weiterhin kommen. Befindet sich das aber in Übereinstimmung mit lebensweltlicher Entfaltung und Entwicklung der Region?

Ein Biologe von der Eugen-Schumacher-Gesellschaft versucht mit Vorträgen Gemeinden von den Vorteilen des Ökotourismus zu überzeugen (Dregger 1989). Seine Hoffnung ist, wenn die Gemeindeverantwortlichen erst einmal davon überzeugt sind, daß ein solcher Tourismus ihnen Geld bringt, werden sie sich aktiv für die Erhaltung von dem einsetzen, was dieser Tourismus an Attraktionen zu bieten hat, nämlich unverbaute und intakte Natur. Dem Biologen selbst geht es eigentlich nur um Artenschutz.

Die Hindelanger Kurverwaltung hat es sich zum Ziel gesetzt, „Naturschutz, Heimatbewahrung und Tourismus zu koordinieren". Die Gäste sollen „Landschaft, Natur und Bevölkerung mit all ihren Reizen, Eigenarten und Problemen kennenlernen". Seitdem finden die alpenländischen Heimatabende im Kurhaus statt und Exkursionen sollen den Fremden die einzigartige Kulturlandschaft nahebringen: botanische Wanderungen unter sachkundiger Führung werden selbstverständlich ebenso angeboten wie die Besichtigung einer Käserei oder eine Einführung in die Mähpraxis mit der Sense durch einen einheimischen Bauern. Den Hindelanger Gastwirten ist klar, daß nur ein rücksichtsvoller Umgang mit der Natur das (Tourismus-)Geschäft sichern kann. Interessant ist, daß durch das vermehrte Angebot einheimischer und biologisch erzeugter Nahrungsmittel sich in den verbliebenen Sennereien des Alpenlandes um Hindelang ein Umdenken Raum schuf: man wendet sich wieder verstärkt handwerklicher Produktionsweise zu. Und in Hindelang selbst denkt man darüber nach, ob nicht wieder eine neue Sennerei aufgebaut werden soll. Die Zeitschrift „natur" hat im März-Heft 1990 unter der Überschrift „Ferien mit der Natur" über das „Öko-Modell Allgäu" berichtet, das Resümee war: „Der Versuch der Kommune, durch gezielte Unterstützung der Bergbauern das typische Landschaftsbild zu erhalten, scheint von den Urlaubern honoriert zu werden".

In einem Arbeitspapier der Nationalparkgemeinden im Bayerischen Wald liest man: „Der Fremdenverkehr ist für unsere Region ein wichtiger – vielleicht sogar der wichtigste – Wirtschaftszweig"; hierzu bedarf es aber einer „vernünftigen Fremdenverkehrspolitik", „die den größtmöglichen Schutz zur Erhaltung der Heimat in Landschaft und Sozialstruktur, bei gleichzeitiger Sicherung der Einnahmen aus dem Tourismus gewährleistet." Das Motto hierzu soll heißen: „Natur und Kultur erleben und erhalten" (Entnommen aus: Kurzinformationen über die Aufgaben und Ziele des Zweckverbandes Nationalparkgemeinden Bayerischer Wald).

Die Region als Wunschlandschaft

Der sanfte Tourismus als „Öko-Modell", als Standortvorteil im touristischen Markt, korrigiert nicht nur Fehlentwicklungen der Vergangenheit, er leistet auch der Rückbesinnung auf das Eigene, das Regionale Vorschub. So kann zweifelsohne eine Region wieder aufgewertet werden und sich in ihrem Selbstverständnis durchaus erneuern. Doch das ist wesentlich nach außen orientiert, ist ein Instrument des Marktsegmentes sanfter Tourismus. Die Projektphilosophie des sanften Sommers Saar, wie sie im neuesten Prospekt von 1992 formuliert wird, macht den Prozeß dieser Aufwertung deutlich:

> „Unsere ‚sanfte Tourismusphilosophie' ist jedoch nicht auf den Reiseveranstalterteil beschränkt. Seit Beginn der Diskussion um

sanften Tourismus versuchen wir selbstkritisch mit allen Mitstreitern eine regionale Tourismusentwicklung im Einklang mit den Menschen der Region für das Saarland mitzugestalten. Wir sind der Auffassung, Tourismus kann in unserer Region, integriert in eine neue Land- und Forstwirtschaft, ökologischere Verkehrskonzepte und Kultur-Landschaft, eine positive Rolle für die nächsten Jahrzehnte spielen."

Die Aufwertung geschieht nach einem Bild, das sich im sanften Tourismus bildet bzw. in den Köpfen und Planungspapieren der Initiatoren und Verantwortlichen; Träger dieses Bildes müssen aber nicht zwangsläufig alle Bewohner der Region sein. Dieses Bild ist zum einen auf eine Region hin ausgerichtet, die einen anderen, ökologischeren Umgang mit Natur und Landschaft, aber auch mit Kultur und Geschichte pflegt; zum anderen ist es auf jenen sanften Touristiker hin orientiert, den man als Besucher erwartet und dem man das anbieten will, was er sich für seine Erholung vom Alltag erhofft.

Ein solches Bild der Region ist aber immer ein kulturell formuliertes bzw. reformuliertes, da es auf unvertraute Potentiale Bezug nimmt. Darin werden die spezifischen, möglicherweise abgedrängten Ressourcen, eben die Reservate einer unterdrückten Moderne, wieder von Relevanz. Der sanfte Tourismus als unvertraute Moderne bedient sich dieser verdrängten und vergessenen Potentiale. Fraglich bleibt aber, ob diese Renaissance, diese kulturelle Reformulierung, auch wirklich von allen Bewohnern der Region getragen wird oder ob sie dies nicht als eine kulturelle Kolonisation ihres Lebensraumes empfinden. Wesentlich wird in vielen Konzepten, wie beispielsweise bei der „Sozialen Pedale" der Naturfreunde im Altmühltal, daß es nicht darum geht, die Region als Gegenstand zu begreifen, den man für die Urlaubs- und Erlebniswünsche nutzt, sondern als ein Gegenüber, das man achtet und dem man begegnen will. Eine solche Region wird deshalb in der sanfttouristischen Szene „erkundet":

„Wiederum wollen wir – ähnlich den ‚sozialen Wanderungen' der Arbeiterbewegung und der ‚Naturfreunde' – mit dem Fahrrad eine Region erkunden. ... Wir werden wieder auf Spurensuche in der Realität gehen bzw. fahren und gemeinsam einen Teil dieser ... Region erkunden. Wieder sind wir fest davon überzeugt, daß unser Seminar ... die Möglichkeit gibt, Aktives wie Schöpferisches zu verbinden, Gemeinsames zu erleben, Realität von einer anderen Warte zu sehen und – nicht zuletzt – wird es sehr viel Spaß machen" (Entnommen aus einem Prospekt der Naturfreunde).

Spaß soll es machen, schöpferisch soll es sein, Realität von einer anderen Warte vermitteln, Gemeinsamkeiten soll es herstellen – und es soll die Region erkunden, sie im wahrsten Sinne des Wortes er-fahren. Region wird in einem solchen Konzept zur Wunschlandschaft, sie wird zu einem Gegenüber, das aber als Gegenüber zugleich Gegenstand der eigenen Begierde ist, von den Phantasien eines „Goldenen Zeitalters" geprägt bleibt, die heute Erlebnis-, Bildungs- und Kulturtourismus heißen.

Der ambivalente Charakter des sanften Tourismus als moderne Gegenbewegung könnte nicht deutlicher werden. Man sucht zwar einen neuen Naturbezug, doch dieser bleibt ein technischer, ein kulturell produzierter. Im Wunsch nach unberührter Landschaft und intakter Region verkörpert sich die andere Moderne, in der es noch etwas zu erkunden gibt, etwas, das nicht durch massentouristische Infrastrukturen längst standardisiert wurde; doch dieses Erkunden ist immer ein einseitiger Zugang, es geht vom Touristen aus, der etwas von seinem Gegenüber will, das darin noch immer Gegenstand ist. Damit er das wirklich erhält, wird er seinen Gegenstand schonen und pflegen. Das aber erwartet er selbstverständlich auch von denen, die in diesem Gegenstand leben. So ist das Bild der Region, das im sanften Tourismus Karriere macht, auch ein Bild, das der sanfte Tourist als der neue und ökologisch aufgeklärte Tourist als Wunschlandschaft im Kopfe hat.

TAUBERTAL – EINE ABBILDFLÄCHE IMAGINIERTER REGIONALITÄT

Aus einem Geschichtswerkstättenprojekt „Auf den Spuren des Bundschuhs" wurde das Tourismusprojekt „Bauernkriegslandschaft Tauber-Franken". Nach ersten positiven Erfahrungen mit geführten Radtouren auf den Pfaden des Bauernkrieges wurde seit 1990 das Projekt zu einem „sanften Bildungs- und Kulturtourismus" weiterentwickelt. In der Konzeptbeschreibung von 1991 wird von den Initiatoren die Bedeutung des Projektes für die regionale Entwicklung definiert:

> „Für uns stellt das Projekt mit seinem Ganzheitlichkeitsansatz von regionalgeschichtlicher Spurensicherung, sozio-kultureller Aufwertung der Region, regio-kultureller Originalität, kultur- und tourismus-infrastruktureller Bedeutung ein Musterbeispiel dafür dar, wie Kultur zu einem Regionalentwicklungsfaktor werden könnte." (Traum-A-Land 1991: 6)

Die Projektverantwortlichen gehen von einer weit fortgeschrittenen kulturellen Modernisierung der ländlichen Regionen aus und sehen Zeichen einer neuen, sich kulturell emanzipierenden Provinz. Sie beziehen sich dabei auf Ergebnisse einer Untersuchung in Baden-Württemberg, die in den letzten Jahren von einem Verein „Eigenständige Regionalentwicklung Baden-Württemberg" durchgeführt wurde. Darin wird festgestellt, daß lebensweltliche Veränderungen innerhalb der ländlichen Räume und die Aufwertung der Region als neues kulturelles Zentrum zwischen regionalgeöffneten Dörfern und sich zu Regio-Cities entwickelnden Klein- und Mittelzentren die Basis für ein neues regionales Selbstbewußtsein abgeben. Ein neues positives „Regional-Klima" setze auf eigenständige Qualitäten und führe zu einer Rückbesinnung auf bisher „unterdrückte" bzw. „unvertraute" Ressourcen. Die neue Regio-Kultur verstehe sich nicht mehr als defensive Heimatkultur, sondern als eine aktive und offensive Be-Heimatungskultur, „die neue kulturelle Strömungen nicht ausschließt, sondern einbindet" (Traum-A-Land 1991: 10).

Die bisher unterdrückte Moderne wird hier als positives Korrektiv der Modernisierung hervorgehoben, die der marginalisierten Region ein neues Selbstbewußtsein über sich selbst und über ihre Ressourcen eröffnen soll; zu diesen Ressourcen zählen dann auch jene kulturellen Praxen, die entweder von Stadtflüchtigen oder von ökologisch bzw. alternativ-modernistisch aufgeklärten Intellektuellen in die Region transferiert werden, von Kunstprojekten bis hin zu Literaturlesungen. Inwieweit dies lebensweltlich verankert ist, läßt sich kaum ohne eine eingehende Untersuchung feststellen. Die referierten und wortgewaltigen Passagen (als ob man mit neuen Begriffen die Realität zwingen könnte, so zu sein wie man sie imaginiert!) sind zunächst einmal als programmatische Aussagen zu verstehen, auf denen das sanfttouristische Konzept ruht. Denn der Weg für Konzepte, „die in der Lage sind, das neue Regional-Image einer Region nach Innen und Außen zu vertreten" öffnet sich nur, wenn sich zugleich ein neues Image der Region entwickelt. Ein solches neues Konzept ist das sanfttouristische Projekt im Taubertal.

Es steht für einen „Ausflug in die eigene Region", für einen erlebnisorientierten Urlaub, der Natur und Kultur der Region vermittelt, der eine Kulturlandschaft erschließen und erkunden will und dabei die Region als Gegenüber wahrnimmt, mit dem man sich auseinandersetzt, das man nicht schamlos konsumiert. In diesem Projekt wird die bisher „unterdrückte" bzw. unvertraute Geschichte der Bauernkriege touristisch aufgearbeitet, die einen vehementen Widerstand der Landbevölkerung gegen die Macht der Junker darstellte; eine Geschichte, die noch nicht einmal allen Bewohnern der Region bekannt ist. Über die Bedeutung dieser Aufarbeitung philosophieren die Konzeptverantwortlichen:

> „Eine wichtige Grundlage des regio-kulturellen Konzeptes ist die Einbeziehung der Geschichtslandschaft, die Hebung vergessener regionaler Schätze der Regionalhistorie. Erst die Entdeckung der Region als reichhaltige Kultur- und Geschichtslandschaft ermöglicht das Verstehenlernen regionaler Eigensinnigkeiten und Ungleichzeitigkeiten, läßt ein peripher erscheinendes Hinterland als Ort großer Geschichte, als Raumstelle von Weltgeschichte hervortreten, lenkt den Blick auf die sonst unsichtbaren historischen Schichtungen einer Region, verschafft Zugang zu den Nebenwegen und -gängen der Geschichte, die oft über das Gelingen oder Scheitern regionaler Entwicklungen und Prozesse entschieden haben." (Traum-A-Land 1991: 36)

Das aber hat, in der programmatischen Sprache der Initiatoren, eine tiefe Bedeutung für die Region:

> „Was von Außen nachgefragt wird, wertet sich im Alltagsleben auf. Vielleicht braucht die Provinz zur Herausbildung ihres kulturellen Selbstbewußtseins noch eine Weile diese Umkehrrentabilität einer externen Nachfrage, um die internen Schätze zu entdecken. Vielleicht hilft dieses Tourismus-Projekt dabei, diesen blinden Fleck im Selbstbild der Provinz zu überwinden und damit einen wirklichen Bildungsprozeß einzuleiten." (Traum-A-Land 1991: 14)

Diese Nachfrage von außen und deren programmatische Umdeutung als bewußtseinsbildendes Projekt für die Region ist als Reformulierung des Regionalen zu verstehen. Eine Reformulierung, die sich nicht lebensweltlich herausbildet, sondern eine kulturelle Formulierung auf der Ebene der Programme ist und bisher „unvertraute" Ressourcen der Region nutzenorientiert präpariert. So wird dieser sanfte Tourismus Aspekt eines regionalen Kulturmanagements, das die kulturellen, oft ungenutzten Ressourcen erschließt und erfaßt, um „die vorhandenen, in aller Regel nebeneinander existierenden Infrastrukturverbände besser zu vernetzen, zu optimieren und zu verdichten." (Traum-A-Land 1991: 16) Ziel dies Kulturmanagements ist es, nach außen eine überregional ausstrahlende Originalität zu erreichen.

Als sanfttouristisches Projekt zielt es „auf neue, bisher kaum erschlossene Zielgruppen und Bildungsurlauber" und würde eine Lücke im Tourismusangebot der Region füllen. Dieser Tourismus soll die Region zum „Lernort" für Touristen machen. Hierzu ist es unabkömmlich, Geschichte nicht nur spannend aufzubereiten, das Reisen in der Region muß zudem umwelt- und sozialverantwortlich gehalten werden, damit die Ressourcen dieses Reisens, die es aus Touristensicht ja erst motivieren, auf lange Sicht auch erhalten bleiben. Das Konzept eines auf die Region bezogenen Tourismus nutzt vorhandene Potentiale, es werden vergessene, im Fortgang der Moderne unvertraut gewordene neu entdeckt:

> „Alte Handwerkstechniken werden wieder belebt, z. B. das Korbmachen, das Besenmachen, Bauten aus dem landwirtschaftlichen Produktionsbereich werden wieder instand gesetzt und bei Veranstaltungen genutzt, z. B. Grünkerndarren, Keltern. Auch ist in manchen Dörfern eine Renaissance in-Wert-gesetzter Techniken und Bauten zu beobachten, z. B. Ölmühlen produzieren wieder, Mühlen erzeugen wieder Strom. Die Heimat- und Kulturvereine haben alte Gerichte wieder entdeckt und bieten sie bei örtlichen Feiern an." (Traum-A-Land 1991: 50)

Das sind zweifelsohne interessante Entwicklungen, doch scheinen diese Dinge zunächst als reine Attraktionen wieder belebt zu werden, die lediglich in ihrer Außenwirkung betrachtet werden. Die Region, verkörpert in wenigen Wortführern, entwirft ein schillerndes Bild von sich, das zweifelsohne auch Wirkungen auf die Bewohner hat, das aber in erster Linie eine Attraktivitätssteigerung für Besucher darstellt. Das scheint auch den Projektverantwortlichen deutlich: „Kulturelle Potentiale sind also durchaus als Angebote zum originalen, authentischen und sozialen Kennenlernen örtlicher Gegebenheiten und Verhältnisse vorhanden." (Traum-A-Land 1991: 50)

Das Essentielle am sanfttouristischen Konzept im Taubertal ist die Er-Fahrbarkeit der Region. Der sanfte Tourist geht auf Erkundung in einem nachgestellten Paradies, er hat darin die Chance zu sinnlichen Erfahrungen, die in der verstädterten Moderne unterdrückt bleiben. Genau hierauf zielt das sanfttouristische Reisepotential, wenn es in die Natur und in die möglichst intakte Kulturlandschaft zieht; und hierauf sind die programmatischen Äußerungen und die entsprechenden touristischen Angebote im Taubertal zugeschnitten:

> „Verzeitlichter Raum und verräumlichte Zeit sind Zielintentionen eines sanften Tourismusverständnisses, das auf Ereignis und Erlebnis, auf Er-Fahrbarkeit einer Region und Kultur-Landschaft, auf die Entdeckung der Eigenzeit und des Eigensinns einer Region Wert legt. Gefüllte Zeit macht den Wunsch nach Zeitsouveränität erlebbar, der bewegt erscheinende Raum führt zu Formen neuer Raumsouveränität. Beides ist adäquat zur Strategie der Entdeckung von Langsamkeit, dem entschleunigten Sehen mit Platz für ausladend breites, genaues und vertieftes Wahrnehmen einer Welt, die in ihrer gesellschaftlichen Beschleunigung aller Bereiche des Lebens zu einer verflüchtigenden Wirklichkeit, zur Ästhetik des Verschwindens, zum gleichgültig Werden von Räumen führt und für Intensität keinen Raum mehr läßt." (Traum-A-Land 1991: 37)

Der sehnsüchtige Wunsch nach einer anderen Moderne schlägt durch, die in der Natur und der Region, in den Menschen der Region sowie ihrer Kultur und Geschichte, keinen Gegenstand sieht, den man lediglich zur Erbauung nutzt, sondern dem man erlebend gegenübertritt. Deutlich wird auch, und das ist eine andere Seite der Ambivalenz, daß sanfttouristisches Reisen quasi-therapeutischen Charakter hat. Durch das Reisen nämlich sucht man nach Erlebnisqualitäten, die im Alltag „unterdrückt" bleiben. Das vorübergehende Eintauchen in diese „unterdrückten Erlebnisweisen" soll mit dem Leben wieder versöhnen. Hierzu aber nutzt man die reformulierten Potentiale und die sanfttouristische Infrastruktur – Radwege, Kanufahrten etc. – einer Region wie der des Taubertals.

Aus dem Gegenüber wird nahezu unbemerkt ein Gegenstand; die Beziehung zu ihm bleibt produktivistisch. Sie kann allerdings von sich behaupten, und das ist zweifellos eine sinnvolle Modifikation der Moderne, daß sie Natur und Kultur weniger belastet und weniger zerstört als der bisherige Massentourismus – und das ist immerhin etwas.

Sanfter Tourismus als dialektisches Instrument

Die tourismuskulturell unterstützte Reformulierung der Region ist eingebunden in ein angeblich neues Selbstbewußtsein vieler Regionen, die sich ihrer Potentiale an Natur, Landschaft, Kultur und Geschichte bewußter werden. Sanfter Tourismus wird so zu einer Strategie, zu einer Technik im Rahmen eines regionalen Kulturmanagements bzw. im Rahmen ökonomischer Überlegungen zur wirtschaftlichen Stärkung der Region.

Zur Reformulierung der Region 355

Die Reformulierung stellt eine programmatische Beschwörung bisher unvertrauter Potentiale und einer neuen und anderen regionalen Eigenständigkeit dar; dabei geht es, auf der Ebene der Konzepte, um eine Veränderung des Verhältnisses der Touristen zur Natur und zu den besuchten Menschen. Diese sollen nicht mehr konsumiert werden, man will vielmehr Begegnungen schaffen; aus dem Gegenstand der touristischen Begierde soll ein Gegenüber werden. Doch auch dieses Gegenüber wird als Wunsch- und Erlebnislandschaft im touristischen Prozeß benutzt. Die Reformulierung wird von Menschen und Menschengruppen getragen, die für die Region sprechen und Bewußtsein für deren Probleme entwickelt haben. Im Konzept Taubertal läßt sich dies sehr gut dokumentieren:

> „Konzepte eines regionalverträglichen, umweltverträglichen und sanften Tourismus entstehen vor allem aufgrund lokaler und regionaler Initiativen engagierter Personen der Kommunalpolitik, des Fremdenverkehrs, der Landwirtschaft sowie örtlicher und regionaler Vereine und Bürgerinitiativen. Weitreichende Unterstützung findet der Gedanke des sanften Tourismus auch in den Zielen und Aktivitäten von Umweltschutzverbänden und Naturfreundegruppen." (Traum-A-Land 1991: 34)

Es sind Konzepte der Politik und des Identitätsmanagements, die von Politikern, Intellektuellen und Betroffenen getragen werden. Diese Konzepte sollen, indem sie nach außen wirken und durch sanfte Touristiker die Besonderheit des Eigenen stärken, nach innen, auf die Bewohner der Region Selbstbewußtsein und Renaissance des Regionalen ausstrahlen. Das Motto hierzu haben die Konzeptverantwortlichen im Taubertal bezeichnenderweise so formuliert: „ ... ‚Neue Konzepte braucht das Land, braucht die Region' denn die Wende zum regionalverträglichen Tourismus", so ihre Erläuterung hierzu, „muß auf der regionalen und auf der lokalen Ebene stattfinden. Dazu bedarf es regionaler und lokaler Initiativen, wird eine neue Qualität regionaler Vernetzung und Zusammenarbeit benötigt." (Traum-A-Land 1991: 34)

So sind denn die Programme eines sanften Bildungs- und Kulturtourismus auch Angebote an die Regionsbewohner,

> „ihre eigene Region neu entdecken zu können, anders wahrzunehmen, Alltagswissen zu vertiefen. Erst diese Doppelbeziehung und -wirkung nach Innen und nach Außen führt zu einer ‚Dialektik des Tourismus' die eine Region für den Besucher attraktiv macht

und für den Bewohner lebenswerter und kulturell anregender."
(Traum- A-Land 1991: 35)

Der sanfte Tourismus, gründend auf einem anderen Naturbezug und einer neuen Einstellung zu Geschichte und Kultur, ist ein dialektisches Instrument. Er stellt, pointiert formuliert, eine Technik dar, deren Zweck im Kontext programmatischer Konzepte von Politikern und Identitätsmanagern darin liegt, ein Bild der Region zu entwickeln, das nach außen werbend und nach innen produzierend wirkt.

Ist so ein Gebahren nicht von einem Hauch Kolonialismus umgeben, bzw. steckt darin nicht auch etwas von jener Entfremdung, die im konsumistisch orientierten Tourismus Alltag und Methode ist? Unbestritten bleiben die Erfolge dieser Konzepte hinsichtlich Umweltschutz, unbestritten ist auch die Notwendigkeit, im Landschaften und Kulturen verbrauchenden Massentourismus Korrekturen anzubringen. Skeptisch bin ich allerdings, ob diese Ziele mit programmatisch formulierten Bildern einer neuen Regionalität zu erreichen sind, mit Bildern, die möglicherweise den betreffenden Regionen neue Korsette von Natürlichkeit, Rückständigkeit und all dem anlegen, was der sanfte Tourismus erwartet. Dies aber würde reale Entwicklungsmöglichkeiten verhindern statt fördern.

Auch der sanfte Tourismus ist weiterhin, und das primär, am Kunden orientiert. Er muß es auch sein, wenn er Erwerbsquelle sein will – und daran wird er nie vorbeikommen. Veranstalter nämlich gehen aus zwei gewichtigen Gründen zum sanften Tourismus über: zum einen hoffen sie dadurch ihre Marktchancen zu steigern; zum anderen zielen sie auf die neue Bedürftigkeit sanfter Touristen an wahrhaft paradiesischen Zuständen in Natur und Kultur und an authentischen Begegnungen. Das Bild der Region, das in solchen Konzepten entsteht, hat zwei Ursachen: einerseits wird es von ökologischen und von ökonomischen Interessen getragen; andererseits reagiert es auf die Wünsche der sanften Touristen. So aber beginnt ein ambivalenter Prozeß: auf der einen Seite werden Konzepte des Umweltschutzes in der Region relevant, das ist von unschätzbarem Vorteil. Andererseits aber beginnt eine neuerliche Entfremdung, es entstehen in den Tourismuskonzepten neue Bilder vom Paradies, von Natur und Kultur einer Region, die erkaltete Klischees und kein tatsächliches Leben darstellen. Diese Bilder aber kommen nur zum Teil aus der Region. Sie haben sich in großen Teilen wesentlich als imaginierte Wunschlandschaften, analog zum „Goldenen Zeitalter", in den Köpfen und Begierden moderner Menschen geformt, die vorübergehend aus der dominanten Moderne in eine unvertraute aussteigen möchten, um sich zu erholen. So aber ist der sanfte Tourismus noch immer ein Produkt der Gesellschaft, die einen technischen Umgang mit der Natur favorisiert.

Epilog

Offensichtlich steht der Tourismus im Zeichen der Wiederverzauberung: man sucht das Paradies in Reinkultur und ist der inszenierten Fassaden und achtlos hingestellten Kulissen überdrüssig. Was aber darin weiterhin von Natur, Landschaft, regionaler Kultur und Geschichte erhofft wird, das haben schon Adorno und Horkheimer in der Dialektik der Aufklärung formuliert:

> „Was die Menschen von der Natur lernen wollen, ist, sie anzuwenden, um sie und die Menschen vollends zu beherrschen. Nichts anderes gilt. Rücksichtslos gegen sich selbst hat die Aufklärung noch den letzten Rest ihres eigenen Selbstbewußtseins ausgebrannt." (Horkheimer & Adorno 1971: 8)

So aber findet die programmatisch formulierte Wiederverzauberung, in der Natur zum Gegenüber werden soll, nicht statt. Was wir erleben ist eine Ästhetisierung der Wiederverzauberung, in der das Gegenüber Opfer und somit Gegenstand einer doppelten Begierde wird: einerseits soll es wieder Paradies sein, dem Wunsch sanfter Touristen entsprechen, andererseits will man dies Paradies in seinem Selbstbewußtsein zum Paradies regionaler Kultur entwickeln. Ästhetisierung meint die Formulierung bzw. Reformulierung einer Bilderflut des anderen, meint die Ersetzung bisher dominanter Aspekte der Moderne durch bisher unvertraute. Das aber ändert nichts an der Moderne in ihrem produktivistischen Umgang mit der Natur.

Reformulierung ist somit Bilderkonstruktion, ist die Inthronisation von Bildern, die besser als die seitherigen an gewandelte Bedürfnisse im Fortgang des Modernisierungsprozesses adaptiert sind. Was diesen Bildern immanent ist, das ist der gesellschaftliche Nutzen, den sie versprechen. Hierzu aber wird fatalerweise mit den Möglichkeiten gespielt, die in der Natur als einem Gegenüber tatsächlich liegen könnten. Doch wen wundert dies? Wir leben im Zeitalter der rationalen Vernunft, und der sanfte Tourismus ist Ausdruck einer aufgeklärten Vernunft, die über sich selbst und ihr Verhältnis zur Natur erschrocken ist und retten will, was noch zu retten ist. Dabei aber tappt sie in ihre eigene Falle, da das Kriterium, das die Welt der Menschen von der Natur trennt, genau diese Vernünftigkeit ist:

> „Die Vernunft gehört zum Gesellschaftszustand. Die Unvernunft gehört zur Natur. Unvernünftig sind die, die nicht in die gesellschaftliche Ordnung passen; ... Diese Trennung von Vernunft und Unvernunft erlaubt es, die Unvernüftigen zu Objekten der Vernünftigen zu machen." (Eder 1988: 173)

So aber ist die Moderne eine entzauberte Welt, in der Natur der Herrschaft unterliegt, die Kultur über sie ausübt. Uns bleibt letztlich nur die Aufgabe, das kritische Denken mit der Aufklärung der Vernunft zu beauftragen. Dabei müssen aber auch jene vielversprechenden Ansätze, wie der sanfte Tourismus, in ihren eigenen Bedingungen und Begrenzungen beleuchtet werden, sonst verfällt man ihren glänzenden Versprechungen und übersieht ihren instrumentellen Charakter im Schatten der herrschenden Moderne.

Nicht „Lust an der Natur" ist die Therapie für unsere Welt, sondern die Anstrengung des Denkens. So könnte die Reformulierung ein möglicher Weg sein, die Kluft des sichtbaren Abgrundes zu überwinden. Doch dieser Weg ist gefahrvoll mit vielen Kreuzungen; Harald Grill, ein Heimatdichter, hat in boshafter Deutlichkeit diese Gefahr in einfache Worte gegossen:

> Den Urlaubern
> ist unsere Landschaft gleichgültig:
> Wenn sie sie zerstört haben,
> fahren sie woanders hin.
> Uns Einheimischen
> ist unsere Landschaft auch gleichgültig:
> Wenn wir sie zerstört haben,
> fahren wir in Urlaub.

Literatur:

Böhme, Gernot & Böhme, Hartmut: 1983. Das Andere der Vernunft. Zur Entwicklung von Rationalitätsstrukturen am Beispiel Kants. Frankfurt.

Dregger, Christa: 1989. Hoffnungsträger Ökotourismus. In: taz vom 28. 10. 1989.

Eder, Klaus: 1988. Die Vergesellschaftung der Natur. Studien zur sozialen Evolution der praktischen Vernunft. Frankfurt.

Ermlich, Günter: 1991. Abseits vom großen Strom. In: taz vom 13. 7. 1991.

Gewecke, Frauke: 1992. Wie die neue Welt in die alte kam. München.
Höfer, P. & Kohlbecker, V.: 1992. Glücklich auf die sanfte Tour. In: Zeit-Magazin 7, S. 44–57.
Horkheimer, Mario & Adorno, Theodor W.: 1971. Dialektik der Aufklärung. Frankfurt.
Ille, Gerhard & Köhler, Gunter (Hg.): 1987. Der Wandervogel. Es begann in Steglitz. Berlin.
Jungk, Robert: 1980. Wieviel Touristen pro Hektar Strand. In: GEO, Heft 10.
Kramer, Dieter: 1983. Der sanfte Tourismus. Wien.
Moscovici, S.: 1982. Versuch über die menschliche Geschichte der Natur. Frankfurt.
Müller, Klaus E.: 1972. Geschichte der antiken Ethnographie und ethnologischen Theoriebildung. Wiesbaden.
Raith, Werner: 1990. Das Mittelmeer und der Teelöffel. In: taz vom 5.5.1990.
Raschke, Joachim: 1985. Soziale Bewegungen. Ein historisch-systematischer Grundriß. Frankfurt.
Schäfer, Wolf: 1985. Die unvertraute Moderne. Frankfurt.
Seibold, Carsten: 1991. Der harte Weg zum sanften Tourismus. In: Frankfurter Rundschau vom 2.11.1991, S. M4.
Traum-A-Land e.V.: 1991. Von der sozio-Kultur zur Regio-Kultur. Modellprojekt eines Regionalen Kulturmanagements und zur Förderung des Sanften Kultourismus und Histourismus. Tauberbischofsheim.

Autoren und Herausgeber

Dr. Regina BENDIX
Department of Folklore and Folklife, University of Pennsylvania
3440 Market Street, Suite 370
USA-Philadelphia, PA 19104

Ass.-Prof. UD Dr. Olaf BOCKHORN
Institut für Volkskunde der Universität Wien
A-1010 Wien, Hanuschgasse 3/IV

Petra BOCKHORN
A-1140 Wien, Anzbachgasse 63

Hon.-Prof. HR Dr. Kurt CONRAD
A-5020 Salzburg, Gstöttengutstraße 22

Mag. Bettina DEL BIANCO
S-19341 Sigtuna, Gnejsvägen 25

Prof. Dr. Silke GÖTTSCH
Institut für Volkskunde der Universität Freiburg
D-79100 Freiburg i. B., Maximilianstraße 15

PD Dr. Ueli GYR
Volkskundliches Seminar der Universität Zürich
CH-8032 Zürich, Zeltweg 67

Heike HEINZEL, M.A.
Landesmuseum Darmstadt, Museumsberatung Südhessen
D-64283 Darmstadt, Friedensplatz 1

Univ.-Ass. Mag. Reinhard JOHLER
Institut für Volkskunde der Universität Wien
A-1010 Wien, Hanuschgasse 3/IV

Dr. Ulrike KAMMERHOFER-AGGERMANN
A-5020 Salzburg, Hüttenbergstraße 6

Dr. Gert KERSCHBAUMER
A-5020 Salzburg, Schwanthalerstraße 50

Prof. Dr. Konrad KÖSTLIN
Ludwig-Uhland-Institut für empirische Kulturwissenschaft
Universität Tübingen
D-72074 Tübingen, Schloß

Prof. Dr. Ronald LUTZ
Fachhochschule Erfurt, Fachbereich Sozialwesen
D-99096 Erfurt, Werner-Seelenbinder-Straße 14

Dr. Vera MAYER
Institut für Stadt- und Regionalforschung der
Österreichischen Akademie der Wissenschaften
A-1010 Wien, Postgasse 7/Stiege 4

Mag. Wolfgang MEIXNER
Institut für Geschichte der Universität Innsbruck
A-6020 Innsbruck, Innrain 52

Lidija NIKOČEVIĆ
Regionalni zavod za zaštitu spomenika kulture
(Institut für Denkmalpflege)
HR-51000 Rijeka, Užarska 12

Dorothea Jo PETER
A-3040 Neulengbach, Haag 47

Univ.-Ass. Dr. Burkhard PÖTTLER
Institut für Volkskunde der Universität Graz
A-8010 Graz, Hans Sachs-Gasse 3/II

Prof. Dr. Dieter RICHTER
D-28211 Bremen, Großbeerenstraße 35

Univ.-Prof. Dr. Helmut RIEDL
Institut für Geographie der Universität Salzburg
A-5020 Salzburg, Hellbrunnerstraße 34

FK Helena RUOTSALA
Seminar für Volkskunde der Universität Turku
SF-20500 Turku 50, Henrikinkatu 3

Alma SCOPE
A-5020 Salzburg, Ernst Grein-Straße 7/4

Univ.-Ass. Dr. Adelheid SCHRUTKA-RECHTENSTAMM
Volkskundliches Seminar der Universität Bonn
D-53113 Bonn, Am Hofgarten 22

Christian STADELMANN
A-1100 Wien, Sonnwendgasse 30/12

Bernhard TSCHOFEN, M. A.
Österreichisches Museum für Volkskunde
A-1080 Wien, Laudongasse 15–19

Abbildungen

Abb. 1: Bergfahrt mit talgewandtem Blick. Die Gondeln der ersten Seilbahn Bozen–Kohlern (1908); Foto: Deutsches Museum, München.

Abb. 2: Festwagen der Eröffnungsfahrt der Tiroler Zugspitzbahn (1926). In den zwanziger Jahren wurde jede Seilbahneröffnung zur Feierstunde des technischen und wirtschaftlichen Fortschritts in Österreich; Foto: Meinrad Pizzinini: 60 Jahre Tiroler Zugspitzbahn. Innsbruck 1986, S. 13.

Abb. 3: „Der Triumphbogen (Raxbahn)" lautet die Originalbildunterschrift in Luis Trenkers „Berge und Heimat" (1935). Glitzernde Kabinen, kühn gespannte Drahtseile und die Gitterkonstruktionen der Stützen weckten immer wieder ähnliche Assoziationen – die Seilbahn als Symbol der technischen Bewältigung des Gebirges; Foto: Luis Trenker, Walter Schmidkunz: Berge und Heimat. Das Buch von den Bergen und ihren Menschen. Berlin 1935, Abb. 95.

Abb. 4: In den zwanziger und dreißiger Jahren eine beliebte Kombination im Bild: Seilbahnfahrt und Aviatik als die am meisten entmaterialisierten und wohl gerade deshalb hochmythisierten Fortbewegungsarten der Zwischenkriegszeit; Foto: Trenker (wie Abb. 3), Abb. 232.

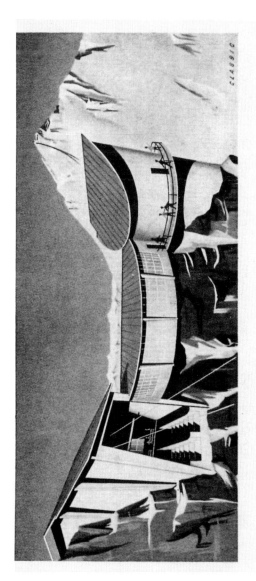

Abb. 5: Die Seilbahn – Fortschrittssymbol für Österreich auch noch in den fünfziger Jahren und zugleich einer der wenigen Bereiche, in denen eine Ästhetik der klassischen Moderne erfolgreich im alpinen Raum erprobt wurde; Foto: Archiv Arlberger Bergbahnen Aktiengesellschaft, Innsbruck.

Abb. 1: Miß Finnland 1985 auf einem Prospekt der Finnair; Foto: H. Ruotsala

Abb. 2: Samen – teilweise in Tracht – beim Verlassen des Gottesdienstes in Hetta bei Enontekiö; Foto: H. Ruotsala

Abb. 3: Touristen beim Fotografieren von Samen in Hetta bei Enontekiö; Foto: H. Ruotsala

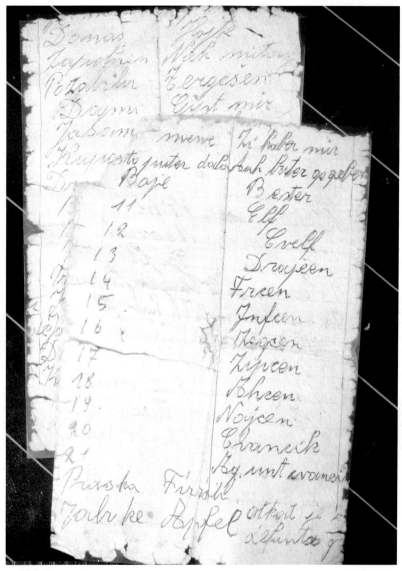

Abb. 1: Übersetzungszettel zur Verständigung mit deutschsprachigen Gästen; Foto: L. Nikočević

Abb. 2: Neubau, bei dessen Errichtung die Zimmervermietung berücksichtigt wurde; Foto: L. Nikočević

Abb. 3: Für den Fremdenverkehr adaptiertes Haus; Foto: L. Nikočević

Abb. 4: Viele Touristen haben den Wunsch, möglichst oft mit den Vermietern zusammen zu sein; Foto: L. Nikočević

Abb. 5: Geburtstagsfeier während eines Urlaubsaufenthaltes; Foto: L. Nikočević

Abb. 1: Begrüßungstafel an der Gemeindegrenze von Saalbach; Foto: K. Conrad

Abb. 2: Rauriser Tauernhaus im Seidlwinkeltal, urkundlich erwähnt 1491; Foto: K. Conrad

Abb. 3: Hospiz Wiesenegg in Obertauern, erbaut 1573; Foto: K. Conrad

Abb. 4: Weitmoserschlößl in Bad Hofgastein, erbaut 1554; Foto: K. Conrad

Abb. 5: Weltkurort Badgastein mit großstädtischen Hotelbauten des 19. Jh.; Foto: K. Conrad

Abb. 6: Hotel Neuhaus in Saalbach; Foto: K. Conrad

Abb. 7: Saalanbau an einem Gasthof in Dorfgastein aus 1962; Foto: K. Conrad

Abb. 8: Giebelfassade eines modernen Gasthofes in Wals bei Salzburg; Foto: K. Conrad

Abb. 9: Romantikhotel Gmachl in Elixhausen; Foto: K. Conrad

Abb. 10: Almdorf Königsleiten in der Gemeinde Wald im Pinzgau; Foto: K. Conrad

Abb. 1: Sondern Anfang der siebziger Jahre; Foto: A. Maiworm

Abb. 2: Ende der fünfziger Jahre im Biggetal; Foto: A. Maiworm

Abb. 3: Bildstock der Muttergottes im „Hialzchen" bei Vollstau der Sperre; Foto: A. Maiworm

zu H. Heinzel:

Abb. 4: Motorschiff „Bigge"; Foto: H. Heinzel

Abb. 5: Herr M. mit dem Bild seines Elternhauses auf dem Biggesee; Foto: A. Maiworm

Abb. 1 und 2: Das Bergmahd weist aufgrund seiner unterschiedlichen Parzellengrößen und Besitzverhältnisse verschiedene Bebauungsdichten auf. Hier zwei Überblicksfotos; Foto: D. Jo. Peter.

Abb. 3: Diese alte Kochhütte wird nicht mehr benützt. Sie erfüllt möglicherweise „Platzhalterfunktion" für einen eventuell später erfolgenden Neubau einer Freizeithütte; Foto: D. Jo. Peter.

Abb. 4: Obwohl sich manche der älteren Ferienhütten recht bescheiden ausnehmen, wurden vielfach auch sie im Laufe der Zeit bereits durch An- und Umbauten erweitert; Foto: D. Jo. Peter.

zu D. Jo. Peter:

Abb. 5: Bei häufigem Aufenthalt im Bergmahd steigen die Ansprüche an die Wohnqualität. Diese Hütte ist 1992, zwei Jahre nach Entstehung dieses Fotos, mit einer Solaranlage ausgestattet; Foto: D. Jo. Peter.

Abb. 6: Wenngleich im Bergmahd generell selten, werden doch einzelne – vor allem die kleineren – Grundstücke eingezäunt. Die Hütten sind oft liebevoll geschmückt; Foto: D. Jo. Peter.

In der „Buchreihe der Österreichischen Zeitschrift für Volkskunde" sind bisher erschienen:

Band 1: Edmund FRIESS und Gustav GUGITZ, Die Wallfahrt nach Adlwang im Lichte der Mirakelbücher (1620–1746). Eine volkskundlich-kulturhistorische Studie, 1951

Band 2: Leopold SCHMIDT, Geschichte der österreichischen Volkskunde, 1951

Band 3: Leopold Schmidt-Bibliographie I: 1930–1977. Bearbeitet von Klaus BEITL, 1977

Band 4: Gedenkschrift für Leopold Schmidt (1912–1981) zum 70. Geburtstag. Mit dem Wiederabdruck von Leopold Schmidt, Die Volkskunde als Geisteswissenschaft (1947), und mit Leopold Schmidt-Bibliographie II (1977–1982). Hg. von Klaus BEITL, 1982

Band 5: Gegenwärtige Probleme der Hausforschung in Österreich. Referate der Österreichischen Volkskundetagung 1980 in Feldkirch (Vorarlberg). Hg. von Klaus BEITL und Karl ILG, 1982

Band 6: Probleme der Gegenwartsvolkskunde. Referate der Österreichischen Volkskundetagung 1983 in Mattersburg (Burgenland). Hg. von Klaus BEITL, redigiert von Gertraud LIESENFELD, 1985

Band 7: Kleidung – Mode – Tracht. Referate der Österreichischen Volkskundetagung 1986 in Lienz (Osttirol). Hg. von Klaus BEITL und Olaf BOCKHORN, 1987

Band 8: Volksfrömmigkeit. Referate der Österreichischen Volkskundetagung 1989 in Graz. Hg. von Helmut EBERHART, Edith HÖRANDNER und Burkhard PÖTTLER, 1990

Band 9: Internationale und nationale volkskundliche Bibliographien. Hg. von Klaus BEITL und Eva KAUSEL, 1991

Band 10: Paul HUGGER, Die Schweiz zwischen Hirtenidylle und High-Tech-Performance. Eine volkskundliche Annäherung, 1993

Band 11: Eva JULIEN-KAUSEL, Konnichi wa Österreich. Ortspartnerschaften zwischen Österreich und Japan, 1993